De Simone / von Sachsen Gessaphe / De Amicis / Satzger / Hausmann / Stürner

Europäischer Rechtsverkehr in Zivil- und Strafsachen

Jahrbuch für Italienisches Recht

Im Auftrag der Deutsch-Italienischen Juristenvereinigung (Vereinigung für den Gedankenaustausch zwischen deutschen und italienischen Juristen e.V.) herausgegeben
von Professor Dr. Dr. h.c. mult. Erik Jayme, Professor Dr. Heinz-Peter Mansel,
Professor Dr. Dr. h.c. Thomas Pfeiffer und Professor Dr. Michael Stürner zusammen
mit dem Vorstand der Vereinigung Professor Dr. Günter Hirsch (Präsident), Professor Dr. Dr. h.c. Peter Kindler (Generalsekretär), Professor Dr. Rainer Hausmann,
Rudolf F. Kratzer, Dr. Stefan Dangel, Professor Dr. Walter Odersky (Ehrenpräsident)

Band 32

Wissenschaftliche Redaktion:
Professor Dr. Michael Stürner, M. Jur. (Oxon), Universität Konstanz

Europäischer Rechtsverkehr in Zivil- und Strafsachen

von

Giulio De Simone, Karl August Prinz von Sachsen Gessaphe,
Gaetano De Amicis, Helmut Satzger,
Rainer Hausmann, Michael Stürner

C.F. Müller

Zitiervorschlag:
Jahrbuch für Italienisches Recht 32 (2019) S. oder JbItalR 32 (2019) S.

Anschrift der Redaktion:
Prof. Dr. Michael Stürner
Universität Konstanz
Lehrstuhl für Bürgerliches Recht,
Internationales Privatrecht und Rechtsvergleichung
Fach 109
78457 Konstanz

E-Mail-Adresse der Redaktion:
michael.stuerner@uni-konstanz.de

Bibliografische Information der Deutschen Nationalbibliothek
Die Deutsche Nationalbibliothek verzeichnet diese Publikation in der Deutschen Nationalbi-
bliografie; detaillierte bibliografische Daten sind im Internet über <http://dnb.d-nb.de> abrufbar.

ISBN 978-3-8114-5263-3

E-Mail: kundenservice@cfmueller.de
Telefon: +49 89 2183 7923
Telefax: +49 89 2183 7620
www.cfmueller.de

© 2020 C.F. Müller GmbH, Waldhofer Straße 100, 69123 Heidelberg

Satz: Gottemeyer, Rot
Druck: Systemdruck Köln (SDK)

Vorwort

Der vorliegende Band des Jahrbuchs enthält Referate, die anlässlich des XXVII. Kongresses der Associazione per gli scambi culturali tra giuristi italiani e tedeschi und der Vereinigung für den Gedankenaustausch zwischen deutschen und italienischen Juristen e.V. vom 12. bis 14. Oktober 2018 in Salerno gehalten wurden. Weiterhin dokumentiert er die Referate der Arbeitstagung der deutschen Vereinigung in Hannover am 24. und 25. Mai 2019.

Der erste Themenschwerpunkt bei den Aufsätzen liegt im Grenzbereich zwischen Zivil- und Strafverfahren: Die Beiträge von *De Simone* und *von Sachsen Gessaphe* befassen sich mit der Rolle des Adhäsionsverfahrens in der italienischen und deutschen Rechtsordnung; beide konstatieren Reformbedarf. Weitaus größere praktische Bedeutung kommt dem Europäischen Haftbefehl zu: Spezifische Problemfälle im deutsch-italienischen Rechtsverkehr untersuchen die Beiträge von *De Amicis* und *Satzger*. Mit den Anfang 2019 in Kraft getretenen EU-Verordnungen zum Güterrecht befasst sich der Beitrag von *Hausmann*; er berücksichtigt dabei in besondere Weise deutsch-italienische Paarbeziehungen. Der nachfolgende Beitrag von *Stürner* setzt schließlich Schlaglichter auf Praxisprobleme des italienischen Haftungsrechts bei Verkehrsunfällen.

Die Beiträge spannen den Bogen vom internationalen Unterhaltsrecht (*von Sachsen Gessaphe*) über die jüngst verabschiedete Regulierung der Smart Contracts (*contratti intelligenti*) im italienischen Recht (*Schurr*), dem in Italien geltenden Rechtsregime für Gemeinnutzungsrechte (*domini collettivi*) durch ein Gesetz von 2017 (*Miribung*) bis hin zu aktuellen Rechtsprechungslinien in Bezug auf den Ersatz immaterieller Schäden (*Buse*).

Auch dieser Band beinhaltet eine umfangreiche Dokumentation der deutschen Judikatur und Literatur zum italienischen Recht und zum deutsch-italienischen Rechtsverkehr. Sie soll vor allem der Praxis einen schnellen Zugriff auf aktuelle Entwicklungen verschaffen. Die Rechtsprechungsübersicht haben in diesem Jahr Frau stud. iur. *Noemie Nowack*, Frau stud. iur. *Julia Poppe* und Herr stud. iur. *Louis Roer* erstellt. Für die Literaturübersicht zeichnen Frau stud. iur. *Isabell Reich* und Herr stud. iur. *Leon Theimer* verantwortlich. Die Arbeiten am Heidelberger Institut wurden wie schon in den vergangenen Jahren in dankenswerter Weise von Herrn Wiss. Ass. Dr. *Hannes Wais*, LL.M. (Cambridge) koordiniert. Um das Sachverzeichnis hat sich Herr cand. iur. *David Faust*, Köln, verdient gemacht. Für die redaktionelle Arbeit und die Drucklegung hat Herr cand. iur. *Johannes Veigel*, Konstanz, auch für diesen Band eine ganz wesentliche Unterstützung geleistet.

Allen gilt unser herzlicher Dank für die geleistete Arbeit. Wie jedes Jahr ist daneben dem Verlag C.F. Müller und hier vor allem Frau *Gabriele Owietzka* für die hervorragende verlegerische Betreuung zu danken.

Konstanz, im November 2019

Für die Herausgeber
Michael Stürner

Inhalt

III. Entscheidungen

IV. Rechtsprechungsübersicht

V. Deutschsprachiges Schrifttum zum italienischen Recht

VI. Anhang

Abkürzungen

Es wird verwiesen auf das Abkürzungsverzeichnis in Band 17.

I. Abhandlungen

Giulio De Simone

Die Adhäsionsklage und das Verhältnis zwischen Strafverfahren und Zivilklage in der italienischen Rechtsordnung[*]

Inhaltsübersicht

I. Vorbemerkung: die Geltendmachung der Zivilklage im Strafverfahren; Geschädigter und Opfer der Straftat

Im italienischen Prozesssystem ist in Art. 74 der italienischen Strafprozessordnung (codice di procedura penale, nachstehend c.p.p.) für den durch die Straftat Geschädigten oder für seine Gesamtrechtsnachfolger die Möglichkeit vorgesehen, im Strafprozess die Zivilklage für die Rückgabe und den Schadensersatz (Vermögens- und Nichtvermögensschaden: Art. 185 des italienischen Strafgesetzbuches, codice penale, nachstehend: c.p.) gegen den Angeklagten und den zivilrechtlich Haftenden zu erheben. Diese Möglichkeit ist allerdings im Strafprozess vor dem Jugendstrafrichter ausgeschlossen.[1] Sie war auch hinsichtlich der Verfahren ausgeschlossen, die nach Art. 270 Abs. 1 des italienischen Militärstrafgesetzbuchs in Friedenszeiten in die Zuständigkeit des Militärgerichts fielen. Daraufhin hat der Verfassungsgerichtshof vor mehr als zwanzig Jahren eingegriffen und dieses Verbot aufgehoben, indem es die gerade zitierte Bestimmung für verfassungswidrig erklärt hat, da sie zu den Art. 3 und 24 der Verfassung im Widerspruch stünde.[2] So wurde in diesem Punkt der militärische Strafprozess dem ordentlichen gleichgestellt.

Die Zivilklage im Rahmen des Strafprozesses wird gemäß Art. 76 Abs. 1 c.p.p., auch über einen Sonderbevollmächtigten, durch die Einlassung als Zivilpartei erhoben, die laut Art. 76 Abs. 2 c.p.p. ihre Wirkungen in jedem Stand und Rechtszug des Prozesses entfaltet, einschließlich des etwaigen Verweisungsverfahrens, ohne dass weitere

---

[*] Der Beitrag beruht auf dem Vortrag anlässlich des XXVII. Kongresses der Vereinigung für den Gedankenaustausch zwischen deutschen und italienischen Juristen e.V., der vom 12. bis 14.10.2018 in Salerno stattfand. Übersetzung durch Avv. *Vanessa Lettieri*, LL.M. (Würzburg) und *Christian de Haan*.
[1] Vgl. Art. 10 des Dekrets des Präsidenten der Republik vom 22.9.1998, Nr. 448.
[2] Corte Costituzionale, 28.2.1996, n.60.

Initiativen notwendig werden.[3] Hierzu muss sie formgerecht (Art. 78 c.p.p.) und innerhalb der festgelegten Fristen (Art. 79) c.p.p. getätigt werden. Zuletzt darf auch kein Ausschließungsbeschluss, keine Widerrufserklärung oder eine Nichtigkeits- oder Unzulässigkeitsbeschluss ergehen. Dies ist das sog. Immanenzprinzip der Einlassung als Zivilpartei, das eine Besonderheit der im Rahmen des Strafprozesses erhobenen Zivilklage darstellt. Im Zivilprozess ist es dagegen notwendig, die Klageeinlassung in jedem Rechtszug des Verfahrens zu erneuern. Wie der Kassationshof außerdem festgehalten hat, bleibt besagte Einlassung jedenfalls nur an das Verfahren gebunden, für welches sie erfolgt ist und kann nicht auf Verfahren ausgedehnt werden, die eventuell mit dem Ursprungsverfahren zusammenverbunden werden.[4] Unter den sog. nichtnotwendigen Parteien nimmt die Zivilpartei auf der Vorbühne des Strafprozesses zweifellos eine erstrangige Position ein.[5]

Es sollte kurz auf den Unterschied hingewiesen werden, der zwischen dem Geschädigten (demjenigen, der aufgrund der Straftat einen ersatzfähigen Schaden erleidet und daher berechtigt ist, als Zivilpartei aufzutreten) und der verletzten Person oder dem Passivsubjekt oder dem Opfer der Straftat (dem Inhaber des von der Strafnorm geschützten und durch dieselbe Straftat verletzten Rechtsguts) liegt, auch wenn die beiden Rollen selbstverständlich in derselben Person zusammentreffen können. Dies ist selbstverständlich sehr häufig der Fall.

Der Gesetzgeber von 1988, der die geltende Strafprozessordnung erlassen hat, wollte die Rolle des Verletzten der Straftat von der Figur des Geschädigten der Straftat deutlich unterscheiden. Der Verletzte kann nicht im eigentlichen Sinne als Prozesspartei bezeichnet werden und nimmt eher die Qualifikation als Subjekt ein, falls er beschließt, in den Strafprozess einzugreifen und „Träger eines rein strafrechtlichen auf eine Repression der Straftat gerichtetes Interesses ist".[6] Der Geschädigte zielt, indem er als Zivilpartei auftritt, nur auf den Ersatz der durch die rechtswidrige Tat verursachten Schäden ab, wobei grundsätzlich jede „flankierende" Rolle für die Arbeit der öffentlichen Anklage ausgeschlossen ist.[7] Die geltende Strafprozessordnung erkennt dem Opfer der Straftat eine Reihe von Befugnissen und Rechten – und somit einen prozessualen Schutz – zu, die sich in der Regelung der alten Prozessordnung nicht wiederfinden.

Wie angemerkt worden ist, koexistieren im neuen Prozesssystem die verletzte Person und der Geschädigte: Dies jedoch mit wohl gesonderten Rechten, Befugnissen und Aufgaben, je nachdem ob die Vorermittlungen noch im Gange sind oder die Staatsanwaltschaft nach ihrem Abschluss die Eröffnung der Hauptverhandlung beantragt hat. Die Anklageerhebung bildet die Trennlinie: Vor dieser Phase ist die verletzte Person das Subjekt, dem eine größere Anzahl von Befugnissen und Rechten zugebilligt werden; anschließend werden die Rollen vollkommen umgedreht, und es ist der Ge-

---

3 *Della Casa/Volna*, I soggetti (cap. I), in: Conso/Grevi/Bargis, Compendio di procedura penale, 7. Aufl. 2014, S. 121.

4 Cass. pen., 3.7.2013, n. 30826.

5 *Della Casa/Volna* (oben N. 3), S. 119.

6 *Amódio*, Premessa al titolo V libro I, in: Amódio/Dominioni, Commentario del nuovo codice di procedura penale, 1989, S. 536.

7 *Di Chiara*, Parte Civile, in: Dig. Pen., vol. IX, 1995, S. 237.

schädigte der Straftat, dem der Großteil der auf die Erwirkung des zivilrechtlichen Schadensersatzes abzielenden Rechte und Befugnisse zuerkannt werden.[8]

Ein eigenartiger, in bestimmter Hinsicht paradoxer Vorgang hat den Tatbestand der Erpressung im Amt (Art. 317 c.p.) betroffen, der in verhältnismäßig jüngerer Zeit aufgrund des Gesetzes vom 6.11.2012, Nr. 190 (sog. Severino-Gesetz) erhebliche strukturelle Änderungen erfahren hat. Mit diesem Gesetz erfolgte die „Zertrennung" des fraglichen Tatbestands: Ursprünglich sah die Strafnorm zwei Fälle der Erpressung im Amt vor – der wegen Zwangs und der wegen Veranlassung – die alternativ und mit demselben Strafrahmen bestraft wurden. Mit der erwähnten Novellierung hat der italienische Gesetzgeber die strafrechtliche Relevanz der Erpressung im Amt auf den bloßen Fall des Zwangs beschränkt, während er für die veranlassenden Handlungen durch Art. 319-quater c.p., der rechtswidrigen Veranlassung zum Einräumen oder Versprechen von Vorteilen, einen ad-hoc-Tatbestand geschaffen hat. Der ungewöhnlichste Aspekt dieses Vorgangs, über den man nachdenken sollte, liegt darin, dass derjenige, der bei der alten Straftat der Erpressung im Amt durch Veranlassen als passives Subjekt und verletzte Person (und auch Geschädigter mit dem Recht daher zur Einlassung als Zivilpartei) angesehen wurde, in Bezug auf die neue Straftat der rechtswidrigen Veranlassung dagegen die Rolle des notwendigen Mittäters annimmt. Dessen Verhalten wird deshalb als strafrechtlich relevant betrachtet.

Es konnte also vorkommen – und es ist in der Tat manchmal vorgekommen –, dass bei zum Zeitpunkt des Inkrafttretens des neuen Gesetzes noch anhängigen Strafverfahren die verletzte und auch geschädigte Person der alten Straftat der Erpressung im Amt wegen Veranlassung sich bereits (offensichtlich vor der Reform von 2012) als Zivilpartei eingelassen hatte. Hierzu hat der Kassationshof[9] Gelegenheit gehabt zu erklären, dass die vom Corte d'appello im Verweisungsverfahren vorgenommene Umbestimmung der Straftat der Erpressung im Amt nach Art. 317 c.p. in die der mit Gesetz Nr. 190/2012 eingeführten rechtswidrigen Veranlassung nach Art. 319-quater c.p. nicht zum Wegfall des Rechts auf Rückgabe und Schadenersatz zugunsten desjenigen führt, der zum Zeitpunkt der Tatbegehung als Opfer der Straftat anzusehen war, da die normative Kontinuität zwischen den beiden Tatbeständen anerkannt werden müsse.

Mit der Strafprozessordnung von 1988 wurde ein weiteres, bis dahin der Gesetzgebung unbekanntes Prozesssubjekt eingeführt. Gem. Art. 91 c.p.p. können nun auch gemeinnützige Körperschaften und Vereine in jedem Stand und Rechtszug des Verfahrens tätig werden.

II. Ersatzfähiger Schaden und Klagegegenstand

Der ersatzfähige Schaden kann natürlich Folge jeder Straftat sein: eines Delikts ebenso wie einer Übertretung; eines Verletzungsdelikts ebenso wie eines bloßen Gefährdungsdelikts. Vor einigen Jahren hat zum Beispiel der Kassationshof[10] vor einigen

---

8 *Strina/Bernasconi*, Persona offesa, Parte civile, 2001, 104.
9 Cass. pen., 19.4.2017, n. 29713.
10 Cass. pen., 3.3.2001, n. 8842.

Jahren die Einlassung als Zivilpartei eines Spielers in einem Verfahren wegen Durchführung oder Förderung des Glücksspiels durch Videopoker für zulässig erklärt, weil das Vorliegen eines mit der Begehung der Straftat kausalzusammenhängenden Schadens nicht abstrakt auszuschließen sei, soweit es für die Zwecke besagter Einlassung nicht notwendig ist, das tatsächliche Vorliegen der Schäden und den materiellen Kausalzusammenhang zu beweisen.

Die notwendigen Voraussetzungen für die Einlassung als Zivilpartei sind zwei: a) die Verletzung eines Rechts und b) das Auftreten eines Schadens in Folge der Straftat. In der Rechtsprechung ist im Laufe der Zeit eine erhebliche Erweiterung der Bedeutung und der Tragweite beider Voraussetzungen eingetreten.

Hinsichtlich der ersten Voraussetzung hat der Kassationshof[11] den Schutz nicht nur für die subjektiven Rechte im eigentlichen Sinn zuerkannt, sondern auch für jede andere juristisch relevante Situation, auch wenn sie als legitimes Interesse qualifiziert werden kann. Hinsichtlich der zweiten Voraussetzung hat der Kassationshof[12] seit einigen Jahren angeführt, dass auch der mittelbare und indirekte Schaden erstattungsfähig ist, der nach einem Kriterium der ordnungsmäßigen Kausalität als eine normale Folge des Gesetzesverstoßes auftritt. Der Kausalzusammenhang liege in anderen Worten allerdings dann vor, wenn die strafbare Tat, auch wenn sie den Schaden nicht direkt verursacht hat, einen solchen Sachstand erzeugt hat, dass sich der Schaden ohne sie nicht ereignet hätte.[13] Anfangs erkannte sowohl die tatrichterliche als auch die höchstrichterliche Rechtsprechung nur die Erstattungsfähigkeit des Schadens an, der unmittelbare und direkte Folge der strafbaren Handlung war.

Daher hat der Kassationshof die Berechtigung zur Einlassung als Zivilpartei der Versicherung eines Gutes bejaht, das bei einem vorsätzlich vom Versicherten verursachten Brand zerstört wurde: Dies in Bezug auf den entgangenen Gewinn wegen des Schadens aus der unterbliebenen Zahlung der weiteren Prämien und der Kosten, die für die nach der Schadensanzeige eingeleiteten Voruntersuchung anfielen.

Hinsichtlich der Natur des ersatzfähigen Schadens kann es sich zunächst um einen Vermögensschaden handeln (Art. 185 Abs. 2 c.p.), der im durch die Begehung der Straftat verursachten wirtschaftlichen Verlust (entstandener Schaden) oder im Einnahmenausfall (entgangener Gewinn) besteht. Es kann sich aber auch um einen Nichtvermögensschaden oder einen immateriellen Schaden handeln, unter dem jedes durch die Straftat verursachte körperliche, psychische oder moralische Leiden (Befürchtungen, Ängste, Beklemmungen oder Trauer), oder der vom Opfer (oder von anderen mit dieser besondere Beziehungen unterhaltenden Personen) erlittene Schmerz zu verstehen ist.

Das Konzept des immateriellen Schadens wird sowohl in der Lehre als auch in der Rechtsprechung in einer weiten Bedeutung verstanden, sodass sie die Beeinträchtigung des Ansehens oder des sozialen Bildes der Person, oder auch allgemeiner eines ihr innewohnenden Werts umfasst (sog. moralisch-objektives-externes Konzept des

---

11 Cass. pen., 16.9.2008, n. 43207; 16.10.2014, n. 2511.
12 Cass. pen., 14.5.2010, n. 23046.
13 Cass. pen., 21.10.2014, n. 46084.

Nichtvermögensschadens).[14] Unter diesem Blickwinkel hat der Kassationshof[15] das Vorliegen eines immateriellen Schadens im Fall einer Person bejaht, die in ihrer körperlichen Integrität bedroht wurde und deswegen einen persönlichen Begleitschutz erhielt: dies aufgrund der erlittenen Einschränkung der persönlichen Bewegungsfreiheit sowie des Berufs- und Beziehungslebens.

Bei einer anderen Gelegenheit wurde die Verurteilung seitens eines Strafrichters zum Ersatz des immateriellen Schadens nach billigem Ermessen wegen sogenannter „ruinierter Ferien" in einem Fall als gesetzmäßig erklärt, in dem sich die schadenverursachende Tat am letzten Tag der Ferien ereignet hatte. Dies geschah deshalb, weil die letzteren nicht nur in ihrer Schlussphase, sondern auch in ihrer Erinnerung als ruinierte anzusehen waren. Es handelte sich um sexuelle Gewalt gegen einen Minderjährigen, der einen Ferienaufenthalt auf einem Campingplatz mit seinen Eltern verbrachte.[16]

Eine spezifische Form der Wiedergutmachung des Nichtvermögensschadens besteht in der Veröffentlichung der Verurteilung nach Art. 186 c.p., welcher festlegt, dass „jede Straftat den Verurteilten dazu verpflichtet, auf seine Kosten die Verurteilung zu veröffentlichen, falls die Veröffentlichung ein Mittel zur Wiedergutmachung des durch die Straftat verursachten Nichtvermögensschadens darstellt". Es handelt sich offensichtlich um eine ganz andere Verpflichtung als die in Art. 36 c.p. vorgesehene (gleichlautende) Nebenstrafe.

Weitere Arten des ersatzfähigen Schadens sind der Schaden der körperlich-geistigen Integrität oder Gesundheitsschaden und der Umweltschaden. Der erstere besteht in der Beeinträchtigung der für sich betrachteten psychischen und körperlichen Unversehrtheit. Ein bedeutender Teil der zivilrechtlichen Lehre nimmt an, dass es sich um eine Unterart des Nichtvermögensschadens handelt, die jedenfalls auf die in Art. 2043 des italienischen Zivilgesetzbuches (= codice civile, nachstehend c.c.) vorgesehene Generalnorm der Deliktshaftung zurückführbar ist. Wie der Verfassungsgerichtshof vor Jahren festgehalten hat,[17] findet die Ersatzfähigkeit des Schadens der körperlich-geistigen Integrität als solche ihre Grundlage in Art. 2043 c.c., der im Zusammenwirken mit Art. 32 der Verfassung notwendigerweise ausgeweitet werden und den Ersatz nicht nur der Schäden im engen vermögensrechtlichen Sinne, sondern aller Schäden umfassen muss, die die Tätigkeiten zur Verwirklichung der menschlichen Person beeinträchtigen.

In Art. 138 Abs. 2 lit. a) des gesetzvertretenden Dekrets vom 7.9.2005 Nr. 209 (in der durch das Gesetz Nr. 124/2017 abgeänderten Fassung) wird der biologische Schaden als eine rechtsmedizinisch feststellbare „vorübergehende oder andauernde Verletzung der geistigen und körperlichen Unversehrtheit der Person" definiert, die, unabhängig von eventuellen negativen Auswirkungen auf die Fähigkeit zur Erzielung eines Einkommens, einen negativen Einfluss auf die alltäglichen Aktivitäten und auf die dynamisch-beziehungsseitigen Aspekte des Lebens des Geschädigten bewirkt.

---

14 *Cantone*, Sub. Art. 74 c.p.p., in: Lattanzi/Lupo (Hrsg.), Codice di procedura penale. Rassegna di giurisprudenza e di dottrina, Vol. I, VI, 2012, 1276.
15 Cass. pen., 11.9.2012, n. 45002.
16 Cass. pen., 18.5.2010, n. 19523.
17 Corte Costituzionale, 14.7.1986, n. 184.

Der Kassationshof[18] nimmt an, dass diese Art von Schaden nicht mit dem sog. existenziellen Schaden kumuliert werden kann. Dies würde ansonsten zu einer unzulässigen Verdoppelung des Schadensersatzes führen, da der existenzielle Schaden gerade in einer Beeinträchtigung besteht, die in Folge der Verletzung der Gesundheit allen dynamisch-beziehungsbezogenen Aspekten der Person zugefügt wird. Das innere Leid, welches die Person als Folge der Gesundheitsverletzung erleidet, also der erlittene immaterielle Schaden, könnte jedoch als Gegenstand einer gesonderten Bewertung und daher zusätzlich zum biologischen Schaden als ersatzfähig angesehen werden.

Hinsichtlich des Umweltschadens wird dieser als Verletzung des öffentlichen Interesses an der Integrität und dem gesundheitsfördernden Charakter der Umwelt angesehen. Beim Umweltschaden ist die Berechtigung, als Zivilpartei aufzutreten ausschließlich dem Staat und insbesondere dem Umweltminister vorbehalten, wobei für die anderen individuellen und kollektiven Subjekte (einschließlich der Gebietskörperschaften) die Möglichkeit offen bleibt, sich ins Strafverfahren gemäß Art. 2043 c.c. als Zivilpartei einzulassen, um einen Ersatz der aus der Verletzung ihrer Rechte herrührenden Vermögens- und Nichtvermögensschäden zu erlangen, die sich vom öffentlichen Interesse am Umweltschutz unterscheiden, auch wenn sie aus demselben schädigenden Verhalten herrühren.[19]

Die Einlassung als Zivilpartei im Rahmen des Strafverfahrens kann nur darauf abzielen, die Rückgaben und den Ersatz der durch die Straftat verursachten Schäden zu erlangen. Andererseits muss die Möglichkeit ausgeschlossen werden, Entscheidungen zur Feststellung, Begründung, Änderung oder Auflösung von Rechtsbeziehungen zu erwirken. Der angeblich Geschädigte könnte beispielsweise besagte Einlassung nicht tätigen, um vom Strafrichter die Auflösung eines Kaufvertrags und die daraus folgende Rückgabe des Gutes oder die Wiedereinsetzung auf den Arbeitsplatz zu verlangen.

III. Die Berechtigung, sich als Zivilpartei einzulassen

Diese Berechtigung (sog. *legitimatio ad causam*) steht jedem zu, der infolge der hypothetischen Straftat einen Rückgabe- und/oder Schadensersatzanspruch geltend machen kann. Es ist also die „Inhaberschaft am substanziellen Recht bei der Person, der die Straftat einen Schaden zugefügt hat".[20] Im Vergleich zum Text der entsprechenden Bestimmung in der alten Strafprozessordnung weist Art. 74 c.p.p. terminologisch einige nicht unerheblich Unterschiede auf: Anstatt von „Person" spricht er vom „Subjekt", dem die Straftat einen Schaden zugefügt hat. Der Begriff „Erben" wurde außerdem durch den weiteren Begriff „Gesamtrechtsnachfolger" ersetzt. Dies macht einerseits deutlich, dass zur Einlassung als Zivilpartei im Strafverfahren nicht nur natürliche und juristische Personen, sondern auch subjektive und nicht personifizierte Figuren, wie nicht eingetragene Vereine, Komitees usw., die keine Rechtspersönlichkeit besitzen, befugt sind. Andererseits ist die Tragweite der Norm nun so weit, dass sie auch Fälle der Gesamtrechtsnachfolge zwischen Körperschaften umfasst.

---

18 Cass. civ., 17.10.2018, n. 901.
19 Cass. pen., 9.7.2014, n. 24677.
20 So auch Cass. pen., 2.2.2010, n. 15229.

Ausgeschlossen bleiben natürlich sowohl die Nachfolgeberechtigten, die konkret nicht auch Erben sind – wobei für die letzten die Berechtigung unbeschadet bleibt, aus eigenem Recht als nahe Angehörige des Opfers für den Ersatz der gegebenenfalls erlittenen Vermögensschäden und vor allem Nichtvermögensschäden zu klagen[21] – als auch die Sonderrechtsnachfolger wie es zum Beispiel der Versicherer sein kann, der gemäß Art. 1916 c.c. ersatzweise eintritt.[22]

Es besteht kein Zweifel, dass die Berechtigung zur Einlassung als Zivilpartei auch dem Geschädigten zusteht – das heißt „jedem, der einen Schaden erlitten hat, welcher ursächlich auf das Handeln oder Unterlassen des aktiven Subjekts der Straftat zurückführbar ist" – der nicht zeitgleich Opfer derselben Straftat ist. Daraus hat der Kassationshof den Schluss gezogen, dass das Opfer der bezweckten Straftat (*reato-fine*), soweit eine Straftat Teil des Tatplans einer kriminellen Vereinigung ist, sowohl bezüglich der bezweckten Straftat als auch der kriminellen Vereinigung zur Einlassung als Zivilpartei berechtigt sei.[23]

Im Unterschied zur *legitimatio ad causam* stellt die *legitimatio ad processum* oder Prozessfähigkeit, die Fähigkeit des Geschädigten dar, gerichtlich für die Geltendmachung seiner Schadensersatzansprüche im Strafprozess vorzugehen. Gemäß der Bestimmung des Art. 77 c.p.p. fehlt die sog. „Antragstellungsbefugnis" bei den Personen, die ihre Rechte nicht frei ausüben können. Diese letzteren können nicht als Zivilpartei auftreten, wenn sie nicht in den für die Erhebung von Zivilklagen vorgeschriebenen Formen vertreten, ermächtigt oder betreut werden.

IV. Das Verhältnis zwischen Zivilklage aufgrund Straftat und Strafverfahren

Wie von wichtigen Vertretern der Lehre bemerkt wurde, „stellen die in der neuen Strafprozessordnung zwischen Strafprozess und Zivilklage hergestellten Verbindungen das Ergebnis eines antithetischen Ansatzes zu der aus der Strafprozessordnung von 1930 dar, welche entschieden auf die Förderung der gemeinsamen Behandlung beider Sachen durch den Strafrichter gerichtet waren".[24] Die Verfasser der geltenden Strafprozessordnung haben eine ebenso entschiedene Wahl zugunsten eines Systems getroffen, das durch die Trennung und die Autonomie der beiden Verfahren charakterisiert ist. Dies geht eindeutig aus der in Art. 75 Abs. 2 und 3 c.p.p. getroffenen Regelung hervor.

Es besteht also die konkrete Möglichkeit, dass der Strafprozess und der Zivilprozess auf zwei parallelen Schienen ablaufen und mit widersprüchlichen Urteilen enden. Die italienische Rechtsordnung – so der Kassationshof[25] – ist nicht mehr durch die Grundsätze der Einheit der Gerichtsbarkeit und des Vorrangs des Strafverfahrens vor dem Zivilverfahren, sondern von denen der Autonomie jedes Prozesses und der vollen Prü-

---

21 Cass. pen., 4.6.2013, n. 29735; 11.4.2011, n. 14251; 21.10.2005, n. 38809.
22 *Cantone* (oben N. 14), S. 1281.
23 Cass. pen., 13.1.2015, n. 4380.
24 *Della Casa/Volna* (oben N. 3), S. 125.
25 Cass. civ., 10.6.2014, n. 13032.

fung der entscheidungserheblichen Rechtsfragen oder der relevanten Tatsachenfeststellungen durch jeden Zivil- oder Strafrichter geprägt.

Abs. 1 des oben erwähnten Art. 75 c.p.p. erlaubt den Transfer in den Strafprozess der Zivilklage auf Rückgabe und/oder Schadensersatz, die bereits vor dem Zivilgericht erhoben wurde. Dieser Transfer unterliegt jedoch zwei Bedingungen, einer impliziten und einer ausdrücklichen. Die implizite Bedingung ist, dass die vorgesehene Ausschlussfrist für die Einlassung als Zivilpartei (Art. 79 Abs. 1 c.p.p.) noch nicht abgelaufen ist. Die ausdrückliche Bedingung liegt darin, dass im Zivilverfahren noch kein Sachurteil gefällt wurde, auch wenn es noch nicht rechtskräftig ist. Deshalb kann aus den reinen Prozessurteilen, wie eine über die Zuständigkeit, die Gerichtsbarkeit, die Prozessvoraussetzung usw., keine Präklusionswirkung abgeleitet werden, auch wenn sie rechtskräftig sind. Die Verlegbarkeit setzt allerdings voraus, dass zwischen den beiden Verfahren eine Identität des Gegenstands, der Subjekte und der *causa petendi* besteht.

Die Ausübung des Rechts zur Verlegung der Klage in den Strafprozess durch den Geschädigten bringt den Verzicht auf die Verfahrensakte mit sich. Es ist der Strafrichter, der auch über die Kosten des Zivilprozesses entscheidet (Art. 75 Abs. 1 c.p.p.). Wird die Zivilklage nicht in den Strafprozess verlegt oder zu einem Zeitpunkt eingeleitet, in dem die Einlassung als Zivilpartei nicht mehr zugelassen ist, wird sie gemäß der Bestimmung des Art. 75 Abs. 2 c.p.p. an ihrem natürlichen Sitz vollkommen autonom vom parallelen Strafprozess fortgesetzt,[26] ohne dass das Zivilverfahren in Erwartung des strafrechtlichen Urteilsspruchs ausgesetzt werden muss.

Wenn zwischenzeitlich ein im Anschluss an eine Hauptverhandlung verkündetes und rechtskräftiges Urteil ergeht, besitzt dieses (gemäß Art. 651 Abs. 1 c.p.p.) im Zivilverfahren über die Rückgabe und den Schadensersatz Rechtskraft hinsichtlich des Vorliegens der Tat, ihrer strafrechtlichen Relevanz und der Feststellung, dass der Angeklagte sie begangen hat. Dagegen kann dasselbe, aufgrund der im Schlussteil des Art. 652 Abs. 1 c.p.p. enthaltenen salvatorischen Klausel, nicht für das etwaige im Anschluss an die Hauptverhandlung verkündete und rechtskräftige freisprechende Urteil vertreten werden, weil es gegenüber dem Geschädigten nicht geltend gemacht werden kann.

Nur ausnahmsweise ist (in Abs. 3 von Art. 75 c.p.p.) vorgesehen, dass das Zivilverfahren bis zur Fällung eines keiner Anfechtung mehr unterworfenen Strafurteils ausgesetzt bleibt: Falls die Klage gegen den Angeklagten vor dem Zivilgericht nach der Einlassung als Zivilpartei im Strafverfahren[27] oder nach dem erstinstanzlichen Strafurteil erhoben wird. In diesen Fällen kann auch der im Anschluss an die Hauptverhandlung verkündete und rechtskräftige Freispruch (Art. 652 Abs. 1 c.p.p.) im Zivilverfahren Rechtskraft erlangen.

Wie der Kassationshof bemerkt hat, setzt das Vorliegen einer Bindungswirkung im Sinne von Art. 75 Abs. 3 c.p.p. außerdem voraus, dass bei beiden Prozessen die Parteien und der Gegenstand identisch sind, dass also die Zivilklage erhoben wurde, um

---

26 *Della Casa/Volna* (oben N. 3), S. 126.
27 Dies wird sich aus offensichtlichen Gründen sehr selten ereignen.

Ersatz für den Schaden zu erlangen, der aus der vor dem Strafgericht verfahrensgegenständlichen Straftat entstanden ist, dass der Kläger im Zivilerfahren das Opfer der Straftat und dass der Beklagte Angeklagter im Strafverfahren wegen ihrer Begehung ist.[28]

Es sollte außerdem daran erinnert werden, dass von dieser Bestimmung zweckmäßiger Weise einige gesetzlich vorgesehene Ausnahmen bei der Regel der Aussetzung des Zivilprozesses gemacht wurden. In diesen Fällen ist die Erhebung der Zivilklage nach der Einlassung als Zivilpartei im Strafprozess weit davon entfernt, Ergebnis einer freien Entscheidung des Geschädigten zu sein, sondern wird vielmehr durch die Notwendigkeit diktiert.

Abschließend können im Licht der zwischen Art. 75, 82, 622, 651 und 652 c.p.p. bestehenden Verbindung die folgenden Szenarien angenommen werden. Hat der Geschädigte bereits Klage vor dem Zivilgericht erhoben und wird anschließend ein Strafprozess eingeleitet, kann derselbe Geschädigte: a) sich im Strafverfahren als Zivilpartei einlassen, solange im Zivilverfahren noch kein Sachurteil ergangen ist (auch wenn es noch nicht rechtskräftig geworden ist), und somit das Erlöschen des Zivilprozesses bewirken[29]; b) das bereits vor dem Zivilgericht angestrengte Verfahren fortführen. Hier hat nur die rechtskräftige Verurteilung im Strafprozess und nicht auch der Freispruch, wenn sie während der Anhängigkeit des Rechtsstreits ergangen ist, Rechtskraftwirkung im Zivilprozess.

Wurde der Strafprozess eingeleitet, kann der Geschädigte, soweit er noch keine Restitutions- und/oder Schadensersatzklage erhoben hat: a) sich unter Einhaltung der vorgesehenen Fristen (Art. 79 c.p.p.) als Zivilpartei einlassen oder b) die Klage vor dem Zivilgericht wählen. Genauer bedeutet dies, dass, falls seine Entscheidung zu einem Zeitpunkt eintritt, in welchem die Einlassung als Zivilpartei nicht mehr möglich ist oder bevor im Strafprozess ein erstinstanzliches Urteil ergeht, das Zivilverfahren fortgeführt wird, wobei das etwaige endgültige Freispruchurteil keine Rechtskraft im selben Zivilverfahren bewirkt. Trifft er seine Entscheidung nach Erlass eines erstinstanzlichen Urteils im Strafverfahren, bleibt das Zivilverfahren grundsätzlich bis zum Abschluss des Strafverfahrens, dessen rechtskräftiges Urteil, gleich welchen Inhalts, im Zivilprozess Rechtskraft entfaltet, ausgesetzt. Dies steht natürlich unter der Bedingung, dass die daran interessierte Partei (dem Beibringungsgrundsatz gemäß) vom Urteil Gebrauch machen will.[30]

Soweit eine Einlassung als Zivilpartei erfolgt ist, kann der Geschädigte entscheiden, die Klage mit dem daraus folgenden stillschweigenden Widerruf besagter Einlassung und der Aussetzung des Zivilverfahrens – unbeschadet einiger gesetzlich vorgesehenen Ausnahmen[31] – vor das Zivilgericht zu verlegen. Dies ist bis zum Erlass eines das Strafverfahren abschließende unwiderrufliche Urteil möglich, welches dann im Zivilverfahren rechtskräftige Wirkung erlangt.

---

28 Cass. civ., 10.6.2014, n. 13032.
29 Cass. pen., 19.5.2015, n. 24215.
30 So auch *Chiliberti*, Azione civile e nuovo processo penale, 2006, S. 303.
31 Siehe oben.

Im Fall der Aufhebung durch den Kassationshof der bloßen Verfügungen bzw. der Punkte, die die Zivilklage betreffen, oder im Fall der Annahme der von der Zivilpartei eingelegten Kassationsbeschwerde gegen das auf Freispruch des Angeklagten lautende Urteil, wandert die ursprünglich im Strafprozess erhobene Zivilklage zum Zivilgericht, da ausschließlich zivilrechtliche Fragen behandelt werden müssen.

Der allgemeine Grundsatz des *ne bis in idem* versperrt dem Geschädigten die gleichzeitige Einbringung der Zivilklage vor beiden Gerichten.[32] Unbeschadet bleibt jedoch einerseits die Möglichkeit, dass der Geschädigte hinsichtlich einer von mehreren Personen begangenen Tat gegen einige von ihnen vor dem Zivilgericht und gegen andere von ihnen im Strafverfahren vorgeht; sowie andererseits die weitere Möglichkeit, dass der Geschädigte vor verschiedenen Gerichten klagt, um den Schadenersatz für verschiedene Schadensposten zu erzielen.[33]

V. Die Frage der Zulässigkeit der Einlassung als Zivilpartei im Strafprozess gegen juristische Personen

Abschließend folgt ein kurzer Blick auf eine Auslegungsfrage, die zweifellos theoretisch-praktische Relevanz besitzt und sich in relativ jüngerer Zeit mit besonderem Bezug auf Strafprozesse gegen Körperschaften gestellt hat. Das gesetzvertretende Dekret vom 8.6.2001 Nr. 231 (nachstehend: GvD 231/2001) hat in unser Strafsystem ein neues normatives Paradigma der sanktionsrechtlichen Verantwortlichkeit von juristischen Personen und sonstigen Personenverbänden für Straftaten eingeführt.[34]

Wie von *Pulitanò* bemerkt wird, stellt das GvD 231/2001 innerhalb eines in vielerlei Hinsicht trostlosen strafpolitischen Panoramas vermutlich die bedeutendste Neuheit zur Jahrhundertwende dar, obwohl sie keineswegs in tadelloser Weise aufgebaut wurde. Über die reale Natur dieser Verantwortlichkeit – die vom Gesetzgeber formell als „verwaltungsrechtlich" qualifiziert wurde – bestehen allerdings sowohl in der Lehre, als auch in der Rechtsprechung erheblich abweichende Meinungen. Selbst die Vereinigten Strafsenate des Kassationshofs, die in den letzten Jahren sich wiederholt zu dieser Frage geäußert haben, sind zu unterschiedlichen und widersprüchlichen Schlüssen gelangt.

Die drei dargelegten Alternativen sind verwaltungsrechtliche Verantwortlichkeit dem Namen und den Fakten nach; die im Wesentlichen strafrechtliche auch entgegen des *nomen iuris* und *tertium genus*, sowie die Verantwortlichkeit, die – wie man im Ministerialbericht zum GvD 231/2001 lesen kann – die wesentlichen Züge des Strafrechtssystems und des Verwaltungsrechtssystems in dem Versuch verbindet, die Gründe für die präventive Wirksamkeit mit den noch unausweichlicheren der höchsten Rechtsstaatlichkeit zu vereinbaren. Die Frage ist andererseits nicht nur akademisch und nomi-

---

32 Cass. pen., 19.12.2014, n. 3454; 14.5.2013, n. 42817.
33 Cass. pen., 8.11.2013, n. 5801, in Bezug auf einen Fall, in dem ein Betrugsopfer eine Zivilklage auf Schadensersatz des materiellen Schadens einreichte, ihr aber nur die Entschädigung des moralischen Schadens zugesprochen wurde.
34 *Guerrini*, NZWiSt 2014, S. 361 ff.; *Rübenstahl*, RIW 2019, S. 105 ff.

nalistisch, weil hier die „verfassungsrechtlichen Bezugspunkte" der im GvD 231/2001 skizzierten Regelung auf dem Spiel stehen. Es ist nämlich klar, dass bei einer substantiell strafrechtlichen Verantwortlichkeit juristischer Personen für Straftaten die Verfassungsmäßigkeit dieser Regelung ausschließlich im Lichte jener Normen bewertet werden kann, die die Verfassung der strafrechtlichen Materie widmet.[35]

Der Kassationshof[36] erachtet außerdem, dass die Verantwortlichkeit der juristischen Person eine Verantwortlichkeit für eigenes und nicht für fremdes Handeln sei, da zu berücksichtigen wäre, dass die in ihrem Interesse oder zu ihrem Vorteil von in ihrer Struktur eingeführten Personen begangene Straftat aufgrund der Beziehung organischer Identifizierung (die die einen an die andere bindet) als eigene Tat der juristischen Person selbst angesehen werden müsse. Es handle sich auch nicht um eine objektive Verantwortlichkeit, sondern um eine verschuldensabhängige Haftung, da das System die Notwendigkeit eines Organisationsverschuldens der Körperschaft vorsieht, welches darin liegt, keine zur Vorbeugung der Begehung von Straftaten derselben Art wie diejenige, die begangen wurde, geeigneten und wirksamen Organisationsmodelle eingeführt und wirksam umgesetzt zu haben (Art. 6 und 7 GvD 231/2001).

Das GvD 231/2001 enthält eine komplexe und wohlstrukturierte Regelung sowohl substantieller als auch prozessualer Natur. Auf das Verfahren zur Haftungsfeststellung und zur Verhängung von Sanktionen finden die im III. Abschnitt desselben Dekrets vorgesehenen Normen Anwendung, und, soweit kompatibel, die Bestimmungen der Strafprozessordnung und des gesetzvertretenden Dekrets vom 28.7.1989, Nr. 271 (Art. 34 GvD 231/2001). Soweit kompatibel, finden die für den Angeklagten vorgesehenen Prozessvorschriften auf die Körperschaft Anwendung (Art. 35 GvD 231/2001).

Schon seit Langem hat sich die zweifellos theoretisch sowie praktisch relevante Frage der Zulässigkeit der Einlassung als Zivilpartei in den Strafverfahren gestellt, in denen die juristische Person angeklagt ist. Das GvD 231/2001, das einen prozessualen Teil enthält, sagt hierzu nichts, auch wenn der Verweis auf die Bestimmungen der Strafprozessordnung, soweit kompatibel, Anlass zum Denken geben könnte, dass auch die Art. 74 ff. c.p.p., die, wie gesehen, die Erhebung der Zivilklage im Strafprozess vorsehen und regeln, zur Anwendung kämen.

Zu der Frage hat sich 2010 der Kassationshof[37] geäußert und eindeutig die Unzulässigkeit der Einlassung als Zivilpartei in den Prozessen gegen Körperschaften erklärt. Der Kassationshof hat den Akzent insbesondere auf die fehlende Erwähnung des Instituts in dem GvD 231/2001 gelegt und betont, dass eine solche Auslassung keine Normlücke darstellt, sondern eher einer bewussten Entscheidung des Gesetzgebers entspricht. Für den EuGH steht die Unzulässigkeit besagter Einlassung nicht im Gegensatz zum Unionsrecht.[38]

In der Urteilsbegründung des Kassationshofs ist zu lesen, dass die der Körperschaft zurechenbare Zuwiderhandlung nicht mit der Straftat übereinstimmt, sondern etwas

---

35 In erster Linie werden die Art. 25 und 27 der Verfassung in Betracht gezogen.
36 Cass. pen., 17.9.2009, n. 36083; 16.7.2010, n. 27735; 18.9.2014, n. 38343.
37 Cass., pen., 5.10.2010, n. 2251.
38 EuGH, 12.7.2012, Rs. C-79/11.

Anderes darstellt, das sie sogar umfasst. Die im Interesse oder zum Vorteil der Körperschaft begangene Straftat „sei nur eines der Elemente, die die Verantwortlichkeit des Verbandes bewirkenden Rechtsverstoß bilden: Dieser Rechtsverstoß stellt einen komplexen Tatbestand dar, in welchem die Straftat die Hauptvoraussetzung neben der subjektiven Qualifikation der natürlichen Person und dem Vorliegen des Interesses oder des Vorteils bildet, den der Verband aus dem strafbaren Verstoß, der von einer Führungsperson oder einem Untergeordneten begangen wurde, haben muss".

Die Schlussfolgerung des Kassationshofs ist, dass wenn die Zuwiderhandlung der Körperschaft nicht mit der Straftat übereinstimmt, sondern etwas anderes darstellt, das sie sogar umfasst, muss die Anwendung der Art. 185 c.p. und 74 c.p.p. – die „einen ausdrücklichen und ausschließlichen Bezug auf die ‚Straftat' im technischen Sinne enthalten" – ausgeschlossen werden.

Man merkt jedoch nicht, dass diese Sichtweise – die später übrigens maßgebliche Unterstützung durch den Verfassungsgerichtshof erhalten hat[39] – mit der (von denselben Kassationsrichtern, wie gesehen, geteilte) Idee unvereinbar erscheint, wonach die Verantwortlichkeit des Verbandes eine Verantwortlichkeit für die eigene Tat ist, da die in ihrem Interesse oder zu ihrem Vorteil begangene Straftat aufgrund der organischen Identifizierung gerade als eigene Tat des Verbandes angesehen werden muss.

Wenn man aber von dieser (in Wahrheit nicht von allen geteilten) theoretischen Prämisse ausgeht, kann auch die Straftat der juristischen Person als eine "Straftat im technischen Sinne" gesehen werden. Es gäbe dann kein Hindernis mehr für die Anwendung jener Bestimmungen, die im Strafprozess die Ausübung der Zivilklage auf Rückgabe und/oder Schadensersatz zulassen (Art. 185 c.p. und 74 c.p.p.).

Eine letzte Bemerkung – und damit komme ich zum Ende. Auch wenn man die Einlassung als Zivilpartei gegen die Körperschaft nicht zulässt, wird jedenfalls die Möglichkeit eingeräumt, die Körperschaft selbst als zivilrechtlich Haftende zu verklagen. Auf diese Weise wird das Problem aber nur teilweise gelöst. Keine Frage, soweit der Strafprozess gleichzeitig die natürliche Person als Angeklagte und die juristische Person betrifft: In diesem Falle kann derjenige, der sich als Zivilpartei gegen die erstere eingelassen hat, die Ladung der letzteren als zivilrechtlich Haftende beantragen. Ist dagegen keine natürliche Person wegen der Straftat angeklagt, was durchaus möglich erscheint, wird die Klage gegen die Körperschaft als zivilrechtlich Haftende nicht mehr möglich sein. Dies hätte zur Folge, dass der Geschädigte ohne irgendein Mittel bleibt, um die eigenen Interessen im Strafverfahren wirksam zu schützen.[40]

---

39 Corte Costituzionale, 18.7.2014, n. 218.
40 *Sala*, Ancora in tema di azione civile ne processo penale *de societate*: La Corte Costituzionale ammette la citazione dell'ente come responsabile civile, dir. pen. cont. on line, 18.12.2014.

Karl August Prinz von Sachsen Gessaphe

Die Adhäsionsklage und das Verhältnis zwischen Strafverfahren und Zivilklage in der deutschen Rechtsordnung[*]

---

[*] Der Beitrag beruht auf dem Vortrag anlässlich des XXVII. Kongresses der Vereinigung für den Gedankenaustausch zwischen deutschen und italienischen Juristen e.V., der vom 12. bis 14.10.2018 in Salerno stattfand.

I. Einführung

1. Grundsatz der Trennung von Strafverfahren und Zivilprozess

Seit der Vereinheitlichung des Straf- und Zivilprozesses in Deutschland durch die Reichsjustizgesetze von 1877 gilt der Grundsatz, dass der Strafprozess und der Zivilprozess voneinander unabhängig sind, zumal beide unterschiedliche Zwecke verfolgen: Aufgabe des Strafprozesses ist es, den Strafanspruch des Staates um des Schutzes der Rechtsgüter Einzelner und der Allgemeinheit willen in einem justizförmigen Verfahren durchzusetzen und dem mit Strafe Bedrohten eine wirksame Sicherung seiner Grundrechte zu gewährleisten.[1] Der Zivilprozess dient im Erkenntnisverfahren dagegen dazu, das Bestehen oder Nichtbestehen subjektiver Rechte oder Rechtsverhältnisse zivilrechtlicher Natur zwischen den Parteien festzustellen oder zu gestalten.[2] Anders als etwa im französischen Recht[3] gibt es keinen Vorrang des Strafprozesses vor dem Zivilprozess;[4] für den historischen Gesetzgeber sollten Zivil- und Strafgerichten eine „freie und selbständige Stellung" gegeneinander eingeräumt werden.[5] Als Konsequenz aus dieser Sichtweise wurden mit Inkrafttreten der Reichscivilprozeßordnung am 1.10.1879 frühere landesrechtliche Regelungen abgeschafft, welche eine „bindende Kraft des strafgerichtlichen Urtheils über den Civilrichter" vorsahen.[6] Dies hat zur Folge, dass der Zivilrichter grundsätzlich nicht an Feststellungen des Strafgerichts gebunden ist.[7] Das gilt selbst dann, wenn das Opfer der in einem Strafverfahren abgeurteilten Straftat daraus resultierende Schadensersatzansprüche in einem nachfolgenden Zivilprozess gegen den Schädiger geltend macht. In der Praxis wird das Zivilgericht freilich die Akten des vorangegangenen Strafverfahrens beiziehen und die darin enthaltenen tatsächlichen Feststellungen im Wege des Urkundenbeweises nach §§ 415, 417 ZPO verwerten. Allerdings wird dadurch lediglich bezeugt, dass die Feststellungen vom ausstellenden Gericht stammen; ob sie materiellrechtlich zutreffend sind, ist damit noch nicht gesagt, denn die Beweiswirkung des Urteils nach § 417 ZPO umfasst nicht dessen inhaltliche Richtigkeit in Bezug auf rechtliche oder tatsächliche Feststellungen.[8] Das als Urkunde eingeführte Strafurteil ist somit vom Zivilgericht in seine freie Beweiswürdigung nach § 286 Abs. 1 ZPO einzubeziehen;[9] es darf weder ohne guten Grund von den Feststellungen des Strafrichters abweichen[10] noch diesen

---

1 BVerfGE 133, 168 Rn. 56 = NJW 2013, 1058; näher zu den Zwecken des Strafprozesses *Beulke*, in: Satzger/Schmitt/Widmaier, StPO – Kommentar zur Strafprozessordnung, 3. Aufl. 2018, Einl. Rn. 4 ff.

2 Näher dazu *Rosenberg/Schwab/Gottwald*, Zivilprozessrecht, 18. Aufl. 2018, § 1 Rn. 9 ff., 26 ff.

3 Dazu *v. Sachsen Gessaphe*, Das kränkelnde deutsche Adhäsionsverfahren und sein französischer Widerpart der action civile, ZZP 112 (1999) 1, 26 f.

4 *Heese*, JZ 2016, 390, 391 f.

5 *Hahn*, Die gesammten Materialien zu den Reichs-Justizgesetzen, Bd. II: Materialien zur Civilprozeßordnung, Berlin 1880, S. 280 f.

6 § 14 II Nr. 1 EGZPO lautete: „Außer Kraft treten insbesondere: 1. die Vorschriften über die bindende Kraft des strafgerichtlichen Urtheils für den Civilrichter; [...]"; zur Entstehungsgeschichte der Norm *Knauer/Wolf*, NJW-Sonderheft: 2. Hannoveraner ZPO-Symposium, 20. September 2003, 33, 34 f.

7 OLG Hamm BeckRS 2014, 124667 Rn. 50.

8 *Schreiber*, in: MüKoZPO, 5. Aufl. 2016, § 417 ZPO Rn. 6 m.w.N.

9 BGH NJW-RR 1988, 1527, 1528; OLG Hamm BeckRS 2014, 124667 Rn. 50 ff.

10 BGH NJW 1983, 1739, 1740.

unbesehen folgen.[11] Gegebenenfalls hat es eine erneute Beweisaufnahme durchzuführen, insbesondere wenn eine Partei einen Gegenbeweis anbietet.[12] Gelangt das Zivilgericht zu einer abweichenden Würdigung des Sachverhalts, so kann es trotz der vom Strafgericht ausgesprochenen Verurteilung des Schädigers die auf der abgeurteilten Tat beruhenden zivilrechtlichen Ansprüche des Opfers zurückweisen. Die strikte verfahrensrechtliche Trennung von Straf- und Zivilverfahren weist also einige Nachteile auf: Sie führt bei gleichem Lebenssachverhalt zu einer Verdoppelung von Verfahren mit entsprechendem Aufwand an Zeit und Kosten für die Justiz und die Beteiligten; es kann zu einer doppelten Beweisaufnahme kommen; vor allem birgt sie die Gefahr einander widersprechender Entscheidungen, die zu Lasten des Opfers gehen kann.

2. Das Adhäsionsverfahren als Ausweg

Um diesen Nachteilen zu begegnen, sieht das deutsche Strafprozessrecht die Möglichkeit vor, dass das Opfer einer Straftat seine zivilrechtlichen Schadensersatzansprüche bereits im Strafverfahren gegen den vermeintlichen Straftäter geltend macht. Das Zivilverfahren wird dem Strafverfahren gewissermaßen angehängt und ist diesem akzessorisch, weshalb es Adhäsionsverfahren heißt; es ist in den §§ 403-406c StPO geregelt. Sämtliche EU-Staaten kennen ein vergleichbares Verfahren,[13] so auch Italien, zumal Art. 16 I der Richtlinie 2012/29/EU über Mindeststandards für die Rechte, die Unterstützung und den Schutz von Opfern von Straftaten v. 25.10.2012[14] entsprechende Regelungen in den Mitgliedstaaten verlangt. Freilich erlangen die jeweiligen Verfahren in den einzelnen Staaten je unterschiedliche Bedeutung in der Praxis. In Deutschland spielte das Adhäsionsverfahren seit seiner Einführung 1943[15] kaum eine praktische Rolle,[16] während das vergleichbare Verfahren in Frankreich[17] oder Italien[18] zum gerichtlichen Alltag gehört. Durch Reformen von 1986[19] und 2004[20] hat der deutsche Gesetzgeber versucht, die Praxisrelevanz des Verfahrens zu erhöhen. Die Auswirkungen

---

11 Zu letzterem BGH WM 1973, 560, 561.
12 BGH NJW-RR 1988, 1527, 1528.
13 Rechtsvergleichende Hinweise zu Österreich und zur Schweiz bei *Zander*, Das Adhäsionsverfahren im neuen Gewand, 2011, S. 270 ff.; zu weiteren Staaten *Heese*, JZ 2016, 390, 393 ff.; speziell zu Frankreich *v. Sachsen Gessaphe*, ZZP 112 (1999) 1, 20 ff.
14 ABl. EU 2012 L 315/57.
15 Durch die Dritte Vereinfachungsverordnung zur StPO vom 29.5.1943, RGBl. I 342; einer der Hauptgründe der Einführung zu diesem Zeitpunkt lag in dem kriegsbedingten Bedarf nach personeller Entlastung der Gerichte, *Grau*, Die dritte Verordnung zur Vereinfachung der Strafrechtspflege vom 29.5.1943, DJ 1943, 329 ff., 331; zur Geschichte des Adhäsionsverfahrens *v. Sachsen Gessaphe*, ZZP 112 (1999) 1, 5 f.
16 So *Heese*, JZ 2016, 390, 399; *Schmitt*, in: Meyer-Goßner/Schmitt, StPO, 62. Aufl. 2019, Vor § 403 StPO Rn. 1; *Becker*, in: Löwe-Rosenberg, StPO VIII, 26. Aufl. 2009, Vor § 403 StPO Rn. 8; für den Zeitraum bis zur Reform von 2004 ebenso *Weiner*, in: Dölling/Duttge/König/Rössner, Gesamtes Strafrecht, 4. Aufl. 2017, § 403 StPO Rn. 2.
17 *v. Sachsen Gessaphe*, ZZP 112 (1999) 1, 25.
18 Dazu *De Simone*, Die Adhäsionsklage und das Verhältnis zwischen Strafverfahren und Zivilklage in der italienischen Rechtsordnung, in Jahrbuch für Italienisches Recht Band 32 (2019), S. 3 ff. (in diesem Band).
19 Erstes Gesetz zur Verbesserung der Stellung des Verletzten im Strafverfahren vom 18.12.1986, BGBl. I 2496.
20 Gesetz zur Verbesserung der Rechte von Verletzten im Strafverfahren vom 24.6.2004, BGBl. I 1354.

dieser Reformen in der Praxis sind durchaus unterschiedlich: Nach den statistischen Daten wird das Adhäsionsverfahren vor den Amtsgerichten immer noch sehr selten praktiziert,[21] während dies vor Landgerichten häufiger der Fall ist,[22] wobei starke regionale Unterschiede festzustellen sind.[23] Ein Anstieg ist vor allem bei Gewaltdelikten[24] und bei der Geltendmachung von Schmerzensgeld zu verzeichnen. Eine empirische Untersuchung hat freilich wesentlich höhere Anwendungszahlen ergeben.[25]

Inwiefern das Adhäsionsverfahren geeignet ist, den eingangs beschriebenen Nachteilen aus der strikten Trennung von Straf- und Ziviljustiz zu begegnen, soll nachfolgend kurz aufgezeigt werden. Ausgangspunkt unserer Überlegungen ist ein vom Bundesgerichtshof in Zivilsachen entschiedener Fall aus dem Jahre 2012, der für die Problematik paradigmatisch ist.

II. Ausgangsfall

Dem Ausgangsfall lag verkürzt folgender Sachverhalt zu Grunde:[26] Zwei Personen, K und B, hatten eine Auseinandersetzung, in deren Verlauf B als Fahrer eines bei V haftpflichtversicherten Pkw den K angefahren hatte. K erlitt dabei diverse Verletzungen. B wurde deswegen vor dem zuständigen Strafgericht angeklagt. Zugleich beantragte K im Wege des Adhäsionsverfahrens, den B zur Zahlung eines angemessenen Schmerzensgeldes und zum Ersatz materieller Schäden zu verurteilen. Durch rechtskräftiges Urteil wurde B wegen fahrlässiger Körperverletzung zu einer Geldstrafe verurteilt. Den Schadensersatzanspruch des K erklärte das Strafgericht wegen fahrlässiger Körperverletzung dem Grunde nach für gerechtfertigt.

K verfolgte seine im Adhäsionsverfahren geltend gemachten Ansprüche danach vor einem Zivilgericht gegen B weiter, verklagte aber auch dessen Haftpflichtversicherer V. Das Zivilgericht gab der Klage teilweise statt und verurteilte die Beklagten als Gesamtschuldner zur Zahlung eines Schmerzensgeldes sowie zum Ersatz außergericht-

---

21 Nach den Angaben des Statistischen Bundesamtes für 2017, Fachserie 10, Reihe 2.3, handelte es sich bei 0,91 % der bundesweit vor Amtsgerichten abgeschlossenen Strafverfahren um Adhäsionsverfahren, wobei End- und Grundurteile sowie gerichtlich protokollierte Vergleiche zusammengefasst sind, https://www.destatis.de/SiteGlobals/Forms/Suche/Expertensuche_Formular.html?resourceId=2402&input_=2408&pageLocale=de&templateQueryString=adh%C3%A4sionsverfahren&submit.x=0&submit.y=0 (zuletzt abgerufen 7.10.2019).

22 Nach den Angaben des Statistischen Bundesamtes für 2017, Fachserie 10, Reihe 2.3, handelte es sich bei 4,97 % der bundesweit erstinstanzlich vor Landgerichten abgeschlossenen Strafverfahren um Adhäsionsverfahren, wobei End- und Grundurteile sowie gerichtlich protokollierte Vergleiche zusammengefasst sind, https://www.destatis.de/SiteGlobals/Forms/Suche/Expertensuche_Formular.html?resourceId=2402&input_=2408&pageLocale=de&templateQueryString=adh%C3%A4sionsverfahren&submit.x=0&submit.y=0 (zuletzt abgerufen 7.10.2019); vergleichende Daten über mehrere Jahre bei *Grau*, in: MüKoStPO, 1. Aufl. 2019, § 403 StPO Rn. 3 ff.; Satzger/Schmitt/Widmaier/*Schöch* (oben N. 1), Vor § 403 StPO Rn. 7; *Haller*, NJW 2011, 970, 971.

23 So lagen die Zahlen erstinstanzlich vor Landgerichten in Berlin nur bei 3,93 %, in Hessen dagegen bei 6,7 %.

24 Dölling/Duttge/König/Rössner/*Weiner* (oben N. 16), § 403 StPO Rn. 2.

25 So hat *Zander* (oben N. 13) eine empirische Untersuchung durch Befragung von 790 Strafrichtern bundesweit durchgeführt, die zu wesentlich höheren Fallzahlen kam, ebenda, S. 226 ff., 241 f.

26 BGH NJW 2013, 1163 = JZ 2013, 1166, dazu *Foerster*, JZ 2013, 1143.

licher Rechtsanwaltskosten. Der BGH hatte schließlich über die zur Revision zugelassene Frage zu entscheiden, inwieweit die in einem Adhäsionsverfahren ergangene
Entscheidung Bindungswirkung für den nachfolgenden Schadensersatzprozess gegen
den Haftpflichtversicherer des Schädigers entfalte.

Der BGH unterstreicht, dass aufgrund des im Adhäsionsverfahren ergangenen Urteils
im Verhältnis zwischen K und B dessen Haftung dem Grunde nach rechtskräftig festgestellt sei, woran das Zivilgericht im nachfolgenden Betragsverfahren gebunden sei.
Eine Bindungswirkung des Adhäsionsgrundurteils gegenüber V scheide aber aus, weil
V an dem Adhäsionsverfahren nicht beteiligt gewesen sei.

III. Gesetzliche Regelung des Adhäsionsverfahrens in Deutschland

Das Opfer einer Straftat kann seine vermögensrechtlichen Ansprüche gegen den als
Täter Beschuldigten im Wege des Adhäsionsverfahrens im Strafverfahren geltend machen, wenn es einen entsprechenden Antrag nach §§ 403 f. StPO beim zuständigen
Gericht stellt. Ist das Adhäsionsverfahren zulässig (sub 1), folgt dieses weithin strafprozessualen Grundsätzen, wobei es zu Spannungen mit zivilprozessualen Maximen
kommen kann (sub 2). Dem Antrag kann ganz oder teilweise stattgegeben werden
(sub 3). Soweit dem Antrag nicht stattgegeben wird, hat das Strafgericht von der Entscheidung abzusehen, eine negative Sachentscheidung ist ihm verwehrt.

1. Zulässigkeit des Adhäsionsverfahrens

Das Adhäsionsverfahren ist zulässig, wenn eine antragsberechtigte Person gegen den
Beschuldigten vor dem zuständigen Strafgericht einen Antrag stellt, der den Anforderungen der §§ 403 f. StPO genügt, und die anwendbaren zivilprozessualen Sachurteils-
voraussetzungen vorliegen.

a) Antragsberechtigung

Antragsberechtigt ist nur, wer durch die im Strafverfahren verfolgte Straftat selbst verletzt worden ist, oder dessen Erbe(n). Der behauptete vermögensrechtliche Anspruch
muss also grundsätzlich in der Person des Antragstellers entstanden sein. Damit scheiden vor allem Personen aus, welche erst im Wege der Rechtsnachfolge unter Lebenden
den Anspruch erworben haben: Das sind zum einen Personen, auf die der Anspruch
des Verletzten im Wege der Legalzession übergegangen ist, also vor allem Sozialver-
sicherungsträger oder private Versicherer, aber ebenso Personen, die im Wege der
gewillkürten Zession seinen Anspruch erworben haben. Der Strafrichter sollte nicht
mit der oftmals schwierigen Feststellung der Rechtsnachfolge unter Lebenden befasst
werden,[27] die zudem das Strafverfahren verzögern könnte.[28]

---

27 Meyer-Goßner/Schmitt/*Schmitt* (oben N. 16), § 403 StPO Rn. 4.
28 Löwe-Rosenberg/*Hilger* (oben N. 16), § 403 StPO Rn. 3.

b) Antragsgegner

Umgekehrt ist Antragsgegner allein der im Strafverfahren Beschuldigte.[29] Wer neben diesem zivilrechtlich haftet, spielt keine Rolle, denn das Strafverfahren soll nicht einer umfassenden Abwicklung zivilrechtlicher Ansprüche dienen. Damit scheidet für den Verletzten insbesondere die Möglichkeit aus, im Adhäsionsverfahren einen Direktanspruch gegen den Pflichtversicherer des Beschuldigten geltend zu machen[30] oder diesen im Wege der Streitverkündung nach §§ 72 ff. ZPO in das Verfahren einzubeziehen;[31] ebenso kann der Pflichtversicherer nicht als Nebenintervenient dem Verfahren beitreten.[32] Daher konnte K im Ausgangsfall (supra II) den Adhäsionsantrag nicht gegen V als den Haftpflichtversicherer des B stellen. Dies mindert die Attraktivität des Adhäsionsverfahrens gerade bei Verkehrsunfällen erheblich.[33]

c) Vermögensrechtlicher Anspruch

Der Antragsteller muss einen vermögensrechtlichen Anspruch geltend machen, der aus der im Verfahren verfolgten Straftat erwachsen und noch nicht anderweitig rechtshängig ist. Typischerweise handelt es sich dabei um Ansprüche auf Schadensersatz und Schmerzensgeld aus unerlaubten Handlungen (§§ 823 ff., 253 Abs. 2 BGB), beim Tod des Verletzten können Ansprüche auf Ersatz der Beerdigungskosten (§ 844 Abs. 1 BGB) sowie von Unterhalt und Hinterbliebenengeld naher Angehöriger (§ 844 Abs. 2 und 3 BGB) dazukommen. Sonstige Ansprüche vermögensrechtlicher Art sind denkbar.[34]

Dagegen scheiden Ansprüche aus objektiver oder Gefährdungshaftung aus, wie sie bei Verkehrsunfällen (§ 7 StVG) oder bei der Produkthaftung (§ 1 Produkthaftungsgesetz) von Bedeutung sind. Grund hierfür ist, dass sie mangels Verschuldenserfordernisses nicht aus einer Straftat erwachsen können, da gem. § 15 StGB nur ein vorsätzliches oder fahrlässiges Verhalten strafbar ist. Gerade bei Verkehrsunfällen kann dies zu einer erheblichen Einengung des Anwendungsbereichs des Adhäsionsverfahrens führen.

d) Antrag

Erforderlich ist ein Antrag des Verletzten. Ist dieser am Strafverfahren noch nicht beteiligt, so muss er überhaupt von der Möglichkeit, einen Adhäsionsantrag stellen zu können, erfahren. Hierin lag in der Vergangenheit ein erheblicher Schwachpunkt des Adhäsionsverfahrens, da Opfer einer Straftat oftmals gar keine Kenntnis von der Möglichkeit einer entsprechenden Antragstellung hatten. Schon bei Einführung des Adhäsionsverfahrens war zwar in § 403 Abs. 2 StPO a.F. eine Sollvorschrift eingeführt worden, dass der Verletzte über das Strafverfahren zu informieren und er auf die Mög-

---

29 Die je unterschiedliche Terminologie hängt gem. § 157 StPO vom jeweiligen Verfahrensstadium ab.
30 Meyer-Goßner/Schmitt/*Schmitt* (oben N. 16), § 403 StPO Rn. 7.
31 LG Wuppertal NStZ-RR 2003, 179.
32 BGH NJW 2013, 1163 Rn. 14 = JZ 2013, 1166, dazu *Foerster*, JZ 2013, 1143, 1146.
33 So auch *Loos*, GA 2006, 195, 197.
34 Zu möglichen weiteren Ansprüchen Meyer-Goßner/Schmitt/*Schmitt* (oben N. 16), § 403 StPO Rn. 10.

lichkeit, seine vermögensrechtlichen Ansprüche dort geltend zu machen, hinzuweisen sei. Trotz Verschärfung dieser Hinweispflichten zeigten empirische Untersuchungen allerdings, dass hier noch Nachholbedarf bestand.[35] In Umsetzung der oben (supra I.2) erwähnten Richtlinie 2012/29/EU ist daher diese Verpflichtung durch das 3. Opferrechtsreformgesetz[36] in § 406i Abs. 1 Nr. 3 StPO neu gefasst und dabei konkretisiert und erweitert worden. Die formellen Anforderungen an den Antrag sind in § 404 StPO normiert und nicht sehr hoch, er kann inner- oder außerhalb der Hauptverhandlung sogar mündlich gestellt werden, § 404 Abs. 1 Satz 1 StPO. Der Verletzte muss sich dabei nicht durch einen Anwalt vertreten lassen, er kann dies aber gem. § 406 f. StPO tun; aus der Geltung der Inquisitionsmaxime im Strafverfahren folgt, dass die Bestimmungen des § 78 ZPO über den Anwaltszwang für das Adhäsionsverfahren nicht gelten. Die inhaltlichen Anforderungen entsprechen denen der Klageschrift im Zivilprozess (§ 404 Abs. 1 Satz 2 StPO), insbesondere ist ein geltend gemachter Geldbetrag zu beziffern; dies ist Ausfluss des zivilprozessualen Bestimmtheitserfordernisses. Die Zivilgerichte erkennen indes gewisse Durchbrechungen desselben an,[37] besonders bei Ansprüchen auf Schadensersatz und auf Schmerzensgeld, deren Höhe sich erst aufgrund einer Beweisaufnahme bestimmen lässt: Hier lässt die Rechtsprechung bei hinreichend genauer Darlegung der anspruchsbegründenden Tatsachen und Angabe einer ungefähren Größenordnung die Stellung eines unbezifferten Klageantrags zu;[38] im Adhäsionsverfahren folgen die Strafgerichte dieser Linie.[39] Mit Eingang des Antrags bei Gericht tritt die Rechtshängigkeit des Anspruchs ein, § 404 Abs. 2 StPO.

2. Verfahrensgrundsätze

Das Verfahren unterliegt weitgehend strafprozessualen Regeln und somit der StPO. Hier zeigen sich starke Unterschiede zum zivilprozessualen Verfahren, was zu Reibungen führt.[40] Allerdings haben die beiden großen Reformen von 1986 und 2004 zu einer Annäherung beider Verfahrensarten geführt.

a) Dispositionsbefugnis des Verletzten

Weitgehend unproblematisch ist die Geltung der Dispositionsmaxime im Adhäsionsverfahren: Allein der Verletzte hat es in der Hand, ob er durch Stellung eines Adhäsionsantrags gem. § 404 Abs. 1 StPO seine Ansprüche im Strafprozess durchsetzen oder hierfür lieber den Weg zu den Zivilgerichten wählen möchte. Allerdings setzt die Ausübung der Option für das Adhäsionsverfahren voraus, dass die Staatsanwaltschaft

---

35 Für die Zeit vor der Reform von 2004 *Kaiser*, Die Stellung des Verletzten im Strafverfahren: Implementation und Evaluation des „Opferschutzgesetzes" (1991) (Kriminologische Forschungsberichte aus dem Max-Planck-Institut für Ausländisches und Internationales Strafrecht, 53) S. 264 f.; für die Zeit seit der Reform von 2004 *Zander* (oben N. 13), S. 330.

36 Gesetz zur Stärkung der Opferrechte im Strafverfahren v. 3.12.2015, BGBl. I 2525.

37 MüKoZPO/*Becker-Eberhard* (oben N. 8), § 253 ZPO Rn. 117 ff.

38 BGHZ 132, 341, 350 = NJW 1996, 2425.

39 BGH NStZ-RR 2016, 351.

40 Hierzu unter dem Rechtszustand vor der Reform von 2004 eingehend *v. Sachsen Gessaphe*, ZZP 112 (1999) 1, 11 ff.

überhaupt ein Strafverfahren eingeleitet hat. Tut sie das nicht, so sind die Möglichkeiten des Verletzten, die Einleitung eines Strafverfahrens zu erzwingen, außerhalb der Fälle der Privatklagedelikte i.S.d. § 374 StPO wegen der Geltung der strafprozessualen Offizialmaxime (§ 152 Abs. 1 StPO) relativ beschränkt.[41] Ohne Einleitung eines Strafverfahrens bleibt dem Verletzten somit nur der Zivilrechtsweg, um gegen den vermeintlichen Schädiger Schadensersatzansprüche durchzusetzen.

Mit der Antragstellung bestimmt der Verletzte zugleich über den Prozessgegenstand der Adhäsion, § 404 Abs. 1 Satz 2 StPO. Wie der Zivilrichter ist der Strafrichter in der Adhäsion nach § 308 Abs. 1 ZPO analog an die Anträge der Beteiligten gebunden und darf folglich nicht mehr zusprechen, als der Verletzte beantragt hat, aber durchaus weniger.

Ursprünglich war die Disposition der Parteien über das Ende des Verfahrens beschränkt auf die Befugnis des Verletzten, seinen Antrag nach § 404 Abs. 4 StPO bis zur Verkündung des Urteils zurückzunehmen. Erst durch die Reform von 2004 wurde die Möglichkeit eingeführt, das Verfahren gem. § 405 StPO durch einen gerichtlichen Vergleich über den zivilrechtlichen Anspruch (sub III.3.d) oder nach § 406 Abs. 2 StPO durch ein Anerkenntnisurteil zu beenden (sub III.3.c). Dagegen ist ein Verzicht des Verletzten mit der Folge der Abweisung des Adhäsionsantrags entsprechend § 306 ZPO nach wie vor ausgeschlossen, weil dem Strafgericht durch § 406 Abs. 1 Satz 3 StPO ein negatives Sachurteil in Bezug auf den Antrag verwehrt ist (sub III.3.e);[42] hält es diesen für unbegründet, so muss es von einer Entscheidung vielmehr absehen. Dem Beschuldigten bleibt dann die Möglichkeit, vor einem Zivilgericht negative Feststellungsklage gegen den Verletzten mit dem Antrag zu erheben, festzustellen, dass letzterem der behauptete Anspruch nicht zusteht, und sich dabei auf den im Strafverfahren erklärten Verzicht zu berufen.

b) Geltung der Inquisitionsmaxime und Spannungen mit dem Beibringungsgrundsatz

Der entscheidende Vorteil des Adhäsionsverfahrens für den Verletzten liegt in der Geltung der Untersuchungs- oder Inquisitionsmaxime für die Beibringung des Prozessstoffes:[43] Im Zivilprozess obliegt es den Parteien, den Prozessstoff beizubringen, also die entscheidungserheblichen Tatsachen vorzutragen und im Bestreitensfalle zu beweisen. Im Strafverfahren hat das Gericht hingegen nach § 244 Abs. 2 StPO „zur Erforschung der Wahrheit die Beweisaufnahme von Amts wegen auf alle Tatsachen und Beweismittel zu erstrecken, die für die Entscheidung von Bedeutung sind." Es gilt der Grundsatz der freien richterlichen Beweiswürdigung aus § 261 StPO. Im Adhäsionsverfahren kann der Verletzte somit die vom Gericht im Wege der Amtsermittlung festgestellte Tatsachengrundlage für die Strafbarkeit des Schädigers nutzen, um seinen

---

41 Außerhalb der Fälle der Privatklagedelikte ist das Klageerzwingungsverfahren nach §§ 172-177 StPO möglich; dieses hat aber praktisch kaum Erfolg und daher keine Bedeutung, *Roxin/Schünemann*, Strafverfahrensrecht, 29. Aufl. 2017, § 41 Rn. 3.

42 *Velten*, in: Wolter, Systematischer Kommentar zur Strafprozessordnung (SK-StPO), 4. Aufl. 2013, § 404 StPO Rn. 16 m.w.N.; offen gelassen Löwe-Rosenberg/*Hilger* (oben N. 16), § 404 StPO Rn. 19; a.A. *Köckerbauer*, NStZ 1994, 305, 308.

43 Dazu und zum Folgenden *v. Sachsen Gessaphe*, ZZP 112 (1999) 1, 12 ff.

zivilrechtlichen Anspruch gegen diesen darauf zu stützen, ohne insoweit Beweise bei-bringen und hierfür einen Auslagenvorschuss (§§ 379, 402 ZPO) leisten zu müssen. Die Amtsermittlungspflicht erstreckt sich auf sämtliche entscheidungsrelevanten Fragen, auf anspruchsbegründende ebenso wie auf einwendungsbegründende; sie erfasst so-gar den Entschädigungsanspruch einschließlich dessen Höhe,[44] letzteres, sofern kein Grundurteil ergeht.

Diese Privilegierung des Verletzten gegenüber dem Zivilprozess wird durch den pro-zessökonomischen Zweck des Adhäsionsverfahrens legitimiert, soweit der Prozess-stoff ohnehin für die Feststellung der Strafbarkeit des Schädigers zu ermitteln ist. Re-gelmäßig ist das hinsichtlich des Haftungsgrundes der Fall, weniger hingegen bezüglich der Schadenshöhe, da diese nur *grosso modo* für die Strafzumessung relevant wird. Soweit sich der Prozessstoff dagegen allein auf den zivilrechtlichen Anspruch bezieht, wird dessen Ermittlung im Strafverfahren zwar durch den Gedanken des Sachzusam-menhangs gedeckt, doch widerspricht dies dem strafprozessualen Beschleunigungs-gebot; zudem steht die Anwendung des strafprozessualen Untersuchungsgrundsatzes im Widerspruch zu der dem Kläger im Zivilprozess obliegenden Beibringungslast. Allerdings relativiert sich dieser Widerspruch, weil unser Prozessrecht die Extrem-positionen von Untersuchungs- und Verhandlungsgrundsatz jeweils abmildert und in der Rechtswirklichkeit selbst im Strafprozess der Sachvortrag der Beteiligten von ent-scheidender Bedeutung ist.[45]

Zudem findet im Adhäsionsverfahren eine punktuelle Annäherung beider Verfahren statt: Das Strafgericht hat grundsätzlich nach § 244 Abs. 2 StPO, der auch im Adhä-sionsverfahren gilt, von Amts wegen im Strengbeweis sämtliche Umstände zu er-mitteln, die in Bezug auf den vermögensrechtlichen Anspruch entscheidungserheb-lich sind.[46] Im Zivilprozess sieht § 287 ZPO indes Beweiserleichterungen vor, um die haftungsausfüllende Kausalität zwischen der im Vollbeweis nach § 286 ZPO festzu-stellenden Rechtsgutverletzung oder sonstigen Haftungsbegründung und dem Scha-denseintritt sowie um die Schadenshöhe zu bestimmen. Auf diese Vorschrift greift der Strafrichter im Adhäsionsverfahren ebenfalls zurück,[47] was zum einen zu einer we-sentlichen Abmilderung der Darlegungs- und Beweisführungslast des Verletzten führt, zum anderen dem Gericht die Beweisführung erleichtert. Die Geltung des § 287 ZPO spielt vor allem für die Feststellung einer künftigen Schadensersatzpflicht und die Ver-urteilung zur Zahlung von Schmerzensgeld eine Rolle. Letztlich soll der Geschädigte insoweit nicht schlechter stehen, als wenn er seinen Anspruch im Zivilprozess geltend machte.

Gleichwohl führt die Geltung des materiellen Wahrheitsprinzips im Adhäsionsverfah-ren zu Spannungen mit dem formellen des Zivilprozesses. Das zeigt sich insbesondere an der Spannungslage zwischen den zivilrechtlichen Beweislastregeln und den strafpro-zessualen Grundsätzen der Amtsermittlung und des *in dubio pro reo*: Im Zivilprozess

---

44 Näher Löwe-Rosenberg/*Hilger* (oben N. 16), § 404 StPO Rn. 9.
45 Dazu *Rosenberg/Schwab/Gottwald* (oben N. 2), § 77 Rn. 5 ff.
46 Allgemeine Meinung Meyer-Goßner/Schmitt/*Schmitt* (oben N. 16), § 404 StPO Rn. 11.
47 Löwe-Rosenberg/*Hilger* (oben N. 16), § 404 StPO Rn. 9; SK-StPO/*Velten* (oben N. 42), § 404 StPO Rn. 12.

geht im Bestreitensfalle die Unerweislichkeit der anspruchsbegründenden Tatsachen zu Lasten des klagenden Geschädigten, die der einwendungsbegründenden zu Lasten des beklagten Schädigers. Im Strafprozess greift aber die Regel des *in dubio pro reo*, wonach sich die Unerweislichkeit für die Strafbegründung und -zumessung relevanter Tatsachen zu Gunsten des Angeklagten auswirkt.[48] Eine Übertragung dieses Grundsatzes auf den mit einem Adhäsionsantrag verfolgten vermögensrechtlichen Anspruch des Verletzten scheidet indes aus, denn sonst würde der Verletzte unterschiedlich behandelt, je nachdem, ob er seinen vermögensrechtlichen Anspruch im Straf- oder im Zivilprozess geltend macht; es bleibt insoweit also bei der Geltung der zivilrechtlichen Beweislastregeln.[49] Gleichwohl kann die Anwendung des Grundsatzes auf die angeklagte Straftat Auswirkungen auf die Entscheidung über den Adhäsionsantrag zeitigen, wie noch darzulegen ist (sub III.3.a).

c) Stellung des Verletzten im Verfahren

Seit der Reform von 1986 ist die Stellung des Verletzten als eines selbständigen Prozessbeteiligten[50] in einem eigenen Abschnitt im Anschluss an die Vorschriften über das Adhäsionsverfahren normiert.[51] In Umsetzung der Richtlinie 2012/29/EU sind diese Vorschriften modifiziert worden und nun in §§ 406d-406k StPO normiert.[52] Außerdem ist der Verletzte gem. § 404 Abs. 3 Satz 2 StPO an der Hauptverhandlung zu beteiligen. Wegen Art. 103 Abs. 1 GG folgt daraus, dass dem Verletzten in Bezug auf seinen zivilrechtlichen Anspruch rechtliches Gehör zu gewähren ist: Ihm ist daher eine aktive Rolle zuzubilligen, er ist anzuhören und kann Beweisanträge, die seinen Anspruch betreffen, stellen. Aus dem Anwesenheitsrecht folgt, dass der Verletzte zugleich als Antragsteller Partei und Zeuge in eigener Sache sein kann, während er im Zivilprozess nicht Zeuge sein, sondern nur unter den engen Voraussetzungen der §§ 447 f. ZPO als Partei vernommen werden kann. Allerdings stellt sich dann die Frage, ob der Antragsteller als Zeuge gem. § 58 Abs. 1 StPO von der Vernehmung der anderen Zeugen auszuschließen[53] oder ihm aufgrund seines Anwesenheitsrechts und seines Anspruchs auf rechtliches Gehör trotzdem die Anwesenheit zu gestatten ist;[54] regelmäßig wird er als erster Zeuge zu vernehmen sein, um diese Problematik zu umgehen.[55]

---

48 Eingehend zu diesem Grundsatz *Ott*, in: Hannich, Karlsruher Kommentar zur Strafprozessordnung, 8. Aufl. 2019, § 261 StPO Rn. 63 ff. (nf. KK/*Bearbeiter*).

49 LG Berlin NZV 2006, 389; SK-StPO/*Velten* (oben N. 42), § 404 StPO Rn. 12.

50 Näher dazu *Zander* (oben N. 13), S. 122 ff.; kritisch Löwe-Rosenberg/*Hilger* (oben N. 16), § 404 StPO Rn. 12 ff.

51 §§ 406d-h StPO i.d.F. des Ersten Gesetzes zur Verbesserung der Stellung des Verletzten im Strafverfahren vom 18.12.1986, BGBl. I 2496.

52 Die Vorschriften wurden durch das 3. Opferrechtsreformgesetz v. 3.12.2015 (BGBl. 2015 I 2525) reformiert; näher dazu *Ferber*, NJW 2016, 279, 280 ff.

53 So etwa *Meier/Dürre*, JZ 2006, 18, 21.

54 Befürwortend MüKoStPO/*Grau* (oben N. 22), § 404 StPO Rn. 5; Meyer-Goßner/Schmitt/*Schmitt* (oben N. 16), § 404 StPO Rn. 7; Löwe-Rosenberg/*Hilger* (oben N. 16), § 404 StPO Rn. 13a; Dölling/Duttge/König/Rössner/*Weiner* (oben N. 16), § 404 StPO Rn. 5; Satzger/Schmitt/Widmaier/*Schöch* (oben N. 1), § 404 StPO Rn. 12.

55 Satzger/Schmitt/Widmaier/*Schöch* (oben N. 1), § 404 StPO Rn. 12; Löwe-Rosenberg/*Hilger* (oben N. 16), § 404 StPO Rn. 13a.

3. Entscheidungsmöglichkeiten über den Antrag

Die Entscheidungsmöglichkeiten des Gerichts werden wesentlich durch die Akzessorietät der Zivilsache zur Strafsache bestimmt, weshalb hierauf vorab einzugehen ist.

a) Unbedingte Akzessorietät des Adhäsionsverfahrens

Eine stattgebende Sachentscheidung über den Adhäsionsantrag kann gem. § 406 Abs. 1 Satz 1 StPO grundsätzlich nur ergehen, wenn der Angeklagte einer Straftat schuldig gesprochen oder gegen ihn zumindest eine Maßregel der Besserung und Sicherung angeordnet wird; im ersten Fall ist entscheidend nicht der Rechtsfolgenausspruch, sondern der Schuldspruch.[56] Es kommt daher zu keiner Sachentscheidung über den Adhäsionsantrag, sondern zu einer Absehensentscheidung nach § 406 Abs. 1 Satz 3 StPO, wenn der Angeklagte nicht einer Straftat für schuldig gesprochen und auch nicht eine Maßregel der Besserung und Sicherung gegen ihn angeordnet wird. Wie der BGH betont, kommt es auf die Gründe für einen fehlenden Schuldspruch oder das Unterbleiben der Anordnung einer Maßregel nicht an.[57] Daneben muss das Gericht den vermögensrechtlichen Anspruch ganz oder zum Teil bejahen. Hierin manifestiert sich der Grundgedanke der Akzessorietät der Zivilsache zur Strafsache, wonach nur Ansprüche im Strafverfahren verbeschieden werden können, die ihre Grundlage gerade in der angeklagten Straftat haben.[58] Die gemeinsame Verhandlung von Zivil- und Strafsache wird mit dem Sachzusammenhang begründet, weil beide von der angeklagten Straftat ihren Ausgangspunkt nehmen. Dies wird als der Adhäsionszusammenhang bezeichnet.[59] Dieser Grundsatz setzt sich im Rechtsmittelverfahren gem. § 406a Abs. 3 StPO fort, denn wird die strafrechtliche Verurteilung oder Anordnung einer Maßregel gegen den Angeklagten vom Rechtsmittelgericht aufgehoben, so ist die dem Antrag stattgebende Entscheidung ebenfalls aufzuheben, selbst wenn die Ausgangsentscheidung insoweit nicht angegriffen worden ist.[60]

Umgekehrt kann der Adhäsionsantrag selbst bei Bejahung der strafrechtlichen Schuld unbegründet erscheinen; das geltende Recht verbietet hier aber eine Abweisung des Adhäsionsantrags, obwohl die Akzessorietät der Zivilsache nicht dazu zwingt. Begründet wird dies damit, dass es nicht Sache des Strafrichters sei, einen zivilrechtlichen Anspruch rechtskräftig abzuweisen, hierfür sei vielmehr der Zivilrichter zuständig.[61] Dahinter verbirgt sich der Gedanke der Prozessökonomie, denn das Strafgericht soll nicht unnötig mit zivilrechtlichen Fragestellungen befasst sein.[62] Letztlich führt dies

---

56 SK-StPO/*Velten* (oben N. 42), § 406 StPO Rn. 14.
57 BGH NStZ 2003, 321: „aus welchen Gründen auch immer".
58 BGH NStZ 2003, 321; näher zum Erfordernis derselben Tat SK-StPO/*Velten* (oben N. 42), § 406 StPO Rn. 14.
59 SK-StPO/*Velten* (oben N. 42), § 406 StPO Rn. 4.
60 Löwe-Rosenberg/*Hilger* (oben N. 16), § 406a StPO Rn. 15.
61 BGH NStZ 2003, 565; so bereits *Schönke*, Beiträge zur Lehre vom Adhäsionsprozeß, 1935 (Abhandlungen des kriminalistischen Instituts an der Universität Berlin, 4.3.3) S. 173.
62 Siehe auch *Zander* (oben N. 13), S. 72.

dazu, dass das Adhäsionsverfahren für den Verletzten sehr günstig ist, er kann dadurch „nur gewinnen, nicht aber verlieren".[63]

Die Akzessorietät zeigt sich überdies, wenn anspruchsbegründende Tatsachen unerweislich sind. Das Gericht muss dann von einer Entscheidung über den Adhäsionsantrag absehen: Soweit die Unerweislichkeit Tatsachen betrifft, welche zugleich die Strafbarkeit des Angeklagten betreffen, scheidet dessen strafrechtliche Verurteilung wegen des Grundsatzes *in dubio pro reo* aus; infolge der Akzessorietät der Zivilsache ist daher von einer Entscheidung hierüber nach § 406 Abs. 1 Satz 1 StPO abzusehen. Besteht ein solcher Zusammenhang hingegen nicht, so ergeht die Absehensentscheidung nach § 406 Abs. 1 Satz 3 StPO wegen Unbegründetheit des Antrags. Sind einwendungsbegründende Tatsachen unbewiesen, so wäre dem Adhäsionsantrag beim Vorliegen der sonstigen Anspruchsvoraussetzungen an sich stattzugeben. Soweit jene Tatsachen jedoch zugleich für den strafrechtlichen Schuldspruch maßgeblich sind, scheitert eine positive Entscheidung über den Adhäsionsantrag allerdings an dessen Akzessorietät zur Strafsache, weil wegen des Grundsatzes *in dubio pro reo* ein strafrechtlicher Schuldspruch nicht möglich ist; es muss dann also ebenfalls eine Absehensentscheidung ergehen. Ein Beispiel hierfür liefert der Einwand des Antragsgegners und Angeklagten, bei der Begehung der Straftat bzw. unerlaubten Handlung unzurechnungsfähig gewesen zu sein: Zivilrechtlich obliegt ihm hierfür die Beweislast, strafprozessual hingegen greift bei Unerweislichkeit der Grundsatz *in dubio pro reo*, sodass ein strafrechtlicher Schuldspruch ausscheidet und damit von einer Entscheidung über den Adhäsionsantrag nach § 406 Abs. 1 Satz 3 StPO abzusehen ist, denn der Schuldspruch scheidet, „aus welchen Gründen auch immer",[64] aus; dass der Verletzte dann im Adhäsionsverfahren schlechter steht, als er im Zivilprozess stünde, ist auch sonst infolge des Akzessorietätsprinzips hinzunehmen.[65] Ist die fragliche Tatsache hingegen nicht für eine strafrechtliche Verurteilung erheblich, kann eine positive Entscheidung über den Antrag nach Maßgabe des § 406 Abs. 1 Satz 1 StPO ergehen. Soweit es um Tatsachen geht, welche allein die Haftungsausfüllung betreffen, wird die insoweit den Antragsteller treffende Beweislast durch die Anwendbarkeit des § 287 ZPO abgemildert.

Wegen der Akzessorietät der Zivilsache kann die Kollision zivil- und strafprozessualer Beweisgrundsätze und Rechtssätze somit dazu führen, dass keine Sachentscheidung über den Adhäsionsantrag ergehen darf, sondern von einer solchen nach § 406 Abs. 1 Satz 1 und 3 StPO abzusehen ist. Eine Sachentscheidung ist dann aber in einem späteren Zivilprozess noch möglich, weil die Absehensentscheidung keine Rechtskraft entfaltet, wie § 406 Abs. 3 Satz 3 StPO klarstellt.

Durch die Reform von 2004 hat die Geltung des Akzessorietätsgrundsatzes indes zwei Durchbrechungen erfahren: zum einen kann der Verletzte mit dem Angeklagten einen gerichtlichen Vergleich über die aus der Straftat erwachsenen Ansprüche schließen

---

63 *Rieß*, Gutachten C: Die Rechtsstellung des Verletzten im Strafverfahren, in: Verhandlungen des 55. Deutschen Juristentages, 1984, I Rn. 42.
64 So ausdrücklich BGH NStZ 2003, 321.
65 IE ebenso BGH NStZ 2003, 321; dem folgend KK/*Zabeck* (oben N. 48), § 406 StPO Rn. 7; a.A. LG Berlin NZV 2006, 389 = NStZ 2006, 720 (Ls.); dem folgend *Ferber*, in BeckOK StPO, 34. Ed., § 403 StPO Rn. 14; offen gelassen Satzger/Schmitt/Widmaier/*Schöch* (oben N. 1), § 406 StPO Rn. 16; MüKoStPO/*Grau* (oben N. 22), § 403 StPO Rn. 22.

(§ 405 StPO, sub III.3.d); zum anderen kann der Angeklagte den gegen ihn geltend gemachten Anspruch anerkennen und wird dann dem Anerkenntnis gemäß verurteilt (§ 406 Abs. 2 StPO, sub III.3.c).

b) Stattgebende Entscheidung

aa) Vollendurteil

Dem Antrag wird stattgegeben, wenn und soweit:

– das Adhäsionsverfahren zulässig ist;
– der Angeklagte wegen der Tat, auf die sich der geltend gemachte Anspruch stützt, schuldig gesprochen oder gegen ihn eine Maßregel angeordnet ist, und der Anspruch aus dieser Straftat erwachsen ist (Adhäsionszusammenhang);
– und die zivilrechtlichen Voraussetzungen des geltend gemachten Anspruchs erfüllt und bewiesen sind.

Ist der Antrag zulässig und vollumfänglich begründet, ergeht ein Vollendurteil. Dieses entfaltet in Bezug auf den im Adhäsionsverfahren geltend gemachten vermögensrechtlichen Anspruch die gleichen Wirkungen wie das Urteil eines Zivilgerichts, § 406 Abs. 3 Satz 1 StPO. Es wirkt also in den subjektiven, objektiven und zeitlichen Grenzen der materiellen Rechtskraft ebenso wie ein Zivilurteil gem. §§ 322, 323, 325 ZPO. Wird dem Antrag nur teilweise stattgegeben, so muss das Gericht im Übrigen von einer Entscheidung absehen, § 406 Abs. 1 Satz 3 StPO (sub III.3.e.bb).

bb) Grundurteil

Durch die Reform von 1986 ist die Möglichkeit eröffnet worden, bei Vorliegen des Adhäsionszusammenhanges ein stattgebendes Urteil nur über den Grund des geltend gemachten Anspruchs (Grundurteil) oder über einen Teil davon (Teilendurteil) zu treffen.

Nach § 406 Abs. 1 Satz 2 StPO kann der Strafrichter unter den gleichen Voraussetzungen wie der Zivilrichter ein Grundurteil i.S.d. § 304 I ZPO erlassen. Der vermögensrechtliche Anspruch des Antragstellers muss also dem Grunde und dem Betrage nach strittig, hinsichtlich des Anspruchsgrundes aber entscheidungsreif sein. Ein Grundurteil bietet sich gerade bei unerlaubten Handlungen und daraus resultierenden Schmerzensgeldansprüchen an, denn hier wird sich der Haftungsgrund meist bereits durch die Ermittlungen zu der zu Grunde liegenden Straftat feststellen lassen, während die Bestimmung der Schadenshöhe komplexe zivilrechtliche Fragen aufwerfen und daher das Strafverfahren verzögern kann. Zum Anspruchsgrund gehören sämtliche anspruchsbegründende Tatsachen, einschließlich des Verschuldens, ebenso wie einwendungsbegründende; daher ist die Frage nach einem möglichen Mitverschulden des Verletzten ebenfalls vom Strafgericht zu prüfen, soweit es nicht erst für die Höhe des Anspruchs relevant wird, wie vor allem bei einem nach billigem Ermessen zu bestimmenden Schmerzensgeldanspruch.[66] Im Übrigen richten sich die Voraussetzungen

---

66 BGHSt 47, 378, 382 = NJW 2002, 3560; BeckRS 2014, 7395 Rn. 10 f.; dazu *Foerster*, JZ 2013, 1143, 1144; MüKoStPO/*Grau* (oben N. 22), § 406 StPO Rn. 4.

für den Erlass eines Zwischenurteils über den Grund nach § 304 Abs. 1 ZPO. Der Gesetzgeber hat die Geltung der zivilprozessualen Regeln durch den Verweis in § 406 Abs. 1 Satz 2 StPO auf § 318 ZPO verdeutlicht. Will das Strafgericht trotz Vorliegens der Voraussetzungen für den Erlass eines Grundurteils von einer Entscheidung absehen, so müssen die verschärften Anforderungen hierfür nach § 406 Abs. 1 Satz 4 bis 6 StPO erfüllt sein (dazu sub III.3.e.bb). Erlässt das Strafgericht über den Antrag ein Grundurteil, so hat es im Tenor des abschließenden Urteils im Übrigen von einer Entscheidung (nach § 406 Abs. 1 Satz 3 bis 6 StPO) abzusehen.[67] Das gilt erst recht, wenn im Grundurteil dem Antrag nur zum Teil stattgegeben wird, weil das Gericht den geltend gemachten Anspruch dem Grunde nach lediglich zum Teil als erwiesen ansieht.

Der Erlass eines Grundurteils über den Antrag erleichtert nicht nur dem Strafrichter die Arbeit, sondern bringt auch für den Verletzten Vorteile: der Anspruchsgrund steht nach § 406 Abs. 3 Satz 4 StPO rechtskraftfähig fest; dies kann die Bereitschaft des Angeklagten erhöhen, entweder freiwillig zu leisten oder sich auf einen Vergleich über die Höhe des Anspruchs des Verletzten einzulassen. Nicht von ungefähr ist der Anteil der Grundurteile an Adhäsionsentscheidungen gestiegen; außerdem ist eine hohe Akzeptanz von Vergleichen zu verzeichnen.[68] Sollte es nicht zu einem Vergleich kommen, kann der Verletzte seinen Anspruch im Betragsverfahren nach § 304 Abs. 2 ZPO vor den Zivilgerichten weiterverfolgen, § 406 Abs. 3 Satz 4 StPO.

Das Zivilgericht ist im Betragsverfahren an die Feststellung des Anspruchsgrundes durch das Strafgericht gebunden, § 406 Abs. 1 Satz 2 Hs. 2 StPO i.V.m. § 318 ZPO. Der Umfang der Bindungswirkung ist durch Auslegung der Urteilsformel i.V.m. den Entscheidungsgründen zu bestimmen.[69] Eine weitergehende Bindungswirkung entfaltet das Grundurteil nicht. Wird dem Antrag dem Grunde nach nur zum Teil stattgegeben, z.B. zu 50%, so bindet das Strafurteil das Zivilgericht auch lediglich insoweit, dass im nachfolgenden Zivilverfahren der nicht zuerkannte Teil des Grundurteils (50%) insgesamt, also dem Grund und der Höhe nach, und im Übrigen der Betrag des dem Grunde nach zuerkannten Teils geltend gemacht werden kann.[70] Im Ausgangsfall (supra II) war das Zivilgericht daher durch das Strafurteil im Verhältnis zwischen K und B insoweit gebunden, als dieses den Schadensersatzanspruch des K wegen fahrlässiger Körperverletzung dem Grunde nach für gerechtfertigt erklärt hatte; eine Bindung im Verhältnis zu V konnte jedoch nicht eintreten, da dieser nicht Partei des Adhäsionsverfahrens gewesen war.[71]

cc) Teilurteil

Liegen die Voraussetzungen für eine Adhäsionsentscheidung in strafprozessualer Hinsicht vor, ist der vermögensrechtliche Anspruch jedoch nur hinsichtlich eines Teils entscheidungsreif, so kann das Strafgericht dem Antrag durch Erlass eines Teilendurteils

---

67 BGH BeckRS 2016, 05424 Rn. 2.
68 Zahlen hierzu bei Satzger/Schmitt/Widmaier/*Schöch* (oben N. 1), § 406 StPO Rn. 7.
69 BGH NJW 2013, 1163 Rn. 9 = JZ 2013, 1166, dazu *Foerster*, JZ 2013, 1143; näher dazu MüKoZPO/ *Musielak* (oben N. 8), § 304 ZPO Rn. 12.
70 Löwe-Rosenberg/*Hilger* (oben N. 16), § 406 StPO Rn. 12.
71 BGH NJW 2013, 1163 Rn. 10 ff. = JZ 2013, 1166, dazu *Foerster*, JZ 2013, 1143, 1145 ff.

stattgeben, § 406 Abs. 1 Satz 2 StPO i.V.m. § 301 ZPO; im Übrigen hat es von einer Entscheidung über den Antrag abzusehen. Dies hat für den Verletzten zwei Vorteile: Zum einen kann er bezüglich des nicht zugesprochenen Teils seines Anspruchs nach § 406 Abs. 3 Satz 3 StPO die Zivilgerichte anrufen; zum anderen entfaltet das Teilurteil Bindungswirkung nach § 318 ZPO. Der Erlass eines Teilurteils ist jedoch nur möglich, wenn die von § 301 ZPO normierten Voraussetzungen hierfür vorliegen.[72] Das ist etwa dann der Fall, wenn der Verletzte neben dem Ersatz materieller Schäden ein Schmerzensgeld beansprucht und nur einer von beiden Ansprüchen entscheidungsreif ist; freilich wird in einem solchen Fall vielfach zugleich wegen § 406 Abs. 1 StPO gem. § 301 Abs. 1 Satz 2 ZPO ein Grundurteil über den Schmerzensgeldanspruch ergehen müssen (sub III.3.e.bb).

c) Anerkenntnisurteil

Durch die Reform von 2004 ist die Möglichkeit eingeführt worden, dass das Strafgericht gem. § 406 Abs. 2 StPO ein Anerkenntnisurteil erlässt, soweit der Angeklagte nach § 307 ZPO den gegen ihn geltend gemachten vermögensrechtlichen Anspruch anerkennt. Zuvor war diese Möglichkeit mehrheitlich unter Berufung auf den Grundsatz der Akzessorietät abgelehnt worden.[73] Nach wie vor bestehen jedoch Bedenken gegen die Zulassung von Anerkenntnisurteilen im Adhäsionsverfahren:[74] Das Anerkenntnisurteil sei Ausfluss der Dispositionsmaxime, welche im Strafverfahren gerade nicht gelte;[75] überdies könne dadurch übermäßiger Druck auf den Angeklagten ausgeübt werden, sich durch Wohlverhalten ein günstiges Strafurteil zu erkaufen.[76] Hiergegen ist zu sagen, dass die Möglichkeit eines Vergleiches über den geltend gemachten Anspruch schon vor der Reform von 2004 anerkannt war[77] und dieser ebenso wie das Anerkenntnisurteil die Dispositionsbefugnis der Parteien stärkt;[78] zudem dient die Zulassung des Anerkenntnisurteils prozessökonomischen Zwecken.[79] Einem unzulässigen Druck auf den Angeklagten kann das Strafgericht dadurch vorbeugen, dass es bei Verdacht die Parteien anhört und notfalls eine Absehensentscheidung trifft.[80]

Gleichwohl bereitet das Anerkenntnisurteil im Adhäsionsverfahren Schwierigkeiten. So ist weiterhin strittig, ob der Erlass eines Anerkenntnisurteils voraussetzt, dass ein Adhäsionszusammenhang besteht. Der Gesetzgeber scheint nicht davon ausgegangen zu sein, indem er die früher bestehenden Bedenken hiergegen unter Hinweis auf die

---

72 Dazu *Rosenberg/Schwab/Gottwald* (oben N. 2), § 59 Rn. 9 ff.
73 OLG Neustadt, NJW 1952, 718; BGHSt 37, 263 = NJW 1991, 1244 m.w.N.; a.A. *Köckerbauer*, NStZ 1994, 305, 308.
74 Die Zulassung bedauernd SK-StPO/*Velten* (oben N. 42), § 406 StPO Rn. 10; kritisch auch KK/*Zabeck* (oben N. 48), § 406 StPO Rn. 4; zum Meinungsstand *Zander* (oben N. 13), S. 155.
75 Löwe-Rosenberg/*Hilger* (oben N. 16), § 406 StPO Rn. 30; als problematisch bezeichnet von Satzger/Schmitt/Widmaier/*Schöch* (oben N. 1), § 406 StPO Rn. 12.
76 So bereits BGHSt 37, 263 = NJW 1991, 1244; Löwe-Rosenberg/*Hilger* (oben N. 16), § 406 StPO Rn. 30; eingehend zu dieser Thematik *Loos*, GA 2006, 195, 201 ff.
77 Dazu Löwe-Rosenberg/*Hilger* (oben N. 16), § 405 StPO Rn. 1 bei Fn. 3.
78 Befürwortend daher *Meier/Dürre*, JZ 2006, 18, 23.
79 So auch MüKoStPO/*Grau* (oben N. 22), § 406 StPO Rn. 6.
80 Löwe-Rosenberg/*Hilger* (oben N. 16), § 406 StPO Rn. 30; in diese Richtung auch *Zander* (oben N. 13), S. 155.

Zulassung eines Vergleiches für nicht mehr beachtlich erklärt hat.[81] Gleichwohl wird in der Literatur[82] und teilweise in der Rechtsprechung[83] die Ansicht vertreten, der Erlass eines Anerkenntnisurteils setze den von § 406 Abs. 1 Satz 1 StPO geforderten Adhäsionszusammenhang voraus, die strafrechtliche Beurteilung gehe dem Anerkenntnis vor; ansonsten bestünde die Gefahr widersprüchlicher Entscheidungen der Zivil- und der Strafsache, wenn etwa nach dem Anerkenntnis der Angeklagte wegen erwiesener Unschuld freigesprochen werde. Die Gegenansicht sieht in § 406 Abs. 2 StPO eine *lex specialis* zu § 406 Abs. 1 Satz 1 und 3 StPO, sodass ein Anerkenntnis, sofern es den Anforderungen hieran genüge, als Ausdruck der Dispositionsmaxime[84] zwingend zu einem Anerkenntnisurteil führe, selbst wenn der Angeklagte nicht wegen der Straftat verurteilt oder eine Maßregel gegen ihn angeordnet werde.[85] Der BGH hat sich nun dieser Ansicht angeschlossen,[86] jedoch offengelassen, ob dies selbst dann gelten solle, wenn die Gefahr widersprüchlicher zivil- und strafrechtlicher Entscheidungen bestehe.[87] Der Normtext und dessen Entstehungsgeschichte lassen keinen anderen Schluss zu, als dass § 406 Abs. 2 StPO eine *lex specialis* zu § 406 Abs. 1 Satz 1 und 3 StPO ist. Das Anerkenntnis stellt einen Dispositionsakt des Angeklagten dar, den dieser bei Unrichtigkeit mit Rechtsbehelfen nach § 406a Abs. 2 StPO angreifen kann. Die Möglichkeit eines Anerkenntnisurteils stellt daher eine Durchbrechung des sonst geltenden Akzessorietätsgrundsatzes dar.

d) Vergleich

Die Reform von 2004 hat des Weiteren die schon zuvor weitgehend anerkannte Möglichkeit,[88] dass der Verletzte und der Angeklagte durch gemeinsamen Antrag einen Vergleich über die aus der Straftat erwachsenen Ansprüche schließen, in § 405 StPO gesetzlich verankert. Die Zulassung von Vergleichen bringt für beide Parteien Vorteile:[89] Er ermöglicht einen Ausgleich mit Befriedungsfunktion, entspricht dem Gedanken der Wiedergutmachung zwischen dem Opfer einer Straftat und dem Täter und erhöht die Akzeptanz für die Parteien gegenüber einer gerichtlichen Entscheidung; der Verletzte erhält kostengünstig einen vollstreckbaren Titel; und für den Angeklagten kann dessen Abschluss sich strafmildernd auswirken. Wie schon beim Anerkenntnisurteil (supra III.3.c) hat das Gericht darauf hinzuwirken, eine Drucksituation für den Angeklagten zu vermeiden.[90]

---

81 BT-Drs. 15/1976, 17.
82 So SK-StPO/*Velten* (oben N. 42), § 406 StPO Rn. 11; Löwe-Rosenberg/*Hilger* (oben N. 16), § 406 StPO Rn. 33.
83 OLG Koblenz BeckRS 2014, 17571 Rn. 12.
84 So auch BGH BeckRS 2014, 07956 Rn. 12; BeckRS 2018, 33695 Rn. 7 m.w.N.
85 *Zander* (oben N. 13), S. 156 f.; BeckOK StPO/*Ferber* (oben N. 65), § 406 StPO Rn. 4; Dölling/Duttge/König/Rössner/*Weiner* (oben N. 16), § 406 StPO Rn. 2; MüKoStPO/*Grau* (oben N. 22), § 406 StPO Rn. 6; nunmehr grds. auch Meyer-Goßner/Schmitt/*Schmitt* (oben N. 16), § 406 StPO Rn. 4.
86 BGH BeckRS 2018, 33695 Rn. 7; offengelassen noch in BeckRS 2014, 07956 Rn. 12.
87 BGH BeckRS 2018, 33695 Rn. 7; mit dieser Einschränkung dem BGH folgend Meyer-Goßner/Schmitt/*Schmitt* (oben N. 16), § 406 StPO Rn. 4.
88 Dazu Löwe-Rosenberg/*Hilger* (oben N. 16), § 405 StPO Rn. 1 bei Fn. 3.
89 MüKoStPO/*Grau* (oben N. 22), § 405 StPO Rn. 2; positiv auch Satzger/Schmitt/Widmaier/*Schöch* (oben N. 1), § 405 StPO Rn. 2.
90 Löwe-Rosenberg/*Hilger* (oben N. 16), § 405 StPO Rn. 2.

Voraussetzung für einen gerichtlichen Vergleich ist ein Antrag des Verletzten und des Angeklagten, nicht jedoch ein Adhäsionszusammenhang nach § 406 Abs. 1 Satz 1 StPO.[91] Das Gericht soll einen entsprechenden Vorschlag unterbreiten, § 405 Abs. 1 Satz 2 StPO. Gegenstand des Vergleichs kann nicht nur der mit dem Adhäsionsantrag geltend gemachte vermögensrechtliche Anspruch sein, vielmehr kann er auf eine Gesamtbefriedung zwischen den Parteien abzielen.[92] Der Abschluss des Vergleichs ist vom Strafgericht in der Hauptverhandlung in das Protokoll aufzunehmen und schafft dann für den Verletzten gem. § 406b Satz 1 StPO einen vollstreckbaren Titel i.S.d. § 794 Abs. 1 Nr. 1 ZPO.

e) Absehensentscheidung

Nach § 406 Abs. 1 Satz 3 bis 6 StPO gibt es drei Fälle, in denen das Strafgericht von einer Entscheidung abzusehen hat: wenn der Antrag unzulässig ist oder soweit er ganz oder teilweise unbegründet erscheint (sub III.3.e.aa, bb); oder, wenn sich der Antrag zur Erledigung im Strafverfahren nicht eignet (sub III.3.e.cc).

aa) Unzulässigkeit oder Unbegründetheit des Antrags

Ist der Antrag unzulässig oder unbegründet, müsste er eigentlich verworfen oder zurückgewiesen werden. Um das Strafgericht nicht unnötig mit zivilrechtlichen Fragen zu befassen, sieht das Gesetz für diesen Fall jedoch keine negative Sachentscheidung vor; vielmehr hat das Strafgericht von einer Entscheidung über den Adhäsionsantrag abzusehen, § 406 Abs. 1 Satz 3 StPO. Damit ist eine negative Sachentscheidung unzulässig und der Ausspruch über das Absehen von einer Entscheidung ausdrücklich zu tenorieren.[93] Unzulässig ist der Antrag, wenn die geschilderten Anforderungen (supra III.1) nicht vorliegen, wenn bspw. der Antrag nicht gem. § 404 Abs. 1 Satz 1 StPO gestellt oder dem Beschuldigten nicht gem. § 404 Abs. 1 Satz 3 StPO zugestellt worden ist,[94] die Antragsberechtigung oder zivilprozessuale Verfahrensvoraussetzungen fehlen.

Unbegründet ist der Antrag, wenn der Angeklagte weder wegen einer Straftat schuldig gesprochen noch gegen ihn eine Maßregel angeordnet wird. Mangels eines Adhäsionszusammenhanges scheidet eine stattgebende Entscheidung aus. Aus welchen Gründen der Schuldspruch unterbleibt, ist dabei unerheblich (supra III.3.a). Besteht der Adhäsionszusammenhang hingegen, so kommt es darauf an, ob der mit dem Antrag verfolgte vermögensrechtliche Anspruch besteht und erwiesen ist. Das Strafgericht braucht indes keine genaue zivilrechtliche Prüfung des beantragten Anspruchs vorzunehmen, wenn dessen Begründetheit nach Durchführung der Beweisaufnahme aus tatsächlichen oder rechtlichen Gründen fraglich erscheint.[95] Es muss also noch keine Entscheidungsreife vorliegen, wie das Gesetz durch die Wörter „unbegründet

---

91 So bereits BT-Drs. 15/1976, 15; dem folgend SK-StPO/*Velten* (oben N. 42), § 405 StPO Rn. 3; Löwe-Rosenberg/*Hilger* (oben N. 16), § 405 StPO Rn. 7.
92 Dazu MüKoStPO/*Grau* (oben N. 22), § 405 StPO Rn. 3.
93 BGH NStZ 2003, 565; BeckRS 2005, 02327; BeckRS 2009, 26713.
94 BGH BeckRS 2007, 18103.
95 Allgemeine Meinung, statt aller Löwe-Rosenberg/*Hilger* (oben N. 16), § 406 StPO Rn. 17.

erscheint" verdeutlicht. Soweit das Strafgericht bei Erlass des Strafurteils jedoch von der Begründetheit des Anspruchsgrunds oder von Teilen des Anspruchs überzeugt ist, kann es ein Grund- oder Teilurteil erlassen und im Übrigen von einer Entscheidung über den Antrag absehen.

bb) Teilweises Stattgeben

Das Strafgericht kann dem Antrag aus verschiedenen Gründen nur zum Teil stattgeben: es kann ein Grund- oder Teilurteil erlassen oder weniger zusprechen, als beantragt. In all diesen Fällen hat es, soweit es dem Antrag nicht stattgibt, von einer Entscheidung abzusehen. Beim Grundurteil betrifft dies die Frage nach der Höhe des dem Grunde nach festgestellten Anspruches, beim Teilurteil die nicht davon erfassten Teile des Antrags. Schwieriger ist die Lage, wenn das Strafgericht der Höhe nach weniger zuerkennt, als beantragt, also bspw. nur 9.000 € Schmerzensgeld, obgleich mindestens 20.000 € begehrt waren; aus dem Wort „soweit" folgt, dass das Gericht im Übrigen eine Absehensentscheidung zu treffen hat. Damit steht rechtskraftfähig nur fest, dass der Schädiger dem Geschädigten die im Strafurteil zugesprochene Leistung schuldet; soweit von der Entscheidung abgesehen wird, also bezüglich der Differenz zwischen dem beantragten und dem zugesprochenen Schmerzensgeld, tritt hingegen keine Bindungswirkung ein. Fraglich ist allerdings, ob es sich dann nicht um ein implizites Grundurteil handelt, welches den Haftungsgrund für den Schmerzensgeldanspruch rechtskraftfähig festgestellt hat. Entscheidungen des BGH deuten in diese Richtung, wenn bei einem teilweisen Absehen in Bezug auf beantragtes Schmerzensgeld von einem Teilendurteil i.S.d. § 301 ZPO die Rede ist;[96] dann sollte aber über den Restanspruch zugleich gem. § 301 Abs. 1 Satz 2 ZPO ein Grundurteil ergehen. Damit ist für einen möglichen Folgeprozess über den nicht zugesprochenen Teil des Schmerzensgeldanspruchs die Bindungswirkung nach § 318 ZPO zu beachten. Es kommt hier auf die richtige Antragstellung an: Wird das Schmerzensgeld nämlich unbeschränkt beantragt, so kann die Entscheidung hierüber durch das Strafgericht grundsätzlich nur einheitlich erfolgen, sodass eine erneute Verhandlung hierüber vor einem Zivilgericht ausscheidet.[97]

cc) Fehlende Eignung zur Erledigung im Strafverfahren

Seit seiner Einführung stand das Adhäsionsverfahren unter dem Vorbehalt, es dürfe das Strafverfahren nicht verzögern. Darin manifestiert sich die Maxime rascher Strafrechtspflege, wonach das Strafverfahren gerade im Interesse des Angeklagten in angemessener Frist und ohne vermeidbare Verzögerungen durchzuführen ist.[98] Vor der Reform von 2004 war eine Absehensentscheidung wegen fehlender Eignung wohl der Hauptgrund für die geringe Praxisrelevanz des Adhäsionsverfahrens, denn oftmals entzog sich das Strafgericht der lästigen Befassung mit den damit zusammenhängenden zivilrechtlichen und zivilprozessualen Fragen unter dem Vorwand, die Prüfung des

---

96 BGH BeckRS 2016, 06312 Rn. 2; NStZ 2003, 565.
97 BGH NJW 2015, 1252.
98 Hierzu Löwe-Rosenberg/*Kühne* (oben N. 16), Einl. I Rn. 67 ff.

Antrags verzögere das Verfahren.[99] Gegen die Absehensentscheidung standen dem Antragsteller keine Rechtsbehelfe zur Verfügung.

Diesen Missständen hat der Gesetzgeber durch die Reform von 2004 abhelfen wollen. Das Kriterium der fehlenden Eignung für das Strafverfahren ist zwar beibehalten worden. Es wurde aber präzisiert und vor allem verschärft, um der bisherigen Praxis einen Riegel vorzuschieben.[100] Dadurch sollte das frühere Regel-Ausnahme-Verhältnis umgekehrt werden: Stellte vor der Reform von 2004 die Absehensentscheidung aus diesem Grund den Regelfall dar, so soll dies jetzt nur noch die Ausnahme sein.[101] Ein Absehen wegen fehlender Eignung ist jetzt nicht mehr pauschal wegen vermeintlicher Verzögerungsgefahr möglich, vielmehr kann nur eine erhebliche Verzögerung die fehlende Eignung rechtfertigen. Zudem sind bei der Beurteilung der Eignung die berechtigten Belange des Antragstellers zu berücksichtigen; es muss also eine Abwägung zwischen einerseits dem Beschleunigungsgebot des Strafverfahrens sowie den Verteidigungsinteressen des Angeklagten, welche einer Behandlung des Antrags im Strafverfahren widersprechen, und andererseits den berechtigten Belangen des Antragstellers, welche dafür sprechen, stattfinden.[102] Dabei ist die Möglichkeit des Erlasses eines Grund- oder Teilurteils zu bedenken. Für die Ausübung dieses gerichtlichen Ermessens ist eine Vielzahl von Kriterien entwickelt worden.[103] Die Gefahr kurzfristiger Unterbrechungen des Verfahrens genügt angesichts des verschärften Normtextes hierfür sicher nicht.[104] Wirft der Adhäsionsantrag erhebliche zivilrechtliche Probleme auf, wie etwa die Prüfung komplexer internationalprivatrechtlicher Fragen,[105] so kann ein Absehen im Einzelfall gerechtfertigt sein, doch ist dann die Möglichkeit des Erlasses eines Grundurteils zu erwägen.

Vor der Reform von 2004 wurde die Erörterung von Schmerzensgeldansprüchen gerne als für die Erledigung im Adhäsionsverfahren ungeeignet angesehen und daher mit dieser Begründung insoweit von einer Entscheidung abgesehen. Dem hat der Gesetzgeber durch § 406 Abs. 1 Satz 6 StPO einen Riegel vorgeschoben: Danach scheidet bei Schmerzensgeldansprüchen eine Berufung auf eine fehlende Eignung und damit auf eine mögliche Verzögerung des Strafverfahrens als Grund hierfür völlig aus; insoweit kommt eine Absehensentscheidung nur in Betracht, sofern der Antrag nach § 406 Abs. 1 Satz 3 StPO unzulässig ist oder soweit er unbegründet erscheint. Während ursprünglich beabsichtigt war, bei Schmerzensgeldansprüchen den Erlass eines Grundurteils zuzulassen,[106] ist erst im Vermittlungsausschuss die Aussage zu Ansprüchen auf Schmerzensgeld in die jetzige Fassung des § 406 Abs. 1 Satz 6 StPO gebracht worden,[107] ohne dass hierfür eine Begründung erkennbar ist.[108] Nach dem aktuellen

99 Dazu *v. Sachsen Gessaphe*, ZZP 112 (1999) 1, 10 f.; siehe auch *Loos*, GA 2006, 195.
100 BT-Drs. 15/1976, 8, 16 f.
101 BT-Drs. 15/1976, 8, 16.
102 Dazu OLG Hamburg NStZ-RR 2006, 347.
103 Zu solchen Kriterien Löwe-Rosenberg/*Hilger* (oben N. 16), § 406 StPO Rn. 21 ff.; Satzger/Schmitt/Widmaier/*Schöch* (oben N. 1), § 406 StPO Rn. 17 f.
104 Meyer-Goßner/Schmitt/*Schmitt* (oben N. 16), § 406 StPO Rn. 12.
105 BGH BeckRS 2003, 00898 = IPRax 2005, 256.
106 BT-Drs. 15/1976, 16 f.
107 BT-Drs. 15/3062, 2, zu Art. 1 Nr. 10 lit. b.
108 So auch *Zander* (oben N. 13), S. 170 Fn. 486.

Wortlaut der Norm ist bei Schmerzensgeldansprüchen damit selbst die Beschränkung auf ein Grundurteil und ein Absehen hinsichtlich der Anspruchshöhe nicht möglich.[109] Aus diesen Gründen wollen einige den Erlass eines Grundurteils in diesem Kontext ausschließen.[110] Dies erscheint indes befremdlich, da ja gerade die Ermittlungen zur Schadenshöhe vielfach zivilrechtliche Probleme aufwerfen, welche im Streitfall besser von Zivilgerichten entschieden werden können. Überwiegend wird daher § 406 Abs. 1 Satz 6 StPO so gedeutet, dass der Erlass eines Grundurteils und ein Absehen von einer Entscheidung in Bezug auf den Betrag statthaft ist.[111] Die Rechtsprechung lässt denn auch den Erlass von Grundurteilen bei Schmerzensgeldansprüchen zu.[112]

dd) Folgen einer Absehensentscheidung

Soweit das Strafgericht von einer Entscheidung über den Adhäsionsantrag absieht, entfällt insoweit dessen Rechtshängigkeit und steht dem Adhäsionskläger der Weg zu den Zivilgerichten offen, § 406 Abs. 3 Satz 3 StPO. Dieses Ergebnis widerspricht zwar der angestrebten Prozessökonomie, liefert aber keinen grundsätzlichen Einwand gegen das Adhäsionsverfahren. Im Falle eines Grund- oder Teilurteils kann der Verletzte seinen Anspruch daher vor dem Zivilgericht weiterverfolgen.

Dem Verletzten standen ursprünglich keinerlei Rechtsbehelfe gegen die Absehensentscheidung zur Verfügung. Er sei nicht beschwert, weil die Entscheidung nicht in Rechtskraft erwachse und er seinen Anspruch im Zivilrechtsweg weiterverfolgen könne. Dies hatte wohl dazu beigetragen, dass Gerichte gerne Absehensentscheidungen wegen Verzögerungsgefahr trafen.[113] Durch die Reform von 2004 ist in § 406a Abs. 1 Satz 1 StPO ein freilich sehr limitiertes Beschwerderecht des Verletzten eingeführt worden.[114] Der Gesetzgeber sah zum einen eine Beschwer des Antragstellers, weil ihm trotz des Zivilrechtsweges „die Möglichkeit zeitnahen Schadensausgleichs im Strafverfahren genommen" werde;[115] zum anderen erhoffte er sich einen positiven Effekt auf die Richterschaft, nicht mehr allzu schnell eine nicht überprüfbare Absehensentscheidung zu treffen.[116] Das jetzt eingeräumte Beschwerderecht des Antragstellers hängt davon ab, in welcher Form die Absehensentscheidung ergangen ist: Grundsätzlich ist dies nach § 406 Abs. 5 Satz 2 StPO durch Beschluss der Fall; ist bis zum Erlass des Strafurteils jedoch keine Entscheidung über das Absehen getroffen worden oder wird nur teilweise abgesehen, so hat der Ausspruch hierüber im Urteil zu erfolgen.[117] Ein

---

109 Dies sei auch dessen Intention gewesen, Löwe-Rosenberg/*Hilger* (oben N. 16), § 406 StPO Rn. 24; verfassungsrechtliche Bedenken gegen eine solche Interpretation erhebt *Loos*, GA 2006, 195, 210.

110 Dezidiert SK-StPO/*Velten* (oben N. 42), § 406 StPO Rn. 6; wohl auch Löwe-Rosenberg/*Hilger* (oben N. 16), § 406 StPO Rn. 24.

111 *Zander* (oben N. 13), S. 170 f.; Meyer-Goßner/Schmitt/*Schmitt* (oben N. 16), § 406 StPO Rn. 13; MüKoStPO/*Grau* (oben N. 22), § 406 StPO Rn. 15; Satzger/Schmitt/Widmaier/*Schöch* (oben N. 1), § 406 StPO Rn. 19; KK/*Zabeck* (oben N. 48), § 406 StPO Rn. 9; wohl auch BeckOK StPO/*Ferber* (oben N. 65), § 406 StPO Rn. 11.

112 BGH BeckRS 2017, 106274 Rn. 2; BeckRS 2016, 05424 Rn. 2.

113 Zur früheren Rechtslage *Zander* (oben N. 13), S. 196 f.; *v. Sachsen Gessaphe*, ZZP 112 (1999) 1, 18.

114 Eingehend dazu *Zander* (oben N. 13), S. 196 ff.

115 BT-Drs. 15/1976 S. 17.

116 BT-Drs. 15/1976 S. 17.

117 BGH NStZ 2003, 565.

stattgebendes Urteil beschwert den Antragsteller nicht, selbst wenn darin teilweise von einer Entscheidung abgesehen wird, zumal dieser Teil der Entscheidung nicht in Rechtskraft erwächst und der Antragsteller insoweit den Zivilrechtsweg beschreiten kann.[118] Für eine Beschwerde bleibt nach § 406a Abs. 1 Satz 1 StPO also nur der Fall, dass die Absehensentscheidung durch Beschluss nach § 406 Abs. 5 Satz 2 StPO getroffen wurde. Selbst dann ist die sofortige Beschwerde nach § 311 StPO jedoch lediglich unter den Voraussetzungen eröffnet, dass der Adhäsionsantrag vor Beginn der Hauptverhandlung gestellt und noch keine den Rechtszug abschließende Entscheidung ergangen ist. Begründet wird dies damit, dass es dem Verletzten dann ja freistehe, seine Ansprüche vor dem Zivilgericht weiter zu verfolgen, sodass er nicht beschwert sei.[119] Dass diese Ansicht unzutreffend ist, liegt auf der Hand, denn das Adhäsionsverfahren bietet dem Verletzten unbestreitbare Vorteile, die ihm durch eine Absehensentscheidung genommen werden, ohne dass er sich im Regelfall hiergegen wehren könnte. Dies lädt Gerichte und Staatsanwälte geradezu dazu ein, sich mit Hilfe von Absehensentscheidungen weiterhin dem Adhäsionsverfahren zu entziehen.[120]

IV. Zusammenfassende Würdigung

Das deutsche Recht geht grundsätzlich von einer strikten Trennung von Strafverfahren und Zivilprozess aus und spricht Strafurteilen keine Bindungswirkung für den Zivilprozess zu. Hieraus ergeben sich erhebliche Nachteile sowohl für Opfer einer Straftat als auch für die Justiz und möglicherweise sogar für den Beschuldigten. Eine gewisse Abhilfe für Opfer einer Straftat bietet die Möglichkeit, aus einer solchen erwachsene vermögensrechtliche Ansprüche durch Adhäsionsantrag im Strafverfahren gegen den Beschuldigten geltend zu machen. Für diese Möglichkeit sprechen vor allem prozessökonomische Gründe sowie die Belange des Opferschutzes. Angesichts dessen erstaunt der Befund, dass trotz mehrerer Reformen die Akzeptanz dieses Verfahrens in der Praxis noch immer nicht allzu groß zu sein scheint, wenngleich eine gewisse Besserung zu verzeichnen ist. Die Gründe hierfür sind vielfältig und konnten in dieser Abhandlung nur zum Teil angesprochen werden.[121] Hier beleuchtet wurde die gesetzliche Ausgestaltung des Adhäsionsverfahrens, und diese weist bereits Ursachen für dessen geringe Anwendungshäufigkeit auf: So ist der Anwendungsbereich des Adhäsionsverfahrens in persönlicher Hinsicht erheblich dadurch beschränkt, dass weder auf Seiten des Antragstellers noch auf denen des Antragsgegners andere Personen als der durch die angeklagte Straftat selbst Verletzte und der insoweit Beschuldigte beteiligt werden können. So kann das Opfer zivilrechtlich neben dem Beschuldigten möglicherweise haftende Dritte, wie vor allem dessen Haftpflichtversicherer, nicht in das Verfahren einbeziehen. Daher vermag eine stattgebende Entscheidung in einem

---

118 *Zander* (oben N. 13), S. 202; Satzger/Schmitt/Widmaier/*Schöch* (oben N. 1), § 406a StPO Rn. 2; Löwe-Rosenberg/*Hilger* (oben N. 16), § 406a StPO Rn. 3.

119 OLG Oldenburg BeckRS 2013, 15976.

120 Kritisch zu dieser Regelung daher auch MüKoStPO/*Grau* (oben N. 22), § 406a StPO Rn. 4 ff.

121 Zu weiteren Gründen wie praxispsychologischen Barrieren und Unterschieden zwischen materiellem Straf- und Zivilrecht s. *v. Sachsen Gessaphe*, ZZP 112 (1999) 1, 10 f., 15.

nachfolgenden Zivilprozess keine Bindungswirkungen gegenüber solchen Dritten zu entfalten, da diese an dem Adhäsionsverfahren nicht beteiligt waren. Dies widerspricht einerseits dem Gedanken der Prozessökonomie; andererseits drohen dadurch widersprechende Entscheidungen, wie der Ausgangsfall belegt. In sachlicher Hinsicht folgt aus dem Adhäsionszusammenhang weiterhin, dass nur vermögensrechtliche Ansprüche, die aus schuldhaft begangenen Taten resultieren, geltend gemacht werden können, sodass das Strafgericht nicht über Ansprüche aus Gefährdungshaftung erkennen darf. Die persönliche wie sachliche Begrenzung des Anwendungsbereichs haben ihren Grund im Adhäsionszusammenhang: der Strafrichter soll nicht unnötig mit rein zivilrechtlichen Fragen befasst werden. Dies hat aber zur Folge, dass das Adhäsionsverfahren gerade bei Verkehrsunfällen nur in beschränktem Maße zur umfassenden Streitentscheidung geeignet ist. Eine weitere Hürde stellt es dar, dass Verletzte trotz verbesserter Informationspflichten in der Praxis noch immer unzureichend über die Möglichkeit der Antragstellung informiert werden; neuere empirische Untersuchungen müssten Auskunft darüber geben, inwieweit die Reform von 2015 insoweit für weitere Abhilfe gesorgt hat.

Wir haben gesehen, dass das Nebeneinander straf- und zivilprozessualer Verfahrensmaximen zu Spannungen führen kann. Die Dispositionsmaxime ist zwar gerade durch die Einführung der Möglichkeit, das Verfahren unabhängig vom Adhäsionszusammenhang durch Vergleich oder Anerkenntnisurteil zu beenden, gestärkt worden; ein Adhäsionsverfahren kann jedoch daran scheitern, dass ein Strafverfahren gegen den (vermeintlichen) Schädiger gar nicht erst eingeleitet wird, zumal das deutsche Strafprozessrecht dem Verletzten keine geeigneten Mittel zur Erzwingung der Strafklage an die Hand gibt. Die Geltung des Amtsermittlungsgrundsatzes erleichtert dem Verletzten die Beibringung der anspruchsbegründenden Tatsachen, jedenfalls, soweit diese für die Feststellung der Strafbarkeit des Angeklagten von Belang sind. Zur Begründung der Haftungsausfüllung, soweit sie nicht für den Strafausspruch relevant wird, bleibt es hingegen bei den zivilprozessualen Beweisregeln, doch erleichtert die Geltung des § 287 ZPO dem Gericht wie dem Verletzten insoweit die Tatsachenfeststellung. Spannungen können sich jedoch vor allem aus der Geltung des Grundsatzes *in dubio pro reo* ergeben. Dieser gilt zwar nur für die strafrechtliche Seite des Verfahrens, kann sich aber auf die positive Entscheidung über den Adhäsionsantrag insoweit auswirken, als diese einen Adhäsionszusammenhang voraussetzt.

Überhaupt begrenzt die unbedingte Akzessorietät der Zivilsache die Möglichkeit, über diese zu entscheiden, denn nur bei strafrechtlicher Verurteilung oder bei Anordnung einer Maßregel kann eine stattgebende Entscheidung erfolgen. Im Interesse der Beteiligten und der Prozessökonomie sind daher die Durchbrechungen der Akzessorietät durch die Möglichkeit, den vermögensrechtlichen Anspruch durch Vergleich zu regeln oder ein Anerkenntnisurteil hierüber zu erlassen, zu begrüßen. Ebenfalls positiv zu werten sind die Möglichkeiten, im Interesse der Beschleunigung des Strafverfahrens ein Grund- oder Teilurteil zu erlassen. Dadurch wird zum einen die Entscheidung komplexer zivilrechtlicher Fragen dem hierfür kompetenteren Zivilgericht überlassen und zugleich das Strafgericht davon entlastet, zum anderen wird das Zivilgericht dadurch insoweit gebunden. Zu einer Effektivierung des Adhäsionsverfahrens sollte deshalb viel häufiger von den Möglichkeiten des Erlasses von Grund- oder Teilurteilen Gebrauch gemacht werden. Die damit verbundene Rechtskraftwirkung kann sich positiv auf die Bereitschaft des Antragsgegners auswirken, für noch offene Fragen eine gütliche Einigung zu suchen und so ein nachfolgendes Zivilverfahren unnötig zu machen.

Die Tatsache, dass das Strafgericht keine negative Sachentscheidung über den Antrag treffen darf, entlastet zwar die Strafgerichte, widerspricht aber dem Gedanken der Prozessökonomie, wenn man die dadurch bedingte Notwendigkeit eines weiteren, zivilprozessualen Verfahrens mit einbezieht. Begründet wird dies damit, dass dem Verletzten dann ja der Weg zu den Zivilgerichten offenstehe, sodass er mit dem Adhäsionsantrag eigentlich nur gewinnen, nicht aber verlieren könne. Kann keine negative Sachentscheidung ergehen, so hat dies bei bloß teilweisem Stattgeben zur Folge, dass im Übrigen teilweise von einer Entscheidung abzusehen ist, und je nach Ausgestaltung der stattgebenden Entscheidung ist deren Bindungswirkung für den nachfolgenden Zivilprozess fraglich. Die Möglichkeit, von einer Entscheidung über den Antrag wegen dessen fehlender Eignung für das Strafverfahren abzusehen, mag zwar dem strafprozessualen Beschleunigungsgebot zu Gute kommen. Die Erfahrungen der Vergangenheit zeigen aber, dass dies ein Hauptgrund für die mangelnde Praxisrelevanz des Adhäsionsverfahrens war. Die Reformen von 2004, die zu einer einschränkenden Konkretisierung dieses Merkmals geführt haben, gehen in die richtige Richtung; das gilt vor allem für den Ausschluss der Berufung auf die fehlende Eignung, soweit es um einen Schmerzensgeldanspruch geht. Als erheblicher Schwachpunkt der geltenden Regelung ist es aber anzusehen, dass der Verletzte inzwischen zwar ein Beschwerderecht gegen eine Absehensentscheidung erhält, dieses aber so beschränkt ist, dass es praktisch kaum wirksam werden kann. Dies macht es den Beteiligten aus Justiz und Anwaltschaft in der Praxis nach wie vor leicht, dem lästigen Adhäsionsverfahren aus dem Wege zu gehen. Hier ist dringend Abhilfe geboten.

Gaetano De Amicis

Die Praxis des europäischen Haftbefehls zwischen Italien und Deutschland: Die italienische Perspektive[*]

Inhaltsübersicht

I. Ein neues und effektiveres System der Zusammenarbeit

Der Rahmenbeschluss zum europäischen Haftbefehl (nachstehend: RB-EuHb) hat das traditionelle System der Auslieferung durch einen einfacheren und schnelleren Mechanismus der Übergabe von Personen ersetzt, die für die Durchführung eines Strafverfahrens, die Vollstreckung einer Strafe oder freiheitsentziehenden Maßnahme ersucht werden. Die Merkmale des traditionellen Auslieferungsmodells werden grundlegend umgewälzt, da die Subjekte der Kooperationsbeziehung nicht mehr die Staaten sind, sondern die Justizbehörden. Der Begriff der Auslieferung wurde vom Begriff der Übergabe (*surrender* oder *remise)* ersetzt, während der von der Regierungsbehörde über Kanäle der Diplomatie oder Verwaltung übermittelten Auslieferungsantrag durch einen von den Justizbehörden ausgestellten EuHb ersetzt wird. Dieser kann vollständig auf die Handlungen zur Wahrnehmung der rechtsprechenden Gewalt zurückgeführt werden.

Die charakteristischen Züge des neuen Verfahrens sind durch folgende Merkmale wesentlich gekennzeichnet: a) durch die Aufnahme direkter Beziehungen zwischen den „ausstellenden" und den „vollstreckenden" Justizbehörden des EuHb; b) die Einführung eines *numerus clausus* von obligatorischen und fakultativen Ablehnungsgründen; c) die substantielle Abschaffung der Prüfung für die beidseitige Strafbarkeit bezüglich eines weitreichenden Katalogs von kriminellen Straftatbeständen, die in Art. 2 Nr. 2

---

[*] Der Beitrag beruht auf dem Vortrag anlässlich des XXVII. Kongresses der Vereinigung für den Gedankenaustausch zwischen deutschen und italienischen Juristen e.V., der vom 12. bis 14.10.2018 in Salerno stattfand. Übersetzung durch Avv. *Vanessa Lettieri*, LL.M. (Würzburg) und *Christian de Haan*.

des RB aufgelistet sind; d) die Beschleunigung und Sicherheit der Durchführungsfristen durch die vorherige Bestimmung der Höchstfristen für die Entscheidung über die Übergabe und die anschließende Überstellung der Person. Die Zentralbehörden, die in der Vergangenheit eine wichtige Rolle im Auslieferungsverfahren einnahmen, sind nun nach Erlass eines EuHb vom eingeleiteten Entscheidungsprozess ausgeschlossen, auch wenn die Mitgliedstaaten Zentralbehörden benennen können, um die zuständigen Justizbehörden insbesondere bei der Übermittlung und beim Empfang der Haftbefehle zu unterstützen.

Der RB-EuHb stellt den ersten Akt des sekundären Rechts der Europäischen Union (nachstehend: EU) dar, der eine staatliche Zusammenarbeit vorsieht, die auf strafrechtlichem Gebiet auf dem Grundsatz der gegenseitigen Anerkennung von Justizentscheidungen beruht. Er ist ein nunmehr verbreitetes und innerhalb des Europäischen Raums der Freiheit, der Sicherheit und des Rechts allgemein angewandtes Instrument, welches die Modernisierung und Stärkung der Kooperationsmöglichkeiten unter den Mitgliedstaaten der EU durch den direkten Dialog zwischen den Justizbehörden ermöglicht hat, die bei der Handhabung des Dossiers beteiligt sind.

Es möge diesbezüglich genügen, schlicht die wachsende Intensität der Zusammenarbeit zu betrachten, die die Beziehungen zwischen einigen Mitgliedstaaten auf diesem neuralgischen Gebiet der Justizzusammenarbeit kennzeichnet: Aus vorläufigen Statistiken des Justizministeriums ergibt sich, dass im Zeitraum zwischen Juni 2015 und Juni 2018 gut 449 EuHb aus Deutschland nach Italien verschickt wurden: Eine tatsächlich beträchtliche Zahl, besonders wenn sie mit anderen dem weiteren Kooperationskanal entnommenen bezeichnenden Daten verglichen wird, nämlich dem Verfahren der sowohl aktiven (228) als passiven Rechtshilfeersuchen (1066), sowie den Verfahren für die Überstellung der verurteilten Personen gemäß RB 2008/909/JI über die Anerkennung der Verurteilungen (33 in der aktiven Phase und 59 in der passiven Phase).

II. Die Umsetzung des RB in der italienischen Rechtsordnung und die Rolle der Rechtsprechung bei der Anwendung der Ablehnungsgründe: Die Höchstfristdauer der Untersuchungshaft

In der italienischen Rechtsordnung sind der RB 2002/584/JI durch das Gesetz vom 22.4.2005/69 und der RB 2009/299/JI, der ihn abgeändert und die Prozessrechte der Personen durch die Anwendung des Grundsatzes der gegenseitigen Anerkennung in den in Abwesenheit des Angeklagten verkündeten Urteilen gestärkt hat, durch die gesetzesvertretende Verordnung Nr. 31 vom 15.2.2016 umgesetzt worden.

Im Vergleich zur auf europäischer Ebene getroffenen Regelung hat die italienische Umsetzungsregelung, auch in Abweichung vom RB, sehr strenge Prüfungs- und Ablehnungsmechanismen für die Übergabe, insbesondere den des allgemein verpflichtenden Charakters der verschiedenen Hinderungsgründe, eingeführt. Es wurde ein kompliziertes Verfahren aufgebaut, das auf Prüfungen des dem Ersuchen zugrundeliegenden Titels und der materiellrechtlichen und prozessrechtlichen Lage beruht, die dessen Ausstellung gerechtfertigt hat. Prüfungen, die die Mehrheit der Lehre als nicht mit der Logik der gegenseitigen Anerkennung kohärent und als sehr viel einschneidender angesehen hat, als diejenigen, die für die Anwendung des Europäischen Auslieferungsübereinkommens und des Schengener Abkommens galten.[1]

Bezeichnend ist die Bedeutung, die der Gesetzgeber einigen im RB nicht vorgesehenen prozessualen oder faktischen Umständen beigemessen hat, im Hinblick auf welche das Oberlandesgericht (nachstehend: OLG) als zuständiges Organ für das passive Übergabeverfahren verpflichtet ist, die Ausführung des von der Justizbehörde eines anderen EU-Mitgliedstaates ausgestellten EuHb abzulehnen. Dies erfolgt beispielsweise aufgrund der schuldlosen Unkenntnis der Strafnorm des ausstellenden Mitgliedstaates, der Einwilligung des Berechtigten nach italienischem Recht, der Erfüllung einer Pflicht, der Ausübung eines Rechts, des Zufalls und höherer Gewalt nach den Bestimmungen des italienischen Rechts, der Höchstfristdauer der Untersuchungshaft, der dem EuHb zugrundeliegenden Begründung des inländischen Haftbefehls, des Übergabeersuchens, das gegen eine schwangere Frau oder Mutter von weniger als drei Jahre alten Kindern ausgestellt wurde, usw.

Außerdem wurde die Option stark kritisiert, die Übergabe gemäß Art. 17 Abs. 4 des Gesetzes Nr. 69/2015 von einer Prüfung des Vorliegens „eines dringenden Tatverdachts" abhängig zu machen und so eine Bedingung einzuführen, die weder vom RB vorgesehen ist, noch den traditionellen Grundsätzen des üblichen internationalen Auslieferungsrechts entspricht.[2]

In Bezug auf diese Asymmetrie, wenn nicht sogar den regelrechten Gegensatz zwischen Umsetzungsgesetz und RB, ist eine umfangreiche und erhebliche rechtsprecherische Ausarbeitung durch den Kassationshof zu erkennen, der zunehmend eingegriffen hat, um die Abweichungen durch eine EU-konforme Auslegung zu beseitigen:[3] So beispielsweise hinsichtlich des Erfordernisses des dringenden Tatverdachts[4] oder der Begründung des Hafttitels, bzw. auch in Bezug auf den ausdrücklichen Grund der Verweigerung der Übergabe im Fall, dass „die Gesetzgebung des ausstellenden Mitgliedstaates keine Höchstfristdauer für die Untersuchungshaft (gemäß Art. 18 lit. e des Gesetzes Nr. 69/2005) vorsieht".

Gerade hinsichtlich des letzteren problematischen Gesichtspunkts, der übrigens direkt den Bereich der Zusammenarbeit mit der deutschen Rechtsordnung betraf, haben die Vereinigten Senate des Kassationshofs[5] geurteilt, dass sie nicht nur diejenigen

---

1 *Marchetti*, Stichwort Mandato d'arresto europeo, in: *Enc. dir.*, Annali, II, t. I, 2008, 554 ff.; *Selvaggi/De Amicis*, La legge sul mandato di arresto europeo tra inadeguatezze attuative e incertezze applicative, in: Cass. pen., 2005, 1814 ff.; *Iuzzolino*, La decisione sull'esecuzione del mandato d'arresto europeo, in: Bargis/Selvaggi (Hrsg.), Mandato d'arresto europeo. Dall'estradizione alle procedure di consegna, 2005, S. 283 ff.; *Chelo*, Il mandato di arresto europeo, 2010, S. 220 ff.

2 *Chiavario*, Manuale dell'estradizione e del mandato d'arresto europeo, 2013, S. 263; *Selvaggi/De Amicis* (oben N. 1), 1814 ff.; *Vitari*, in: Chiavario/De Francesco/Manzione/Marzaduri (Hrsg.), Il mandato di arresto europeo. Commento alla legge 22 aprile 2005, n. 69, 2006, S. 300; in die entgegengesetzte Richtung siehe *Galantini*, L'adattamento del mandato d'arresto europeo nella legge attuativa della decisione quadro, in: Cass. pen., 2005, 4092.

3 Zu dem „harmonisierenden" Beitrag, den die höchstrichterliche Rechtsprechung in Bezug auf die im Text angegebenen problematischen Profile geleistet hat, siehe *Chiavario* (oben N. 2), S. 228 ff.

4 Cass. Sez. Un., 30.1.2007, n. 4614 – *Ramoci*, Rv. 235348.

5 Cass. Sez. Un., 30.1.2007, n. 4614 – *Ramoci*, Rv. 235348.

Rechtsordnungen mit dem zitierten Art. 18 Abs. 1 lit. e 3) und mit den Grundsätzen des Art. 13 der Verfassung – wonach „das Gesetz die Höchstfristdauer der Untersuchungshaft bestimmt" – als vereinbar ansehen, in denen ausdrücklich eine Frist für die Dauer der Untersuchungshaft bis zur erstinstanzlichen Verurteilung vorgesehen ist. Es werden auch diejenigen als vereinbar angesehen, in denen jedenfalls spezifische prozessrechtliche Mechanismen vorgesehen sind, die in vorweg festgelegten zeitlichen Abständen eine gerichtliche Kontrolle der Erforderlichkeit der Untersuchungshaft vorsehen, die zu ihrer rechtmäßigen Fortsetzung oder zu ihrer unmittelbaren Vollzugsaussetzung führen.[6]

Der Kassationshof hat auf diese Weise eine Auslegungsrichtung stärken wollen, die gleichzeitig die unterschiedlichen Anforderungen an die Übereinstimmung sowohl mit den verfassungsmäßigen Grundsätzen, als auch mit dem einheitlichen europäischen Rechtsrahmen erfüllt. Hinsichtlich eines von der Justizbehörde der Bundesrepublik ausgestellten EuHb hat der Kassationshof das Vorliegen von Hinderungsgründen ausgeschlossen, da das Prozessrecht der letzteren eine Höchstfristdauer der Untersuchungshaft (von sechs Monaten) vorsieht und auch im Fall der Verlängerung dieser Frist in zeitlichen Abständen die Vornahme von Prüfungen von Amts wegen vorsieht, die notwendig für die Aufrechterhaltung der Untersuchungshaft ist und in Ermangelung einer solchen eine automatische Freilassung vorschreibt.

So wurde ein zweifellos gravierendes Hindernis überwunden, da in vielen Mitgliedstaaten der EU Regeln fehlen, die Höchstfristen für die Untersuchungshaft in der Prozessphase bestimmen. Auch fehlt das Erfordernis einer Beschränkung der Haftdauer mittels periodischer Kontrollen durch den zuständigen Richter oder anderen Mechanismen, die in der konkreten Ausführung effizienter als die der italienischen Strafprozessordnung sind und deren Höchstfristen letztlich zur Legitimation einer bis zum Ende des Prozesses notorisch langen Untersuchungshaft führen.

III. Der Schutz des Bürgers und der gleichgestellten Subjekte

Innerhalb dieses neuen Verfahrens stellt die Übergabe der Bürger eine Generalregel mit wenigen Ausnahmen dar, die die Vollstreckung von freiheitsentziehenden Strafen im Herkunftsland betreffen und in gleicher Weise auf die dort ansässigen Personen ausdehnbar sind. Die Praxis hat gezeigt, dass etwa ein Fünftel aller Übergaben in der EU Staatsbürger des jeweiligen Landes betrifft.

Der EuGH hat seine Auslegung der Norm über die Ablehnung der Übergabe und über den Begriff des gewöhnlichen Aufenthalts und des Wohnsitzes geliefert, indem er erklärt hat, dass Personen, die aus dem Widerspruch zwischen den nationalen Normen und denen des RB eine Verletzung geltend machen können, zur Ablehnung der Übergabe für die Zwecke der Strafvollstreckung berechtigt sind.[7] Der Verfassungsge-

---

6 Cass., 30.1.2007, n. 4614 – *Ramoci*, Rv. 235348.
7 EuGH Große Kammer, 6.10.2009, Rs. C-123/08 – *Wolzenburg*; 17.7.2008, Rs. C-66/08 – *Kozlowsky*.

richtshof[8] hat eine vom Kassationshof hinsichtlich Art. 18 Abs. 1 lit. r) des Gesetzes Nr. 69/2005 aufgeworfene Verfassungsfrage angenommen und besagte Vorschrift für nicht verfassungsmäßig erklärt, „soweit es die Ablehnung der Übergabe auch des Bürgers eines anderen Mitgliedstaats der EU nicht vorsieht, der rechtmäßig und tatsächlich seinen gewöhnlichen Aufenthalt oder Wohnsitz im italienischen Staatsgebiet hat, um eine Vollstreckung der Freiheitsstrafe in Italien gemäß dem inländischen Recht zu ermöglichen".

Im Urteil Nr. 227/2010 wurde auf das *Wolzenburg*-Urteil des EuGH Bezug genommen und festgehalten, dass die Mitgliedstaaten das Recht haben, die Ablehnung der Übergabe vorzusehen oder nicht vorzusehen, dass sie aber, nachdem sie einmal die Wahl getroffen haben, es vorzusehen, verpflichtet sind, das durch Art. 12 EGV[9] festgelegte Diskriminierungsverbot aufgrund der Staatsangehörigkeit zu beachten.

Das Gericht hat insbesondere darauf hingewiesen, dass „es deshalb der zuständigen Justizbehörde obliegt, den rechtmäßigen oder tatsächlichen gewöhnlichen Aufenthalt oder Wohnsitz, im Einklang mit der Auslegung durch den EuGH aufgrund einer Gesamtbewertung der Merkmale festzustellen, die die Situation der Person kennzeichnen, wie u.a. die Dauer, die Natur und die Art ihres Aufenthalts im italienischen Staatsgebiet, sowie die familiären und wirtschaftlichen Beziehungen, die sie in und mit unserem Land unterhält".[10] Dem Gesetzgeber bleibt dann die Bewertung vorbehalten, ob es zweckmäßig ist, die Bedingungen für die Anwendbarkeit der Ablehnung der Übergabe auf den Nicht-Bürger für die Zwecke der Vollstreckung der Strafe in Italien im Einklang mit den entsprechenden Normen der EU klarzustellen, wie sie durch den EuGH ausgelegt werden.

Von der Wahl, die der italienische Gesetzgeber getroffen hat, wurde angenommen, dass sie im Gegensatz zum Wortlaut der Norm des RB steht, der mit der Aussicht auf Resozialisierung des Verurteilten allen drei Kategorien der dort genannten Personen – Staatsbürger, Ansässige und sich auf dem Gebiet des Vollstreckungsstaates gewöhnlich aufhaltende Personen – dieselbe Art von Schutz zugesteht.

IV. Der Niedergang der „beidseitigen Strafbarkeit"

Hinsichtlich der in den Artikeln 3, 4 und 4-*bis* des RB abschließend genannten Gründe für die Nicht-Ausführung wird der endgültige Niedergang des traditionellen Hinderungsgrunds der beidseitigen Strafbarkeit als Grund für die Ablehnung der Vollstreckung und der Übergabe in Bezug auf eine Liste von 32 Kategorien von Straftaten festgestellt, die in Art. 2 Abs. 2 des RB enthalten und wie vom ausstellenden Mitgliedstaat definiert sind, wenn in diesem Staat die Höchstdauer der Strafe oder der freiheitsentziehenden Sicherungsmaßnahme für diese Straftaten gleich oder höher als drei Jahre ist. Die beidseitige Strafbarkeit kann dagegen in dem Fall Anwendung finden, in

---

8 Corte Costituzionale, 21.6.2010, n. 227.
9 Seit dem Inkrafttreten des Lissabonner Vertrags Art. 18 AEUV.
10 Cass., 19.3.2008, n. 12665 – *Vaicekauskaite*, Rv. 239156.

dem die zuständige Behörde des ausstellenden Mitgliedstaats die fraglichen Straftaten nicht als Straftaten ansieht, die auf die genannte Bestimmung in Art. 2 Abs. 2 zurückführbar sind.

Durch das im Streitfall C-289/15 – *Grundza* ergangene Urteil hat der EuGH festgestellt, dass die zuständige Behörde des Vollstreckungsstaates bei der Bewertung des Erfordernisses der beidseitigen Strafbarkeit prüfen muss, ob die der Straftat zugrundliegenden Tatsachenelemente als solche, falls sie sich in dem vollstreckenden Mitgliedstaat ereignet hätten, auch auf dem Staatsgebiet des letzteren verfolgbar wären. Im Rahmen dieser Perspektive hat die italienische Rechtsprechung[11] angenommen, dass es für die Erfüllung der in Art. 7 Abs. 1 des Gesetzes Nr. 69/2005 vorgesehenen Bedingung der beidseitigen Strafbarkeit nicht notwendig ist, dass der abstrakte Rahmen der Strafnorm in der ausländischen Rechtsordnung keine entsprechende Norm in der italienischen Rechtsordnung findet. Es solle ausreichen, dass der konkrete Sachverhalt in beiden Rechtsordnungen als Straftat vorgesehen ist, wobei die etwaige Unterschiedlichkeit nicht nur der Strafdrohung, sondern auch des Titels und aller verlangten Merkmale für die Erfüllung der Straftat unbedeutend sind.

Ebenfalls zur Frage der beidseitigen Strafbarkeit liegt die Voraussetzung für die Übergabe ins Ausland aufgrund von Art. 7 Abs. 3 des genannten Gesetzes darin, dass die ersuchungsgegenständliche Straftat abstrakt von der Gesetzgebung des ausstellenden Mitgliedstaates mit einer Strafe oder einer freiheitsentziehenden Sicherungsmaßnahme mit einer Höchstdauer von nicht unter zwölf Monaten bedroht wird, wobei es (mit Bezug auf einen von den deutschen Behörden ausgestellten EuHb wegen unterlassener Zahlung der Mehrwertsteuer) keine Rolle spielt, dass die Freiheitsstrafe alternativ zu einer Geldstrafe vorgeschrieben ist, die im Ausgang des Verfahrens konkret verhängt werden kann.[12]

Analog dazu wurde außerdem angenommen, dass die Voraussetzung für die Durchführung der in Art. 7 Abs. 2 des genannten Gesetzes vorgesehenen Übergabe in Bezug auf einen von einer deutschen Justizbehörde ausgestellten EuHb für die Straftat der unterlassenen Steuererklärung vorliegt, die sich auf eine Reihe von Verkaufsgeschäften über Metallabfälle im Eigentum einer deutschen Gesellschaft bezog, welche ohne die vorherige Eintragung der Güter in die Buchführung der Gesellschaft erfolgte und somit zur Unterschlagung der Mehrwertsteuer beim Import in Höhe von 19 % führte.[13]

Man hat dagegen angenommen, dass die in Art. 7 Abs. 2 des zitierten Gesetzes genannte Voraussetzung für die Durchführung der Übergabe in Bezug auf einen von einer deutschen Justizbehörde ausgestellten EuHb wegen unterlassener Zahlung der Unternehmenssteuer nicht vorliegt, da dieser Tatbestand keine entsprechende Strafvorschrift in der italienischen Rechtsordnung fand, bzw. weil die Tat, die der ersuchten Person vorgeworfen wurde, unter den in der italienischen Rechtsordnung nicht

---

11 Cass., 17.5.2012 – *Ferrari*, Rv. 252723, hinsichtlich eines von den deutschen Behörden ausgestellten EuHb, in dem der Kassationshof die Straftat der betrügerischen Insolvenz gemäß § 283 des deutschen StGB mit der Straftat des im italienischen Gesetz vorgesehenen betrügerischen Vermögensbankrotts für vergleichbar erachtet hat.
12 Cass., 11.7.2011, n. 28026 – *Incorvaia*, Rv. 250745.
13 Cass., 13.2.2007, n. 6901 – *Ammesso*, Rv. 235559; Cass., 24.3.2011, n. 12204 – *Placonà*, Rv. 249644.

als Straftat vorgesehenen Fall der Ausstellung von Schecks ohne Deckung und ohne Bankgenehmigung subsumiert werden kann.

V. Die internen Schutzerfordernisse für das Funktionieren des EuHb

Mit einer anderen aufsehenerregenden Entscheidung hat der EuGH[14] darauf hingewiesen, dass der nationale Haftbefehl oder die vergleichbare gerichtliche Entscheidung Maßnahmen sind, die sich vom EuHb unterscheiden, mit der Folge, dass das neue Übergabesystem einen Schutz der Prozessrechte auf zwei Ebenen und, allgemeiner, der Grundrechte mit sich bringt, die dem Ersuchten zugutekommen müssen. Dies bedeutet einen Schutz, der auf der ersten Ebene beim Ergreifen einer gerichtlichen Entscheidung auf nationaler Ebene wie ein nationaler Haftbefehl vorgesehen ist, und einen Schutz, der in gleicher Weise auf der zweiten Ebene bei der Ausstellung des EuHb gewährleistet sein muss.

Ein gerichtlicher, in zwei Ebenen strukturierter Schutz, fehlt grundsätzlich nach dem EuGH in dem Fall, in dem vor der Ausstellung eines EuHb die nationalen Justizbehörden keine gerichtliche Entscheidung treffen, auf welche die Ausstellung eines EuHb dann aufzubauen ist. Im Einklang mit diesen Grundsätzen hält es die italienische Rechtsprechung nur dann nicht für möglich, dem Übergabeersuchen einer ausländischen Justizbehörde stattzugeben, wenn aus dem Haftbefehl selbst oder aus den übermittelten Unterlagen nicht die genaue Angabe der dem Ersuchen zugrunde liegenden Maßnahme zur Beschränkung der persönlichen Freiheit ersichtlich ist, da in diesem Sinne die Bestimmung des Art. 6 Abs. 3 des Gesetzes 69/2005 ausgelegt werden muss, die die Beifügung dieses Beschlusses an den Haftbefehl verlangt. In diesem Sinne hat sich z.B. der Kassationshof[15] in Bezug auf einen Sachverhalt ausgesprochen, in dem das Fehlen des vom ersuchenden deutschen Richter unterzeichneten Haftbefehls und des Berichts über die der ersuchten Person erhobenen Vorwürfe nicht als Hinderungsgrund für die Übergabe angesehen wurden.[16]

Analog dazu wurde erachtet, dass die unterbliebene Beiziehung des dem EuHb zugrunde liegenden inländischen Haftbefehls der Übergabe im Wege steht, wenn der ersuchten Justizbehörde aus dem Inhalt des EuHb und den mitgelieferten Akten keine Prüfung des Vorliegens der Voraussetzungen für die Übergabe oder der Bedingungen für die Ablehnung gemäß Art. 18 desselben Gesetzes möglich ist. In Anwendung dieses Grundsatzes hat der Kassationshof das Urteil unter Rückverweisung aufgehoben, welches die Übergabe des Beschwerdeführers angeordnet hatte. Er führte aus, dass es bei Fehlen der freiheitsentziehenden Maßnahme nicht möglich sei zu prüfen, ob ein Teil der im EuHb vorgeworfenen Straftaten, die in unteilbarer Weise in Italien, Spanien, Deutschland und zusätzlich Frankreich begangen wurden, dagegen auch nur teilweise auf dem italienischen Staatsgebiet begangen wurden.[17]

---

14 EuGH, 1.6.2016, Rs. C-241/15 – *Bob-Dogi*.
15 Cass., 11.12.2015, n. 49612 – *Posea*, Rv. 265470.
16 Cass., 11.12.2015, n. 49612 – *Posea*, Rv. 265470.
17 Cass., 28.7.2016, n. 33218 – *Khalil*, Rv. 267765.

VI. Gegenseitige Anerkennung und Schutz der Grundrechte

Der Grundsatz der gegenseitigen Anerkennung setzt als logisch notwendige Vorbedingung ein gegenseitiges Vertrauen unter den Mitgliedstaaten hinsichtlich der Einhaltung der Grundrechte voraus. Damit dieses Vertrauen real und nicht nur scheinbar ist, müssen die Auswirkungen der „symbiotischen Beziehung" berücksichtigt werden, die unweigerlich zwischen den konkreten Funktionsmechanismen des EuHb und der Thematik der Einhaltung der Grundrechte entsteht.[18]

In Bezug auf den EuHb übersetzt sich diese Wechselbeziehung in eine Begrenzung der Regel des *mutual trust*, die von den nunmehr drängenden und allgemein geteilten Erfordernissen des Grundrechtsschutzes ausgeübt werden kann, da es in der Substanz darum geht, zu prüfen ob ihre Verletzung einen Grund für die Ablehnung der Ausführung des EuHb darstellen kann. Der RB sieht zusätzlich zum Fall der bedingten Übergabe (Art. 5) einen *numerus clausus* von verpflichtenden (Art. 3) und freiwilligen (Art. 4 u. 4-*bis*) Fällen der Ablehnung vor, zu welchen *the non-compliance with fundamental rights* nicht einbezogen ist.

In anderer Hinsicht erläutert aber Art. 1 Abs. 3 des Europäischen Aktes, dass die Pflicht zur Einhaltung „der Grundrechte und der" in Art. 6 des AEUV „vorgesehenen rechtlichen Grundprinzipien nicht" infolge des RB „verändert werden kann", wobei auf diese Weise die berechtigte Frage über ihre mögliche Interpretation als impliziter Ablehnungsgrund im Fall der Verletzung der dort erwähnten Grundrechte aufkommt.[19]

Die Übertragung der im RB vorgesehenen Ablehnungsgründe war insoweit nicht homogen. Tatsächlich haben einige Mitgliedstaaten (darunter Italien) die als fakultativ vorgeschriebenen Ablehnungsgründe in obligatorische Gründe umgewandelt und zusätzliche Ablehnungsgründe eingeführt, die auf Art. 3 Abs. 1 und auf die Erwägungen Nr. 12 und Nr. 13 des RB gestützt sind und im Wesentlichen Ablehnungsgründe darstellen, die eng mit der Gefahr der Verletzung von Grundrechten in Zusammenhang stehen. Dies hat eine asymmetrische Anwendung in der Gesetzgebung der Mitgliedstaaten zur Folge gehabt, die sicher nicht zur Stärkung der Bildung eines gegenseitigen Vertrauens als notwendige Vorbedingung für den Grundsatz der gegenseitigen Anerkennung beiträgt.

Nichtsdestotrotz neigt die italienische Rechtsprechung auch in Bezug auf diese Problemfelder der europäischen Regelung zur Ausarbeitung einer Auslegung, die mit den Zielen des neuen Instruments übereinstimmt. Sie hält es nicht für nötig, dass die Rechtsordnung des ausstellenden Staates für die Zwecke der Entscheidung über die Übergabe dieselben Gewährleistungen für einen „gerechten Prozess" bietet, wie die italienische, sondern vielmehr, dass dieser die entsprechenden durch die übernationalen Abkommen gewährleisteten Grundsätze einhält – insbesondere die aus Art. 6 der Europäischen Menschenrechtskonvention (nachstehend: EMRK), auf welche sich

---

18 *Bargis*, Mandato di arresto europeo e diritti fondamentali: recenti itinerari „virtuosi" della Corte di giustizia tra compromessi e nodi irrisolti, in: Diritto penale contemporaneo, 2. Aufl. 2017, S. 178 ff.
19 *Bargis* (oben N. 18), S. 178.

Art. 111 der italienischen Verfassung beruft. In Anwendung dieses Grundsatzes hat der Kassationshof[20] eine Sachentscheidung unter Rückverweisung aufgehoben und es für notwendig gehalten, durch die in Art. 16 des Gesetzes Nr. 69/2005 vorgesehenen ergänzenden Informationen zu prüfen, ob die Verteidigungsrechte der zwecks Übergabe ersuchten Person, im Lauf der vor den Organen der deutschen Polizei erfolgten Vernehmungen gewährleistet worden waren, zumal ein großer Teil der Vorwürfe Gegenstand eines Geständnisses zu sein schien.[21]

Beim Urteil über ein Übergabeersuchen,[22] das auf Schuldindizien beruhte, die in biologischen Proben bestanden, welche dem Angeklagten für andere Zwecke entnommen und in einer DNA-Datenbank aufbewahrt worden waren, wurde jede Möglichkeit eines Gegensatzes zu den verfassungsmäßigen Gewährleistungen ausgeschlossen, auf welche Art. 2 Abs. 1 des Gesetzes Nr. 69/2005 Bezug nimmt. Der Fall, der aufgrund der Verwicklung mehrerer Mitgliedstaaten besonders bedeutend ist, betraf einen von den österreichischen Behörden ausgestellten EuHb, in dem die die Untersuchungshaft rechtfertigenden Indizien in der DNA-Probe bestanden, die einer Blutentnahme entstammte, die beim Angeklagten während eines Gefängnisaufenthalts in Deutschland durchgeführt und dort in einer dafür vorgesehenen Datenbank aufbewahrt worden war.

Auf der substanziellen Ebene wird dagegen das schuldlose Unwissen durch den italienischen Staatsbürger der Strafnormen des ausstellenden Mitgliedstaates, auf deren Grundlage der EuHb ausgestellt wurde, als unerheblich erachtet, wenn die Tat vom italienischen Recht als Straftat angesehen wird. Der besonders interessante Fall betraf eine Person, deren Übergabe von den deutschen Behörden wegen Besitz und Handel mit Betäubungsmitteln verlangt wurde, die, nachdem sie das Gebiet des ausstellenden Staates nach Freilassung wegen Ablauf der Höchstdauer der Untersuchungshaft unerlaubt verlassen hatte, vortrug, dass sie die Gesetzesbestimmung, die ihr auferlegte, sich der Justizbehörde zur Verfügung zu halten, schuldlos nicht gekannt habe.[23]

VII. Die Grenzen der Gerichtsbarkeit in den Beziehungen mit der deutschen Rechtsordnung

Eines der Themen, hinsichtlich derer eine fortlaufende Weiterentwicklung in der Auslegung durch die italienische Rechtsprechung festgestellt werden kann, ist das der Grenzen der Gerichtsbarkeit im Fall, in dem der Hinderungsgrund nach Art. 18 Abs. 1 lit. p) des Gesetzes Nr. 69/2005 vorliegt, d.h. im Fall, in dem „der EuHb Straftaten betrifft, die vom italienischen Recht als Taten angesehen werden, die ganz oder teilweise im eigenen Staatsgebiet oder in einem Gebiet begangen wurden, das dem eigenen Staatsgebiet gleichgestellt ist; oder Taten, die außerhalb des ausstellenden Mitgliedstaats begangen wurden, wenn das italienische Recht die Strafverfolgung derselben,

---

20 Cass., 27.1.2012, n. 4528 – *Baldi*, Rv. 251959.
21 Cass., 27.1.2012, n. 4528 – *Baldi*, Rv. 251959.
22 Cass., 21.8.2008, n. 34294 – *Cassano*, Rv. 240713.
23 Cass., 28.5.2008, n. 21751 – *Sofia*, Rv. 239942.

außerhalb ihres Staatsgebiets begangenen, Straftaten nicht erlaubt". Es gibt zahlreiche Fälle, in denen der Anwendungsbereich dieses Ablehnungsgrunds in den Beziehungen mit den deutschen Behörden in den Vordergrund getreten ist.

Im Allgemeinen ist die Rechtsprechung der Ansicht, dass dieser Hinderungsgrund dann besteht, wenn sich auch nur ein Teil des Verhaltens auf dem italienischen Staatsgebiet zugetragen hat. Dies gilt nur, sofern dieser Umstand sicher ist, da die bloße Annahme der gänzlichen oder partiellen Begehung der Straftat in Italien nicht ausreicht, während es nicht notwendig ist, dass die erhobenen Indizien die sofortige und gleichzeitige Strafverfolgung in Italien wegen derselben Taten erlauben, wegen welchen das ausländische Gericht sein Verfahren betreibt.

Diesbezüglich hat der Kassationshof z.B. hinsichtlich eines Falles, in dem die Übergabe eines italienischen Staatsbürgers abgelehnt wurde, der wegen Begehung in Tatbeteiligung mit anderen Personen auf deutschem Staatsgebiet in diversen Fällen des schweren Diebstahls angeklagt war, deren Planung, Organisation und Vorbereitung aber auf italienischem Staatsgebiet erfolgten, festgehalten, dass die von der ausländischen Justizbehörde verlangte Übergabe abgelehnt werden muss, wenn sich ein Teil des strafbaren Verhaltens auf italienischem Staatsgebiet ereignet hat.[24] Daraus folgt, dass in diesem Fall das ausländische Urteil keinerlei konkrete Wirkung entfaltet, da den Bedürfnissen der nationalen Gerichtsbarkeit in ihrem räumlichen Ausdruck Vorrang eingeräumt wird (Territorialitätsprinzip), sofern sich der Fall, der Gegenstand des EuHb ist, nicht durch Gleichwertigkeit mit demjenigen auszeichnet, der in Italien strafbar ist.

Besonders erheblich erscheint die Behauptung der Regel, wonach, wenn das Übergabeersuchen durch die ausländische Behörde Taten betrifft, die teils auf italienischem und teils auf ausländischem Staatsgebiet begangen wurden, die Prüfung für das Vorliegen des Ablehnungsgrunds nach Art. 18 Abs. 1 lit. p) des oben genannten Gesetzes mit der Bestimmung in Art. 31 des RB 2002/584/JI koordiniert werden muss. Dieser nimmt etwaige zum Zeitpunkt ihrer Durchführung geltenden bilateralen oder multilateralen Abkommen oder Vereinbarungen aus, „in dem diese es erlauben, die Ziele der letzteren zu vertiefen oder darüber hinauszugehen und dazu beitragen, die Übergabe des Gesuchten zu vereinfachen oder zu erleichtern".

Im Rahmen dieser Perspektive und in Bezug auf einen Prozess-EuHb, der von einer deutschen Behörde wegen der sowohl in Deutschland als auch in Italien begangenen Straftaten der Begünstigung der rechtswidrigen Einwanderung ausgestellt wurde, hat der Kassationshof die Anwendbarkeit des Art. II des durch Gesetz vom 11.12.1984 Nr. 969 ratifizierten bilateralen italienisch-deutschen Abkommens vom 24.10.1979 erklärt. Mit diesem wollten die Parteien die Anwendung des europäischen Auslieferungsabkommens von 1957 in dem Fall erleichtern, in welchem das Übergabeersuchen auch andere Straftaten betrifft, die nicht der Gerichtsbarkeit des Fluchtstaates unterliegen und es zweckmäßig erscheint, alle Straftaten im ersuchenden Staat aburteilen zu lassen.[25]

---

24 Cass., 18.12.2007, n. 47133 – *Lichtenberger*, Rv. 238159.
25 Cass., 20.12.2010, n. 45524 – *Ahmad*, Rv. 248717; Cass., 24.4.2013, n. 2028 – *Vetro*, Rv. 257024; Cass., 4.2.2014, n. 5750 – *Ahmetovic*, Rv. 258632.

Der Kassationshof hat im Übrigen erläutert, dass dieselben Grundsätze nicht auf das mit Österreich abgeschlossene bilaterale Abkommen ausgedehnt werden können, da dieses keine vergleichbaren Klauseln vorsieht.

Im Rahmen einer nunmehr unstrittigen Ausarbeitung der Rechtsprechung hat der Kassationshof ebenfalls in Bezug auf die Zusammenarbeit mit den deutschen Behörden den Grundsatz festgehalten, wonach für die Anwendung von Art. II des durch Gesetz vom 11.12.1984 Nr. 969 ratifizierten bilateralen italienisch-deutschen Abkommens vom 24.10.1979, der eine Grenze für den in Art. 18 Abs. 1 lit. p) des Gesetzes Nr. 69/2005 vorgesehenen Ablehnungsgrund für die Taten darstellt, die ganz oder teilweise auf dem Staatsgebiet begangen wurden, falls das Übergabeersuchen mehrere Straftaten betrifft, von denen einige teilweise in Italien begangen wurden und es zweckmäßig erscheint, alle Anklagepunkte im antragstellenden Staat abzuurteilen. Hier muss das OLG das tatsächliche Vorliegen der Gründe beurteilen, die einen einheitlichen Prozess vor der deutschen Justiz vorzugswürdig machen, unter Beachtung sowohl der objektiven Faktenlage der Verfahrenssache,[26] als auch des Stadiums der Ermittlungen in den betroffenen Ländern sowie des Grads der Betroffenheit von Interessen bei den durch die Straftat geschädigten Personen hinsichtlich eines etwaigen Nachteils, der aus der Führung des Verfahrens im Ausland entstehen kann.[27]

Diesbezüglich zeigt sich das fortschreitende Entstehen neuer sich aus den Folgen der Rechtshängigkeit ergebenden Problemfragen, die infolge der nicht durchgeführten Übergabe bei Straftaten transnationaler Natur entstehen. Um die möglichen Konflikte zwischen gleichermaßen örtlich zuständigen Gerichtsbarkeiten zu lösen, wurde ein RB des EU-Rates zur Vorbeugung und zur Lösung von Kompetenzkonflikten in Strafverfahren verabschiedet, den die italienische Rechtsordnung mit gesetzvertretendem Dekret Nr. 29 vom 15.2.2016 übernommen hat.

Ein neueres Urteil des Kassationshofs[28] hat das Thema behandelt und festgelegt, dass im Fall, in dem das Übergabeersuchen Taten betrifft, die teilweise auf dem Staatsgebiet oder einem anderen ihm gleichgestellten Ort begangen wurden, der in Art. 18 Abs. 1 lit. p) des genannten Gesetzes verpflichtend vorgesehene Ablehnungsgrund nur dann Anwendung findet, wenn bereits die Anhängigkeit eines Strafverfahrens aufgrund des Sachverhalts besteht, der Gegenstand des EuHb ist. Dabei hat der Kassationshof hinzugefügt, dass der Kompetenzkonflikt zwischen den zwei Staaten seine Lösung innerhalb des Mechanismus finden muss, der vom RB 2009/948/JI zur Vermeidung und Beilegung von Kompetenzkonflikten in Strafverfahren und vom gesetzvertretenden Dekret Nr. 29 vom 15.2.2016 geregelt wird, um auch eine Verletzung des in Art. 50 der EU-Grundrechtecharta (nachstehend: GRCh) festgehaltenen *ne bis in idem* Grundsatzes zu vermeiden.[29]

---

26 Dies betrifft die Natur der Straftaten, zeitliche Nähe und die Zurückführbarkeit auf dieselben Personen.
27 Cass., 9.10.2014, n. 42536 – *Galal*, Rv. 260727.
28 Cass., 4.4.2018, n. 15866 – *Spasiano*, Rv. 272912.
29 Cass., 4.4.2018, n. 15866 – *Spasiano*, Rv. 272912.

VIII. Auf dem Weg zu einer Verhältnismäßigkeitsprüfung des EuHb?

Auch wenn sie im RB nicht ausdrücklich vorgesehen ist, könnte sich die Einführung – auch durch in bilateralen Abkommen besonders vereinbarte Bestimmungen – einer Klausel über die Verhältnismäßigkeit in Bezug auf den mit der Einleitung und Durchführung des Übergabeverfahrens verfolgten Zweck als sinnvoll erweisen, um die Effizienz der Beziehungen bei der Justizzusammenarbeit zu verbessern.[30]

Die Europäische Kommission[31] selbst hat die Behörden der Mitgliedstaaten aufgefordert, die schweren Folgen der Vollstreckung eines EuHb für die Freiheit des Gesuchten und die Beschränkungen seiner Bewegungsfreiheit zu berücksichtigen und die ausstellenden Justizbehörden angeregt, insbesondere eine Anzahl von Faktoren zu berücksichtigen, um zu bestimmen, ob die Ausstellung des EuHb berechtigt ist. Dies sind insbesondere: a) die Schwere der Straftat, beispielsweise mit Bezug auf die verursachten Schäden oder Gefahren; b) die vermutlich für die vorgeworfene Straftat zu verhängende Strafe, falls der Gesuchte der Straftat schuldig gesprochen wird; c) die Wahrscheinlichkeit der Anordnung von Untersuchungshaft gegen die Person im ausstellenden Mitgliedstaat nach der Überstellung; d) die Interessen der Straftatenopfer.

Die ausstellenden Justizbehörden müssten außerdem die Möglichkeit berücksichtigen, andere Maßnahmen der Justizzusammenarbeit anstelle der Ausstellung eines EuHb in Anspruch zu nehmen. Andere normative Akte aus sekundärem EU-Recht bezüglich der Justizzusammenarbeit in Strafsachen sehen andere Maßnahmen vor, die in vielen Situationen, auch wenn weniger einschneidend, ebenso wirksam sein können.

Im Allgemeinen wird vertreten, dass die Durchführung einer Verhältnismäßigkeitsprüfung vor der Ausstellung eines EuHb zur Stärkung des gegenseitigen Vertrauens und der Funktionsfähigkeit des Instituts zwischen den zuständigen Behörden der Mitgliedstaaten beitragen kann. Im Rahmen dieser Sichtweise könnten andere auf dem Grundsatz der gegenseitigen Anerkennung beruhende Maßnahmen zur Ergänzung des EuHb sinnvoll in Betracht gezogen werden, die sich im Vergleich zu diesem Übergabeverfahren in manchen Situationen sogar als angemessener erweisen könnten. Gemeint sind in diesem Sinne Maßnahmen wie: a) die Europäische Ermittlungsanordnung; b) die Überstellung der Gefangenen; c) die Verlegung von Entscheidungen über die Aussetzung zur Bewährung und Ersatzstrafen; d) die Europäische Überwachungsanordnung; e) die Vollstreckung von Geldstrafen.

In der vorprozessualen Phase der Strafverfahren könnten insbesondere die folgenden Maßnahmen in Betracht gezogen werden: a) die Ausstellung einer Europäischen Ermittlungsanordnung zur Anhörung eines Verdächtigen mittels Videoverbindung in einem anderen Mitgliedstaat; b) die Ausstellung einer Europäischen Ermittlungsanordnung zur Anhörung des Verdächtigen in einem anderen Mitgliedstaat durch die zuständigen Behörden dieses Mitgliedstaates; c) die Ausstellung einer Europäischen

---

30 Zu den Merkmalen des relevanten Anteils von deutschen EuHb nach Italien für geringfügige Straftaten („Mini-EuHb") und zu anderen Unstimmigkeiten, die in der Praxis des Zustellungsverfahrens zwischen den beiden Ländern bestehen, siehe die Überlegungen von *Lettieri*, Il difensore italiano nel vortice della crisi della giustizia in Europa, in: Cass. pen., 2013, 4242 ff.

31 Mitteilung C (2017) 6389 final vom 28.9.2017.

Überwachungsanordnung zur Ausführung einer nicht-freiheitsentziehenden Überwachungsmaßnahme gegenüber dem Verdächtigen, die in der vorprozessualen Phase durch den Mitgliedstaat ausgeführt werden muss, in dem sich der Verdächtige aufhält; d) die Eingabe einer Ausschreibung in den S.I.S. zur Feststellung des Aufenthalts oder Wohnorts eines Verdächtigen (gemäß Art. 34 des Beschlusses SIS II); e) die Ladung eines im vollstreckenden Mitgliedstaat ansässigen Verdächtigen vor die für das Strafverfahren zuständige Behörde im ausstellenden Mitgliedstaat; f) die Aufforderung, freiwillig am Strafverfahren teilzunehmen.

In der postprozessualen Phase könnten außerdem nach Verkündung des Urteils Maßnahmen wie die Verlegung einer Freiheitsstrafe in den Mitgliedstaat, in welchem sich die verurteilte Person aufhält, in Betracht gezogen werden, damit sie im genannten Mitgliedstaat vollstreckt wird, bzw. die Verlegung einer Ersatzstrafe (wie einer sozial nützlichen Arbeit oder Leistung) oder einer Anordnung zur Aussetzung zur Bewährung.

IX. Die Zentralität der Rolle des EuGH
im System der Justizzusammenarbeit in Strafsachen

In der Rechtsprechung des EuGH taucht häufig die Formulierung auf, wonach die Grundsätze des gegenseitigen Vertrauens und der gegenseitigen Anerkennung „in keiner Weise die den Betroffenen gewährleisteten Grundrechte schwächen dürfen".[32] Die Normen aus sekundärem Recht der Union müssen unter Einhaltung der Grundrechte ausgelegt und angewandt werden, deren wesentlicher Bestandteil auch die Einhaltung der Verteidigungsrechte sind, die sich aus dem in den Art. 47 und 48 GRCh sowie in Art. 6 EMRK festgelegten Recht auf einen gerechten Prozess ergeben.

Eine richtige Verwertung des Grundsatzes der gegenseitigen Anerkennung kann jedoch nicht von der Erfüllung der konkurrierenden Pflichten zur Harmonisierung der nationalen Rechtsordnungen absehen: Gemeint sind Orientierungspläne, die ganz mit der Maßnahmenlogik des europäischen Gesetzgebers übereinstimmen, deren Kombination sich zweierlei zweckmäßig erweist. Nicht nur zur Beseitigung der in der praktischen Zusammenarbeit häufig auftauchenden problematischen Aspekte, sondern vor allem unter dem Blickwinkel einer besseren Berücksichtigung der Bedürfnisse nach Sicherheit und Einhaltung der persönlichen Grundrechte, die jeder Eingriff auf strafrechtlichem Gebiet unweigerlich mit sich bringt.

Die gegenseitige Anerkennung widerspricht unter diesem Blickwinkel überhaupt nicht, sondern ergänzt das Ziel einer wachsenden Annäherung der nationalen Systeme, das seinerseits einen mächtigen Faktor für die Steigerung des gegenseitigen Vertrauens und der Bereitschaft zu einer prompten und wirksamen Anwendung der Instrumente für die Justizzusammenarbeit darstellt. Die außernationale Geltung der Wirkungen einer Gerichtsentscheidung wohnt besagtem Grundsatz inne mit einer Tendenz zur „gemeinsamen Ausübung durch mehrere Staaten, die Teil der Souveränität sind" und

---

32 EuGH, 10.8.2017, Rs. C 270/17 – *Tupikas*; EuGH, 6.2.2017, Rs. C-578/16 – *C.K.*

insbesondere zur Verwendung der Zwangsmittel für Ziele der Verbrechensbekämpfung und des Schutzes der Sicherheit der Bürger, was die Rolle als wahres „Ordnungskriterium" für die Wahrnehmung der Funktionen einnimmt, die jeweils von den ausstellenden und ausführenden Behörden der Staaten ausgeübt werden.[33]

Gerade aus diesen Gründen kann übrigens die konkrete Anwendung des EuHb – und allgemeiner gesagt der Instrumente zur gegenseitigen Anerkennung – schwerlich von der Bereitstellung eines geschlossenen und abschließenden Mikrosystems von Ablehnungsgründen für die Ausführung absehen, womit man dem tendenziell immer schnelleren Verkehr der Gerichtsentscheidungen mit den daraus folgenden Gefahren der „Entnationalisierung" der staatlichen Rechtsregeln eine Prüfungsmacht entgegenstellt, die durch die zuständigen Behörden des Ausführungsstaates verpflichtend auf die Einhaltung bestimmter Prozessstandards, bzw. auf die Wirkungen eingegrenzt ist, die mit der Ausführung der Maßnahme innerhalb der nationalen Rechtsordnung verbunden sind.

Allerdings fehlen trotz der immer stärkeren rechtsprecherischen Ausarbeitung durch den EuGH klare und einheitliche Hinweise für den Anwendungsbereich und die konkreten Modalitäten zur Erfüllung der Erfordernisse des Grundrechtsschutzes.

Vor diesem Ausblick hat die Lehre darauf hingewiesen, dass selbst die zentrale Stellung des Grundrechtsschutzes in der aktuellen Systematik der Verträge eine Möglichkeit, wenn nicht sogar Gelegenheit für einen größeren Anwendungsbereich der Gewährleistungen anzudeuten scheint, die den von Verfahren der Justizzusammenarbeit betroffenen Personen zuerkannt werden. Dies geschieht durch die Ausweitung der Regeln, die Frucht von interpretatorischen Lösungen sind, die der EuGH – wenn auch auf anderen Bereichen der gegenseitigen Anerkennung – ausgearbeitet hat, um die besonderen Erfordernisse der Kooperation mit dem unausweichlichen Respekt für die Grundrechte und die Grundprinzipien der nationalen Rechtsordnungen auszugleichen.[34]

Mit der Entscheidung vom 28.3.2000[35] wurde festgelegt, dass Abweichungen von der Pflicht zur Anerkennung und Vollstreckung auf Ausnahmefälle beschränkt sind, in denen sich die vom ausstellenden Staat gebotenen Gewährleistungen als völlig ungenügend erwiesen haben, um eine offenkundige Verletzung eines Grundprinzips im Lichte der allgemeinen vom EuGH gewährleisteten Rechtsgrundsätze zu vermeiden. Hierbei nehmen auch die Aufwertung der von der EMRK gebotenen Gewährleistungen und die dem von der GRCh ausgestalteten Grundrechtssystem beigelegten Bedeutung offenbar eine entscheidende Rolle ein.

---

33 In diesem Sinne siehe *Montaldo*, I limiti della cooperazione in materia penale nell'Unione europea, 2015, S. 430.

34 *Montaldo* (oben N. 33), S. 429.

35 EuGH, 28.3.2000, Rs. C-7/98 – *Krombach*, die einen vom BGH eingereichten Antrag auf eine Vorabentscheidung gemäß dem Protokoll vom 3.6.1971 (der die Interpretation durch den EuGH des Abkommens vom 27.9.1968 über die gerichtliche Zuständigkeit und die Vollstreckung gerichtlicher Entscheidungen in Zivil- und Handelssachen betrifft) zum Gegenstand hatte.

Hierzu hat außerdem derselbe EuGH[36] nachhaltig den Grundsatz betont, wonach die von der GRCh gewährleisteten Grundrechte eingehalten werden müssen, wenn eine nationale Norm unter den Anwendungsbereich des Unionsrechts fällt, mit der Folge, dass es keine unter das Recht der Union fallenden Fälle geben kann, ohne dass besagte Grundrechte Anwendung finden. Die Anwendbarkeit des EU-Rechts führt deshalb implizit zur Anwendung der Grundrechte, die von der GRCh garantiert werden. Dabei tritt deshalb besonders stark die zentrale Rolle des EuGH als „Gesetzesgarant" hervor. Denn wenn der nationale Normrahmen unter den Anwendungsbereich des EU-Rechts fällt, kann und muss der angerufene EuGH alle notwendigen Elemente für die Auslegung nennen, damit das nationale Gericht prüfen kann, ob besagter Normrahmen mit den von ihm gewährleisteten Grundrechten im Einklang steht.

Die nunmehr von den europäischen Richtern vorgezeichnete Auslegungsrichtung neigt – unter der Perspektive eines effizienten Systems der stimmigen und einheitlichen Entwicklung des Europäischen Raums der Freiheit, der Sicherheit und des Rechts – dazu, einerseits die variable Geometrie zu vermeiden, die entstehen würde, wenn jedem Mitgliedstaat – auch zu Lasten der *Primauté* – volles Ermessen hinsichtlich der Berufungsmöglichkeit auf höhere Schutzebenen überlassen würde, die vom eigenen Verfassungssystem vorgesehen sind, und andererseits der Gefahr vorzubeugen, dass die Staaten, die ein solches Ermessen ausüben wollten, um sich den Kooperationsmechanismen zu widersetzen, eine Zufluchtsstätte für Kriminelle werden.[37]

Im Rahmen dieses hermeneutischen Blickwinkels hat der EuGH[38] den nationalen Justizbehörden das Recht anerkannt, einen EuHb nicht auszuführen, falls ernsthafte und bewiesene Gründe vorliegen, dass die gesuchte Person aufgrund der Haftbedingungen in den dafür vorgesehenen Einrichtungen des ausstellenden Staates dem konkreten und „individualisierten" Risiko einer unmenschlichen oder erniedrigenden Behandlung ausgesetzt sein wird.

Es ist allerdings notwendig, dass die vollstreckende Justizbehörde über objektive und aktualisierte Angaben verfügt, die das Vorliegen einer konkreten Gefahr für eine unmenschliche und erniedrigende Behandlung der Gefangenen im ausstellenden Mitgliedstaat unter Berücksichtigung des Schutzniveaus der vom EU-Recht und insbesondere von Art. 4 GRCh gewährleisteten Grundrechte bestätigen. Prüfungsgegenstand können in diesem Zusammenhang sowohl Mängel systemischer oder allgemeiner Art sein, als auch diejenigen, die bestimmte Haftanstalten betreffen. Der Grundsatz des gegenseitigen Vertrauens unter den Mitgliedstaaten tritt angesichts von Eventualitäten, die die Einhaltung der menschlichen Würde in Frage stellen, hinter einer präzisen Prüfungspflicht durch die vollstreckende Behörde zurück, die die Übermittlung ergänzender Informationen von der ausstellenden Behörde anfordern muss, welche ihrerseits diese Informationen innerhalb der ggf. von der Vollstreckungsbehörde ge-

---

36 EuGH, 26.2.2013, Rs. C-617/10 – *Åkerberg Fransson*.
37 EuGH, 26.2.2013, Rs. C-399/11 – *Melloni*.
38 EuGH, 5.4.2016, Rs. C-404/15 und C-659/15 – *Aranyosi und Caldararu*. In der Lehre vgl. in dieser Hinsicht *Asta*, La sentenza della Corte di Lussemburgo sul caso Aranyosi e Căldăraru: una (difficile) coesistenza tra tutela dei diritti fondamentali e mandato di arresto europeo, abrufbar unter www.osser vatorioaic.it (19.7.2016), 5 ff.

setzten Frist übermitteln muss. Die letztere muss dann ihre eigene Entscheidung über die Übergabe des Betroffenen bis zur Einholung der Informationsgegenstände verschieben, die es ihr erlauben das tatsächliche Vorliegen der Gefahr zu bewerten. Falls diese Situation nicht innerhalb einer vernünftigen Frist ausgeschlossen werden kann, muss die vollstreckende Behörde entscheiden, ob es nötig ist, das Übergabeverfahren abzuschließen.

Die Ziele der Beschleunigung und Effizienz des neuen „Post-Auslieferungs"-Systems der Übergabe werden durch das konkurrierende Erfordernis einer umfassenden Neugewichtung seiner Funktionsmechanismen im Sinne der Rechtsstaatlichkeit ausgeglichen, indem wirksame Mittel zum Schutz der Grundrechte des Gesuchten ausgearbeitet werden. Die Annahme des gegenseitigen Vertrauens gilt also nicht bedingungslos, sondern unterliegt einigen begrenzten Ausnahmen, mit der Folge einer Wiederausweitung der Räume für die gerichtliche Kontrolle, wann immer verzerrende Faktoren auftauchen, deren Relevanz eine Abzweigung von der „Schiene" der gegenseitigen Anerkennung notwendig macht.

In anderer Hinsicht ist allerdings offensichtlich, dass der EuGH dem Instrument des Dialogs Vorrang geben will, um die Probleme zu lösen, die mit der konkreten Funktionsweise der Kooperationsverfahren im europäischen Gebietsraum verknüpft sind, indem sie zwischen den zuständigen Behörden der jeweiligen Mitgliedstaaten eine Beziehung der direkten Zusammenarbeit schafft. Mit dieser Betonung bringt also der EuGH den Entwurf zu Ende, der mit dem „*Melloni*"-Urteil begonnen wurde und stellt klar, dass für die Infragestellung der Grundsätze der gegenseitigen Anerkennung und des gegenseitigen Vertrauens erforderlich ist, dass ein Wert auf dem Spiel steht, der im Vergleich zu diesen als gleichwertig oder höherwertig erkennbar ist. Dies jedoch unter der Bedingung, dass dieses Erkennen durch das EU-Recht selbst und nicht autonom durch die einzelnen nationalen Rechtsordnungen erfolgt. Es ist ein Prozess der „Europäisierung" der der Ausführung des EuHb zu setzenden Grenzen, der sich auf eine Kombination zwischen dem Leitwert der Menschenwürde im Sinne von Art. 1 GRCh und dem Verbot der unmenschlichen und erniedrigenden Behandlung nach Art. 3 EMRK gemäß der durch den EGMR gelieferten Auslegung stützt.

Der Kassationshof[39] hat diese Hinweise prompt aufgenommen und festgehalten, dass der Ablehnungsgrund für die Übergabe aus Art. 18 Abs. 1 lit. h) des Gesetzes Nr. 69/2005 der ausführenden Justizbehörde vorschreibt, im Einklang mit den Klarstellungen des EGMR[40] nach der Feststellung eines allgemeinen Risikos für eine unmenschliche Behandlung durch den Mitgliedstaat zu prüfen, ob die vom EuHb betroffene Person konkret einer unmenschlichen Behandlung unterworfen werden kann. Dieser liegt im Fall der „ernsthaften Gefahr" vor, wenn die gesuchte Person der Todesstrafe, der Folter oder anderen unmenschlichen und erniedrigenden Strafen oder Behandlungen unterzogen wird. Zu diesem Zweck soll der ausstellende Staat jede notwendige ergänzende Information verlangen, auch mit der Aussicht auf eine angemessene Begründung für das Nichtvorliegen der befürchteten Gefahr.

---

39 Cass., 1.6.2016, n. 23277 – *Barbu*, Rv. 267296.
40 EGMR, 10.6.2014, n. 13054/2012 – *Bujorean/Rumänien*; n. 51318/2012 – *Constantin Aurelian Burlacu/ Rumänien*; n. 79857/2012 – *Mihai Laurentiu Marin/Rumänien*.

Helmut Satzger

Die Praxis des Europäischen Haftbefehls zwischen Italien und Deutschland – Die deutsche Perspektive*

Inhaltsübersicht

I. Der Europäische Haftbefehl in einem angestrebten „Raum der Freiheit, der Sicherheit und des Rechts"

Seit der Affäre um den ehemaligen Regionalpräsidenten Kataloniens, *Carles Puigdemont*, ist der Europäische Haftbefehl (EuHb) – gerade in Deutschland – wieder in aller Munde. Diskutiert wurde diesbezüglich, ob *Puigdemont*, der aufgrund eines in Spanien ausgestellten Europäischen Haftbefehls in Deutschland festgenommen worden war, der spanischen Justiz überstellt werden musste, damit diese ihn wegen „Rebellion" und „Untreue" im Zusammenhang mit der Organisation und Durchführung des Referendums über die Unabhängigkeit Kataloniens strafrechtlich verfolgen kann.[1]

---

* Der Autor ist Inhaber des Lehrstuhls für Deutsches, Europäisches und Internationales Strafrecht und Strafprozessrecht sowie Wirtschaftsstrafrecht an der Ludwig-Maximilians-Universität München. Der Beitrag beruht auf dem Vortrag anlässlich des XXVII. Kongresses der Vereinigung für den Gedankenaustausch zwischen deutschen und italienischen Juristen e.V., der vom 12. bis 14.10.2018 in Salerno stattfand.
1 Vgl. dazu nur *Foffani*, EuCLR 8/2018, 196; *Heger*, ZIS 5/2018, 185.

Sicherlich stellt dies einen politisch aufgeladenen Sonderfall dar. Dieser ist jedoch aus einem Instrument erwachsen, welches die EU im unmittelbaren Anschluss an die Terroranschläge vom 11.9.2001 in New York in einen Rahmenbeschluss (RB-EuHb)[2] gegossen hat, welcher dann durch die Mitgliedstaaten jeweils in nationales Recht umgesetzt wurde. Dieser Europäische Haftbefehl ersetzt heute zwischen den Mitgliedstaaten weitgehend das klassische Auslieferungsverfahren, welches aufgrund seiner hohen Anforderungen und der Einbindung der Entscheidung der Exekutive ein zeitaufwändiges und im Ergebnis unsicheres Instrument bei der Strafverfolgung „über die Grenzen hinweg" darstellte.[3] Gerade die transnationale Strafverfolgung ist – im Zeitalter offener Grenzen, von denen auch (potentielle) Straftäter profitieren – immer wichtiger geworden. Nicht zuletzt deshalb hat sich die EU mit dem Vertrag von Amsterdam das Ziel gesetzt, nicht nur ein Binnenmarkt, sondern darüber hinaus „ein Raum der Freiheit, der Sicherheit und des Rechts" zu sein.[4] Damit ist gemeint, dass die Bedingungen innerhalb der EU – auch und gerade für die Strafverfolgung – weitestgehend denen innerhalb eines Staates entsprechen sollen. Da natürlich die Unterschiede in den anwendbaren Straf- und Strafprozessgesetzen der Mitgliedstaaten bestehen bleiben und auch allenfalls gemindert, keinesfalls aber gänzlich abgeschafft werden sollen, hinkt die Vergleichbarkeit mit dem innerstaatlichen Zustand natürlich von vornherein. Dies ist der Grund, warum die EU zu einer Technik, besser gesagt, zu einer Methode gegriffen hat, die bereits aus dem Bereich der Schaffung des Binnenmarktes bestens bekannt war: die gegenseitige Anerkennung.[5] Im strafrechtlichen Bereich bedeutet dies, dass die innerstaatlichen Behörden justizielle Entscheidungen, die im EU-Ausland ergangen sind, ebenso unproblematisch zu vollstrecken haben wie innerstaatliche Entscheidungen.

So erklärt sich auch die Funktionsweise des Europäischen Haftbefehls: Wenn der einer Straftat Verdächtige in Salerno ergriffen wird, so bedarf es keines speziellen „Verfahrens", um ihn in Bologna, Rom oder Palermo vor Gericht zu stellen. Der Europäische Haftbefehl sorgt dafür, dass er auch – bei entsprechendem Verdacht und Ausstellung eines Europäischen Haftbefehls – in München, Warschau oder Vilnius vor Gericht gestellt werden kann. Die Einwände gegen sein Verfahren und gegen einen Schuldspruch – so die Idee – soll der Beschuldigte am Ort des Verfahrens – also erst nach erfolgter Auslieferung – vorbringen. Dies natürlich vor einem Gericht, dessen Sprache er möglicherweise aber nicht spricht, auf Grundlage eines Rechts, welches er wohl nicht kennt und möglicherweise in einem Verfahren, von dem er bislang keinerlei Kenntnis hatte. Allein dies zeigt bereits, in welch sensiblem Bereich wir uns mit dem Europäischen Haftbefehl europaweit befinden.

---

2 RB 2002/584/JI: Rahmenbeschluss des Rates vom 13.6.2002 über den Europäischen Haftbefehl und die Übergabeverfahren zwischen den Mitgliedstaaten – Stellungnahmen bestimmter Mitgliedstaaten zur Annahme des Rahmenbeschlusses, ABl. L 190 vom 18.7.2002, S. 1 ff.
3 Vgl. *Rohlff*, Der Europäische Haftbefehl, 2003, S. 35; *Heger/Wolter*, in: Ambos/König/Rackow, Rechtshilferecht in Strafsachen, 2014, Rn. 623; *Satzger*, Internationales und Europäisches Strafrecht, 8. Aufl. 2018, § 10 Rn. 32.
4 Vgl. dazu *Jokisch/Jahnke*, in: Sieber/Satzger/v. Heintschel-Heinegg, Europäisches Strafrecht, 2. Aufl. 2014, § 2; *Meinhard/Pache*, NJW 1998, 705.
5 Zum Prinzip der gegenseitigen Anerkennung vgl. *Kloska*, Das Prinzip der gegenseitigen Anerkennung im Europäischen Strafrecht, 2016, S. 132 ff.; *Satzger* (oben N. 3), § 10 Rn. 24 ff.

Nutznießer ist natürlich in erster Linie die Praxis, wo der Europäische Haftbefehl als Erfolgsgeschichte gilt. Die Anzahl der ausgestellten Europäischen Haftbefehle wächst nahezu stetig von Jahr zu Jahr – waren es 2005 europaweit noch knapp 7.000, so stieg die Anzahl 2015 auf über 16.000 und 2017 sogar auf knapp 17.500.[6]

Das ist jedoch nur die eine Seite der Medaille: Die Nichtregierungsorganisation (NGO) „Fair Trials International" beschäftigt sich seit Jahren mit dem Europäischen Haftbefehl – jedoch nicht so sehr aus wissenschaftlichem Interesse. Vielmehr sammelt sie Informationen über die Auswüchse und die schädlichen Folgen, welche die Praxis im Umgang mit dem Europäischen Haftbefehl bei den Betroffenen auslöst.[7] Man könnte sich damit begnügen, auf den „Ausnahmecharakter" solcher Fälle zu verweisen. Jedoch wird eines schnell klar: Die Sicherungsmechanismen jedes nationalen Strafprozessrechts können und werden durch den Europäischen Haftbefehl unterlaufen; dies kann rechtsstaatlich bedenkliche Folgen nach sich ziehen. Ob dies in wenigen oder vielen Fällen passiert, ist – rechtsstaatlich betrachtet – eher sekundär. Irgendetwas passt jedenfalls nicht.

Um nur einen Fall exemplarisch zu zitieren:

„Im Jahr 2009 wurde *Andrew Symeou*, ein britischer Student, aufgrund eines Europäischen Haftbefehls von England nach Griechenland ausgeliefert. Er saß dort zehn Monate im Hochsicherheitsgefängnis, ehe er von der Haft verschont wurde. Jedoch durfte er Griechenland erst nach seiner Gerichtsverhandlung, die in einem Freispruch endete, im Sommer 2011 wieder verlassen. Dem Haftbefehl lag ein Unfall in einer Diskothek zugrunde, bei dem ein Engländer geschlagen wurde, stürzte und tödlich verletzt wurde. *Andrew Symeou* war nur als Verdächtiger genannt worden, nachdem die Polizei durch Androhung von Gewalt Zeugen zu Aussagen erpresst hatte, welche später zurückgenommen wurden. Obwohl es bereits vor der Auslieferung große Zweifel an der Glaubwürdigkeit der Zeugenaussagen gab, blieben alle Vorgehensweisen gegen das Auslieferungsersuchen erfolglos."[8]

II. Die Veränderungen des Europäischen Haftbefehls gegenüber dem klassischen Auslieferungsverfahren

Mit dem Europäischen Haftbefehl wird somit bezweckt, an die Stelle des zeitaufwändigen, als unberechenbar und schwerfällig empfundenen Auslieferungsverfahrens klassischer Prägung[9] eine schnelle und unkomplizierte Überstellung an andere Mitgliedstaaten der EU zu setzen. Mehrere Veränderungen sollen dazu beitragen:

---

6 Https://e-justice.europa.eu/content_european_arrest_warrant-90-de.do; zuletzt aufgerufen am 13.1.2020.
7 Vgl. beispielsweise das Projekt „Beyond Surrender", https://www.fairtrials.org/publication/beyond-surrender; zuletzt aufgerufen am 13.1.2020.
8 Https://www.strafverteidigervereinigungen.org/freispruch/texte/hartshorn_h6_fair.html; zuletzt aufgerufen am 13.1.2020.
9 Zum „klassischen" Auslieferungsverfahren siehe *Böhm*, in: Ahlbrecht/Böhm/Esser/Eckelmans, Internationales Strafrecht, 2. Aufl. 2017, S. 220 ff.

Nur die im Rahmenbeschluss genannten obligatorischen oder fakultativen Ablehnungsgründe[10] können dazu führen, dass eine Überstellung durch den ersuchten Staat abgelehnt wird. Insbesondere würde die Verweigerung eines ersuchten Staates, eigene Staatsangehörige auszuliefern, dem Prinzip der gegenseitigen Anerkennung und der Vorstellung eines einheitlichen Rechtsraums widersprechen. Allerdings darf der ersuchte Staat in eng begrenzten Fällen Garantien verlangen, gerade dann, wenn die gesuchte Person Staatsangehöriger des ersuchten Staates ist. So soll eine Verbüßung der Haftstrafe im Heimatstaat ermöglicht werden, was der Resozialisierung dienen soll.[11]

Weiterhin wird durch den Europäischen Haftbefehl aus dem klassischen, maßgeblich durch das Eingreifen der Exekutive geprägten Auslieferungsverfahren ein formalisiertes, rein justizielles Verfahren, in dem kein Raum für außenpolitische Zweckmäßigkeitserwägungen bleibt.[12]

Die „beiderseitige Strafbarkeit" als grundlegendes Prinzip des herkömmlichen Auslieferungsrechts wird weitgehend – nämlich in Bezug auf 32 aufgelistete Kriminalitätsbereiche – abgeschafft.[13] Es wird insoweit also nicht mehr geprüft, ob die Tat, deretwegen der Beschuldigte im ersuchenden Staat verfolgt wird, auch bei einer gedachten Begehung im ersuchten Staat eine Straftat wäre. Zumindest theoretisch denkbar ist es somit, dass eine Person an einen Staat zum Zweck der Strafverfolgung überstellt wird, die im ersuchten Staat wegen exakt desselben Verhaltens gar nicht bestraft werden könnte.

Zusätzlich werden zur Durchführung des Verfahrens strenge Fristen normiert, was zu einer erheblichen Abkürzung der Auslieferungsverfahren geführt hat.[14] Europaweit erfolgt die Überstellung in Verfahren mit Zustimmung des Betroffenen (was 50% der Verfahren ausmacht) heute innerhalb von 15 Tagen, in den sonstigen Verfahren kam es innerhalb von 40 Tagen zur Übergabe der gesuchten Person.[15]

III. Die Umsetzungsprobleme in Deutschland

Deutschland hatte erhebliche Probleme bei der Umsetzung des Rahmenbeschlusses in deutsches Recht. Der Bundestag integrierte die besonderen Vorschriften für den Europäischen Haftbefehl in das – auch für das klassische Rechtshilferecht maßgebliche – Gesetz über die Internationale Rechtshilfe in Strafsachen (IRG), und zwar in §§ 78 bis 83i. In wohl nicht mit dem Rahmenbeschluss vereinbarer Weise belässt es das IRG bei der überkommenen Terminologie („Auslieferung", „ersuchter" und „er-

---

10 Dazu Ambos/König/Rackow/*Heger/Wolter* (oben N. 3), Rn. 643 f., 658 ff.
11 Vgl. zu Art. 4 Nr. 6 RB-EuHb Ambos/König/Rackow/*Heger/Wolter* (oben N. 3), Rn. 666 und *Löber*, Die Ablehnung der Vollstreckung des Europäischen Haftbefehls, 2017, S. 151 ff., 198 ff.; zu Art. 5 Nr. 3 RB-EuHb siehe Ambos/König/Rackow/*Heger/Wolter* (oben N. 3), Rn. 672 ff. und *Löber*, a.a.O., S. 127, 167 f.
12 Vgl. Ambos/König/Rackow/*Heger/Wolter* (oben N. 3), Rn. 623.
13 Zu diesem Deliktskatalog siehe Ambos/König/Rackow/*Heger/Wolter* (oben N. 3), Rn. 645 ff.
14 Art. 17 RB-EuHb; siehe Ambos/König/Rackow/*Heger/Wolter* (oben N. 3), Rn. 694 f.
15 Zahlen für 2017, https://e-justice.europa.eu/content_european_arrest_warrant-90-de.do; zuletzt aufgerufen am 13.1.2020.

suchender Staat")[16] und hält auch – im Widerspruch zum Rahmenbeschluss – an der Zweiteilung des Auslieferungsverfahrens in ein gerichtliches Zulässigkeits- und ein administratives Bewilligungsverfahren fest.[17]

Die traditionellen Ablehnungsgründe einer Auslieferung wegen der Art der Straftat (politisch, militärisch oder fiskalisch) mussten, ebenso wie das Verbot der Auslieferung Deutscher[18], den durch Art. 3 bis 5 des RB-EuHb vorgezeichneten Ablehnungsgründen weichen.

Wegen zweier Punkte erklärte das BVerfG das erste EuHbG in einem spektakulären Verfahren allerdings für nichtig: Der erste betraf die Überstellung Deutscher. Zwar war das deutsche Grundgesetz geändert worden, so dass – gerade auch für die Zwecke des Europäischen Haftbefehls – eine Auslieferung Deutscher ermöglicht werden sollte (Art. 16 Abs. 2 Satz 2 GG). Allerdings geht das BVerfG davon aus, dass der, der „als Deutscher im eigenen Rechtsraum eine Tat begeht, [...] der Obhut seines Staates [bedarf], weil er sich nur schwer in Rechtsordnungen anderer Länder einfinden kann".[19] Wer sich aber ins Ausland begebe, müsse damit rechnen, sich auch dort verantworten zu müssen.[20] Vor diesem Hintergrund interpretiert das BVerfG den nach wie vor in Art. 16 Abs. 2 GG enthaltenen qualifizierten Gesetzesvorbehalt im Hinblick auf eine Auslieferung Deutscher, wonach eine solche nur erfolgen dürfe, „soweit rechtsstaatliche Grundsätze gewahrt sind" (Art. 16 Abs. 2 Satz 2 GG). Der deutsche Gesetzgeber habe in seinem ersten Umsetzungsgesetz hiergegen verstoßen, indem er den in Art. 4 Nr. 7 RB-EuHb vorgesehenen Umsetzungsspielraum des Rahmenbeschlusses nicht in grundrechtsschonender Weise ausgestaltet habe. Für von Deutschen begangene Taten mit wesentlichem Inlandsbezug[21] müsse die Vollstreckung daher verweigert werden.[22]

Der zweite Nichtigkeitsgrund betraf die Rechtsweggarantie des Art. 19 Abs. 4 GG, im Hinblick auf die – wegen der Aufrechterhaltung der Zweiteilung – immer noch erforderliche Bewilligungsentscheidung. Im ersten Umsetzungsgesetz war Rechtsschutz insoweit – wie im klassischen Auslieferungsverfahren üblich – nicht vorgesehen. Da diese Entscheidung im Zusammenhang mit einem Europäischen Haftbefehl aber „rechtlich aufgeladen" sei und Ermessensentscheidungen über Ablehnungsgründe getroffen werden müssten, verlangte das BVerfG zu Recht einen effektiven Rechtsschutz.[23]

Beide Kritikpunkte sollten durch das eilig verabschiedete zweite EuHbG beseitigt werden, welches schließlich am 2.8.2006, und damit erst über zweieinhalb Jahre nach Ablauf der eigentlichen Umsetzungsfrist, in Kraft treten konnte. In § 80 Abs. 1 Nr. 2

---

16 Vgl. BT-Drucks. 15/1718, S. 1 ff.; zur Kritik s. *Wehnert*, StraFo 2003, 356, 359 f.
17 Zum zweistufigen Verfahren siehe den Überblick bei *Löber* (oben N. 11), S. 79 ff.
18 Vgl. zu den traditionellen Auslieferungshindernissen *Löber* (oben N. 11), S. 83 ff.
19 BVerfG NJW 2005, 2289, 2292.
20 Vgl. *Böhm*, NJW 2006, 2592.
21 Nach dem BVerfG liegt ein solcher vor, „wenn wesentliche Teile des Handlungs- und Erfolgsortes auf deutschem Staatsgebiet liegen" (BVerfG, Urt. v. 18.07.2005, 2 BvR 2236/04 = BVerfGE 113, 302 = NJW 2005, 2289, 2292). Tritt der Erfolg nach einer wenigstens teilweise in Deutschland begangenen Handlung im Ausland ein, sei eine Einzelfallabwägung erforderlich.
22 Dazu auch Ahlbrecht/Böhm/Esser/Eckelmans/*Böhm* (oben N. 9), Rn. 901; Ambos/König/Rackow/*Heger/Wolter* (oben N. 3), Rn. 627.
23 Vgl. BVerfG NJW 2005, 2289, 2294; Ambos/König/Rackow/*Heger/Wolter* (oben N. 3), Rn. 627.

und Abs. 2 Nr. 2 IRG n.F. findet sich nun der Vorbehalt bezüglich der Überstellung von Deutschen bei einem „maßgeblichen Inlandsbezug".[24] Zu Recht wird hier kritisiert, dass der Gesetzgeber letztlich nur das Urteil des BVerfG abgeschrieben hat.[25] Aus Angst vor einer erneuten Verfassungswidrigkeit schreckte der Gesetzgeber davor zurück, näher zu umschreiben, was unter einem derartigen „maßgeblichen Inlandsbezug" zu verstehen sein soll, und übernahm so einfach das abstrakte und wenig klare Kriterium des BVerfG-Urteils in den Gesetzestext.[26]

§ 79 Abs. 2 IRG n.F. ermöglicht nun zwar die Überprüfung von Entscheidungen im Rahmen des Bewilligungsverfahrens, allerdings gleicht das Verfahren nun einer „Quadratur des Kreises", was im Folgenden aufgezeigt werden soll. Es ist übermäßig kompliziert und gleichwohl – im Hinblick auf den angepeilten Rechtsschutz – wenig effektiv: Es verwundert, warum der deutsche Gesetzgeber diesen Weg gewählt hat und nicht der Konzeption des Rahmenbeschlusses entsprechend auf eine Unterscheidung zwischen Zulässigkeits- und Bewilligungsverfahren ganz verzichtet hat.[27]

IV. Das Verfahren bei eingehenden Europäischen Haftbefehlen (Deutschland als ersuchter Staat)

Mit einem eingehenden Europäischen Haftbefehl wird das Auslieferungsverfahren in Deutschland angestoßen. Die verfolgte Person wird festgenommen und dem nächst-

---

24 *Böhm*, NJW 2006, 2592, 2593.

25 *Böhm*, NJW 2006, 2592; Ahlbrecht/Böhm/Esser/Eckelmans/*Böhm* (oben N. 9), Rn. 902 f.; *Rosenthal*, ZRP 2006, 105.

26 Vgl. *Böhm*, NJW 2006, 2592; *Rosenthal*, ZRP 2006, 105, 108.

27 *Böhm*, NJW 2006, 2592, 2593, spricht von einer „Mogelpackung"; vgl. auch *Hackner/Schomburg/ Lagodny/Gleß*, NStZ 2006, 663, 665.

gelegenen Amtsgericht vorgeführt, wo der Festgenommene rechtliches Gehör erhält (§ 22 IRG). Liegt keine Personenverwechslung vor, erlässt das Amtsgericht eine Festhalteanordnung nach § 22 Abs. 3 Satz 2 IRG. Unmittelbar danach entscheidet das Oberlandesgericht (OLG) über die Anordnung von Auslieferungshaft.[28]

Das Auslieferungsverfahren[29] selbst besteht dann aus einem gerichtlichen Zulässigkeitsverfahren,[30] für welches ein OLG zuständig ist und einem administrativen Bewilligungsverfahren,[31] welches grundsätzlich in den Händen des Justizministeriums liegt. Die Generalstaatsanwaltschaft beim OLG steuert das Verfahren (§ 13 Abs. 2 IRG), sie nimmt in der Regel auch für das Justizministerium die Funktion der Bewilligungsbehörde wahr.[32]

Der Gesetzgeber hat, wie bereits erwähnt, die Zweistufigkeit des Verfahrens aufrechterhalten. Das steht nicht nur im Widerspruch zum RB-EuHb, auch inhaltlich und verfahrenstechnisch überzeugt diese Lösung nicht.[33] Die Entscheidung der Bewilligungsbehörde, die eigentlich im Anschluss an die gerichtliche Zulässigkeitsentscheidung zu erfolgen hat, muss nun nämlich teilweise vorweggenommen werden. Macht die Bewilligungsbehörde keine Bewilligungshindernisse geltend, so muss sie dies in einer Vorabentscheidung darlegen und ausführlich begründen.[34] Die Bewilligungsbehörde kann die Bewilligung zwar nur aus einer begrenzten Anzahl von Gründen ablehnen – insbesondere, wenn in Deutschland bereits ein strafrechtliches Verfahren wegen der Tat geführt wird, ein solches Verfahren eingestellt wurde oder einem dritten Staat der Vorrang eingeräumt werden soll (§ 83b Abs. 1 IRG). Der Bewilligungsbehörde steht aber klassischerweise ein weites – v.a. auch außenpolitisches – Ermessen zu, welches jedoch durch die Bestimmungen des RB-EuHb begrenzt ist: Liegen keine Bewilligungshindernisse vor, muss die Auslieferung grundsätzlich bewilligt werden (§ 79 Abs. 1, 83b IRG). Denn den Vorgaben des BVerfG folgend (s.o.) soll diese Entscheidung gerichtlich überprüft werden. Die Bewilligungsbehörde legt ihre Entscheidung daher dem OLG vor, welches im Rahmen der Zulässigkeitsprüfung der Auslieferung auch eine Überprüfung der Vorabbewilligung, allerdings notwendigerweise beschränkt auf Ermessensfehler, durchführt.[35] Das vom OLG gleichzeitig durchgeführte Zulässigkeitsverfahren dient der Prüfung, ob die unabdingbaren Zulässigkeitsvoraussetzungen erfüllt sind, keine Auslieferungshindernisse bestehen sowie dem sicheren Nachweis der personellen Identität.[36] Das Bestehen eines Tatverdachts wird grundsätzlich nicht geprüft, allenfalls bei aufkommenden Zweifeln ist hier eine Ausnahme möglich. Dann kann das OLG unter Umständen auch eigene Beweiserhebungen anstellen (vgl. § 10

---

28 Vgl. dazu *Böhm*, in: Grützner/Pötz/Kreß, Internationaler Rechtshilfeverkehr in Strafsachen, 42. Aktualisierung 2017, § 22 Rn. 7 ff.
29 Eine kurze Übersicht findet sich bei Ahlbrecht/Böhm/Esser/Eckelmans/*Ahlbrecht* (oben N.9), Rn. 1190.
30 Zum Zulässigkeitsverfahren Ahlbrecht/Böhm/Esser/Eckelmans/*Böhm* (oben N.9), Rn. 916 ff.
31 Zum Bewilligungsverfahren Ahlbrecht/Böhm/Esser/Eckelmans/*Böhm* (oben N.9), Rn. 1072 ff.
32 Dazu Grützner/Pötz/Kreß/*Böse* (oben N. 28), § 79 Rn. 9.
33 So auch Grützner/Pötz/Kreß/*Böse* (oben N. 28), § 79 Rn. 1.
34 Vgl. den Überblick bei Ahlbrecht/Böhm/Esser/Eckelmans/*Böhm* (oben N.9), Rn. 1072, 1115 ff.
35 Zur Vorabentscheidung und deren Überprüfung siehe Ahlbrecht/Böhm/Esser/Eckelmans/*Böhm* (oben N. 9), Rn. 1117 ff.
36 Zum Verfahren beim Europäischen Haftbefehl auch – insbesondere auch im Hinblick auf die Regelungen in Spanien – *Löber* (oben N. 11), S. 164, 80 ff.

Abs. 2 i.V.m. § 73 IRG). Das OLG entscheidet durch Beschluss über die Zulässigkeit der Auslieferung (§ 32 IRG). Erklärt das Gericht die Auslieferung für unzulässig, so ist die Bewilligungsbehörde hieran gebunden (§ 13 Abs. 1 Satz 2 IRG). Wenn das OLG die Auslieferung aber für rechtmäßig erklärt und die Vorabbewilligung für rechtsfehlerfrei hält, liegt die endgültige Entscheidung bei der Bewilligungsbehörde.

V. Das Verfahren bei ausgehendem Europäischen Haftbefehl, insbesondere nach Italien (Deutschland als ersuchender Staat)

Umgekehrt können deutsche Behörden einen Europäischen Haftbefehl ausstellen, um eine im Ausland befindliche Person zum Zweck der Strafverfolgung oder Strafvollstreckung überstellt zu bekommen. Bislang stellte die Staatsanwaltschaft einen Europäischen Haftbefehl unter Beachtung des Formblatts aus und übermittelte diesen unmittelbar an die zuständige ausländische Behörde (in Italien: an das Justizministerium[37]), und zwar gegebenenfalls zusammen mit einer Übersetzung des Europäischen Haftbefehls; (Italien verlangt hier eine Übersetzung ins Italienische[38]). Nach einem jüngsten Urteil des EuGH[39] ist die Staatsanwaltschaft in Deutschland jedoch nicht zur Ausstellung eines Europäischen Haftbefehls befugt, weil gem. § 147 GVG ein externes Weisungsrecht des Justizministeriums besteht. Auch wenn intern gute Gründe für eine solche Weisungsunterworfenheit vorgebracht werden (parlamentarische Kontrolle der Staatsanwaltschaft als Teil der Exekutive, Übernahme der politischen Verantwortung des Justizministers für Handeln der Staatsanwaltschaft) lässt sich nicht leugnen, dass nach der derzeitigen Ausgestaltung der deutschen Rechtsordnung eine völlige Unabhängigkeit der Staatsanwaltschaft gegenüber der Exekutive nicht existiert und auch nicht gewollt ist. Diesem Einwand lässt sich auch nicht überzeugend entgegenhalten, dass von diesem Weisungsrecht faktisch kaum Gebrauch gemacht wird. Denn an der rechtlichen Möglichkeit zur Weisungserteilung ändert dies nichts. Solange § 147 GVG nicht geändert wird (und danach sieht es nicht aus), bleibt nur die Möglichkeit, dass in Deutschland ein Richter auf Antrag der Staatsanwaltschaft den Europäischen Haftbefehl erlässt. Ein wesentliches Kontroll-Plus ist damit aber wohl nicht verbunden, da zu erwarten ist, dass die Richter die staatsanwaltlichen Anträge regelmäßig „durchwinken" werden.

Die verfolgte Person wird nach ihrer Überstellung dem (nach §§ 115, 115a StPO) zuständgen Haftrichter zur Vernehmung vorgeführt und die Fahndung zurückgenommen.[40]

---

37 Https://www.ejn-crimjust.europa.eu/ejn/EJN_FichesBelgesResult/EN/901/295/277; zuletzt aufgerufen am 13.1.2020.

38 Https://www.ejn-crimjust.europa.eu/ejn/EJN_FichesBelgesResult/EN/901/295/277; zuletzt aufgerufen am 13.01.2020.

39 EuGH, Urt. v. 27.5.2019, verb. Rs. C-508/18, C-82/19 – *OG, PI*, ECLI:EU:C:2019:456.

40 *Hackner/Schierholt*, Internationale Rechtshilfe in Strafsachen: Ein Leitfaden für die Praxis, 3. Aufl. 2017, Einf. Rn. 70.

VI. Praktische Probleme im Verhältnis Deutschland – Italien

1. Europäischer Haftbefehl zur Vollstreckung eines in einem italienischen Abwesenheitsverfahren erlassenen Urteils

Probleme ergeben sich, wenn der Europäische Haftbefehl der Vollstreckung eines Abwesenheitsurteils dienen soll. Da die deutsche Rechtsordnung ein Abwesenheitsurteil nicht kennt (siehe § 230 Abs. 1 StPO), sind die Vorbehalte naturgemäß groß, bei der Vollstreckung eines ausländischen Abwesenheitsurteils behilflich zu sein. Durch eine 2009 erfolgte Änderung des RB-EuHb wurde ein zusätzlicher Ablehnungsgrund für das Ersuchen um eine Überstellung zum Zweck der Vollstreckung von Abwesenheitsurteilen eingeführt, der aber an enge Voraussetzungen geknüpft ist.[41] Im deutschen Recht finden sich die entsprechenden Umsetzungsnormen in § 83 Abs. 2-4 IRG.[42] Kurz gefasst muss der Verfolgte entweder tatsächlich von der Verhandlung und davon, dass eine Entscheidung auch in seiner Abwesenheit ergehen kann, in Kenntnis gesetzt worden sein (vgl. Art. 4a Abs. 1 lit. a RB-EuHb) oder er muss in Kenntnis der Verhandlung von einem Rechtsbeistand vertreten worden sein (vgl. Art. 4a Abs. 1 lit. b RB-EuHb) oder der Verfolgte hat das Recht, einen Rechtsbehelf gegen die Verurteilung einzulegen, bei dem der Sachverhalt, einschließlich neuer Beweismittel, erneut geprüft wird, so dass die Möglichkeit besteht, dass die ursprünglich ergangene Entscheidung aufgehoben wird (vgl. Art. 4a Abs. 1 lit. c und d RB-EuHb).

Dass eine Auslieferung auf Basis eines Abwesenheitsurteils aus Sicht der deutschen Rechtsordnung gleichwohl äußerst kritisch gesehen wird, zeigt eine aufsehenerregende Entscheidung des BVerfG vom Dezember 2015 – eine Entscheidung über eine Verfassungsbeschwerde in einem Fall, in dem es um einen Europäischen Haftbefehl aus Italien ging:[43]

Der US-Amerikaner A wurde 1992 von einem italienischen Gericht in Abwesenheit und ohne Wissen des A zu 30 Jahren Freiheitsstrafe verurteilt. Als Mitglied einer kriminellen Vereinigung habe A Drogen besessen und nach Italien eingeführt. 2014 beantragte Italien mit einem Europäischen Haftbefehl, den A – der sich mittlerweile in Deutschland aufhielt – zur Vollstreckung der Freiheitsstrafe auszuliefern. Das für die Entscheidung über die Zulässigkeit der Auslieferung zuständige OLG Düsseldorf hatte im Hinblick auf die Verurteilung des A durch das italienische Abwesenheitsurteil zwar Zweifel, insbesondere weil § 83 Abs. 3 IRG für den hier einschlägigen Fall der Unkenntnis des Betroffenen vom Abwesenheitsurteil vorsieht, dass ihm nach seiner Überstellung das Recht auf ein „neues Gerichtsverfahren, in dem der gegen ihn erhobene Vorwurf umfassend überprüft wird" und bei dem er anwesend sein darf, eingeräumt wird. A hatte argumentiert, dass die unklare Rechtslage in Italien dazu führen könne, dass ihm die Möglichkeit einer erneuten Beweisaufnahme letztlich verschlossen bleibe. Ausdrücklich auf die ergänzenden Angaben der italienischen Generalstaatsanwaltschaft Florenz vertrauend, wonach eine erneute Beweisaufnahme in

---

41 Art. 4a RB-EuHb; dazu Ambos/König/Rackow/*Heger/Wolter* (oben N. 3), Rn. 667 ff.
42 § 83 Abs. 2-4 IRG wurden im Jahr 2015 eingefügt; vgl. dazu Ahlbrecht/Böhm/Esser/Eckelmans/*Böhm* (oben N. 9), Rn. 1024 ff.
43 Vgl. BVerfG NJW 2016, 1149; dazu *Sachs*, JuS 2016, 373.

Italien „jedenfalls nicht ausgeschlossen sei", erklärte das OLG die Auslieferung ohne weitere Nachforschungen für zulässig. Gegen diese Entscheidung wandte sich A mit seiner Verfassungsbeschwerde und beantragte Eilrechtsschutz – mit Erfolg!

Das BVerfG sah es als Element des Schuldgrundsatzes an, dass ein Gericht sich mit der Persönlichkeit des Angeklagten auseinandersetzen müsse. Dieses für das Strafrecht essentielle Schuldprinzip sei Teil der „Verfassungsidentität" Deutschlands, welche letztlich sogar den Vorrang des europäischen Rechts begrenzen könne. Der Schuldgrundsatz bedinge grundsätzlich die Anwesenheit in der öffentlichen Hauptverhandlung und die Möglichkeit, entlastende Umstände darzulegen. Das gelte im Prinzip auch im Auslieferungsverfahren. Aufgrund des Grundsatzes des gegenseitigen Vertrauens dürfe aber bei in anderen EU-Staaten zulässigen Abwesenheitsverfahren davon ausgegangen werden, dass die im Rahmenbeschluss benannten Mindestvoraussetzungen für Abwesenheitsurteile eingehalten sind. Ergäben sich aber im Verfahren Zweifel hieran, so müsse das deutsche Gericht weitere Ermittlungen anstellen und – gegebenenfalls – die Auslieferung ablehnen. Da sich im konkreten Fall eben die italienische Rechtslage nicht klären ließ, aus Italien nur die Auskunft kam, es „sei nicht ausgeschlossen", dass eine erneute Beweisaufnahme erfolge, was aber eben letztlich nicht als sicher gewährleistet schien, durfte eine Auslieferung des US-Amerikaners nach Italien nicht erfolgen.[44] Das BVerfG beruft sich hier zwar im Ergebnis nicht auf die entgegenstehende Verfassungsidentität des GG, sondern – alternativ und methodisch eher zweifelhaft – auf eine autonom vorgenommene „europarechtskonforme" Auslegung des Rahmenbeschlusses.[45] Jedenfalls zeigt dieser Fall die verfassungsrechtlichen Vorbehalte gegen Abwesenheitsurteile, die in gravierenden Fällen auf Europäische Vollstreckungshaftbefehle durchschlagen könn(t)en.

2. Europäischer Vollstreckungshaftbefehl gegen sich in Italien aufhaltende italienische Staatsangehörige

Differenzen bestehen in der Praxis bei Europäischen Vollstreckungshaftbefehlen deutscher Behörden, wenn es um die Handhabung des Ablehnungsgrunds des Art. 4 Nr. 6 des RB-EuHb geht.[46] Danach kann die vollstreckende Justizbehörde die Vollstreckung des Europäischen Haftbefehls vor allem dann verweigern,

– wenn der Europäische Haftbefehl zur Vollstreckung einer Freiheitsstrafe ausgestellt worden ist,
– die gesuchte Person Staatsangehörige des Vollstreckungsmitgliedstaats ist und sich dort auch aufhält *und*
– dieser Staat sich verpflichtet, die Strafe nach seinem innerstaatlichen Recht zu vollstrecken.

---

44 Vgl. BVerfG NJW 2016, 1149, 1152, Rn. 51 ff.
45 Das BVerfG umgeht eine (in der Logik der Argumentation) gebotene Vorlage an den EuGH, da die Rechtslage offenkundig sei. Das deutsche BVerfG beruft sich, ganz auf der Linie anderer deutscher oberster Gerichte im Strafverfahren, zu Unrecht auf die *acte claire*-Doktrin, deren Reichweite viel zu extensiv gehandhabt wird.
46 Zu Art. 4 Nr. 6 RB-EuHb Ambos/König/Rackow/*Heger/Wolter* (oben N. 3), Rn. 666.

Ergeht ein solcher Haftbefehl gegen einen sich in Italien aufhaltenden Italiener, steht die italienische Justiz auf dem Standpunkt, die „Vollstreckung nach innerstaatlichem Recht" könne losgelöst von dem Rahmenbeschluss 2008/909/JI über die gegenseitige Anerkennung von verhängten Freiheitsstrafen[47] und damit unabhängig von den dort eng gezogenen Grenzen für eine Umwandlungsmöglichkeit der im Urteil ausgesprochenen Strafen stattfinden. Die deutschen Behörden beklagen, dass die in Deutschland ausgesprochenen Freiheitsstrafen in Italien teilweise in Hausarrest oder geringe Geldstrafen umgewandelt würden, was zu Frustration bei den deutschen Strafverfolgungsbehörden führe. Da diese Ausnahme laut Rahmenbeschluss sogar nicht nur auf italienische Staatsangehörige begrenzt ist, sondern sich auch auf alle Personen mit Wohnsitz in Italien erstreckt, würden einige deutsche Staatsanwaltschaften nicht mehr gerne international fahnden, wenn sie fürchten müssten, dass der Verfolgte in Italien wohnhaft sei.

Der EuGH hat diese Frage noch nicht gelöst. Er hat sich lediglich dafür ausgesprochen, dass die Weigerung des Vollstreckungsstaates (in unserem Fall Italien), den Europäischen Haftbefehl auszuführen, im Ergebnis nicht dazu führen dürfe, dass die gesuchte Person straflos bleibe.[48] Dazu muss also im Vollstreckungsstaat im Zeitpunkt der Ablehnung gegenüber dem Ausstellungsstaat (hier also Deutschland) sichergestellt sein, dass eine „wirksame Vollstreckung der gegen diese Person verhängten Strafe"[49] erfolgt, was – insbesondere für die hier interessierende Problematik im Verhältnis Deutschlands zu Italien – auch immer mit „wirksamer Vollstreckung" gemeint ist.

3. Ablehnung der Vollstreckung eines in Italien ausgestellten europäischen Vollstreckungshaftbefehls wegen unzureichender Haftbedingungen

In seinem aufsehenerregenden Urteil hat der EuGH 2016 in der Rs. *Aranyosi / Căldăraru*[50] eine Ausnahme von der dem Europäischen Haftbefehl zugrunde liegenden gegenseitigen Anerkennung zugelassen, welche auf menschenrechtswidrigen Gefängnisbedingungen im Vollstreckungsstaat beruht.[51] Art. 1 Abs. 3 RB-EuHb verweist auch im Zusammenhang mit dem Europäischen Haftbefehl auf die Pflicht zur Achtung der

---

47 Rahmenbeschluss 2008/909/JI des Rates vom 27.11.2008 über die Anwendung des Grundsatzes der gegenseitigen Anerkennung auf Urteile in Strafsachen, durch die eine freiheitsentziehende Strafe oder Maßnahme verhängt wird, für die Zwecke ihrer Vollstreckung in der Europäischen Union, ABl 2008 L 327 / 27 ff.

48 EuGH, Urt. v. 29.6.2017, Rs. C-579/15 – *Popławski*, ECLI:EU:C:2017:503; ähnl. auch EuGH, Urt. v. 13.12.2018 - Rs. C-514/17 – *Sut*, ECLI:EU:C:2018:1016, Rn. 35: „Folglich muss die vollstreckende Justizbehörde vor jeder Ablehnung der Vollstreckung eines Europäischen Haftbefehls prüfen, ob es nach ihrem innerstaatlichen Recht überhaupt möglich ist, die betreffende Freiheitsstrafe tatsächlich zu vollstrecken. Ist es dem Vollstreckungsmitgliedstaat nicht möglich, sich zur tatsächlichen Vollstreckung der Strafe zu verpflichten, muss die vollstreckende Justizbehörde den Europäischen Haftbefehl vollstrecken und somit die gesuchte Person dem Ausstellungsmitgliedstaat übergeben".

49 EuGH, Urt. v. 29.6.2017, Rs. C-579/15 – *Popławski*, ECLI:EU:C:2017:503, Rn. 43.

50 EuGH, Urt. v. 5.4.2016, Rs. C-404/15 – *Aranyosi und Căldăraru*, ECLI:EU:C:2016:198; siehe dazu *Böhm*, NStZ 2017, 77, 78 f.

51 Zur weiter anhaltenden Diskussion und Rechtsprechung über der Auslieferung entgegenstehende menschenunwürdige Haftbedingungen siehe *Böhm*, NStZ 2019, 256, 258.

Grundrechtecharta sowie der EMRK, ohne jedoch einen expliziten Ablehnungsgrund wegen eines Grundrechtsverstoßes zu etablieren.

Ausgangspunkt für das EuGH-Urteil waren Vorlagefragen des Hanseatischen OLG Bremen. Das OLG hatte über zwei Ersuchen auf Vollstreckung von Europäischen Haftbefehlen aus Ungarn bzw. aus Rumänien – übrigens wegen äußerst geringfügiger Kriminalität (Diebstahl mit einer Schadenssumme unter 800 € bzw. Fahren ohne Fahrerlaubnis) – zu entscheiden. Der EGMR hatte bereits wiederholt festgestellt, dass die Haftbedingungen in beiden Ländern dem absoluten Verbot der „unmenschlichen und erniedrigenden Strafe oder Behandlung" (Art. 3 EMRK) zuwiderliefen.[52]

Der EuGH entschied, dass der Europäische Haftbefehl nicht vollstreckt werden dürfe, wenn nicht nur eine abstrakte, sondern auch eine konkrete Gefahr der Menschenrechtsverletzung im jeweiligen ausländischen Gefängnis bestehe. Für die Annahme einer abstrakten – in den Worten des EuGH: „echten" – Gefahr müssten „objektive, zuverlässige, genaue und gebührend aktualisierte Angaben über die Haftbedingungen" existieren, die das „Vorliegen systemischer oder allgemeiner, bestimmte Personengruppen oder bestimmte Haftanstalten betreffender Mängel belegen"[53] (z.B. durch Urteile des EGMR, anderer internationaler Gerichte oder aus Berichten des Europarats etc.[54]). Die vollstreckende Behörde müsse darüber hinaus weiter eine konkrete Gefahr prüfen, ob es also *„unter den konkreten Umständen ernsthafte und durch Tatsachen bestätigte Gründe* für die Annahme gebe, dass gerade die betroffene Person im Anschluss an ihre Übergabe an den Ausstellungsmitgliedstaat befürchten müsse, einer unmenschlichen oder erniedrigenden Behandlung in diesem Mitgliedstaat ausgesetzt"[55] zu sein.

Die um Vollstreckung ersuchte Behörde muss hierfür Informationen über die für die betroffene Person relevanten Haftbedingungen im Ausstellungsstaat einholen (s. Art. 15 Abs. 2 RB-EuHb) und die ausstellende Behörde sei verpflichtet, die entsprechenden Auskünfte zu geben. Komme die Vollstreckungsbehörde zu dem Ergebnis, die genannten Voraussetzungen lägen vor, *dürfe es nicht zu einer Übergabe kommen.* Die Vollstreckung sei allerdings nur „aufzuschieben".[56] Natürlich kann diese Aufschiebung nicht zu einer dauerhaften Inhaftierung im Vollstreckungsstaat führen; eine unbefristet lange Inhaftierung verstieße gegen das Verhältnismäßigkeitsprinzip (vgl. Art. 52 Abs. 1 GrCH), der Betroffene müsste also – trotz Europäischem Haftbefehl – irgendwann wieder auf freien Fuß gesetzt werden.[57]

Diese Verfahren betrafen zwar nicht Italien. Gleichwohl lässt sich diese neue „Ausnahme von der gegenseitigen Anerkennung" als ein (potentielles) Problem im Verhältnis zu Italien benennen. Denn noch im Jahre 2013 waren die Haftbedingungen in Italien

---

52 Vgl. nur EGMR, Urt. v. 10.3.2015, Nr. 14097/12 u.a. – *Varga u. a./Ungarn*; EGMR, Urt. v. 10.6.2014, Nr. 22015/10 – *Voicu/Rumänien.*

53 EuGH, Urt. v. 5.4.2016, Rs. C-404/15 – *Aranyosi und Căldăraru*, ECLI:EU:C:2016:198, Rn. 89.

54 Ganz ähnlich zuvor schon *F. Zimmermann*, ZStW 127 (2015), 143, 159, im Kontext der Richtlinie über die Europäische Ermittlungsanordnung, die erstmals einen spezifischen Ablehnungsgrund im Falle von Grundrechtsverletzungen normiert.

55 EuGH, Urt. v. 5.4.2016, Rs. C-404/15 – *Aranyosi und Căldăraru*, ECLI:EU:C:2016:198, Rn. 94.

56 EuGH, Urt. v. 5.4.2016, Rs. C-404/15 – *Aranyosi und Căldăraru*, ECLI:EU:C:2016:198, Rn. 98.

57 EuGH, Urt. v. 5.4.2016, Rs. C-404/15 – *Aranyosi und Căldăraru*, ECLI:EU:C:2016:198, Rn. 100.

wegen der Überfüllung der Haftanstalten vom EGMR in seinem *Toreggiani*-Urteil vom 8.1.2013 als menschenrechtswidrig eingestuft worden.[58] Auf Basis dieser Sachlage wäre eine Aussetzung der Vollstreckung von in Italien ausgestellten Europäischen Haftbefehlen nicht nur in Deutschland, sondern auch in allen anderen Mitgliedstaaten durch die EuGH-Rechtsprechung geboten.

Allerdings hat sich die Haftsituation seit 2013 durch mehrere gesetzliche Maßnahmen und den Bau neuer Haftanstalten offensichtlich stark verbessert, was vom Ministerkomitee des Europarats positiv gewürdigt wurde.[59] Seitdem sind auch keine Verurteilungen Italiens wegen unmenschlicher Haftbedingungen mehr ergangen. Somit sind nach derzeitiger Situation bereits keine systemischen Mängel beim Strafvollzug in Italien belegbar und damit bereits keine „echte Gefahr" im Sinn der *Aranyosi/Căldăraru*-Rechtsprechung begründbar, die den Auslieferungsverkehr auf Basis von Europäischen Haftbefehlen zwischen Italien und Deutschland behindern könnte. Jedoch sollte diese Ausnahme im Hinterkopf behalten werden für den Fall, dass sich hier – sowohl in Italien, aber selbstverständlich auch potentiell in Deutschland – erhebliche Verschlechterungen einstellen sollten.

4. Schwerfällige Kommunikation mit den italienischen Behörden

Nicht unerwähnt bleiben darf ein Problem, über das an dieser Stelle aus Sicht eines Nicht-Praktikers nur berichtet werden kann, ohne auf eigene Erfahrungen hinweisen zu können. Die Rechtshilfereferentinnen und -referenten des Bundes und der Länder in Deutschland beklagen schon seit vielen Jahren eine schwierige und schwerfällige Kommunikation mit italienischen Stellen. Was genau die Ursache hierfür ist, lässt sich nur schwer ausmachen. Es mag an Arbeitsüberlastung oder auch an dem naturgemäß geringeren Interesse liegen, sich denjenigen Fällen zuzuwenden, die man letztlich nicht selbst führt. Unter Umständen sind es auch die sprachlichen Hürden sowie eine mangelnde Information über die rechtlichen Verhältnisse im jeweils anderen Land. Dies sind Dinge, die sich nicht einfach durch eine rechtliche Regelung ändern lassen. Sie bedürfen einer langfristigen, vertrauensvollen Aufbauarbeit. Letztlich zeigt sich hier auch, dass nur „deklariertes" gegenseitiges Vertrauen im alltäglichen Rechtshilfegeschäft nicht genügt. Hier muss mehr getan werden, um die für eine Kooperation essentiellen Personen zusammenzuführen; ggf. wären auch entsandte Verbindungsrichter, die der jeweils anderen Sprache mächtig sind und erklärend und vermittelnd vor Ort eingreifen können, eine – wenn auch kostspielige – aber letztlich gewinnbringende Maßnahme.

Wenn nun aber selbst die Strafverfolgungsbehörden unter Kommunikations-, Sprach- und Verständnisproblemen leiden – wie sehr muss sich das dann erst zulasten des Beschuldigten und dessen Verteidiger(n) auswirken? Sicherlich hat die EU mittlerweile einige Verbesserungen durch Richtlinien erreicht, etwa bezüglich der Übersetzung, der Rechtsbelehrung, des Zugangs zu einem Rechtsbeistand, der vorläufigen Prozess-

---

58 EGMR, Urt. v. 8.1.2013, Nr. 43517/09 u.a. – *Torreggiani u.a. / Italien.*
59 Entscheidung des Ministerkomitees, veröffentlicht am 5.6.2014.

kostenhilfe und der Stärkung der Verfahrensrechte von Minderjährigen.[60] Doch um eine faktisch starke Verteidigung aufzubauen, die Verständigungs- und Sprachhindernisse effektiv überwinden kann, ist das sicherlich nicht mehr als das grobe Fundament. Es gilt, durch weitere – auch institutionelle – Maßnahmen einen „Support" für die Verteidigung zu erreichen, damit diese den Strafverfolgern, die durch zahlreiche EU-Institutionen unterstützt werden (Eurojust, OLAF, EJN und insbesondere die künftige Europäische Staatsanwaltschaft), im Sinne einer Waffengleichheit auf Augenhöhe gegenübertreten kann.

5. Der häufige und unverhältnismäßige „Mini Europäische Haftbefehl" aus Deutschland?

Schließlich zu einem – auch von mir nur schwierig einschätzbaren – Problem: Von italienischer Seite wird verschiedentlich – auch von Herrn Kollegen *Lettieri* – der Einwand erhoben, dass eine Asymmetrie zwischen dem Gebrauch des Europäischen Haftbefehls in Deutschland und Italien herrsche, welche sich – möglicherweise – aus den Unterschieden zwischen den Straf- und Strafprozesssystemen ableite. Die These lautet: Aus Deutschland gelange eine sehr große Zahl an Europäischen Haftbefehlen wegen relativ leichter Kriminalität nach Italien, während aus Italien zahlenmäßig weniger Europäische Haftbefehle nach Deutschland verschickt würden, wobei die Delikte, um die es geht, jedoch deutlich schwerer wiegen würden. Verbunden wird diese Feststellung mit der Forderung nach der Abschaffung solcher sog. „Mini Europäischer Haftbefehle" aus Deutschland, da diese „schwer in die Grundrechte unbescholtener Personen eingreifen, (...) absurd, unangemessen und (...) prozessual unnötig"[61] seien.[62]

Ob eine solche Asymmetrie wirklich vorliegt, lässt sich anhand des verfügbaren statistischen Materials leider nur oberflächlich beurteilen. Eine gewisse Tendenz ist zu erkennen, wenn man die Zahlen aus 2016 zugrunde legt. In diesem Jahr waren in Deutschland 75 Auslieferungsersuchen aus Italien neu eingegangen. Deutschland war gegenüber Italien mit 104 Auslieferungsersuchen zwar „aktiver"; beachtet man aber, dass Polen im selben Zeitraum 494 Auslieferungsersuchen bei den deutschen Behörden gestellt hatte, so wird deutlich, dass Italien und Deutschland insgesamt betrachtet zahlenmäßig doch gar nicht so weit auseinanderlagen.[63]

Einen Unterschied mag man aber erkennen, wenn man die Delikte, deretwegen überstellt wurde, betrachtet. Leider gleicht hier die statistische Auswertung – mangels klarer deliktsspezifischer Aufschlüsselung – beinahe einem Kaffeesatzlesen. Nur so viel lässt sich vielleicht mit einiger Aussagekraft ableiten: Nimmt man die Gruppe der

---

60 Zusammenfassend s. *Satzger* (oben N. 3), § 10 Rn. 84
61 *Lettieri*, in: Jahrbuch für Italienisches Recht Band 25 (2012), S. 115, 125 f.
62 Zur unverhältnismäßigen Anwendung des Europäischen Haftbefehls vgl. *Haggenmüller*, Der Europäische Haftbefehl und die Verhältnismäßigkeit seiner Anwendung in der Praxis, 2018, S. 128 ff.
63 Siehe die Auslieferungsstatistik des Bundesamts für Justiz für das Jahr 2016, https://www.bmjv.de/SharedDocs/Downloads/DE/Service/Statistiken/Download/Auslieferungsstatistik_2016.pdf?__blob=publicationFile&v=2; s. nunmehr die Auslieferungsstatistik für das Jahr 2017, https://www.bundesjustizamt.de/DE/SharedDocs/Publikationen/Justizstatistik/Auslieferungsstatistik_2017.html; zuletzt aufgerufen am 13.1.2020.

mutmaßlich leichteren (und statistisch benannten) Delikte des Diebstahls, der Sachbeschädigung, des Betrugs, der Fälschungsdelikte, der Hehlerei und der Geldwäsche zusammen, so belief sich diese Kriminalitätsgruppe bei den Auslieferungsersuchen Italiens 2016 auf ein Viertel. Demgegenüber macht diese Kriminalitätsgruppe in umgekehrter Richtung – also bei den Einlieferungsersuchen Deutschlands gegenüber Italien – über die Hälfte aus. Dies lässt die These der Asymmetrie jedenfalls plausibel erscheinen. Was auch immer die Gründe hierfür sind – vermutlich spielen letztlich mehrere und komplexe Faktoren eine Rolle. Dafür spricht letztlich auch, dass vergleichbare Asymmetrien offensichtlich auch im Verhältnis Deutschlands zu anderen Staaten – insbesondere zu Polen – erkennbar sind, dann allerdings interessanterweise mit umgekehrten Vorzeichen. Die Zahlen für 2017 (s. Fn. 63) lassen die Asymmetrie geringer erscheinen, jedoch besteht sie tendenziell nach wie vor (Italiens Auslieferungsersuchen bezogen sich in diesem Jahr zu 38 Prozent auf die genannten leichteren Delikte, in die Gegenrichtung machten diese 54 Prozent der Ersuchen aus).

Ist damit der Europäische Haftbefehl, wenn er für kleinere Kriminalität genutzt wird, illegal und unverhältnismäßig? Die Frage lässt sich meines Erachtens aus zwei Richtungen – mit unterschiedlichem Ergebnis – beantworten:

In der Logik der EU, die den Europäischen Haftbefehl – wie insgesamt das Prinzip der gegenseitigen Anerkennung – als Instrument zur Schaffung eines „Raums der Freiheit, der Sicherheit und des Rechts" benutzt, ist der umfassende Einsatz des Europäischen Haftbefehls geradezu eine natürliche Folge. Denn die EU soll ja – vergleichbar mit den Binnenverhältnissen in einem Nationalstaat – ein einheitlicher Rechtsraum werden. Dass damit sogar Bagatellkriminalität nicht vom Anwendungsbereich des Europäischen Haftbefehls ausgeschlossen sein soll, erscheint folgerichtig.

Dass die Realität in der EU jedoch stark vom Ideal des einheitlichen Rechtsraumes abweicht, dass hier Rechtsverletzungen eben doch nicht ausgeschlossen werden können, wird mit dem schönen Bild des gegenseitigen Vertrauens und der Gleichwertigkeit aller Rechtssysteme zur Seite gewischt – wohl wissend, dass es gar nicht die rechtsstaatlichen Defizite einer oder mehrerer Rechtsordnungen sind, die das System ins Wanken bringen, sondern die willkürliche Kombination der nicht aufeinander abgestimmten Rechtsordnungen.

Anders muss die Beurteilung daher ausfallen, wenn man bereits beim Rahmenbeschluss über den Europäischen Haftbefehl – und insgesamt beim Prinzip der gegenseitigen Anerkennung – ansetzt und nicht das große Ganze, sondern den Beschuldigten selbst in den Blick nimmt. Dann bleibt bis heute ein rechtsstaatliches Defizit zulasten des Beschuldigten und ebenso zum Nachteil seiner Verteidigung unabweisbar. Zwar hat man bereits vor einiger Zeit damit begonnen, eine Mindestharmonisierung auch bei den Verteidigungsrechten einzuleiten.[64] Das ist gut, aber noch nicht ausreichend. Wie angedeutet muss eine Verteidigung auch effektiv gewährleistet sein. Es muss in

---

64 Siehe dazu *Haggenmüller* (oben N. 62), S. 362 ff.; zur Umsetzung der RL 2016/1919 vom 26.10.2016 über Prozesskostenhilfe für Verdächtige und beschuldigte Personen in Strafverfahren sowie für gesuchte Personen in Verfahren zur Vollstreckung eines Europäischen Haftbefehls (ABl. L. 297; in Deutschland umgesetzt durch das Gesetz zur Neuregelung des Rechts der notwendigen Verteidigung vom 10.12.2019 (BGBl. I S. 2128), in Kraft getreten am 13.12.2019.

den Blick genommen werden, dass es hier um eine besonders komplexe und für den Beschuldigten gefährliche Situation der transnationalen Strafverfolgung geht. Eine institutionelle Unterstützung der Verteidigung, die diesem Umstand ebenso Rechnung trägt wie dem Faktum, dass auf Seiten der Strafverfolgung immer mächtigere „Helfer" bis hin zu einer Europäischen Staatsanwaltschaft tätig werden, gibt es nicht und ist – soweit ersichtlich – nicht in Planung.

VII. Ausblick

Der Europäische Haftbefehl gilt – für die Strafverfolgungspraxis – als Erfolgsgeschichte. Die gravierenden Folgen für davon betroffene Individuen, die sicherlich keine isolierten Einzelfälle und Ausreißer, sondern systembedingte Kollateralschäden sind, lassen diese positive Sicht in einem faden Licht erscheinen. Der Europäische Haftbefehl als Prototyp einer fast durchgängigen gegenseitigen Anerkennung mit nur wenigen Ausnahmen ist ein denkbar schlechtes Beispiel für europäische Strafgesetzgebung. Vielleicht ist nun aber Licht am Horizont, denn möglicherweise erleben wir derzeit die Entwicklung einer korrigierend eingreifenden Rechtsprechung des EuGH (und mancher Verfassungsgerichte, die in elementaren Grundrechtsfragen dem Vorrang des Europarechts zunehmend die nationale Verfassungsidentität entgegenstellen), die nicht bei einer technischen „gegenseitigen Anerkennung" stehenbleibt, sondern unabweisbare Defizite im gegenseitigen Vertrauen aufgreift und in die Forderung nach einem europäischen *ordre public* als allgemeinen Vorbehalt und Ablehnungsgrund ummünzt. Dies mag einen neuen Blick auf die gegenseitige Anerkennung eröffnen und schlussendlich auch einem übermäßigen Gebrauch von Europäischen Haftbefehlen – auch im Verhältnis von Deutschland und Italien – entgegenwirken. Wird dann auch noch die „Sprachlosigkeit" in einen konstruktiven, begleitenden Dialog der zuständigen Stellen umgewandelt, mag die künftige Praxis des Europäischen Haftbefehls zu einem – auch aus rechtsstaatlicher Sicht – vertretbaren Strafverfolgungsinstrument werden.

Rainer Hausmann

Das neue internationale Güterrecht der Europäischen Union und seine Bedeutung für den deutsch-italienischen Rechtsverkehr[*]

Inhaltsübersicht

---

[*] Vortrag auf der Arbeitstagung der Vereinigung für den Gedankenaustausch zwischen deutschen und italienischen Juristen e.V. in Hannover vom 25.5.2019.

71

I. Einleitung

Seit dem 29.1.2019 gelten in den an der Verstärkten Zusammenarbeit auf dem Gebiet des internationalen Güterrechts teilnehmenden Mitgliedstaaten – und damit auch im deutsch-italienischen Rechtsverkehr – die beiden EU-Güterrechtsverordnungen vom 24.6.2016.[1] Zur Umsetzung dieser beiden Verordnungen hat der deutsche Gesetzgeber am 17.12.2018 ein „Gesetz zum Internationalen Güterrecht und zur Änderung von Vorschriften des Internationalen Privatrechts" verabschiedet, das am 29.1.2019 in Kraft getreten ist.[2] Dieses Gesetz enthält in seinem Art. 1 das „Internationale Güterrechtsverfahrensgesetz" (IntGüRVG), das – nach dem Vorbild des Internationalen Familienrechtsverfahrensgesetzes (IntFamRVG) vom 26.1.2005[3] zur Brüssel IIa-VO,[4] des Auslandsunterhaltsgesetzes (AUG) vom 23.5.2011[5] zur Unterhaltsverordnung[6] und des Internationalen Erbrechtsverfahrensgesetzes (IntErbRVG) vom 29.6.2015[7] zur EU-Erbrechtsverordnung[8] – in § 3 ergänzende Vorschriften zu der von den Ver-

---

1 Verordnungen (EU) 2016/1103 und 2016/1104 des Rates zur Durchführung einer Verstärkten Zusammenarbeit im Bereich der Zuständigkeit, des anzuwendenden Rechts und der Anerkennung und Vollstreckung von Entscheidungen in Fragen des ehelichen Güterstands (EuGüVO; ABl. 2016 L 183 v. 8.7.2016, 1) und in Fragen güterrechtlicher Wirkungen eingetragener Partnerschaften (EuPartVO; ABl. 2016 L 183 v. 8.7.2016, 30), abgedruckt bei *Jayme/Hausmann*, Internationales Privat- und Verfahrensrecht, 19. Aufl. 2018, Nr. 33 und Nr. 39.
2 BGBl. 2018 I, 2573.
3 BGBl. 2005 I, 162 = *Jayme/Hausmann* (oben N. 1), Nr. 162a.
4 Verordnung (EG) Nr. 2201/2003 des Rates über die Zuständigkeit und die Anerkennung und Vollstreckung von Entscheidungen in Ehesachen und in Verfahren betreffend die elterliche Verantwortung und zur Aufhebung der Verordnung (EG) Nr. 1347/2000 v. 27.11.2003, ABl. 2003 L 338, 1 = *Jayme/Hausmann* (oben N. 1), Nr. 162.
5 BGBl. 2011 I, 898 = *Jayme/Hausmann* (oben N. 1), Nr. 161a.
6 Verordnung (EG) Nr. 4/2009 des Rates über die Zuständigkeit, das anwendbare Recht, die Anerkennung und Vollstreckung von Entscheidungen und die Zusammenarbeit in Unterhaltssachen v. 18.12.2008, ABl. 2009 L 7, 1 = *Jayme/Hausmann* (oben N. 1), Nr. 161.
7 BGBl. 2015 I, 1042 = *Jayme/Hausmann* (oben N. 1), Nr. 61a.
8 Verordnung (EU) Nr. 650/2012 des Europäischen Parlaments und des Rates über die Zuständigkeit, das anwendbare Recht, die Anerkennung und Vollstreckung von Entscheidungen und die Annahme und Vollstreckung öffentlicher Urkunden in Erbsachen sowie zur Einführung eines Europäischen Nachlasszeugnisses v. 4.7.2012, ABl. 2012 L 201, 107 = *Jayme/Hausmann* (oben N. 1), Nr. 61.

ordnungen nicht geregelten örtlichen Zuständigkeit der deutschen Gerichte in Güterrechtssachen enthält und in §§ 4-32 das Verfahren der Vollstreckbarerklärung von güterrechtlichen Entscheidungen aus anderen an den Verordnungen teilnehmenden Mitgliedstaaten regelt.

Der deutsche Gesetzgeber hat sich jedoch nicht auf den Erlass von Vorschriften zur Ausführung der EU-Güterrechtsverordnungen beschränkt, sondern hat deren Geltung ab dem 29.1.2019 zum Anlass genommen, auch wichtige Änderungen im autonomen deutschen Kollisionsrecht vorzunehmen. Nachfolgend möchte ich daher nicht nur einen Überblick über die wesentlichen Neuerungen im deutschen und italienischen internationalen Güterrecht als Folge der europäischen Verordnungen geben, sondern auch aufzeigen, warum vor allem die auf Ehegatten anwendbare EuGüVO das internationale Familienrecht der teilnehmenden Mitgliedstaaten weit über das Güterrecht im engeren Sinn hinaus beeinflusst.

II. Der Anwendungsbereich der Güterrechtsverordnungen

1. Zeitlicher Anwendungsbereich

Von größerer Bedeutung als in allen bisher auf dem Gebiet des Internationalen Privat- und Verfahrensrechts erlassenen EU-Verordnungen ist auf dem Gebiet des internationalen Güterrechts der zeitliche Anwendungsbereich der Güterrechtsverordnungen, weil diese insoweit erstmals zwischen dem internationalen Verfahrensrecht und dem Kollisionsrecht unterscheiden.

a) Internationale Zuständigkeit

Der intertemporale Anwendungsbereich der EuGüVO auf dem Gebiet der internationalen Zuständigkeit wird in Art. 69 Abs. 1 an den Tag ihrer Geltung, d.h. den 29.1.2019 (Art. 70 Abs. 3 EuGüVO) geknüpft. Damit gilt – in Anlehnung an Art. 66 Abs. 1 Brüssel Ia-VO[9] – der Grundsatz der Nichtrückwirkung. Die Zuständigkeitsregeln in Art. 4 ff. EuGüVO sind daher nur anzuwenden, wenn das (Erkenntnis-)Verfahren ab dem 29.1.2019 im Gerichtsstaat eingeleitet wurde. Wie für Art. 66 Abs. 1 Brüssel Ia-VO ist auch für Art. 69 Abs. 1 EuGüVO unklar, ob der Zeitpunkt der Verfahrenseinleitung nach der jeweiligen nationalen *lex fori* zu bestimmen ist[10] oder autonom unter entsprechender Heranziehung von Art. 14 EuGüVO, der den Zeitpunkt der Anrufung des Gerichts unmittelbar nur für die Vorschriften der Art. 17, 18 über konkurrierende Verfahren regelt.[11] Im Interesse einer einheitlichen Bestimmung des zeitlichen Anwen-

---

9 Verordnung (EU) Nr. 1215/2012 des Europäischen Parlaments und des Rates über die gerichtliche Zuständigkeit und die Anerkennung und Vollstreckung von Entscheidungen in Zivil- und Handelssachen v. 12.12.2012, ABl 2012 L 351, 1 = *Jayme/Hausmann* (oben N. 1), Nr. 160.

10 So HK-ZPO/*Dörner*, 7. Aufl. 2017, Art. 69 EuGüVO Rn. 2; NK-BGB/*R. Magnus*, 2019, Art. 69 EuGüVO Rn. 5; ebenso zum EuGVÜ von 1968 BGH NJW 1996, 1411, 1412.

11 So zur Brüssel I-VO 2000 BGH NJW 2013, 2587; BGH IPRax 2006, 602; öst. OGH ZfRV 2004, 32; Geimer/Schütze/*Geimer*, EuZPR, 2. Aufl. 2010, Art. 66 Rn. 2; Kropholler/*von Hein*, Brüssel I-VO, 9. Aufl. 2011, Art. 66 Rn. 2; zur Brüssel Ia-VO *Hüßtege*, in: Thomas/Putzo, ZPO, 40. Aufl. 2019, Art. 66 Rn. 2; vgl. auch *Staudinger*, in: Rauscher, IPR/IZPR, 4. Aufl. 2016, Art. 66 Rn. 2.

dungsbereichs der Verordnung in den teilnehmenden Mitgliedstaaten ist der letzteren Ansicht der Vorzug zu geben.[12]

b) Kollisionsrecht

Die Besonderheit der EuGüVO besteht freilich darin, dass sie ihren zeitlichen Anwendungsbereich auf dem Gebiet des Kollisionsrechts in Art. 69 Abs. 3 abweichend regelt und stark einschränkt. Denn danach sind die im Kapitel III enthaltenen Kollisionsnormen der Art. 20-35 EuGüVO auch ab dem 29.1.2019 nur auf solche Ehen anzuwenden, die an oder nach diesem Stichtag geschlossen werden. Sie gelten dann für diese Ehen in allen teilnehmenden Mitgliedstaaten unmittelbar und genießen als Teil des sekundären Unionsrechts Anwendungsvorrang vor dem jeweiligen autonomen Kollisionsrecht, in Deutschland also vor Art. 15 und 16 EGBGB a.F., in Italien vor Art. 29 und 30 IPRG 1995. Demgegenüber verbleibt es für die Beurteilung des anwendbaren Güterrechts in allen zuvor geschlossenen Ehen auch nach dem 29.1.2019 bei der Geltung des nationalen Kollisionsrechts der Mitgliedstaaten. Ein Statutenwechsel und eine damit verbundene Änderung des Güterstands sollten allein aufgrund der Geltung der Verordnung ab dem 29.1.2019 in zuvor geschlossenen Ehen aus Gründen des Vertrauensschutzes nicht eintreten. Eine Ausnahme gilt nur für Rechtswahlvereinbarungen, die zwischen den Partnern einer solchen „Altehe" erst ab dem 29.1.2019 getroffen werden; denn deren Voraussetzungen und Wirkungen unterliegen dann in jedem Fall den Art. 22 ff. EuGüVO.

2. *Persönlicher Anwendungsbereich*

Ihren persönlichen Anwendungsbereich normiert die EuGüVO nicht ausdrücklich. Aus der parallel verabschiedeten Verordnung zu den güterrechtlichen Wirkungen eingetragener Partnerschaften (EuPartVO) ergibt sich jedoch, dass sie nur für Ehegatten, nicht für eingetragene Lebenspartner gilt. Der Begriff der „Ehe" wird allerdings bewusst nicht autonom-europäisch definiert, sondern bleibt dem nationalen Recht der Mitgliedstaaten überlassen.[13] Damit werden grundsätzlich auch die güterrechtlichen Beziehungen zwischen gleichgeschlechtlichen Ehepartnern in denjenigen teilnehmenden Mitgliedstaaten von der EuGüVO erfasst, die das Rechtsinstitut der Ehe auf solche Paare ausgedehnt haben, wie dies in Deutschland mit Wirkung vom 1.10.2017 geschehen ist.[14] Demgegenüber sollten Mitgliedstaaten, die – wie Italien – das Rechtsinstitut der gleichgeschlechtlichen Ehe bisher nicht in ihr nationales Eherecht eingeführt haben, nicht gezwungen werden, die Verordnung auf solche Ehen anzuwenden; sie sollten vielmehr berechtigt bleiben, insoweit die Parallelverordnung zum Güterrecht eingetragener Lebenspartner heranzuziehen. Auch die Abgrenzung zwischen Ehegatten und eingetragenen Lebenspartnern – und damit zwischen der EuGüVO und der EuPartVO – wird damit nicht autonom vorgenommen, sondern bleibt Sache

---

12 *Hausmann*, Internationales und Europäisches Familienrecht, 2. Aufl. 2018, B Rn. 252.
13 Erwägungsgrund 17 zur EuGüVO; *Weber*, DNotZ 2016, 659, 669.
14 *Dethloff*, in: FS v. Hoffmann, 2011, 73, 77; zu weiteren Mitgliedstaaten *Hausmann*, IntEuFamR (oben N. 12), I Rn. 267 f.

des nationalen Rechts der teilnehmenden Mitgliedstaaten.[15] Maßgebend ist insoweit die Qualifikation nach der *lex fori*.[16]

Der Umstand, dass der deutsche Gesetzgeber sich im autonomen IPR dafür entschieden hat, die gleichgeschlechtliche Ehe in Art. 17b Abs. 4 EGBGB wie eine eingetragene Lebenspartnerschaft anzuknüpfen,[17] könnte dafür sprechen, auch in Verfahren vor deutschen Gerichten auf die güterrechtlichen Beziehungen in einer solchen Ehe die EuPartVO anzuwenden.[18] Der Erwägungsgrund 17 ist indessen nicht so zu verstehen, dass es darauf ankommt, welche Wirkungen einer gleichgeschlechtlichen Ehe nach dem anwendbaren nationalen Recht zukommen. Wie sich vor allem aus der Regelung zur alternativen Zuständigkeit in Art. 9 Abs. 1 EuGüVO ergibt, ist dem nationalen IPR lediglich die Entscheidung überlassen, ob es eine gleichgeschlechtliche Ehe „anerkennt" oder nicht. Wird sie im Gerichtsstaat – wie in Deutschland – anerkannt, so findet daher auf die güterrechtlichen Beziehungen in einer solchen Ehe insgesamt die EuGüVO, nicht die EuPartVO Anwendung.[19] Dafür spricht auch, dass der deutsche Gesetzgeber die Geltung des Lebenspartnerschaftsrechts in Art. 17b Abs. 4 EGBGB ausdrücklich auf das Kollisionsrecht beschränkt hat, während die Güterrechtsverordnungen auch das internationale Verfahrensrecht (internationale Zuständigkeit, Anerkennung und Vollstreckung von Entscheidungen) umfassen. Eine gespaltene Anwendung der Verordnungen auf gleichgeschlechtliche Ehen kommt aber ersichtlich nicht in Betracht.[20] Dies hat der deutsche Gesetzgeber inzwischen durch eine entsprechende Ergänzung von Art. 17b Abs. 4 EGBGB klargestellt. Demgegenüber ist zu erwarten, dass italienische Gerichte auf die güterrechtlichen Beziehungen in gleichgeschlechtlichen Ehen die EuPartVO anwenden werden.

3. Sachlicher Anwendungsbereich

a) Der europäische Begriff des Ehegüterrechts

In sachlicher Hinsicht findet die Verordnung nach ihrem Art. 1 Abs. 1 auf die „ehelichen Güterstände" Anwendung. Dieser autonom auszulegende Begriff wird in Art. 3 lit. a EuGüVO dahin definiert, dass er „sämtliche vermögensrechtlichen Regelungen, die zwischen den Ehegatten und in ihren Beziehungen zu Dritten aufgrund der Ehe oder der Auflösung der Ehe gelten", umfasst, soweit sie nicht in Art. 1 Abs. 2 aus dem Anwendungsbereich der Verordnung ausgeschlossen werden.[21] Der Erwägungsgrund 18 ergänzt, dass damit nicht nur Regelungen gemeint sind, von denen die Ehegatten

---

15 *Andrae*, Internationales Familienrecht, 4. Aufl. 2019, § 10 Rn. 11.

16 *Kohler/Pintens*, FamRZ 2016, 1509, 1510; *Weber*, DNotZ 2016, 659, 669; NK-BGB/*R. Magnus* (oben N. 10), Art. 1 EuGüVO Rn. 17; a.A. (Qualifikationsverweisung auf das Recht des Registrierungsstaates) *Dutta*, FamRZ 2016, 1973, 1976; *Erbarth*, NZFam 2018, 249, 250.

17 Dazu *Hausmann*, IntEuFamR (oben N. 12), I Rn. 269 ff.

18 So *Löhnig*, NZFam 2017, 1785, 1786; im Erg. auch NK-BGB/*R. Magnus* (oben N. 10) Art. 1 EuGüVO Rn. 18 f.

19 *Mankowski*, IPRax 2017, 541, 548; *Erbarth*, NZFam 2018, 249, 250; Erman/*Hohloch*, 15. Aufl. 2017, Art. 17b EGBGB Rn. 22 f.; im Erg. auch *Döbereiner*, MittBayNot 2011, 463, 464; *Dutta*, FamRZ 2016, 1973, 1976.

20 Im Erg. wie hier auch *Heiderhoff*, IPRax 2018, 1, 3.

21 Erwägungsgrund 18.

nicht abweichen dürfen, sondern auch fakultative Regelungen, die sie nach Maßgabe des anzuwendenden Rechts vereinbaren können. Das eheliche Güterrecht im Sinne der Verordnung schließt auch „nicht nur vermögensrechtliche Regelungen ein, die bestimmte einzelstaatliche Rechtsordnungen speziell und ausschließlich für die Ehe vorsehen, sondern auch sämtliche vermögensrechtlichen Verhältnisse, die zwischen den Ehegatten und in ihren Beziehungen gegenüber Dritten direkt infolge der Ehe oder der Auflösung des Eheverhältnisses gelten,"[22] auch wenn sie außerhalb des Güterrechts geregelt sind. Damit zieht die Verordnung die Konsequenzen aus der Rechtsprechung des EuGH, der diesen weiten Begriff der ehelichen Güterstände für die Auslegung des Ausschlustatbestands in Art. 1 Abs. 2 lit. a EuGVÜ/Brüssel I-VO entwickelt hatte[23] und daran auch unter Geltung der Brüssel Ia-VO festhält.

Die EuGüVO gilt daher nicht nur für die vermögensrechtlichen Beziehungen der Ehegatten während bestehender Ehe, insbesondere für die Zuordnung und die Verwaltung des Vermögens, sondern auch für die Vermögensauseinandersetzung bei Auflösung der Ehe durch Scheidung, Trennung oder Tod sowie für die Rechtsbeziehungen zu Dritten, die ihren Grund in der Ehe haben.[24] Dies gilt unabhängig davon, ob die Vermögensauseinandersetzung auf die Vorschriften eines besonderen Güterstands oder auf allgemeine schuld- oder sachenrechtliche Anspruchsgrundlagen gestützt wird. Demgemäß betrifft etwa auch die Teilung einer beweglichen Sache, die von einem Ehegatten während der Ehe mit gemeinsamen Mitteln erworben wurde, aus Anlass der Ehescheidung die „ehelichen Güterstände"[25] und wird daher künftig von Art. 1 Abs. 1 lit. a EuGüVO erfasst. Gleiches gilt für das im deutschen Recht so bezeichnete „Nebengüterrecht", also z.B. die Rückforderung unbenannter Ehegattenzuwendungen, Ansprüche aus einer Ehegatteninnengesellschaft sowie den Gesamtschuldner- oder Gesamtgläubigerausgleich zwischen Ehegatten anlässlich der Trennung oder Scheidung; insoweit verdrängt die EuGüVO daher die von der deutschen Rechtsprechung auf solche Ansprüche bisher angewandte Rom I-VO künftig als *lex specialis.*[26] Güterrechtlich zu qualifizieren sind unter der Verordnung aber etwa auch die bisher im deutschen IPR (Art. 17 Abs. 1 EGBGB) dem Scheidungsstatut unterliegenden „vermögensrechtlichen Scheidungsfolgen" (z.B. Schadensersatzansprüche).[27] Den Vorrang der EuGüVO für diese Ansprüche hebt der deutsche Gesetzgeber in der seit dem 29.1.2019 geltenden Neufassung des Art. 17 Abs. 1 EGBGB ausdrücklich hervor. Im italienischen Recht findet die Verordnung etwa auch auf ein von Ehegatten betriebenes Familienunternehmen (*impresa familiare*, Art. 230-bis c.c.) und dessen Auseinandersetzung aus Anlass der Scheidung Anwendung.[28]

---

22 Erwägungsgrund 18.
23 EuGH C-143/78 – de *Cavel I*, Slg. 1979, 1055 Rn. 7; zu Einzelheiten unalexKomm/*Hausmann*, 2012, Art. 1 EuGVVO Rn. 58 ff.
24 Vgl. Art. 27 lit. e EuGüVO; dazu NK-BGB/*R. Magnus* (oben N. 10), Art. 27 EuGüVO Rn. 14 ff.
25 EuGH C-67/17 – *Iliev/Ilieva*, FamRZ 2017, 1913 Rn. 31 m. Anm. *Musseva*, 2009.
26 *Dutta*, FamRZ 2016, 1973, 1975; *Martiny*, ZfPW 2017, 1, 9; *Weber* DNotZ 2016, 656, 665 f.; *Sanders*, FamRZ 2018, 978, 979 f.; dazu näher *Hausmann*, IntEuFamR (oben N. 12), B Rn. 550 ff.; NK-BGB/ *R. Magnus* (oben N. 10), Art. 1 EuGüVO Rn. 31 f.
27 Dazu näher *Hausmann*, IntEuFamR (oben N. 12), A Rn. 553 ff.; vgl auch *Heiderhoff*, IPRax 2018, 1, 2.
28 *Henrich*, ZfRV 2016, 171, 173 f.

Vor allem aber umfasst die Verordnung nicht nur das Ehegüterrecht im engeren Sinne, d.h. die gesetzlichen und vertraglichen Güterstände in dem zur Anwendung berufenen Recht. Der europäische Begriff des Ehegüterrechts bezieht vielmehr auch das Recht der allgemeinen Ehewirkungen ein, soweit vermögensrechtliche Aspekte der Ehe betroffen sind. Auf diese Weise sollen Zuständigkeitslücken im Grenzbereich zwischen der Brüssel Ia-VO, der EuUntVO und der EuGüVO vermieden werden. Das gleiche Ziel wird auf dem Gebiet des Kollisionsrechts im Verhältnis zur Rom I-VO[29] und zum Haager Unterhaltsprotokoll[30] angestrebt. In den sachlichen Anwendungsbereich der Verordnung fallen daher insbesondere Fragen der gesetzlichen Vertretungsbefugnis von Ehegatten (z.B. die „Schlüsselgewalt" i.S.v. § 1357 BGB) und die Eigentumsvermutungen i.S.v. § 1362 BGB,[31] aber auch der Anspruch eines Ehegatten auf eine angemessene Entschädigung für die seine Unterhaltspflicht übersteigende Mitarbeit im Beruf oder Gewerbe des anderen Ehegatten. Güterrechtlich zu qualifizieren sind nach der Verordnung ferner Verpflichtungs- und Verfügungsbeschränkungen (z.B. über die Ehewohnung), die in ausländischen Rechten häufig Bestandteil des *„régime primaire"* sind.[32] An der bisherigen Einordnung dieser vermögensbezogenen Ehewirkungen als „allgemeine Ehewirkungen" i.S.v. Art 14 EGBGB bzw. als *„rapporti personali tra coniugi"* i.S.v. Art. 29 ital. IPRG 1995 kann daher nur noch in bis zum 28.1.2019 geschlossenen Ehen festgehalten werden. Gleiches gilt auch für die vom BGH bisher als allgemeine Ehewirkung i.S.v. Art. 14 EGBGB a.F. qualifizierte islamrechtliche Morgengabe; auch sie betrifft in ab dem 29.1.2019 geschlossenen Ehen das „eheliche Güterrecht" im Sinne der EuGüVO.[33]

Schließlich ist auch die Regelung der Nutzungsbefugnisse an der Ehewohnung und die Verteilung der Haushaltsgegenstände aus Anlass einer Ehetrennung oder Ehescheidung im Anwendungsbereich der EuGüVO güterrechtlich zu qualifizieren.[34] Aus diesem Grunde hat der deutsche Gesetzgeber die bisherige Sonderanknüpfung dieser Scheidungsfolgen in Art. 17a EGBGB durch Gesetz vom 17.12.2018[35] für ab dem 29.1.2019 geschlossene Ehen aufgehoben. Die Vorschrift gilt in diesen Ehen nur noch für Betretungs-, Näherungs- und Kontaktverbote im Verhältnis der Ehegatten weiter; demgegenüber ist sie in allen vor dem 29.1.2019 geschlossenen Ehen auch nach diesem Stichtag weiter anzuwenden (Art. 229 § 47 Abs. 2 Nr. 2 EGBGB).

---

29 Verordnung (EG) Nr. 593/2008 des Europäischen Parlaments und des Rates über das auf vertragliche Schuldverhältnisse anzuwendende Recht v. 17.6.2008, ABl. 2008 L 177, 6 = *Jayme/Hausmann* (oben N. 1), Nr. 80.

30 Haager Protokoll über das auf Unterhaltspflichten anzuwendende Recht v. 23.11.2007, ABl. 2009 L 331, 19 = *Jayme/Hausmann* (oben N. 1), Nr. 42.

31 *Dutta*, FamRZ 2016, 1973, 1974; *Weber*, DNotZ 2016, 659, 662; *Henrich*, ZfRV 2016, 1509, 1510; *Heiderhoff*, IPRax 2018, 1, 2; *Hausmann*, IntEuFamR (oben N. 12), B Rn. 646 f.; NK-BGB/*R. Magnus* (oben N. 10), Art. 1 EuGüVO Rn. 28.

32 *Martiny*, ZfPW 2017, 1, 9; *Erbarth*, NZFam 2018, 249, 252; *Heiderhoff*, IPRax 2016, 160, 161 f.

33 Dazu näher *Hausmann*, IntEuFamR (oben N. 12), B Rn. 557 ff. und 660 ff.

34 *Dutta*, FamRZ 2016, 1973, 1975; *Martiny*, ZfPW 2017, 1, 9; *Heiderhoff*, IPRax 2018, 1, 2; *Erbarth*, NZFam 2018, 249, 252; *Andrae*, IPRax 2018, 221, 224; NK-BGB/*R. Magnus* (oben N. 10), Art. 1 EuGüVO Rn. 29.

35 BGBl. 2018 I, 2573.

b) Vereinbarungen über den Güterstand

Die EuGüVO bestimmt das anwendbare Recht auch für Vereinbarungen, in denen die Ehegatten ihren ehelichen Güterstand regeln. Dies gilt gleichermaßen für deren Formgültigkeit (Art. 25 EuGüVO) als auch für deren materielle Wirksamkeit (Art. 27 lit. g EuGüVO). Auch der Begriff der „Vereinbarung über den ehelichen Güterstand" ist in diesen Vorschriften autonom und weit auszulegen. Er umfasst daher nicht nur den Ehevertrag im deutschen Verständnis (§ 1408 BGB), also die Begründung, Änderung oder Aufhebung eines bestimmten gesetzlichen oder vertraglichen Güterstands, sondern nach Art. 3 lit. b EuGüVO „jede Vereinbarung zwischen Ehegatten oder künftigen Ehegatten, mit der sie ihren ehelichen Güterstand regeln", wobei letzterer wiederum in dem weiten Sinne von lit. a auszulegen ist. Gemeint sind daher insbesondere auch Vereinbarungen, in denen die Ehegatten die vermögensrechtlichen Konsequenzen einer in Aussicht genommenen Trennung oder Scheidung ihrer Ehe regeln. So betrifft etwa auch die in einer Scheidungsvereinbarung geregelte Zuweisung der Ehewohnung oder Verteilung der Haushaltsgegenstände den ehelichen Güterstand.[36] Werden in einen Ehevertrag oder eine Scheidungsvereinbarung allerdings – wie in der Praxis verbreitet – auch Regelungen zu anderen Scheidungsfolgen (z.B. zum Unterhalt oder zum Versorgungsausgleich) aufgenommen, so sind deren Inhaltskontrolle und Wirksamkeit gesondert nach dem Haager Unterhaltsprotokoll bzw. nach Art. 17 Abs. 3 EGBGB anzuknüpfen.[37]

c) Ausgeschlossene Rechtsgebiete

Die EuGüVO beschränkt ihren sachlichen Anwendungsbereich in Art. 1 Abs. 1 Satz 2 auf Zivilsachen und schließt in Abs. 2 bestimmte Rechtsfragen, auch wenn sie einen gewissen Bezug zum ehelichen Güterrecht haben, von einer Anwendung ausdrücklich aus.[38] Dabei handelt es sich vor allem um solche Aspekte, die bereits Gegenstand anderer Rechtsinstrumente des Unionsrechts sind, wie z.B. die in der EuUntVO geregelten Unterhaltssachen (lit. c) und die von der EuErbVO abgedeckten Erbsachen (lit. d). Nicht mehr im Ausnahmekatalog enthalten sind hingegen die im Kommissionsvorschlag vom 16.3.2011 noch genannten Schenkungen und sonstigen unentgeltlichen Zuwendungen zwischen Ehegatten unter Lebenden. Streitigkeiten darüber werden daher von der Verordnung erfasst, soweit sie ihren Grund in der Ehe oder deren Auflösung haben; insoweit verdrängt die EuGüVO daher auf dem Gebiet der internationalen Zuständigkeit künftig die Brüssel Ia-VO und auf dem Gebiet des Kollisionsrechts die Rom I-VO als *lex specialis*.

aa) Rechtsnachfolge von Todes wegen

Aus dem sachlichen Anwendungsbereich der EuGüVO ausgeschlossen ist nach Art. 1 Abs. 2 lit. d insbesondere die Rechtsnachfolge nach dem Tod eines Ehegatten, weil in-

---

36 *Hausmann*, IntEuFamR (oben N. 12), B Rn. 315; NK-BGB/*R. Magnus* (oben N. 10), Art. 3 EuGüVO Rn. 5.

37 Vgl. *Hausmann*, in: FS Geimer, 2017, 199 ff.

38 Erwägungsgrund 19 zur EuGüVO.

soweit für seit dem 15.8.2015 eingetretene Erbfälle die Europäische Erbrechtsverordnung gilt.[39] Vor allem auf dem Gebiet des Kollisionsrechts wird es freilich auch künftig zu Qualifikationsproblemen im Grenzbereich beider Verordnungen kommen.

Im Vordergrund steht dabei aus deutscher Sicht bisher die Frage, ob die Erhöhung des gesetzlichen Ehegattenerbteils nach § 1371 Abs. 1 BGB güter- oder erbrechtlich zu qualifizieren ist. Der BGH hatte diese Frage für das autonome deutsche Kollisionsrecht erst im Jahre 2015 im Sinne einer rein güterrechtlichen Qualifikation der Vorschrift für die deutsche Praxis verbindlich entschieden.[40] Danach setzte die Erhöhung des gesetzlichen Ehegattenerbteils gemäß § 1371 Abs. 1 BGB nur voraus, dass die Ehegatten gemäß Art. 15 EGBGB a.F. im deutschen gesetzlichen Güterstand der Zugewinngemeinschaft gelebt hatten, während es nicht erforderlich war, dass auch die Erbfolge nach dem zuerst verstorbenen Ehegatten gemäß Art. 25 EGBGB a.F. dem deutschen Recht unterlag. Ob die vom BGH für die güterrechtliche Qualifikation angeführten Argumente auch unter Geltung des europäischen Kollisionsrechts ihre Gültigkeit behalten würden, war in der Literatur umstritten.[41] Auf Vorlage des Berliner Kammergerichts[42] hat sich der EuGH inzwischen unter Geltung des europäischen Rechts für eine erbrechtliche Qualifikation ausgesprochen. Zur Begründung hat er vor allem darauf verwiesen, dass § 1371 Abs. 1 BGB nicht zu einer der Erbfolge vorangehenden güterrechtlichen Aufteilung von Vermögenswerten zwischen den Ehegatten führe, sondern lediglich den (erhöhten) Erbteil des überlebenden Ehegatten festlege. Eine solche Vorschrift betreffe daher primär die Rechtsnachfolge nach dem Tod eines Ehegatten und nicht das eheliche Güterrecht.[43] Außerdem hat der Gerichtshof betont, dass das Zusatzviertel des überlebenden Ehegatten nach § 1371 Abs. 1 BGB nur im Falle einer erbrechtlichen Qualifikation in das Europäische Nachlasszeugnis mit der sich aus Art. 69 Abs. 2 EuErbVO ergebenden Vermutungswirkung aufgenommen werden könne. Dies sei aber im Interesse der Funktionsfähigkeit dieses Zeugnisses und zur Vermeidung eines vom deutschen Erbschein abweichenden Inhalts unbedingt erforderlich.[44]

Die Entscheidung des EuGH hat zur Folge, dass § 1371 Abs. 1 BGB nur noch zur Anwendung kommt, wenn deutsches Erbrecht gilt. Damit wird dem überlebenden Ehegatten das güterrechtliche Zusatzviertel immer dann entzogen, wenn der verstorbene Ehegatte seinen gewöhnlichen Aufenthalt vor seinem Tod ins Ausland verlegt oder eine erbrechtliche Rechtswahl zugunsten seines ausländischen Heimatrechts getroffen hat. Um die damit verbundene Ungerechtigkeit in Ehen zu vermeiden, die u.U. jahrzehntelang im deutschen gesetzlichen Güterstand geführt wurden, kommt entweder

---

39 Vgl. Erwägungsgrund 22 zur EuGüVO.
40 BGH ZEV 2015, 409 m. Anm. *Reimann* = FamRZ 2015, 1180 m. Anm. *Mankowski* = IPRax 2017, 102 m. Anm. *Dörner*, 81.
41 Bejahend *Dörner*, ZEV 2012, 505, 507; *Mankowski*, ZEV 2014, 121, 125 f.; *Dutta*, IPRax 2015, 32, 33; *Dorsel/Schall*, GPR 2015, 36, 44; *Lorenzv* NJW 2015, 2157, 2160; *Weber*, DNotZ 2016, 424, 431 ff.; a.A. (für erbrechtliche Qualifikation) *Süß*, ZEuP 2013, 725, 743; *Kleinschmidt*, RabelsZ 77 (2013) 723, 757; Dutta/Weber/*Fornasier*, Internationales Erbrecht, 2017, Art. 63 EuErbVO Rn. 30 ff.
42 ZEV 2017, 209 m. Anm *Dörner* und *Margonski*.
43 EuGH, 1.3.2018, C-558/16 – *Mahnkopf*, ZEV 2018, 205 Rn. 40 m. Anm. *Bandel* = NZFam 2018, 372 m. Anm *Rentsch* = FamRZ 2018, 632 m. Anm. *Fornasier*.
44 EuGH, 1.3.2018, C-558/16 – *Mahnkopf*, ZEV 2018, 205 Rn. 42 f.

eine analoge Anwendung der güterrechtlichen Lösung des § 1371 Abs. 2 BGB[45] oder die Gewährung eines Zahlungsanspruchs an den überlebenden Ehegatten gegen die Erben des verstorbenen Partners im Umfang von einem Viertel des Nachlassvermögens in Betracht.[46] Auch wenn deutsches Erbrecht gilt, findet § 1371 Abs. 1 BGB aber nur Anwendung, wenn der überlebende Ehegatte nicht bereits einen Ausgleich nach ausländischem Güterrecht erhalten hat, z.B. weil er mit seinem verstorbenen Partner im gesetzlichen italienischen Güterstand der *comunione legale* gelebt hatte.

bb) Art der dinglichen Rechte

Die vom Güterrechtsstatut vorgesehene Begründung oder Übertragung von Rechten an beweglichen oder unbeweglichen Sachen ist zwar grundsätzlich in allen teilnehmenden Mitgliedstaaten anzuerkennen. Allerdings ist nach Art. 1 Abs. 2 lit. g EuGüVO kein Mitgliedstaat verpflichtet, dingliche Rechte an Sachen, die in seinem Hoheitsgebiet belegen sind, auch dann anzuerkennen, wenn diese „ihrer Art nach" – z.B. wegen des nach der *lex rei sitae* bestehenden *numerus clausus* von Sachenrechten – unbekannt sind. Ein solches unbekanntes dingliches Recht, das kraft ausländischen Güterrechts entstanden ist, ist vielmehr nach Art. 29 EuGüVO im Wege der Anpassung in ein dem Mitgliedstaat der Belegenheit bekanntes dingliches Recht umzuwandeln, das dem unbekannten ausländischen Recht möglichst nahekommt.[47] Kraft ausländischen Güterrechts bestehende Gesamthandsgemeinschaften – wie z.B. die in Italien als gesetzlicher Güterstand geltende „*comunione legale*"– sind hingegen auch dem deutschen Recht bekannt, so dass eine Anpassung nicht erforderlich ist.[48]

Darüber hinaus ist zu beachten, dass Art. 1 Abs. 2 lit. g EuGüVO keinen allgemeinen Vorrang der *lex rei sitae* vor dem Güterrechtsstatut anordnet. Die Vorschrift ist vielmehr einschränkend in dem Sinne auszulegen, dass sie nur die Entstehung eines dem Belegenheitsrecht unbekannten dinglichen Rechts verhindern soll; sie richtet sich hingegen nicht gegen eine der *lex rei sitae* unbekannte Art und Weise des Erwerbs eines dinglichen Rechts. Denn die maßgeblichen Modalitäten des Übergangs dinglicher Rechte sollen nach dem Erwägungsgrund 24 dem auf den ehelichen Güterstand anzuwendenden Recht unterliegen; sie werden daher von Art. 1 Abs. 2 lit. g nicht erfasst. Die Vorschrift steht daher insbesondere dem Erwerb eines dem Belegenheitsrecht bekannten dinglichen Rechts kraft Gesetzes – z.B. dem Erwerb einer (Legal-)Hypothek eines Ehegatten nach ausländischem Güterrecht an einem deutschen Grundstück – nicht entgegen, auch wenn ein solches Recht nach der deutschen *lex rei sitae* nur kraft Rechtsgeschäfts erworben werden kann. Dies hat der EuGH inzwischen zur Parallelvorschrift in Art. 1 Abs. 2 lit. k EuErbVO für den Erwerb eines nach dem ausländischen Erbstatut dinglich wirkenden Vermächtnisses (Vindikationslegat) an einem deutschen Grundstück mit der Begründung entschieden, dass eben nur der *lex rei sitae* unbekannte dingliche Rechte, nicht aber der *lex rei sitae* unbekannte Modalitäten des Übergangs von bekannten dinglichen Rechten (z.B. des Eigentums) aus dem Anwen-

---

45 Krit. dazu aber *Mankowski*, ZEV 2014, 121, 123.
46 Dafür *Bandel*, ZEV 2018, 208.
47 Vgl. die Erwägungsgründe 24-26 zur EuGüVO.
48 *Weber*, DNotZ 2016, 659, 667.

dungsbereich der Verordnung ausgeschlossen seien.[49] Dies gilt auch für Art. 1 Abs. 2 lit. g EuGüVO entsprechend.[50]

III. Die Zuständigkeitsordnung der EuGüVO

In ihrem Kapitel II enthält die EuGüVO eine in sich geschlossene Regelung der internationalen Zuständigkeit in Güterrechtssachen, die für das autonome Zuständigkeitsrecht der teilnehmenden Mitgliedstaaten keinen Raum mehr lässt. Wie in der EuErbVO wird allerdings die örtliche Zuständigkeit durchgängig nicht mitgeregelt, sondern ist nach Art. 2 EuGüVO Sache der nationalen Gesetzgebung. Für die deutschen Gerichte findet sich diese ergänzende Regelung in § 3 IntGüRVG.[51]

Anders als z.B. in Ehe- und Unterhaltsachen besteht zwischen den von der Verordnung zur Verfügung gestellten internationalen Gerichtsständen in Güterrechtssachen ein klar geregeltes Rangverhältnis. Sie stehen dem Antragsteller also nicht alternativ zur Verfügung; dies verhindert ein *forum shopping*. Einem solchen wird allerdings in Güterrechtssachen bereits durch die Kollisionsnormen in Art. 20 ff. vorgebeugt, weil diese der internationalen Zuständigkeit keinen unmittelbaren Einfluss auf das in der Sache anwendbare Recht einräumen. In diesem Rahmen kann nachfolgend nur ein kurzer Überblick über die Zuständigkeitsordnung der EuGüVO gegeben werden.

1. Verbundzuständigkeiten

Im ersten Schritt ist in Güterrechtssachen zu prüfen, ob eine der Verbundzuständigkeiten nach Art. 4 oder nach Art. 5 eingreift, weil über das Güterrecht entweder im Zusammenhang mit der Rechtsnachfolge von Todes wegen eines Ehegatten nach der EuErbVO oder im Zusammenhang mit einem Verfahren der Ehescheidung, der Trennung ohne Auflösung des Ehebandes oder der Ungültigerklärung der Ehe nach der EuEheVO zu entscheiden ist. Denn die Gerichtsstände nach Art. 4 und Art. 5 Abs. 1 EuGüVO haben Vorrang vor allen anderen Zuständigkeiten der Verordnung und können auch durch eine Gerichtsstandsvereinbarung nach Art. 7 oder eine rügelose Einlassung nach Art. 8 nicht ausgeschaltet werden; ihnen kommt also die Wirkung einer ausschließlichen Zuständigkeit zu. Haben die Ehegatten allerdings eine besondere Gerichtsstandsvereinbarung für ihre mit einer Ehesache verbundene güterrechtliche Streitigkeit nach Maßgabe von Art. 5 Abs. 2 EuGüVO getroffen, so hat dieser vereinbarte Gerichtsstand wiederum Vorrang vor der gesetzlichen Verbundzuständigkeit nach Art. 5 Abs. 1 EuGüVO.

---

49 EuGH, 2.10.2017, C-218/16 – *Kubicka*, ZErb 2017, 352 Rn. 46 ff. m. Anm. *Litzenburger* = FamRZ 2017, 2057 m. Anm. *Döbereiner* = ZEV 2018, 41 m. Anm. *Dorth*, 11; vgl. auch Dutta/Weber/*J. P. Schmidt* (oben N. 41), Art. 1 EuErbVO Rn. 125 ff m. ausf. Nachw.
50 Dazu ausführlich NK-BGB/*R. Magnus* (oben N. 10), Art. 1 EuGüVO Rn. 36 ff.
51 BGBl. 2018 I, 2573 = *Jayme/Hausmann* (oben N. 1), Nr. 33a.

2. Gerichtsstandsvereinbarung

Steht die Güterrechtssache nicht im Zusammenhang mit einem der in Art. 4 oder Art. 5 EuGüVO genannten Verfahren oder ist nach diesen Vorschriften jedenfalls kein Gericht eines teilnehmenden Mitgliedstaats international zuständig, so ist im nächsten Schritt zu prüfen, ob die Parteien eine wirksame Gerichtsstandsvereinbarung nach Art. 7 getroffen haben; denn auch eine solche begründet für Entscheidungen über Fragen des ehelichen Güterstands eine ausschließliche Zuständigkeit, die sowohl die Zuständigkeiten nach Art. 6 wie jene nach Art. 9–11 EuGüVO verdrängt. Anders als nach Art. 26 Abs. 1 Brüssel Ia-VO in Zivil- und Handelssachen begründet auch die rügelose Einlassung vor einem anderen als dem vereinbarten Gericht die internationale Zuständigkeit in Güterrechtssachen nicht. Allerdings besteht auch keine freie Gerichtsstandswahl. Die Vereinbarung nach Art. 7 EuGüVO kann vielmehr nur entweder zugunsten der Gerichte des Mitgliedstaates getroffen werden, dessen Recht auf die güterrechtlichen Beziehungen der Ehegatten nach Art. 22 (Rechtswahl) bzw. nach Art. 26 Abs. 1 lit. a oder lit. b EuGüVO (objektive Anknüpfung) anzuwenden ist *(lex causae)*, oder zugunsten der Gerichte des Mitgliedstaats, in dem die Ehe geschlossen wurde.

3. Rügelose Einlassung

Ist nach Art. 4 oder Art. 5 Abs. 1 EuGüVO kein Gericht eines teilnehmenden Mitgliedstaats international zuständig und haben die Ehegatten auch keine wirksame Gerichtsstandsvereinbarung nach Art. 7 EuGüVO getroffen, so kommt nach Art. 8 Abs. 1 EuGüVO eine Zuständigkeit aufgrund rügeloser Einlassung des Beklagten auf das Verfahren in Betracht. Diese wird allerdings – wie der vereinbarte Gerichtsstand nach Art. 7 EuGüVO – nur in den Fällen begründet, in denen ein Gericht im Mitgliedstaat der *lex causae* angerufen wird, d.h. das Gericht eines teilnehmenden Mitgliedstaats, dessen Recht entweder wirksam von den Ehegatten nach Art. 22 EuGüVO gewählt wurde oder dessen Recht in Ermangelung einer Rechtswahl nach Art. 26 Abs. 1 lit. a oder b EuGüVO als Güterrechtsstatut anzuwenden ist.

4. Allgemeine Zuständigkeit

Mangels einer wirksamen Gerichtsstandsvereinbarung nach Art. 7 oder einer rügelosen Einlassung nach Art. 8 EuGüVO ist in Güterrechtssachen, die nicht im Zusammenhang mit einem der in Art. 4 oder 5 EuGüVO genannten Verfahren stehen, oder in denen dieser Zusammenhang zwar gegeben ist, die Art. 4 oder 5 EuGüVO jedoch keine Zuständigkeit eines teilnehmenden Mitgliedstaats begründen, in einem weiteren Schritt zu prüfen, ob die allgemeine Zuständigkeit nach Art. 6 EuGüVO in einem teilnehmenden Mitgliedstaat begründet ist. Auch die dort genannten vier Zuständigkeitsanknüpfungen – derzeitiger gemeinsamer gewöhnlicher Aufenthalt der Ehegatten, letzter gemeinsamer gewöhnlicher Aufenthalt der Ehegatten, gewöhnlicher Aufenthalt des Antragsgegners, gemeinsame Staatsangehörigkeit der Ehegatten – werden nicht alternativ eingeräumt, sondern stehen ihrerseits in einer Rangordnung.[52] Auf die Zuständigkeit am letzten gemeinsamen gewöhnlichen Aufenthalt nach lit. b darf also nur abgestellt werden, wenn die Ehegatten im Zeitpunkt der Anrufung des Gerichts in der Güterrechtssache im Gerichtsstaat keinen gemeinsamen gewöhnlichen Aufenthalt i.S.v. lit. a mehr haben. Und an die gemeinsame Staatsangehörigkeit der Ehegatten darf nur angeknüpft werden, wenn die Voraussetzungen nach lit. a - lit. c nicht erfüllt sind.

5. Alternative Zuständigkeiten

Nach Art. 9 Abs. 1 kann sich ein nach Art. 4, 6, 7 oder 8 EuGüVO zuständiges Gericht ausnahmsweise für unzuständig erklären, wenn nach seinem Internationalen Privatrecht die streitgegenständliche Ehe für die Zwecke eines Verfahrens über den ehelichen Güterstand nicht anerkannt werden kann. Die Vorschrift hat damit die gleiche Funktion wie Art 13, 2. Fall Rom III-VO, will also insbesondere vermeiden, dass ein Gericht eines teilnehmenden Mitgliedstaats, der gleichgeschlechtliche Ehen nicht als „Ehen" anerkennt, aus ihnen resultierende güterrechtliche Streitigkeiten nach den Zuständigkeitsregeln der Verordnung entscheiden muss. Für diesen Fall werden daher in Art. 9 Abs. 2 und 3 EuGüVO alternative Zuständigkeiten eröffnet. In den Fällen der Zuständigkeit nach Art. 4 oder 6 können die Parteien nach Art. 9 Abs. 2 EuGüVO eine Gerichtsstandsvereinbarung zugunsten der Gerichte eines anderen Mitgliedstaats treffen; in anderen Fällen sind für Entscheidungen über den ehelichen Güterstand anstelle der in Art. 6 oder 8 genannten die Gerichte des Mitgliedstaats zuständig, in dem die Ehe geschlossen wurde, weil jedenfalls dieser Staat solche Ehen anerkennt.

6. Auffang- und Notzuständigkeit

Ist kein Gericht eines Mitgliedstaats nach Art. 4–8 EuGüVO zuständig oder haben sich alle Gerichte nach Art 9 EuGüVO für unzuständig erklärt und ist auch kein Gericht nach Art. 9 Abs. 2 EuGüVO zuständig, so eröffnet Art. 10 EuGüVO eine subsidiäre Zuständigkeit in dem Mitgliedstaat, in dem Vermögen eines oder beider Ehegatten belegen ist. Diese Zuständigkeit ist allerdings – anders als alle anderen Zuständigkeiten – auf das im Gerichtsstaat belegene Vermögen der Ehegatten beschränkt.

Liegen auch die Voraussetzungen für die Annahme einer subsidiären Zuständigkeit nach Art. 10 EuGüVO nicht vor, so können sich die Gerichte der teilnehmenden Mitgliedstaaten schließlich zur Vermeidung einer Rechtsschutzverweigerung ausnahmsweise auf eine Notzuständigkeit nach Art. 11 EuGüVO stützen.

---

52 *Dutta*, FamRZ 2016, 1973, 1977; *Hausmann*, IntEuFamR (oben N. 10), B Rn. 55, 76; NK-BGB/
   R. Magnus (oben N. 10), Art. 6 EuGüVO Rn. 1 m.w.N.

IV. Grundzüge des Kollisionsrechts der EuGüVO

Abweichend von der EuEheVO und der EuUntVO beschränken sich die beiden güterrechtlichen Verordnungen nicht auf das Verfahrensrecht, sondern regeln nach dem Vorbild der EuErbVO auch das Kollisionsrecht. Diese Regelung beruht vor allem auf vier Grundprinzipien:

1. Grundprinzipien

a) Universelle Anwendung

Die Kollisionsnormen der EuGüVO beanspruchen gemäß Art. 20 universelle Geltung, d.h. sie sind in den teilnehmenden Mitgliedstaaten auch dann anzuwenden, wenn sie auf das Recht von Staaten verweisen, die nicht der Europäischen Union angehören oder die jedenfalls an der Verstärkten Zusammenarbeit auf dem Gebiet des internationalen Ehegüterrechts nicht teilnehmen.[53] Für die Anwendung des autonomen Kollisionsrechts der teilnehmenden Mitgliedstaaten – in Deutschland also von Art. 15, 16 EGBGB, in Italien von Art. 30 IPRG 1995 – bleibt daher auf dem Gebiet der vermögensrechtlichen Wirkungen von Ehen, die erst ab dem 29.1.2019 geschlossen wurden, kein Raum mehr. Aus diesem Grunde hat der deutsche Gesetzgeber Art. 15 und 16 EGBGB mit Wirkung vom 29.1.2019 ersatzlos aufgehoben.

b) Einheitlichkeit des Güterrechtsstatuts

Charakteristisch für das Kollisionsrecht der EuGüVO ist weiterhin das in Art. 21 kodifizierte Prinzip der Einheitlichkeit des Güterrechtsstatuts, von dem es im Interesse der Rechtssicherheit keine Ausnahme gibt. Dies entspricht weitgehend der bisherigen Haltung sowohl des deutschen wie des italienischen autonomen Kollisionsrechts. Die Verordnung führt dieses Prinzip allerdings noch strenger durch als das autonome deutsche internationale Ehegüterrecht. Denn ein Vorrang des Einzelstatuts vor dem Güterrechtsstatut nach dem Vorbild des bisherigen Art. 3a Abs. 2 EGBGB wird nicht anerkannt;[54] aus diesem Grunde hat der deutsche Gesetzgeber auch diese Vorschrift mit Wirkung vom 29.1.2019 für ab diesem Zeitpunkt geschlossene Ehen aufgehoben. Außerdem wird den Ehegatten auch nicht länger gestattet, für Grundstücke das Recht der jeweiligen Belegenheit zu wählen, wie dies bisher nach Art. 15 Abs. 2 Nr. 3 EGBGB a.F. zulässig war.[55] Aus Gründen der Rechtssicherheit und um eine Aufspaltung des ehelichen Güterstands zu vermeiden, unterwirft die Verordnung vielmehr das gesamte zum Güterstand gehörende Vermögen der Ehegatten – unabhängig von der Art der Vermögenswerte und unabhängig von der Belegenheit der einzelnen (auch unbeweglichen) Vermögensgegenstände in einem Mitgliedstaat oder in einem Drittstaat – stets nur einem einzigen Güterrecht.[56] Insoweit kommt es auch nicht darauf an,

---

53 Vgl. Erwägungsgrund 44 zur EuGüVO.
54 *Martiny*, ZfPW 2017, 1, 3.
55 *Weber*, DNotZ 2016, 659, 676; näher zur Rechtswahl nach Art. 15 Abs. 2 Nr. 3 EGBGB a.F. *Hausmann*, IntEuFamR (oben N. 12), B Rn. 474 ff.
56 Erwägungsgrund 43 Satz 3 zur EuGüVO; *Heiderhoff*, IPRax 2018, 1, 4.

ob das Güterrechtsstatut objektiv nach Art. 26 oder durch Rechtswahl nach Art. 22 ff. EuGüVO bestimmt wird. Anders als im internationalen Erbrecht (Art. 30 EuErbVO) setzen sich auch Eingriffsnormen der *lex rei sitae* nicht gegen das Güterrechtsstatut durch. Denn die EuGüVO schränkt das einheitliche Güterrechtsstatut in Art. 30 und 31 nur durch Eingriffsnormen der *lex fori* und den *ordre public*-Vorbehalt ein.

c) Unwandelbarkeit des Güterrechtsstatuts

Dritter tragender Grundsatz der Anknüpfung des Güterrechtsstatuts in der Verordnung ist die Unwandelbarkeit des Güterrechtsstatuts. Denn maßgebender Zeitpunkt für die objektiven Anknüpfungen nach Art. 26 Abs. 1 lit. b (gemeinsame Staatsangehörigkeit) und lit. c (gemeinsame engste Verbindung) ist im Interesse der Sicherheit des Rechtsverkehrs der Zeitpunkt der Eheschließung. Demgegenüber kommt es für die Anknüpfung nach Art. 26 Abs. 1 lit. a auf den Staat an, in dem die Ehegatten kurz nach der Eheschließung ihren ersten gemeinsamen gewöhnlichen Aufenthalt begründet haben. Eine spätere Verlegung des gemeinsamen gewöhnlichen Aufenthalts oder ein Wechsel der Staatsangehörigkeit der Ehegatten ist hingegen auf das nach der Verordnung bestimmte Güterrechtsstatut ohne Einfluss, weil die Ehegatten in diesen Fällen mit einer Änderung des für sie maßgebenden Güterrechts häufig nicht rechnen.[57] Damit hat sich der Verordnungsgeber den Standpunkt des bisherigen deutschen Kollisionsrechts (Art. 15 Abs. 1 EGBGB a.F.) zu eigen gemacht. Demgegenüber bedeutet der Unwandelbarkeitsgrundsatz für die italienische Rechtspraxis eine Umstellung, weil dort das Güterrechtsstatut bisher nach Art. 30 Abs. 1 Satz 1 i.V.m. Art. 29 Abs. 1 IPRG 1995 wandelbar angeknüpft wurde.

Wenn Ehegatten eine Anpassung ihrer güterrechtlichen Verhältnisse an ihr neues Lebensumfeld wünschen, müssen sie ihren diesbezüglichen Willen unter Geltung der EuGüVO grundsätzlich ausdrücklich bekunden. Hierfür steht ihnen die Möglichkeit einer entsprechenden Rechtswahl nach Art. 22 EuGüVO offen. Eine solche erst während der Ehe getroffene Rechtswahl wirkt nach Art. 22 Abs. 2 EuGüVO grundsätzlich nur *ex nunc*, es sei denn die Ehegatten vereinbaren ausdrücklich eine Rückwirkung.[58] Durch eine solche Vereinbarung dürfen jedoch nach Art. 22 Abs. 3 EuGüVO die Gültigkeit früherer Rechtsgeschäfte der Ehegatten und Rechte Dritter nicht beeinträchtigt werden.

Der Grundsatz der Unwandelbarkeit des Güterrechtsstatuts wird ferner auch durch die Ausweichklausel des Art. 26 Abs. 3 EuGüVO eingeschränkt. Denn danach kann – wie noch zu zeigen sein wird – unter bestimmten Voraussetzungen anstelle des ersten gemeinsamen gewöhnlichen Aufenthalts der Ehegatten nach der Eheschließung deren letzter gemeinsamer gewöhnlicher Aufenthalt für die Bestimmung des Güterrechtsstatuts zugrunde gelegt werden. Diese Vorschrift dürfte eine Konzession an diejenigen Mitgliedstaaten sein, die – wie Italien – in ihrem nationalen Kollisionsrecht bisher vom Grundsatz der Wandelbarkeit des Güterrechtsstatuts ausgegangen sind. Es ist zu

---

57 Vgl. Erwägungsgrund 46 Satz 1 zur EuGüVO.
58 Erwägungsgrund 46 Satz 2 zur EuGüVO.

erwarten, dass von der Ausweichklausel daher in diesen Staaten vermehrt Gebrauch gemacht werden wird.

d) Ausschluss des *renvoi*

Die Kollisionsnormen der Verordnung sprechen schließlich nur Sachnormverweisungen aus. Dies gilt nicht nur im Fall einer Rechtswahl nach Art. 22, sondern auch bei der objektiven Anknüpfung des Güterrechtsstatuts nach Art. 26 EuGüVO. Rück- und Weiterverweisung werden also – wie in den Verordnungen Rom I-III – gemäß Art. 32 EuGüVO auch dann ausgeschlossen, wenn auf das Recht eines Drittstaats verwiesen wird. Anregungen der Literatur, den *renvoi* in diesem Fall nach dem Vorbild von Art. 34 EuErbVO in eingeschränktem Umfang zu beachten,[59] um einen Gleichlauf von Erb- und Güterrechtsstatut zu erreichen, hat der europäische Gesetzgeber nicht aufgegriffen. Damit kann es – abweichend vom bisherigen autonomen Kollisionsrecht in Deutschland (Art. 4 Abs. 1 EGBGB)[60] wie in Italien (Art. 13 Abs. 1 IPRG 1995) – weder zu einer Rückverweisung durch das drittstaatliche Recht am ersten gemeinsamen gewöhnlichen Aufenthalt der Ehegatten auf deren gemeinsames Heimatrecht, noch zu einer Teilrückverweisung hinsichtlich des im Inland belegenen unbeweglichen Vermögens der Ehegatten kommen. In gleicher Weise ist auch für die von deutschen Gerichten bisher vor allem im Verhältnis zu *Common Law* Jurisdiktionen angenommene „versteckte" Rückverweisung[61] unter Geltung der EuGüVO kein Raum mehr.[62]

2. Rechtswahlmöglichkeiten

a) Allgemeines

Um Ehegatten die Regelung ihrer güterrechtlichen Beziehungen und die Verwaltung ihres Vermögens zu erleichtern, räumt die Verordnung der Parteiautonomie weiten Raum ein.[63] Um dies zu verdeutlichen, wird die Rechtswahl deshalb – anders als bisher im deutschen und italienischen autonomen IPR – in Art. 22 EuGüVO vor der objektiven Anknüpfung des Güterrechtsstatuts geregelt. Die Ehegatten sollen allerdings nur solche Rechte wählen dürfen, die mit ihrer realen Lebenssituation und ihrer künftigen Lebensplanung einen hinreichend engen Zusammenhang aufweisen. Diese enge Verbindung kann nur durch den gewöhnlichen Aufenthalt oder die Staatsangehörigkeit der Ehegatten hergestellt werden; demgegenüber kommt es wegen des Grundsatzes der Einheitlichkeit des Güterrechtsstatuts nach Art. 21 EuGüVO auf die Art oder Belegenheit des dem Güterstand unterliegenden Vermögens nicht an.[64] Auch die Wahl der *lex fori* – ist anders als z.B. im internationalen Ehescheidungsrecht (Art. 5 Abs. 1 lit. d Rom III-VO) – ausgeschlossen.

---

59 Vgl. *Hausmann*, Riv. dir. int. priv. proc. 2015, 499, 516 ff.

60 Ausführlich zum *Renvoi* im bisherigen autonomen deutschen internationalen Ehegüterrecht *Hausmann*, IntEuFamR (oben N. 12), B Rn. 424 ff.

61 Vgl. zu Art. 15 EGBGB a.F. *Hausmann*, IntEuFamR (oben N. 12), B Rn. 455.

62 *Dutta*, FamRZ 2016, 1973, 1983.

63 *Kroll-Ludwigs*, NZFam 2016, 1061.

64 Erwägungsgrund 45 Satz 1 zur EuGüVO.

Die Verordnung regelt das auf das Ehegüterrecht anzuwendende Recht zwar nur in Fällen mit grenzüberschreitendem Bezug.[65] Im Fall einer Rechtswahl muss dieser internationale Sachverhalt jedoch nicht bereits bei deren Abschluss vorliegen; ebenso wie bei der scheidungsrechtlichen Rechtswahl nach Art. 5 Rom III-VO[66] ist es vielmehr als zulässig zu erachten, wenn die Ehegatten die Rechtswahl im Hinblick auf einen künftigen grenzüberschreitenden Bezug (z.B. die Verlegung des gewöhnlichen Aufenthalts ins Ausland) vorsorglich treffen.[67]

b) Vereinbarung der Rechtswahl

aa) Zulässigkeit und materielle Gültigkeit

Die Zulässigkeit sowie der Inhalt und Umfang einer güterrechtlichen Rechtswahl beurteilen sich allein nach europäischem Recht, weil dieses in Art. 22 EuGüVO die Rechtswahl eröffnet. Auf den Standpunkt der abgewählten oder der gewählten Rechtsordnung kommt es insoweit nicht an. Das (hypothetisch) gewählte Recht beherrscht nach Art. 24 EuGüVO lediglich das wirksame Zustandekommen und die materielle Gültigkeit der Rechtswahl. Dies gilt im Hinblick auf Art. 20 auch dann, wenn ein drittstaatliches Recht gewählt wird. Die EuGüVO entscheidet allerdings nur über die Gültigkeit der Rechtswahl aus der Sicht der an ihr teilnehmenden Mitgliedstaaten; ob die Rechtswahl auch in einem nicht teilnehmenden Mitgliedstaat oder in einem nicht der EU angehörenden Drittstaat anerkannt wird, beurteilt sich hingegen nach dem autonomen Kollisionsrecht dieser Staaten. Dies sollten Ehegatten daher in ihre Betrachtung einbeziehen, wenn bereits bei Abschluss der Rechtswahlvereinbarung feststeht, dass sie ihren gewöhnlichen Aufenthalt in einem solchen Drittstaat begründen wollen oder wesentliches (vor allem Grund-)Vermögen der Ehegatten dort belegen ist. Wird der Rechtswahl die Anerkennung in dem nicht an der Verordnung teilnehmenden Aufenthalts- oder Belegenheitsstaat verweigert, sind hinkende Güterrechtsbeziehungen die Folge. Zu deren Vermeidung sollten die materiellen und formellen Voraussetzungen einer gültigen Rechtswahl möglichst sowohl nach dem gewählten wie nach dem abgewählten Recht erfüllt werden.

bb) Ausdrückliche und stillschweigende Rechtswahl

Abweichend vom Kommissionsvorschlag von 2011 schreibt Art. 22 EuGüVO nicht mehr vor, dass die Rechtswahl ausdrücklich getroffen werden muss. Im Gegensatz etwa zu Art. 3 Abs. 1 Rom I-VO, Art. 14 Abs. 1 Satz 2 Rom II-VO[68] oder Art. 22 Abs. 2, 2. Fall EuErbVO wird aber auch nicht klargestellt, dass eine stillschweigende Rechtswahl genügt, wenn sie sich nur eindeutig aus dem Inhalt der getroffenen Vereinbarung oder den Umständen des Falles ergibt. Unter der letztgenannten Voraus-

---

65 Erwägungsgrund 14 zur EuGüVO.

66 *Hausmann*, IntEuFamR (oben N. 12), A Rn. 353.

67 *Weber*, DNotZ 2016, 659, 677; NK-BGB/*R. Magnus* (oben N. 10), Art. 22 EuGüVO Rn. 15.

68 Verordnung (EG) Nr. 864/2007 des Europäischen Parlaments und des Rates über das auf außervertragliche Schuldverhältnisse anzuwendende Recht v. 11.7.2007, ABl. 2007 L 199, 40 = *Jayme/Hausmann* (oben N. 1) Nr. 101.

setzung sollte man indes – ebenso wie im internationalen Unterhaltsrecht[69] – auch eine stillschweigende Rechtswahl des Güterrechtsstatuts zulassen, sofern die Form nach Art. 23 EuGüVO gewahrt ist.[70] Dafür spricht insbesondere die Sonderanknüpfung des Schweigens in Art. 24 Abs. 2 EuGüVO, die nur bei einer stillschweigenden Rechtswahl Bedeutung erlangen kann. Allerdings sind insoweit strenge Anforderungen zu stellen. Es bedarf daher eines auf die kollisionsrechtliche Wahl des anwendbaren Güterrechts bezogenen Geschäftswillens. Die Ehegatten müssen mithin objektiv Handlungen vornehmen, die den Schluss auf eine solche Rechtswahl zulassen und sie müssen subjektiv die Umstände, die diesen Schluss begründen, kennen oder zumindest erkennen, dass ihre jeweiligen Äußerungen nach Treu und Glauben oder der Verkehrssitte als Rechtswahl aufgefasst werden durften und vom jeweiligen Empfänger auch so verstanden wurden.[71]

cc) Maßgeblicher Zeitpunkt

Art. 22 EuGüVO schreibt für die Rechtswahl einen bestimmten Zeitpunkt nicht vor. Diese kann daher bereits vor der Heirat, wenn auch nur mit Wirkung ab dieser, aber auch zu einem beliebigen Zeitpunkt während der Ehe vorgenommen werden. Die in Art. 22 EuGüVO normierten Voraussetzungen für die Rechtswahl müssen nur zu dem Zeitpunkt vorliegen, in dem diese getroffen wird; ihr späterer Wegfall berührt die Wirksamkeit der Rechtswahl dann nicht mehr.

c) Die wählbaren Rechte

In Art. 22 Abs. 1 EuGüVO werden den Ehegatten, insbesondere als Korrektiv zur Fixierung des objektiven Güterrechtsstatuts in Art. 26 Abs. 1 lit. a EuGüVO auf den Zeitpunkt der Eheschließung, verhältnismäßig weitreichende Wahlmöglichkeiten eingeräumt. Auf diese Weise soll – namentlich in Fällen eines Staatsangehörigkeits- oder Aufenthaltswechsels eines oder beider Ehegatten nach der Eheschließung – eine Anpassung an die neue Lebenssituation ermöglicht werden. Danach können sich die Ehegatten zwischen folgenden Rechten entscheiden:

aa) Gewöhnlicher Aufenthalt eines oder beider Ehegatten

Sie können zunächst das Recht des Staates wählen, in dem sie zur Zeit der Rechtswahl ihren gemeinsamen gewöhnlichen Aufenthalt haben. Auf den gemeinsamen gewöhnlichen Aufenthalt bei Abschluss der Rechtswahlvereinbarung kommt es auch an, wenn die Ehegatten die Rechtswahl schon vor der Eheschließung getroffen haben. Die Verordnung setzt nicht voraus, dass dieser gewöhnliche Aufenthalt auch noch zur Zeit der Eheschließung fortbesteht. Planen die Ehegatten einen Umzug ins Ausland, so dürfte es auch zulässig sein, das künftige gemeinsame Aufenthaltsrecht bereits vor dem Umzug aufschiebend bedingt zu wählen;[72] die Wirksamkeit einer solchen bedingten

---

69 Vgl. zu Art. 8 HUP *Hausmann*, IntEuFamR (oben N. 12), C Rn. 652 f.

70 *Weber*, DNotZ 2016, 659, 680 f.; *Dutta*, FamRZ 2016, 1973, 1981; *Martiny*, ZfPW 2017, 1, 19.

71 Vgl. zu Art. 15 Abs. 2 EGBGB a.F. KG FamRZ 2013, 1480 = IPRax 2014, 71 m. Anm. *Gruber* 53.

72 NK-BGB/*R. Magnus* (oben N. 10), Art. 1 EuGüVO Rn. 13 f.

Rechtswahl beurteilt sich dann gemäß Art. 24 Abs. 1 EuGüVO nach dem gewählten Recht. Auf die Staatsangehörigkeit der Ehegatten kommt es im Rahmen von lit. a nicht an, so dass diese Wahlmöglichkeit auch dann eröffnet ist, wenn die Ehegatten dieselbe (effektive) Staatsangehörigkeit besitzen, denn durch die Rechtswahl soll ihnen gerade eine Anpassung ihrer güterrechtlichen Beziehungen an das von ihrem Heimatrecht abweichende Recht ihres gemeinsamen gewöhnlichen Aufenthaltsstaates ermöglicht werden.

Haben die Ehegatten zum Zeitpunkt der Rechtswahl (noch) keinen gemeinsamen gewöhnlichen Aufenthalt, so können sie auch für das Recht optieren, in dem nur der eine oder der andere von ihnen zur Zeit der Rechtswahl seinen gewöhnlichen Aufenthalt hat (lit. a). Die rückwirkende Wahl des Rechts eines Staates, in dem die Ehegatten sich lange Jahre gemeinsam aufgehalten haben und mit dem sie deshalb am engsten verbunden sind, hat hingegen dann auszuscheiden, wenn im Zeitpunkt der Rechtswahl kein Ehegatte sich in diesem Staat noch gewöhnlich aufhält.[73]

bb) Staatsangehörigkeit eines oder beider Ehegatten

Zulässig ist nach lit. b auch die Wahl des Rechts des Staates, dessen Staatsangehörigkeit zumindest einer der Ehegatten zur Zeit der Rechtswahl besitzt. Eine solche Rechtswahl bietet sich insbesondere in gemischt-nationalen Ehen an, wenn die Ehegatten ihren ersten gemeinsamen gewöhnlichen Aufenthalt im Inland haben, aber für ihre Ehe den nach Art. 26 Abs. 1 lit. a maßgeblichen deutschen gesetzlichen Güterstand der Zugewinngemeinschaft nicht wünschen. Dies kommt etwa in Betracht, wenn beide Ehegatten einem Staat angehören, in dem – wie in Italien – als gesetzlicher Güterstand die Errungenschaftsgemeinschaft gilt. Umgekehrt kann auch ein deutscher Ehegatte, der in einer gemischt-nationalen Ehe mit einem italienischen Partner lebt, gemeinsam mit diesem eine Rechtswahl zugunsten des deutschen Güterrechts treffen; dies auch dann, wenn die Ehegatten ihren gemeinsamen gewöhnlichen Aufenthalt in Italien oder in einem dritten Staat (z.B. in Österreich oder der Schweiz) haben.

Gehört ein Ehegatte mehreren Staaten an, so sind die Ehegatten seit dem 29.1.2019 berechtigt, jedes der Heimatrechte des Mehrstaater-Ehegatten als Güterrechtsstatut zu wählen. Sie sind also nicht auf die Wahl des effektiven Heimatrechts dieses Ehegatten beschränkt. Dies stellt die EuGüVO zwar – anders als die EuErbVO in Art. 22 Abs. 1 UAbs. 2 – im Text nicht ausdrücklich klar. In Erwägungsgrund 50 Satz 2 zur EuGüVO wird aber darauf hingewiesen, dass die in Satz 1 enthaltene Verweisung auf das nationale Recht der Mitgliedstaaten hinsichtlich der Behandlung von Mehrstaatern „keine Auswirkung auf die Gültigkeit einer Rechtswahl haben [soll], die nach dieser Verordnung getroffen wurde". Dies ist dahin zu verstehen, dass Art. 5 Abs. 1 Satz 1 EGBGB und Art. 19 Abs. 2 Satz 1 ital. IPRG 1995 nur für die objektive Anknüpfung nach Art. 26 Abs. 1 lit. b EuGüVO herangezogen werden können, während nach Art. 22 Abs. 1 lit. b EuGüVO auch ein nicht-effektives Heimatrecht eines Ehegatten wirksam gewählt werden kann.[74] Dies ist auch zweckmäßig; denn die Gültigkeit einer Rechts-

---

73 *Heiderhoff*, IPRax 2018, 1, 6 f.
74 *Weber*, DNotZ 2016, 659, 677 f.; *Dutta*, FamRZ 2016, 1973, 1980 f.; *Kohler/Pintens*, FamRZ 2016, 1509, 1511.

wahl sollte aus Gründen der Rechtssicherheit gerade nicht von der häufig schwierigen Ermittlung des effektiven Heimatrechts eines Mehrstaater-Ehegatten abhängen.

Die Ehegatten können das Recht ihres gemeinsamen gewöhnlichen Aufenthalts nach Art. 22 Abs. 1 lit. a EuGüVO oder ihrer gemeinsamen Staatsangehörigkeit nach lit. b auch dann wählen, wenn dieses Recht auch ohne Rechtswahl kraft objektiver Anknüpfung nach Art. 26 Abs. 1 lit. a oder lit. b EuGüVO zur Anwendung berufen wäre. Durch eine solche Rechtswahl wird die Geltung des gemeinsamen Aufenthalts- oder Heimatrechts insbesondere vor Gerichten solcher Drittstaaten sichergestellt, die das Güterrechtsstatut zwar objektiv abweichend anknüpfen, aber eine Wahl des gemeinsamen Aufenthalts- oder Heimatrechts anerkennen. Schließlich bietet sich eine solche Rechtswahl vor allem dann an, wenn die Ehegatten im Verlauf der Ehe ihren gemeinsamen gewöhnlichen Aufenthalt in einen anderen Staat verlegen oder durch Einbürgerung eine neue Staatsangehörigkeit erwerben; denn ohne Rechtswahl blieben sie wegen des nach der EuGüVO geltenden Grundsatzes der Unwandelbarkeit des Güterrechtsstatuts weiterhin dem mit Hilfe des gemeinsamen gewöhnlichen Aufenthalts bzw. der gemeinsamen Staatsangehörigkeit zur Zeit der Eheschließung bestimmten Güterrecht unterworfen.

d) Schranken

Im Hinblick auf den Grundsatz der Einheitlichkeit des Güterrechtsstatuts nach Art. 21 EuGüVO kann die Rechtswahl nur einheitlich für das gesamte Vermögen der Ehegatten – ohne Rücksicht auf dessen Belegenheit – getroffen werden. Ausgeschlossen ist daher unter Geltung der Verordnung nicht nur die nach bisherigem autonomen deutschen Kollisionsrecht zugelassene Wahl des jeweiligen Belegenheitsrechts für unbewegliches Vermögen, sondern auch jede sonstige territoriale Beschränkung der Rechtswahl. Diese kann daher insbesondere nicht auf das im gemeinsamen Aufenthaltsstaat (lit. a) oder im gemeinsamen Heimatstaat (lit. b) belegene Vermögen der Ehegatten beschränkt werden.

Eine gerichtliche Kontrolle der Rechtswahl auf ihre Billigkeit – nach dem Vorbild von Art. 8 Abs. 5 des Haager Unterhaltsprotokolls[75] – ist in der EuGüVO nicht vorgesehen.[76] Das Zustandekommen und die materielle Wirksamkeit der Rechtswahl beurteilen sich gemäß Art. 24 Abs. 1 EuGüVO nach dem gewählten Recht; ihre Form wird hingegen in Art. 23 EuGüVO durch Unionsrecht einheitlich geregelt.

3. Objektive Anknüpfung des Güterrechtsstatuts

a) Anknüpfungsleiter

In Ermangelung einer Rechtswahl wird das Güterrechtsstatut nach Art. 26 EuGüVO im Interesse der Rechtssicherheit und Vorhersehbarkeit des anzuwendenden Rechts und unter Berücksichtigung der tatsächlichen Lebensumstände der Ehegatten objek-

---

75 Dazu *Hausmann*, IntEuFamR (oben N. 12), C Rn. 689 ff.
76 Krit. dazu *Dethloff*, in: FS v. Hoffmann, 2011, 73, 77 f.

tiv angeknüpft. Dabei hat sich der europäische Gesetzgeber an der im bisher geltenden deutschen internationalen Ehegüterrecht (Art. 15 Abs. 1 i.V.m. Art. 14 Abs. 1 EGBGB a.F.) maßgebenden Anknüpfungsleiter[77] orientiert und lediglich die Reihenfolge der ersten beiden Sprossen dieser Leiter umgedreht.

aa) Erster gemeinsamer gewöhnlicher Aufenthalt

Primär wird in Art. 26 Abs. 1 lit. a EuGüVO daher an den ersten gemeinsamen gewöhnlichen Aufenthalt der Ehegatten „unmittelbar nach der Eheschließung" angeknüpft. Der gemeinsame gewöhnliche Aufenthalt muss also nicht schon bei der Eheschließung bestanden haben; es reicht vielmehr aus, dass die Ehegatten erst nach der Eheschließung zusammenziehen.[78] Allerdings darf der Zeitraum zwischen der Eheschließung und der Begründung des gemeinsamen gewöhnlichen Aufenthalts aus Gründen der Rechtssicherheit nur kurz bemessen sein. Denn nicht nur die Ehegatten selbst sollten möglichst bald wissen, ob sie in einem Güterstand der Gütergemeinschaft oder der Gütertrennung leben; gleiches gilt vielmehr auch für Dritte, die nach der Eheschließung mit den Ehegatten Geschäfte (z.B. einen Wohnungskauf) abschließen. Als Orientierungsmarke für die Begründung des gemeinsamen gewöhnlichen Aufenthalts wird ein Zeitraum von drei Monaten nach der Eheschließung vorgeschlagen,[79] der sich aber aufgrund besonderer Umstände auch auf sechs bis acht Monate verlängern kann.[80] Wird der gemeinsame gewöhnliche Aufenthalt erst nach der Eheschließung begründet, so wirkt das nach lit. a bestimmte Güterrechtsstatut auf den Zeitpunkt der Eheschließung zurück;[81] allerdings dürfen Rechte Dritter hierdurch nicht beeinträchtigt werden. Ebenso wie im Rahmen von Art. 8 lit. a Rom III-VO reicht es aus, dass beide Ehegatten ihren gewöhnlichen Aufenthalt zum maßgeblichen Zeitpunkt im gleichen Staat haben; sie können also auch noch getrennt an verschiedenen Orten innerhalb dieses Staates leben.[82]

bb) Gemeinsame Staatsangehörigkeit

Nur wenn ein gemeinsamer gewöhnlicher Aufenthalt in einem Staat nicht festgestellt werden kann, darf nach lit. b subsidiär auf die gemeinsame Staatsangehörigkeit der Ehegatten zur Zeit der Eheschließung zurückgegriffen werden.[83] Ob die Ehegatten eine gemeinsame Staatsangehörigkeit haben, kann zweifelhaft sein, wenn ein Ehegatte oder beide Ehegatten Doppel- oder Mehrstaater sind. Deren Behandlung regelt die Verordnung nicht selbst. Es handelt sich vielmehr um eine Vorfrage, die nicht in den Anwendungsbereich der Verordnung fällt, sondern – unter Berücksichtigung der allgemeinen Grundsätze des Unionsrechts – weiterhin nach nationalem Recht zu be-

---

77 Vgl. Erwägungsgrund 49 Satz 1 zur EuGüVO: „Rangfolge der Anknüpfungspunkte".
78 *Martiny*, IPRax 2011, 437, 450.
79 *Weber*, DNotZ 2016, 659, 672; NK-BGB/*R. Magnus* (oben N. 10), Art. 26 EuGüVO Rn. 5.
80 So *Heiderhoff*, IPRax 2018, 1, 5.
81 *Weber*, DNotZ 2016, 695, 672; *Dutta*, FamRZ 2016, 1973, 1981 f.; *Heiderhoff*, IPRax 2018, 1, 5.
82 *Weber*, DNotZ 2016, 659, 671; *Martiny*, ZfPW 2017, 1, 22.
83 Vgl. Erwägungsgrund 49 Satz 2 zur EuGüVO.

antworten ist.[84] In Deutschland ist also Art. 5 Abs. 1 Satz 1 EGBGB, in Italien Art. 19 Abs. 2 Satz 1 IPRG 1995 maßgebend; danach kommt es auf die effektive Staatsangehörigkeit an.[85] Demgegenüber können Art. 5 Abs. 1 Satz 2 EGBGB bzw. Art. 19 Abs. 2 Satz 2 IPRG 1995 in diesem Zusammenhang keine Anwendung finden, weil ein Vorrang der Staatsangehörigkeit des Gerichtsstaats mit dem Diskriminierungsverbot des Art. 18 AEUV nicht vereinbar ist.[86]

An die gemeinsame Staatsangehörigkeit der Ehegatten kann im Rahmen von Art. 26 Abs. 1 lit. b EuGüVO allerdings nur dann angeknüpft werden, wenn die Ehegatten nur eine gemeinsame Staatsangehörigkeit besitzen. Ob dies der Fall ist, beurteilt sich wiederum als Vorfrage nach nationalem Kollisions- und Staatsangehörigkeitsrecht. Haben die Ehegatten mehr als eine gemeinsame Staatsangehörigkeit, so wird das Güterrechtsstatut nach Art. 26 Abs. 2 EuGüVO mit Hilfe der engsten gemeinsamen Verbindung nach Abs. 1 lit. c bestimmt, sofern nicht ein gemeinsamer gewöhnlicher Aufenthalt nach lit. a begründet wurde. Die Vorschrift findet jedoch nur im Falle der objektiven Anknüpfung des Güterrechtsstatuts Anwendung; im Falle einer Rechtswahl des gemeinsamen Heimatrechts nach Art. 22 Abs. 1 lit. b EuGüVO gilt sie auch nicht entsprechend.[87]

cc) Gemeinsame engste Verbindung

Fehlt es auch an einer gemeinsamen (effektiven) Staatsangehörigkeit der Ehegatten zur Zeit der Eheschließung, so kommt auf der dritten Stufe der Anknüpfungsleiter nach lit. c das Recht zur Anwendung, mit dem die Ehegatten unter Berücksichtigung aller Umstände zum Zeitpunkt der Eheschließung gemeinsam am engsten verbunden sind. Dabei sind sämtliche Umstände des Einzelfalles zu berücksichtigen. Außer den gemeinsamen sozialen Bindungen der Ehegatten an einen Staat durch Herkunft, Sprache, Kultur, Religion etc. kommt vor allem dem Ort der Eheschließung, sofern er nicht ganz zufällig gewählt ist, und den objektiv feststellbaren gemeinsamen Zukunftsplänen der Ehegatten (insbesondere dem bei der Eheschließung bereits in Aussicht genommenen ersten gemeinsamen gewöhnlichen Aufenthalt in einem bestimmten Staat) wesentliche Bedeutung zu.[88]

b) Ausweichklausel

aa) Anwendung des Rechts am letzten gewöhnlichen Aufenthalt der Ehegatten

Erst in der Endphase des Gesetzgebungsverfahrens in die Verordnung aufgenommen wurde in Art. 26 Abs. 3 EuGüVO schließlich eine Ausweichklausel, die bisher weder

---

84 Erwägungsgrund 50 Satz 1 zur EuGüVO.
85 Für Berücksichtigung auch einer nicht-effektiven Staatsangehörigkeit hingegen *Martiny*, ZfPW 2017, 1, 23; *Heiderhoff*, IPRax 2018, 1, 5 f.
86 *Weber*, DNotZ 2016, 659, 672 f.; NK-BGB/*R. Magnus* (oben N. 10), Art. 26 EuGüVO Rn. 21.
87 Erwägungsgrund 50 Satz 2 zur EuGüVO.
88 *Martiny*, ZfPW 2017, 1, 23; vgl. zur Auslegung der „engsten Verbindung" in Art. 14 Abs. 1 Nr. 3 EGBGB a.F. BGH NJW 1988, 638; OLG Köln FamRZ 2015, 1617, 1618; KG FamRZ 2007, 1561, 1562; OLG Hamburg FamRZ 2004, 459; MüKoBGB/*Looschelders*, 8. Aufl. 2017, Art. 14 EGBGB Rn. 75; Palandt/ *Thorn*, BGB, 77. Aufl. 2018, Art. 14 EGBGB Rn. 19.

dem deutschen noch dem italienischen Kollisionsrecht bekannt war.[89] Danach kann das Gericht ausnahmsweise auf Antrag eines Ehegatten – also nicht von Amts wegen – von der Primäranknüpfung an das Recht des ersten gemeinsamen gewöhnlichen Aufenthalts der Ehegatten nach der Eheschließung (Abs. 1 lit. a) zugunsten des Rechts des Staates absehen, in dem die Ehegatten ihren letzten gemeinsamen gewöhnlichen Aufenthalt hatten, sofern zwei Voraussetzungen erfüllt sind:

– der letzte gemeinsame gewöhnliche Aufenthalt muss erheblich länger gewährt haben als der erste gewöhnliche Aufenthalt nach der Eheschließung in einem anderen Staat (lit. a), und

– beide Ehegatten müssen bei der Regelung oder Planung ihrer vermögensrechtlichen Beziehungen auf die Geltung dieses Rechts am letzten gemeinsamen gewöhnlichen Aufenthalt vertraut haben (lit. b).

Fehlt es an einem gemeinsamen gewöhnlichen Aufenthalt der Ehegatten kurz nach der Eheschließung und wird das Güterrechtsstatut daher durch die gemeinsame Staatsangehörigkeit der Ehegatten nach Abs. 1 lit. b oder durch die sonstige engste Verbindung nach Abs. 1 lit. c bestimmt, so findet die Ausweichklausel nach Abs. 3 keine Anwendung.[90] Ferner kann auch auf einen sehr langen gemeinsamen gewöhnlichen Aufenthalt, den die Ehegatten in einem anderen Land als dem ihres ersten gemeinsamen gewöhnlichen Aufenthalts genommen hatten, dann nicht abgestellt werden, wenn dies nicht der letzte gemeinsame gewöhnliche Aufenthalt war, z.B. weil die Ehegatten danach noch einmal einen – wenn auch nur kurzen – gemeinsamen gewöhnlichen Aufenthalt in einem weiteren Land begründet hatten.

bb) Rückwirkung

Sind die beiden genannten Voraussetzungen für die Anwendung der Ausweichklausel erfüllt, so gilt das Recht am letzten gemeinsamen gewöhnlichen Aufenthalt der Ehegatten nach Art. 26 Abs. 3 UAbs. 2 EuGüVO grundsätzlich rückwirkend ab dem Zeitpunkt der Eheschließung. Nur wenn ein Ehegatte dieser Rückwirkung widerspricht, gilt dieses Recht erst von der Begründung des letzten gemeinsamen gewöhnlichen Aufenthalts in dem anderen Staat an.

cc) Schranken

Die Anwendung der Ausweichklausel darf jedoch die Rechte gutgläubiger Dritter, die auf die Geltung des Rechts am ersten gewöhnlichen Aufenthalt der Ehegatten nach der Eheschließung (Abs. 1 lit. a) vertraut haben, nicht beeinträchtigen (Art. 26 Abs. 3 UAbs. 3 EuGüVO). Außerdem kann die Ausweichklausel dann nicht angewandt werden, wenn die Ehegatten schon vor der Begründung des letzten gemeinsamen gewöhnlichen Aufenthalts in dem anderen Staat eine Vereinbarung über den ehelichen Güterstand abgeschlossen hatten (UAbs. 4). Die Ausweichklausel wird allerdings nur durch einen materiell wirksamen und nach Art. 25 EuGüVO formgültigen Ehevertrag aus-

---

89 Vgl. Erwägungsgrund 51 zur EuGüVO.
90 *Weber*, DNotZ 2016, 659, 674; NK-BGB/*R. Magnus* (oben N. 10), Art. 26 EuGüVO Rn. 8; krit. dazu *Heiderhoff*, IPRax 2018, 1, 6.

geschlossen. Die materielle Wirksamkeit beurteilt sich in diesem Fall nach dem Recht des ersten gemeinsamen gewöhnlichen Aufenthalts der Ehegatten bzw. nach dem von ihnen gemäß Art. 22 EuGüVO im Ehevertrag gewählten Recht.

V. Auswirkungen der Geltung der EuGüVO im deutsch-italienischen Rechtsverkehr

Welche Bedeutung hat die Geltung der Güterrechtsverordnungen nun für den deutsch-italienischen Rechtsverkehr? Insoweit muss zwischen der internationalen Zuständigkeit, dem anwendbaren Recht und der Anerkennung und Vollstreckung von güterrechtlichen Titeln unterschieden werden.

1. Internationale Zuständigkeit

Die Regelung der internationalen Zuständigkeit in Güterrechtssachen im Kapitel II der Verordnung gilt in allen teilnehmenden Mitgliedstaaten bereits seit dem 29.1.2019 unmittelbar und genießt in ab diesem Zeitpunkt eingeleiteten Verfahren als Teil des sekundären Unionsrechts Anwendungsvorrang vor dem jeweiligen autonomen Zuständigkeitsrecht. In Deutschland werden demgemäß seither die Regelungen in § 98 Abs. 3 sowie in § 105 i.V.m. § 262 FamFG durch die Art. 4 ff. EuGüVO weitgehend verdrängt, und zwar auch dann, wenn der Sachverhalt keinen Bezug zu einem anderen an der Verordnung teilnehmenden Mitgliedstaat hat. In Italien, das bisher keine spezifischen Zuständigkeitsvorschriften in Güterrechtssachen kannte, gilt dieser Vorrang gegenüber den allgemeinen Regeln der Art. 3 ff. IPRG 1995.

2. Anwendbares Recht

Demgegenüber ist der Einfluss des kollisionsrechtlichen Kapitels III der EuGüVO auf den deutsch-italienischen Rechtsverkehr vorerst gering, weil dieses Kapitel nur für seit dem 29.1.2019 neu geschlossene Ehen gilt. Da die Gerichte mit güterrechtlichen Fragen aber i.d.R. erst im Zusammenhang mit der Auflösung des Güterstands durch Scheidung oder Tod befasst werden, wird es vermutlich noch Jahre dauern, bis erste Gerichtsentscheidungen zu den Art. 20 ff. EuGüVO ergehen werden. In der weit überwiegenden Zahl der vor dem Stichtag geschlossenen Ehen gilt das autonome deutsche und italienische Kollisionsrecht hingegen noch für viele Jahrzehnte weiter. Vor diesem Hintergrund war die Entscheidung des deutschen Gesetzgebers, Art. 15 und 16 EGBGB schon mit Wirkung vom 29.1.2019 an aufzuheben nicht besonders glücklich, weil der Praktiker in den aktuellen Gesetzessammlungen nicht einmal mehr den Text dieser für tausende von Ehen weitergeltenden Vorschriften findet und den in den Fußnoten zumeist gegebenen Hinweis auf die in Art. 229 § 47 EGBGB versteckte Übergangsvorschrift leicht übersieht.

Soweit das autonome deutsche Kollisionsrecht für die Anknüpfung der Ehewirkungen in vor dem 29.1.2019 geschlossenen Ehen fortgilt, ergeben sich Schwierigkeiten daraus, dass der deutsche Gesetzgeber auch die Anknüpfung der allgemeinen Ehewirkungen in Art. 14 EGBGB mit Wirkung vom 29.1.2019 neu geregelt hat. Insoweit ist wie folgt zu unterscheiden:

Für die objektive Anknüpfung des Güterrechtsstatuts gilt weiter Art. 15 Abs. 1 EGBGB a.F. Dieser verweist auf das Recht, das im Zeitpunkt der Eheschließung für die allgemeinen Ehewirkungen der Ehegatten galt. Wegen dieser Unwandelbarkeit der Anknüpfung wird auf Art. 14 EGBGB a.F. verwiesen. Die Neufassung von Art. 14 EGBGB bleibt für das Güterrecht außer Betracht.

Demgegenüber unterliegen die allgemeinen Ehewirkungen seit dem 29.1.2019 auch in zuvor geschlossenen Ehen dem von Art. 14 EGBGB n.F. zur Anwendung berufenen Recht, weil es sich um eine wandelbare Anknüpfung handelt. Diesbezüglich ist also in vielen Ehen am 29.1.2019 ein Statutenwechsel eingetreten, weil Art. 14 Abs. 2 EGBGB n.F. nicht mehr primär an die gemeinsame Staatsangehörigkeit, sondern an den gemeinsamen gewöhnlichen Aufenthalt anknüpft.

Zu beachten ist in diesem Zusammenhang, dass auch die Abgrenzung zwischen allgemeinen und güterrechtlichen Ehewirkungen in solchen vor dem 29.1.2019 geschlossenen Ehen weiterhin im Wege einer Qualifikation nach der deutschen *lex fori* zu erfolgen hat. Der weite Güterrechtsbegriff der EuGüVO ist für diese Altehen nicht maßgebend. Aus diesem Grunde unterliegen auch vermögensbezogene allgemeine Ehewirkungen im bisherigen deutschen Verständnis nicht dem Güterrechtsstatut, sondern weiterhin dem Statut der allgemeinen Ehewirkungen, das aber mit Wirkung vom 29.1.2019 mit Hilfe von Art. 14 EGBGB n.F. zu bestimmen ist. Dementsprechend beurteilt sich etwa die Schlüsselgewalt in einer vor dem 29.1.2019 geschlossenen Ehe von italienischen Staatsangehörigen mit gewöhnlichem Aufenthalt in Deutschland seit diesem Stichtag nicht mehr – wie zuvor – nach ihrem gemeinsamen italienischen Heimatrecht, sondern nach deutschem Recht.

Eine Ausnahme gilt – wie schon erwähnt – allein dann, wenn Ehegatten, die vor dem 29.1.2019 geheiratet haben, es nicht bei der objektiven Anknüpfung ihrer Ehewirkungen belassen, sondern ab diesem Stichtag eine Rechtswahl treffen. Diese kann dann, soweit das Güterrecht in dem weiten Sinn von Art. 1 Abs. 1, 3 Abs. 1 Nr. 1 EuGüVO betroffen ist, seit dem 29.1.2019 nicht mehr auf Art. 15 Abs. 2 EGBGB a.F. oder auf Art. 30 Abs. 1 Satz 2 und Abs. 2 ital. IPRG 1995 gestützt werden; ihre Wirksamkeit beurteilt sich vielmehr auch in solchen Altehen nur noch nach Art. 22 ff. EuGüVO. Die erweiterten Rechtswahlmöglichkeiten nach Art. 14 Abs. 1 EGBGB n.F. gelten daher nur noch für die von der EuGüVO nicht erfassten rein persönlichen allgemeinen Ehewirkungen.

Ist die Rechtswahl – wie im Regelfall – Bestandteil eines ab dem 29.1.2019 geschlossenen Ehevertrags, so ist zu beachten, dass in zuvor geschlossenen Ehen nur die Rechtswahlklausel an Art. 22-24 EuGüVO zu messen ist; ist sie danach wirksam, so beherrscht das gewählte Recht allerdings nach Art. 27 lit. g EuGüVO auch den materiellen Inhalt des Ehevertrags. Besonderheiten gelten jedoch für die Form des Ehevertrags, auf die Art. 25 EuGüVO wegen Art. 69 Abs. 3 EuGüVO noch keine Anwendung findet. Nur hinsichtlich der im Ehevertrag enthaltenen Rechtswahlklausel ist bereits die Form des Art. 23 EuGüVO einzuhalten.

Für neu abzuschließende Ehen ist schließlich darauf hinweisen, dass Art. 25 EuGüVO die an Eheverträge zu stellenden Formanforderungen deutlich verschärft hat. War nämlich bisher für den Abschluss von Eheverträgen im Ausland nach Art. 11 Abs. 1 EGBGB die Einhaltung der jeweiligen Ortsform ausreichend, sind nach Art. 25 Abs. 2 EuGüVO etwaige zusätzliche Formerfordernisse nach dem Recht des Mitgliedstaats einzuhalten, in dem beide Ehegatten ihren gewöhnlichen Aufenthalt haben. Konnte daher bisher ein Deutscher mit seiner italienischen Verlobten anlässlich der Eheschlie-ßung in Italien den Güterstand der Gütertrennung nach Art. 162 Abs. 2 c.c. bereits in der Heiratsurkunde ohne Notarkosten vereinbaren, ist dieser Weg unter der EuGüVO versperrt, wenn die Eheschließenden ihren gemeinsamen gewöhnlichen Aufenthalt kurz nach der Eheschließung in Deutschland begründen. Denn für diesen Fall muss gemäß Art. 25 Abs. 2 EuGüVO zwingend die Form der notariellen Beurkundung nach § 1410 BGB eingehalten werden;[91] die Vereinbarung vor dem italienischen Standes-beamten ist dann formnichtig.

Von den Gerichten zu klären wird dann auch sein, ob die Form des § 1410 BGB zu-mindest durch die Beurkundung vor einem italienischen Notar erfüllt werden kann. Insoweit stellt sich künftig im ehelichen Güterrecht unter der EuGüVO das gleiche Substitutionsproblem, das die Praxis schon länger bei der Beurkundung der Über-tragung von Anteilen an einer deutschen Kapitalgesellschaft durch Schweizer Notare beschäftigt hat.[92]

3. Anerkennung und Vollstreckung güterrechtlicher Entscheidungen

Die Anerkennung und Vollstreckung von Entscheidungen in Güterrechtssachen rich-tet sich, wenn das zugrundeliegende Verfahren in einem an dieser Verordnung teilneh-menden Mitgliedstaat ab dem 29.1.2019 eingeleitet wurde, gemäß Art. 69 Abs. 1 i.V.m. Art. 70 Abs. 2 EuGüVO vorrangig nach dem IV. Kapitel der Verordnung. Denn die-se gilt von diesem Zeitpunkt an in allen teilnehmenden Mitgliedstaaten unmittelbar und hat als Teil des sekundären Unionsrechts wiederum Anwendungsvorrang vor dem autonomen Anerkennungsrecht. In Deutschland werden demgemäß die §§ 108-110 FamFG bezüglich der Anerkennung und Vollstreckung italienischer Entscheidungen in Güterrechtssachen, die in einem ab dem 29.1.2019 eingeleiteten Verfahren ergan-gen sind, durch die Art. 36 ff. EuGüVO weitgehend verdrängt. Gleiches gilt für das deutsch-italienische Anerkennungs- und Vollstreckungsabkommen vom 9.3.1936,[93] dessen Anwendung nach Art. 62 Abs. 2 EuGüVO ebenfalls im Geltungsbereich der Verordnung ausgeschlossen ist.

Darüber hinaus werden nach der Übergangsvorschrift in Art. 69 Abs. 2 EuGüVO auch Entscheidungen, die in vor dem 29.1.2019 eingeleiteten Verfahren erst nach diesem Zeitpunkt ergangen sind, bereits nach der Verordnung anerkannt und vollstreckt, so-

---

91 *Weber*, DNotZ 2016, 659, 684; NK-BGB/*R. Magnus* (oben N. 10), Art. 25 EuGüVO Rn. 8.
92 Dazu ausf. *Schäuble*, in: Hausmann/Odersky, Internationales Privatrecht in der Notar- und Gestal-tungspraxis, 3. Aufl. 2017, § 7 Rn. 48 ff.
93 RGBl. 1937 II, 145; wieder in Kraft seit 1.10.1952, BGBl. II, 986.

fern die vom Ursprungsgericht angewandten Zuständigkeitsvorschriften mit denjenigen des Kapitels II der EuGüVO übereinstimmen.

Während italienische Entscheidungen in Zivil- und Handelssachen nach der Brüssel Ia-VO und in Unterhaltssachen nach der EuUntVO inzwischen in Deutschland ohne Exequaturverfahren vollstreckt werden können, hat der europäische Gesetzgeber in Güterrechtssachen – wie in Erbsachen nach der EuErbVO – gemäß Art. 42 ff. EuGüVO am Erfordernis eines Vollstreckbarerklärungsverfahrens festgehalten.

VI. Schlussbemerkung

Sowohl das Recht der internationalen Zuständigkeit wie der Freizügigkeit von Urteilen in Güterrechtssachen ist durch die Güterrechtsverordnungen im deutsch-italienischen Rechtsverkehr mit Wirkung vom 29.1.2019 an harmonisiert worden. Auf dem Gebiet des Kollisionsrechts gilt dies allerdings nur für ab diesem Stichtag eingegangene Ehen. Für die große Zahl der zuvor geschlossenen Ehen ist die Rechtsanwendung in Deutschland durch die voreilige Aufhebung der Art. 15, 16 EGBGB eher erschwert worden und die von der EuGüVO eigentlich angestrebte Kohärenz des anzuwendenden Güterrechts in beiden Ländern ist durch Art. 69 Abs. 3 EuGüVO leider auf Jahrzehnte hinaus nicht gewährleistet.

Michael Stürner

Italienisches Schadensrecht nach Verkehrsunfällen[*]

Inhaltsübersicht

---

[*] Erweiterte und um Fußnoten ergänzte Fassung eines Vortrages, den der Verf. am 25.5.2019 auf der Arbeitstagung der Vereinigung für den Gedankenaustausch zwischen deutschen und italienischen Juristen e.V. in Hannover gehalten hat.

I. Problemstellung

Italien gehört zu den liebsten Reisezielen der Deutschen. *Goethes* Viaggio in Italia gehört zum gemeinsamen Kulturgut beider Länder. In neuerer Zeit haben die Strände an Gardasee und Adria als „Teutonengrill" zweifelhafte Berühmtheit erlangt. Untrennbar damit verbunden sind die heute fast ikonischen Bilder der Wirtschaftswunderkarawane über den Brenner.

Auch heute erfreut sich die Apenninhalbinsel bei Urlaubern größter Beliebtheit. Im Unterschied zu Mallorca ist man nicht auf das Flugzeug angewiesen – viele nutzen daher den privaten PKW für die Reise in den Süden. Manchmal passiert dabei, was sich niemand wünscht: Es kracht. Oft handelt es sich nur um kleine Blechschäden, doch auch hier kann der Schaden leicht in die tausende Euro gehen. Wenn nicht die eigene Vollkaskoversicherung einspringt, gilt es, den entstandenen Schaden beim Gegner zu liquidieren. Deren Versicherungen verhalten sich teilweise wenig kulant. Oft bleibt daher nur die Klage.

Der folgende Beitrag befasst sich mit der speziellen Konstellation der Klagen vor deutschen Gerichten. Dabei stehen einige aus der Gutachtenspraxis besonders häufig auftauchende Rechtsfragen im Mittelpunkt, etwa Parkrempler, Unfälle auf der Autobahn oder regelwidriges Abbiegen. Es geht dabei um Ansprüche auf der Grundlage des italienischen Haftungsrechts. Doch wird dieses in den hier interessierenden Konstellationen von deutschen Gerichten angewandt. Dahinter steht ein auch aus wissenschaftlicher Sicht sehr interessanter Problembereich: Die Anwendung ausländischen Rechts durch deutsche Gerichte.

II. IZVR- und IPR-Fragen

1. Ausgangspunkt: Kein Gleichlauf

Internationale Zuständigkeit und anwendbares Recht laufen nicht notwendig parallel. Unterschiedliche Interessen bestimmen beide Rechtsbereiche, so dass ein Gleichlauf im Ausgangspunkt jedenfalls nicht die Regel darstellt. Im Wesentlichen bestehen drei verschiedene Möglichkeiten, einen solchen Gleichlauf zu erreichen:[1] Zunächst kann das anwendbare Recht nachlaufend zur internationalen Zuständigkeit ausgestaltet werden. Somit ist die Gerichtspflichtigkeit das maßgebliche Kriterium, das IPR vollzieht diese Wertung nur nach. Umgekehrt lässt sich ein Gleichlauf auch dadurch erreichen, dass eine internationale Zuständigkeit nur dann und auch nur insoweit besteht, als inländisches Recht anwendbar ist: Hier entscheidet das IPR über die Anknüpfung, die Zuständigkeitsfrage folgt unselbstständig.[2] Schließlich kann der Gleichlauf auch über die Verwendung derselben Anknüpfungsmomente bei Normen der internationalen Zuständigkeit und des anwendbaren Rechts bewirkt werden.

Letzteres hat vor allem im europäischen Kollisionsrecht Verbreitung gefunden. So dient bei der EuErbVO das Anknüpfungskriterium des letzten gewöhnlichen Aufenthaltes des Erblassers sowohl zur Bestimmung der internationalen Zuständigkeit als auch des anwendbaren Rechts.

2. Die Versicherung als Klagegegner

Im hier interessierenden internationalen Deliktsrecht liegt indessen eine Divergenz vor: Die internationale Zuständigkeit nach Art. 7 Nr. 2 Brüssel Ia-VO ist bei Distanzdelikten nach der Rechtsprechung des EuGH sowohl am Handlungs- als auch am Erfolgsort gegeben. Kollisionsrechtlich hingegen beruft Art. 4 Abs. 1 der Rom II-VO nur das Recht des Erfolgsortes zur Anwendung.

Doch ist hinsichtlich der Verkehrsunfälle insoweit eine atypische Konstellation gegeben, als der Unfallgegner selbst normalerweise nicht verklagt wird, sondern dessen Haftpflichtversicherung.[3] Nach Art. 13 Abs. 2 i.V.m. Art. 11 Abs. 1 lit. b Brüssel Ia-VO kann der Geschädigte die Klage gegen die Versicherung des Unfallverursachers unmittelbar an seinem Wohnsitz erheben, wenn eine solche unmittelbare Klage zulässig ist und der Versicherer seinen Sitz im Hoheitsgebiet eines anderen Mitgliedstaates hat.[4] Die Voraussetzungen für eine Klage in Deutschland sind regelmäßig gegeben, da nach italienischem Recht eine Direktklage gegen die Versicherung möglich ist und die Versicherung ihren Sitz im EU-Staat Italien hat.[5]

3. Das Deliktsstatut

Das in der Sache anwendbare Recht ist nach der Rom II-VO zu bestimmen. Nach Art. 4 Abs. 1 Rom II-VO ist das Recht des Staates anzuwenden, in dem der Schaden

---

1 Grundlegend dazu noch immer *Heldrich*, Internationale Zuständigkeit und anwendbares Recht, 1969, §§ 3-5.
2 So ist die deutsche Rechtsprechung vor Inkrafttreten des FamFG in Nachlasssachen verfahren, s. etwa BayObLG NJW-RR 1991, 1098, 1099. Weitere Nachweise bei *Kegel/Schurig*, Internationales Privatrecht, 9. Aufl. 2004, § 21 IV 6, S. 1019.
3 Ist der Unfallgegner nicht haftpflichtversichert, springt regelmäßig der Entschädigungsfonds ein (§ 12 PflVG). Dies gilt unter bestimmten Voraussetzungen auch für Unfälle, die sich im Ausland ereignen, § 12a PflVG.
4 Vgl. EuGH 13.12.2007, Rs. C-463/06 – *Odenbreit*, Slg. 2007, I-11323.
5 Zum Problemkreis *Gebauer*, JbItalR 27 (2014), S. 57; s.a. *Jayme*, JbItalR 27 (2014), S. 73, 74.

eintritt. Gemeint ist der Ort der Rechts- bzw. Rechtsgutsverletzung, d.h. maßgeblich ist das Recht des Erfolgsortes.[6] Dieser liegt in Italien, weswegen italienisches Schadensersatzrecht zur Anwendung berufen wird. Das Haager Straßenverkehrsübereinkommen ist nicht einschlägig, da weder Deutschland noch Italien Vertragsstaaten sind.

Nur bei gemeinsamem gewöhnlichem Aufenthalt beider Beteiligter in Deutschland gilt deutsches Recht, Art. 4 Abs. 2 Rom II-VO. Diese Fälle werden hier ausgeklammert.[7]

Sollte keine Rechtswahl zugunsten des deutschen Rechts erfolgen (Art. 14 Abs. 1 Rom II-VO), so hat das Gericht mithin den Rechtsstreit auf der Grundlage italienischen Rechts zu entscheiden.

III. Zur Frage der Ermittlung des ausländischen Rechts

1. Rechtsfrage, nicht Tatsachenfrage

Grundlage der Ermittlung des ausländischen Rechts im deutschen Verfahren ist § 293 ZPO. Danach besteht ein Ermessen des erkennenden Gerichts, welcher Erkenntnisquelle es sich bedient.[8] Darin spiegelt sich wider, dass das Verfahrensrecht zugunsten der praktischen Handhabbarkeit ausländischen Rechts gewisse dogmatische Inkohärenzen in Kauf nimmt: Zwar werden die ausländischen Normen als Recht angesehen und nicht als Tatsachen. Jedoch mutet die ZPO dem erkennenden Gericht nicht zu, sämtliche Rechtsordnungen der Welt kennen zu müssen. Vielmehr wird das ausländische Recht jedenfalls hinsichtlich seiner Ermittlung wie eine Tatsache behandelt; das Gericht ist sogar insoweit freier als bei der Tatsachenermittlung, als es nicht notwendig an die Regeln des Strengbeweises gebunden ist. Ziel ist es, das berufene Recht so anzuwenden, wie es im betreffenden Staat tatsächlich gilt, wie die Gerichte dieser Rechtsordnung dies auch tun würden.[9] Nicht ausreichend ist es also, sich mit dem „law in the books" zu begnügen, vielmehr kommt es auf das „law in action" an, wie es die ober- und höchstrichterliche Rechtsprechung ausgeformt hat.[10]

Wie intensiv das Gericht in die Ermittlung der einschlägigen Rechtsnormen und ihre Auslegung eintreten muss, liegt im pflichtgemäß auszuübenden Ermessen des Tatgerichts und richtet sich mithin nach dem jeweiligen Einzelfall. In den Worten des BGH: „An die Ermittlungspflicht sind dabei umso höhere Anforderungen zu stellen, je

---

6 Siehe dazu *Stürner*, in: Langenbucher (Hrsg.), Europäisches Privat- und Wirtschaftsrecht, 4. Aufl. 2017, § 8 Rn. 60.

7 Auch in diesem Fall gelten nach Art. 17 Rom II-VO die lokalen Sicherheits- und Verhaltensregeln, mithin die Vorschriften des Nouvo codice della strada, und nicht etwa diejenigen der StVO.

8 BGHZ 118, 151; BGH NZG 2017, 546 Rn. 7. Siehe dazu auch *Küster*, RIW 1998, 275; *Otto*, IPRax 1995, 299.

9 BGH NJW 1976, 1588, 1589; BGH NJW 1991, 1418, 1419; BGH NZG 2017, 546 Rn. 7; *Schack*, Internationales Zivilverfahrensrecht, 7. Aufl. 2017, Rn. 705.

10 Siehe BGH NJOZ 2001, 1616; BGH NJW 1991, 1418, 1419; BGH NJW 1963, 252, 253; BVerwG NJW 2012, 3461, 3463; jüngst BGH NZG 2017, 546 Rn. 10 (zur Eintragungsfähigkeit einer società semplice italienischen Rechts); *Kegel/Schurig* (oben N. 2), § 15 III, S. 507; *von Bar/Mankowski*, Internationales Privatrecht, Band I, 2. Aufl. 2003, § 5 Rn. 100. Das gilt selbstverständlich auch hinsichtlich der Rechtsordnungen des Common Law, vgl. *Schall*, ZZP 122 (2009), 293, 313 ff.; *Thole*, ZHR 176 (2012), 15, 35 ff.

komplexer und je fremder im Vergleich zum deutschen das anzuwendende Recht ist. Bei Anwendung einer dem deutschen Recht verwandten Rechtsordnung und klaren Rechtsnormen sind die Anforderungen geringer."[11] Nachdem das ausländische Recht nicht als Tatsachenfrage, sondern als Rechtsfrage angesehen wird, ist es konsequenterweise auch von Amts wegen anzuwenden.[12] Ein *non liquet* bezüglich der Normen des ausländischen Rechts ist ausgeschlossen.[13]

So bestehen im Wesentlichen zwei Möglichkeiten: Das Gericht kann auf eigene Kenntnis des ausländischen Rechts zurückgreifen; wo diese nicht gegeben ist, darf und muss es sich externer Informationsquellen bedienen.

2. *Eigene Kenntnis des Gerichts*

Besitzt das Gericht Kenntnis der relevanten Vorschriften des anwendbaren Rechts, so darf es seine Entscheidung hierauf stützen.[14] Hierzu kann jede verfügbare Informationsquelle herangezogen werden, insbesondere Lehr- und Handbücher zum ausländischen Recht.[15] Insbesondere im Familien- und Erbrecht stehen ausgezeichnete und umfassende Werke zur Verfügung.[16] Auch das Straßenverkehrshaftungsrecht ist vergleichsweise gut aufgearbeitet.[17] Doch sind die Gerichtsbibliotheken der Instanzgerichte oft eher spartanisch ausgestattet; dies gilt gerade für Literatur zum ausländischen Recht.

Mithilfe von frei im Internet zugänglichen Quellen wird das Gericht indessen nur in seltenen Fällen sämtliche Fragen beantworten können, die sich im ausländischen Recht stellen; eine schlichte Recherche über Suchmaschinen dürfte regelmäßig nicht ausreichen.[18] Auch Online-Enzyklopädien wie Wikipedia sind für einen ersten Zugriff auf ausländische Rechtsquellen durchaus geeignet, falls entsprechende Artikel mit hinreichender Qualität und Detailtiefe vorhanden sind. Allerdings ist Wikipedia keine

---

11 BGHZ 165, 248, 260 unter Verweis auf BGHZ 118, 151, 163; ebenso BVerwG NJW 2012, 3461, 3462.

12 BGH NZG 2017, 546 Rn. 7; BGH RIW 2013, 488 Rn. 39; BGHZ 177, 237 Rn. 8; BGHZ 136, 380, 386; BGH NJW 1995, 2097. Die ganz herrschende Literatur stimmt dem zu, vgl. MüKo-ZPO/*Prütting*, 5. Aufl. 2016, § 293 Rn. 12; Zöller/*Geimer*, ZPO, 32. Aufl. 2018, § 293 Rn. 9 ff.; i.E. auch *Rogoz*, Ausländisches Recht im deutschen und englischen Zivilprozess, 2008, S. 74 ff., jeweils m.w.N.

13 Näher MüKo-ZPO/*Prütting* (oben N. 12), § 293 Rn. 5, 59 ff.

14 *Lindacher*, in: Festschrift für Ekkehard Schumann, 2002, S. 283; *Pfeiffer*, in: Festschrift für Leipold, 2009, S. 283, 286. Zu den Grenzen dieses Vorgehens BGH NZG 2017, 546 Rn. 9.

15 Zu nennen sind dabei insbesondere die im Auftrag des Deutschen Rates für Internationales Privatrecht von *Basedow*, *Lorenz* und *Mansel* herausgegebenen Gutachten zum internationalen und ausländischen Privat- und Verfahrensrecht (IPG), zuletzt erschienen für die Jahre 2015-17. Eine exzellente Informationsquelle bietet auch die Zusammenstellung bei *von Bar*, Ausländisches Privat- und Privatverfahrensrecht in deutscher Sprache. Systematische Nachweise aus Schrifttum, Rechtsprechung und Gutachten, 10. Aufl. 2017. Innerstaatliche Rechtsprechung mit IPR-Bezug wird jährlich veröffentlicht vom *Max-Planck-Institut* (Hrsg.), Die deutsche Rechtsprechung auf dem Gebiete des Internationalen Privatrechts (IPRspr.), zuletzt erschienen für das Jahr 2016.

16 Bergmann/Ferid/Henrich (Hrsg.), Internationales Ehe- und Kindschaftsrecht; Ferid/Firsching/Dörner/Hausmann (Hrsg.), Internationales Erbrecht.

17 Etwa Bachmeier (Hrsg.), Regulierung von Auslandsunfällen, 2. Aufl. 2017; Buse/Staudinger (Hrsg.), Münchener Kommentar zum Straßenverkehrsrecht, Band 3: Internationales Straßenverkehrsrecht, 2019.

18 Beispielsfall: OLG München NJW 2017, 338 Rn. 17.

anerkannte, sichere Rechtsquelle. Insofern muss in jedem Fall eine weitergehende Ermittlung des Rechts getätigt werden, die selbstverständlich auch über die im jeweiligen Eintrag ggf. angegebenen Quellen erfolgen kann.[19] Meist werden es jedenfalls lediglich einfache und wenig komplexe Rechtsprobleme sein, die sich durch schlichte Gesetzesanwendung lösen lassen. Eigene Ermittlungen des Gerichts dienen auch häufig dazu, hinsichtlich eines womöglich einzuholenden Gutachtens die im Beweisbeschluss zu formulierenden Fragestellungen präzisieren zu können.[20]

Das Gericht kann die Parteien auffordern, zum anwendbaren Recht vorzutragen.[21] Diese trifft nach der Rechtsprechung des BGH eine Mitwirkungspflicht, den Inhalt der einschlägigen Normen zu ermitteln.[22] Auch darin wird eine gewisse Nähe zur Tatsachenermittlung deutlich. Die Parteien trifft zwar keine subjektive Beweislast bezüglich des Inhalts des ausländischen Rechts; sie müssen aber den Richter, soweit es ihnen möglich ist, bei der Ermittlung des ausländischen Rechts unterstützen.[23] Die Einlassungen der Parteien sind allerdings regelmäßig nicht unkritisch zu übernehmen, da ihnen naturgemäß eine gewisse Einseitigkeit zu eigen sein dürfte. Dies gilt auch für Privatgutachten, die die Parteien hinsichtlich des anwendbaren ausländischen Rechts beibringen mögen.[24] Das Gericht kann seine Pflicht aus § 293 ZPO zur Ermittlung des ausländischen Rechts nicht vollständig auf die Parteien delegieren. Nur dann, wenn zur Überzeugung des Gerichts auch die Bestellung eines gerichtlichen Sachverständigen keinen weiteren Erkenntnisgewinn verspricht, kann – auch unter Berücksichtigung des Beschleunigungsgebots – der Parteivortrag genügen.[25]

3. Externe Informationsquellen, insbesondere Sachverständigengutachten

Lässt sich der Inhalt des ausländischen Rechts auf diese Weise nicht oder nicht mit hinreichender Klarheit feststellen, hat das Gericht auf externe Informationsquellen zurückzugreifen. Eine davon ist die Ermittlung im formlosen Verfahren, die andere die Einschaltung eines Sachverständigen zum ausländischen Recht.

Die Ermittlung im formlosen Verfahren meint zunächst Anfragen des Gerichts an jegliche Stelle in formloser Weise. Beispielsweise fallen hierunter auch Anfragen an Botschaften oder Konsulate oder Anfragen an Richterkollegen. Dazu gehört auch der Rechtshilfeweg über das sog. Londoner Übereinkommen von 1968[26] oder das Europäi-

---

19 Vgl. hierzu *Krauß*, in: Gräfin von Schlieffen/Fischer (Hrsg.), Tagungsband zum interdisziplinären Symposium „Rechtsquelle Wikipedia? Praxis – Fiktionen – Standards", Hagen 2019 (im Erscheinen).

20 Vgl. hierzu *Pfeiffer*, in: Festschrift für Leipold, 2009, S. 283, 286.

21 Dazu *Lindacher*, in: Festschrift für Ekkehard Schumann, 2002, S. 283.

22 Siehe BGH NJW 1976, 1581, 1583.

23 Vgl. auch *Heldrich*, in: Festschrift für Nakamura, 1996, S. 243, 244.

24 Vgl. *Krüger*, in: Festschrift für Nomer, 2002, S. 357, 374; *Schack*, IZVR (oben N. 9), Rn. 707.

25 S. etwa LG Essen, Teilurt. v. 24.3.2015 – 12 O 37/12, juris, Rn. 59.

26 BGBl. 1974 II, S. 938. Das Übereinkommen ist für die Bundesrepublik Deutschland am 19.3.1975 in Kraft getreten (BGBl. II, S. 300). Siehe dazu *Schellack*, Selbstermittlung oder ausländische Auskunft unter dem europäischen Rechtsauskunftsübereinkommen, 1998, S. 136 ff.; *Jastrow*, IPRax 2004, 402.

sche Justizielle Netz (EJN). Beide Wege sind oft nicht zielführend und werden praktisch kaum eingeschlagen.[27]

So bleibt zumeist nur die Einholung eines Sachverständigengutachtens (§ 403 ZPO).[28] Der Sachverständige bekommt regelmäßig die Gerichtsakte übersandt und kann sich auf dieser Grundlage ein vollständiges Bild des Falles machen. Das erkennende Gericht stellt zwar in seinem Beweisbeschluss konkrete Rechtsfragen. Regelmäßig wird das Gutachten aber Ausführungen hinsichtlich aller relevanten rechtlichen Gesichtspunkte einschließlich der kollisionsrechtlichen Grundlagen enthalten.[29] Als Sachverständige werden oftmals Angehörige des Hamburger Max-Planck-Instituts für ausländisches und internationales Privatrecht oder größerer Auslandsrechtsinstitute deutscher Universitäten wie Köln, Heidelberg oder München bestellt.[30]

IV. Die Haftung dem Grunde nach

1. Deliktische Haftungsnormen für Verkehrsunfälle

Generaltatbestand des italienischen Deliktsrechts ist Art. 2043 codice civile (im Folgenden: c.c.). Danach ist der Urheber einer schuldhaft verursachten Schädigung zum Ersatz verpflichtet.[31] Eine Sondervorschrift für Schadensverursachungen im Straßenverkehr findet sich in Art. 2054 c.c.[32] Die Norm enthält mehrere Anspruchsgrundlagen: eine Haftung des Fahrzeugführers (Abs. 1), eine Haftung des Fahrzeuginhabers (Eigentümer, Nießbraucher oder Vorbehaltskäufer) (Abs. 3) sowie eine Haftung aller dieser Personen für den Schaden, der aus fehlerhafter Herstellung oder mangelhafter Instandhaltung des Fahrzeugs herrührt (Abs. 4).

Die Haftung des Fahrzeugführers bzw. Schädigers nach Art. 2054 Abs. 1 c.c. folgt dem Prinzip des vermuteten Verschuldens.[33] Der Schadensersatzpflichtige wird nur dann

---

27 Dazu *Stürner/Krauß*, Ausländisches Recht in deutschen Zivilverfahren. Eine rechtstatsächliche Untersuchung, 2018.

28 Anwendungsfall aus jüngster Zeit: BGH NZG 2017, 546 Rn. 11; vgl. weiter *Pfeiffer*, in: Festschrift für Leipold, 2009, S. 283, 294 ff.; *Fuchs*, RIW 1995, 807; *Hau*, RIW 2003, 822.

29 Deshalb wird das Sachverständigengutachten allgemein als besonders sichere Erkenntnisquelle gesehen, vgl. *Linke/Hau*, Internationales Zivilverfahrensrecht, 7. Aufl. 2018 Rn. 9.12. Bereits *Arndt/Ferid/Kegel/Lauterbach/Neuhaus/Zweigert*, RabelsZ 35 (1971), 323, 324, gaben zu bedenken, dass das Erzielen guter Ergebnisse hinsichtlich der Anwendung ausländischen Rechts vielfach weniger auf eigenen Bemühungen der Gerichte, sondern mehr oder weniger auf der wörtlichen Verwertung der erteilten Gutachten beruhen würde. Aufgrund des technischen Fortschritts ist aber heutzutage davon auszugehen, dass auch – vor allem in einfach gelagerten Fällen – gute Ergebnisse ohne die Einholung eines Sachverständigengutachtens erzielbar sind.

30 *Von Hein*, in: Bruns/Suzuki (Hrsg.), Realization of Substantive Law through Legal Proceedings, 2017, S. 35, 43.

31 Näher zu den Anspruchsvoraussetzungen *Kindler*, Einführung in das italienische Recht, 2. Aufl. 2008, § 17 Rn. 20 ff.

32 Überblick bei *Kindler* (oben N. 31), § 17 Rn. 227; *Geier*, JbItalR 24 (2011), S. 165, 166 f.

33 S. etwa Cass., 11.4.2016, n. 6976c; Cass., 27.11.2012, n. 20996; *Buse*, Regulierung von Straßenverkehrsunfällen nach italienischem Recht – Eine Zusammenschau, DAR 2016, 557; *Reiß*, Schadensersatz für Sach- und Personenschäden bei Verkehrsunfällen nach italienischem und deutschem Recht, RIW 2005, 353, 354; *Kindler* (oben N. 31), § 17 Rn. 27. Anders wohl *Feller*, in: Bachmeier, Regulierung von Auslandsunfällen, 2. Aufl. 2017, Länderteil Italien Rn. 6, 66, die die Norm als Gefährdungshaftung bezeichnet.

von der Haftung frei, wenn es ihm gelingt, den Entlastungsbeweis *(prova liberatoria)* zu führen.[34] Der zusammen mit dem Fahrzeugführer gesamtschuldnerisch haftende Eigentümer des Fahrzeugs kann sich nach Art. 2054 Abs. 3 c.c. dadurch entlasten, dass er beweist, dass das Fahrzeug gegen seinen Willen im Verkehr war.

2. Haftungsbegründung

a) Die Person des Fahrzeugführers

Führer des Fahrzeugs ist derjenige, der die tatsächliche Sachherrschaft über die zur Fortbewegung des Fahrzeugs dienenden elektronischen und mechanischen Vorrichtungen des Fahrzeugs ausübt.[35] Die Fahrereigenschaft entfällt auch dann nicht, wenn das Fahrzeug hält oder geparkt ist, da auch dies zum bestimmungsgemäßen Gebrauch eines Fahrzeugs gehört.[36]

b) Verursachung durch den Verkehr des Fahrzeugs (Kausalität)

Der geltend gemachte Schaden muss durch den Verkehr des gegnerischen Fahrzeugs *(dalla circolazione del veicolo)* zugefügt worden sein. Das Verhalten des Unfallgegners muss mithin als kausal für die geltend gemachten Schadenspositionen anzusehen sein *(causalità materiale)*.[37] Im Ausgangspunkt muss die Handlung zwar nicht direkt und unmittelbar, wohl aber adäquat-kausal die Rechtsgutsverletzung herbeigeführt haben *(causalità adeguata* oder *regolarità causale)*. Damit werden solche Folgen ausgeschlossen, die sich außerhalb einer gewissen statistischen Regelmäßigkeit bewegen.[38] Ausgeschlossen wird die Kausalität durch dazwischentretende Ereignisse, die für sich genommen ausreichend gewesen wären, um die Schadensfolge herbeizuführen *(interruzione della serie causale)*.[39]

aa) Stehendes Fahrzeug

Die Rechtsprechung legt den Begriff „durch den Verkehr" weit aus, so dass auch stehende Fahrzeuge erfasst sind.[40] Dies wurde etwa für den Fall entschieden, dass ein geparktes Fahrzeug ausbrennt und hierdurch andere Fahrzeuge beschädigt werden.[41]

---

34 *Reiß*, RIW 2005, 353, 354.
35 Cass., 5.5.2009, n. 10304; MüKo-Straßenverkehrsrecht/*Buse*, Band 3, 2019, Länderteil Italien Rn. 46; *ders.*, DAR 2016, 557.
36 Cass., n. 3437/2006; *Thiene*, in: Cian/Trabucchi, Commentario breve al Codice Civile, 13. Aufl. 2018, Art. 2054 c.c., III., Rn. 4 m.w.N.; Bachmeier/*Feller* (oben N. 33), Rn. 2.
37 Cass., 20.8.1998, n. 8249; Cass., 26.4.1994, n. 3958; Cass., 2.8.2001, n. 10609; Cass., 16.11.1987, n. 8386; *Mansel/Teichert*, JbItalR 21 (2008), S. 71, 76; *Reiß*, RIW 2005, 353, 356; Bachmeier/*Feller* (oben N. 33), Rn. 65; *Buse*, DAR 2016, 557 m.w.N.
38 Siehe etwa Cass., n. 97/2009; Cass., n. 65/189.
39 Cass., n. 1228/81; Cass., n. 3650/80.
40 MüKo-StVR/*Buse* (oben N. 35), Rn. 48.
41 Cass., 20.7.2010, n. 16895; Cass., 11.2.2010, n. 3108; Cass., 5.8.2004, n. 14998; Cian/Trabucchi/*Thiene* (oben N. 36), Art. 2054 c.c., III., Rn. 6 m.w.N.; Bachmeier/*Feller* (oben N. 33), Rn. 20. Anders teilweise die frühere Rechtsprechung, s. Cass., 18.4.2000, n. 5032.

Auch das Öffnen der Tür des Fahrzeugs zum Aus- oder Einsteigen fällt demnach unter den Tatbestand des Art. 2054 Abs. 1 c.c.[42] – dies gilt jedenfalls dann, wenn sich der Sachverhalt auf einem öffentlichen Parkplatz zugetragen hat.[43]

bb) Verhalten Dritter

Zweifel könnten dann bestehen, wenn die unmittelbare Verletzungsfolge nur durch das Dazwischentreten eines Dritten ausgelöst wurde. Eine Unterbrechung des Kausalverlaufs liegt darin regelmäßig nicht: Nach der Lebenserfahrung muss im Straßenverkehr immer mit Fehlverhalten Dritter gerechnet werden, so dass der Kausalverlauf nicht dadurch unterbrochen wird, dass etwa ein Dritter regelwidrig zum Überholvorgang angesetzt hat.

cc) Auffahrunfall

Nicht selten sind mehrere Fahrzeuge am Unfall beteiligt. Handelt es sich um einen Auffahrunfall, so liegt es nicht außerhalb jeder Lebenserfahrung, dass im Kolonnenverkehr auf der Autobahn ein Schaden in der Weise herbeigeführt wird, dass ein dritter Pkw auf den vor ihm fahrenden Wagen auffährt und diesen dadurch auf den davor stehenden Pkw schiebt. Ein atypischer Kausalverlauf liegt darin mithin nicht, so dass keine Unterbrechung des Kausalzusammenhangs gegeben ist.

c) Beweislast

Die Beweislast für den Kausalitätsnachweis liegt beim Anspruchsteller. Dies ergibt sich aus der allgemeinen Regel des Art. 2697 c.c., wonach der Anspruchsteller alle anspruchsbegründenden Tatsachen, der Anspruchsgegner aber alle anspruchshindernden und -vernichtenden Tatsachen zu beweisen hat.[44] Allerdings wird zum Nachweis des Kausalverhältnisses eine nach naturwissenschaftlichen Erkenntnissen oder allgemeinen Erfahrungssätzen bestehende überwiegende Wahrscheinlichkeit als ausreichend erachtet.[45]

Die Handlung des Unfallverursachers muss eine Kausalursache gesetzt haben, die bei natürlichem Verlauf der Dinge den beim Anspruchsteller eingetretenen Schaden zumindest mitverursacht hat. Das ist Tatfrage und obliegt der freien richterlichen Beweiswürdigung des erkennenden Gerichts (§ 286 ZPO).

---

[42] Cass., 30.4.2004, n. 12284; Cass., 6.6.2002, n. 8216, Arch. giur. circolazione 2003, 439; *Mazzon*, Responsabilità e risarcimento del danno da circolazione stradale: civile-penale, 2014, S. 473.

[43] Cian/Trabucchi/*Thiene* (oben N. 36), Art. 2054 c.c., III., Rn. 1 m.w.N.; Bachmeier/*Feller* (oben N. 33), Rn. 61 ff.

[44] Cass., 23.5.2001, n. 7026; *Bianca*, Diritto civile, Band V: La responsabilità, 1994, S. 625; *Mansel/Teichert*, JbItalR 21 (2008), S. 71, 76; Bachmeier/*Feller* (oben N. 33), Rn. 65; *Buse*, DAR 2016, 557, 564.

[45] St. Rspr.: Cass. Sez. Un., 11.1.2008, n. 581 u. 577; jüngst etwa Cass., 29.2.2016, n. 3894; weitere Nachweise bei *Buse*, DAR 2016, 557, 564.

d) Verschulden

aa) Grundsatz

Im Rahmen des Art. 2054 c.c. ist zu unterscheiden zwischen der Verschuldensvermutung in Abs. 1 und der Vermutung für gleichgewichtige Verschuldensanteile in Abs. 2. Daneben existieren untergesetzliche Regelungen zur Verschuldensaufteilung.

(1) Haftung für vermutetes Verschulden

Art. 2054 Abs. 1 c.c. stellt eine Haftung für vermutetes Verschulden auf. Dem Fahrzeugführer wird darin die Möglichkeit gegeben, den Entlastungsbeweis zu führen.[46]

(2) Hälftige Mitverschuldensvermutung

Art. 2054 Abs. 2 c.c. bestimmt dagegen eine hälftige Mitverschuldensvermutung bei der Kollision von Fahrzeugen, indem von einem anteiligen Verschulden der Fahrer ausgegangen wird, wobei jeder Fahrer die Hälfte der gegnerischen Schäden zu ersetzen und zugleich die Hälfte des eigenen Schadens zu tragen hat. Diese Vermutung ist aber insoweit subsidiär, als sie nur dann Anwendung findet, wenn es nicht möglich ist, den Unfallhergang und das jeweilige Verschulden oder den kausalen Anteil der Fahrlässigkeit an dem Ereignis mit Sicherheit zu ermitteln.[47] Insoweit hat das Kriterium der hälftigen Mitverschuldensvermutung in Art. 2054 Abs. 2 c.c. keine andere Rechtsnatur als die Verschuldensvermutung des Art. 2054 Abs. 1 c.c.[48]

Unklar ist, ob Art. 2054 Abs. 2 c.c. für einen Sachverhalt zur Anwendung gelangt, in dem der Schaden dadurch herbeigeführt wurde, dass ein Auto durch das Öffnen der Tür eines anderen Autos beschädigt wurde. Die Norm setzt voraus, dass es einen Zusammenstoß zwischen zwei Fahrzeugen gab, von denen sich mindestens eines in Bewegung befand.[49] Ob es genügt, wenn beide beteiligten Fahrzeuge stehen und der Schaden durch das Öffnen der Tür verursacht wird, erscheint angesichts des Normwecks zumindest sehr zweifelhaft.

Für den Fall, dass es zu keiner Kollision bzw. Berührung beider Fahrzeuge kam, geht die Rechtsprechung – dem Wortlaut des Art. 2054 Abs. 2 c.c. entsprechend – im Grundsatz davon aus, dass nicht Abs. 2 sondern Abs. 1 des Art. 2054 c.c. einschlägig ist. Art. 2054 Abs. 2 c.c. soll in diesen Fällen grundsätzlich nicht gelten.[50] Dies wurde durch zahlreiche Urteile bestätigt.[51] Nur in Ausnahmesituationen ist auch durch die höchstrichterliche Rechtsprechung anerkannt, dass die Vermutung des Art. 2054 Abs. 2 c.c. über seinen Wortlaut hinaus auch dann angewendet werden kann, wenn es zu keiner

---

46 MüKo-StVR/*Buse* (oben N. 35), Rn. 41 m.w.N.
47 S. etwa Cass., 22.9.2015, n. 18631; Cass., 12.6.2012, n. 9528; Cass., 5.12.2011, n. 26004; Cass., 12.1.2005, n. 456; *Buse*, DAR 2016, 557, 563 m.w.N.; *Bona*, in: Gabrielli (Hrsg.), Commentario del Codice civile, Dei fatti illeciti, artt. 2044-2059, 2011, S. 364; *Mansel/Teichert*, JbItalR 21 (2008), S. 71, 77; *Backu*, DAR 2003, 337, 338; *Jayme*, JbItalR 27 (2014), S. 73, 79.
48 Cian/Trabucchi/*Thiene* (oben N. 36), Art. 2054 c.c., VIII., Rn. 1.
49 Cian/Trabucchi/*Thiene* (oben N. 36), Art. 2054 c.c., VIII., Rn. 4 unter Verweis auf Cass., n. 281/2015.
50 *Cendon*, Commentario al codice civile. Artt. 2054-2059: Fatti illeciti, 2009, 5.1.1. S. 94 f.
51 Trib. Monza, Urt. v. 4.11.2005, abrufbar unter http://www.studiodestasio.it/news/38-giurisprudenza/251-assenza-di-collisione-e-responsabilita-in-caso-di-sinistro-stradale.html.

unmittelbaren Kollision zwischen Geschädigtem und Verursacher gekommen ist.[52] Insoweit handelt es sich aber um Ausnahmeentscheidungen, wie eine Analyse der den Entscheidungen zugrundeliegenden Sachverhaltskonstellationen zeigt.[53]

(3) Verschuldensaufteilung nach Dekret Nr. 254/2006

Darüber hinaus ermächtigt Art. 150 Abs. 1 lit. a der Gesetzesverordnung Nr. 209/2005 (sog. Codice delle assicurazioni private, CAP) den italienischen Staatspräsidenten zum Erlass einer Gesetzesverordnung, in der die Verschuldensaufteilung bei Verkehrsunfällen im Sinne des Art. 149 CAP festgelegt wird. Art. 144 CAP regelt den Direktanspruch gegen die Versicherung des Unfallgegners und das bei dessen Geltendmachung zu beobachtende Verfahren. Von dieser Ermächtigung wurde mit Gesetzesdekret Nr. 254 vom 18.7.2006 Gebrauch gemacht.[54] Anhang A zu diesem Dekret zählt eine Reihe von typischen Unfallkonstellationen auf und bestimmt für diese die Verschuldensaufteilung.[55] Zwar gelten die darin aufgestellten Vermutungen direkt nur dann, wenn die am Unfall beteiligten Fahrzeuge allesamt in Italien, San Marino oder Vatikanstadt zugelassen sind. Doch spiegelt sie die ständige Praxis der Gerichte wider.[56]

Danach wird etwa vermutet, dass im Falle der Beschädigung eines stehenden Autos durch ein in Betrieb befindliches Fahrzeug ersteres vollständig für den Unfall verantwortlich ist.

Für Auffahrunfälle gilt eine Ausnahme von der Vermutung des Art. 2054 Abs. 2 c.c. Nach der Rechtsprechung besteht eine Vermutung dafür, dass der Auffahrende die Verantwortung für die Kollision trägt, da er den notwendigen Sicherheitsabstand zum vorausfahrenden Fahrzeug nicht eingehalten hat.[57] Insofern gilt Art. 149 Nuovo codice della strada:[58] Danach muss der Fahrer während der Fahrt mit seinem Fahrzeug zum vorausfahrenden Fahrzeug einen so großen Sicherheitsabstand einhalten, dass er auf jeden Fall rechtzeitig anhalten und Kollisionen mit dem vorausfahrenden Fahrzeug vermeiden kann. Insofern besteht eine Vermutung dafür, dass bei Auffahrunfällen der hinten fahrende Pkw zu 100% für den Schaden verantwortlich ist.[59]

Wenn sich die beiden Fahrzeuge in gleicher Fahrtrichtung und auf derselben Fahrbahn bewegen, ist das Fahrzeug, das gegen das vorausfahrende stößt, zu 100% für den Schaden verantwortlich.

Wenn sich die beiden Fahrzeuge auf zwei unterschiedlichen Fahrbahnen bewegen, ist das Fahrzeug, welches die Fahrbahn wechselt, zu 100% für den Schaden verantwortlich. Wenn die Berührung beider Fahrzeuge ohne einen Fahrbahnwechsel verursacht wird, wird eine beiderseitige Verantwortlichkeit von je 50% vermutet.

---

52 *Cendon*, Commentario al codice civile. Artt. 2054-2059: Fatti illeciti, 2009, 5.1., S. 93.
53 Dazu bereits *Stürner/Wendelstein*, JbItalR 30 (2017), S. 65, 69 f.
54 D.P.R., testo coordinato 18/07/2006 n° 254, G.U. 28/08/2006.
55 Dazu und zu weiteren dort enthaltenen Vermutungen Bachmeier/*Feller* (oben N. 33), Rn. 11.
56 So für einen Auffahrunfall auch IPG 2009-2011 Nr. 22 (Hamburg), Rn. 24.
57 Cass., 23.5.2006, n. 12108, Rep. giur. it. 2006, voce „circolazione stradale" Nr. 209.
58 D. Lgs. 30 aprile 1992, n. 285 – Nuovo codice della strada.
59 Dazu und zu weiteren dort enthaltenen Vermutungen Bachmeier/*Feller* (oben N. 33), Rn. 11.

bb) Entlastungsbeweis

In allen Fällen kann jedoch der Entlastungsbeweis geführt werden. Welcher Sorgfalts-maßstab im Straßenverkehr anzulegen ist, richtet sich nach der italienischen Straßen-verkehrsordnung (Nuovo codice della strada).[60]

Generell gilt im Straßenverkehr eine allgemeine Sorgfaltspflicht (Art. 140 Nuovo codi-ce della strada), die ihrerseits durch eine Vielzahl von Einzelbestimmungen näher kon-kretisiert wird: Jeder Verkehrsteilnehmer muss sich so verhalten, dass er den Verkehr nicht gefährdet oder behindert und dass die Verkehrssicherheit auf jeden Fall gewahrt bleibt.

Allerdings genügt verkehrsrichtiges Verhalten allein grundsätzlich nicht, um den Ent-lastungsbeweis zu führen.[61] Vielmehr muss der Fahrzeugführer darlegen und beweisen, dass er „alles zur Schadensvermeidung Mögliche getan" hat.[62] Hierzu genügt es nicht, dass der Fahrzeugführer lediglich nachweist, dass er sich an alle Regeln des Straßen-verkehrsrechts gehalten hat. Vielmehr ist hierzu der Nachweis erforderlich, dass die Unfallvermeidung unmöglich war, obwohl er sich an alle Sorgfaltsregeln des Straßen-verkehrs gehalten hat, so dass der Schaden letztlich durch Zufall (*caso fortuito*) ein-getreten ist.[63]

Die zu beachtende Sorgfalt wird dabei nicht anhand eines außergewöhnlich umsich-tigen Kraftfahrers ermittelt, sondern entspricht der Sorgfalt eines durchschnittlich sorgfältigen Verkehrsteilnehmers. Darüber hinaus muss der Fahrer in den Grenzen der Vorhersehbarkeit auf Unvorsichtigkeit Dritter gefasst sein. Dabei entscheidet das angerufene Gericht über das Vorliegen der Vorhersehbarkeit unter Berücksichtigung des Ortes, der Umstände, unter denen sich der Schaden ereignet hat und der Art der Beteiligung.[64]

Ein solchermaßen „standardisierter" Fahrzeugführer muss auch auf vorhersehbare äu-ßere Einflüsse gefasst sein, so dass etwa Schlamm, Eis, Ölspuren, blendendes Sonnen-licht und Windstöße keine zufälligen Ereignisse darstellen.[65] Ebenfalls kein zufälliges Ereignis stellt es ferner dar, wenn ein Fußgänger die Straße außerhalb des Zebra-streifens überquert oder wenn das zu überholende Fahrzeug die Fahrbahn schneidet.[66] Damit ein Ereignis als zufälliges Ereignis qualifiziert werden kann, muss das mensch-liche Verhalten vielmehr plötzlich auftreten und derart von der üblichen Verhaltens-weise abweichen, dass ein Ausweichmanöver nicht mehr möglich ist.[67]

Bei einem Auffahrunfall kann sich der Auffahrende von seinem auf diese Weise ver-muteten Verschulden entlasten, indem er den Nachweis führt, dass das nicht rechtzeiti-ge Anhalten und die darauf folgende Kollision auf ihm nicht zuzurechnenden Gründen

---

60 D. Lgs. 30 aprile 1992, n. 285 – Nuovo codice della strada.
61 Bachmeier/*Feller* (oben N. 33), Rn. 8.
62 *Backu*, DAR 2003, 337, 338.
63 Cian/Trabucchi/*Thiene* (oben N. 36), Art. 2054 c.c., V., Rn. 2; Bachmeier/*Feller* (oben N. 33), Rn. 8; *Reiß*, RIW 2005, 353, 354.
64 *Backu*, DAR 2003, 337, 338.
65 *Reiß*, RIW 2005, 353, 355.
66 Cass., 29.2.2008, n. 5505.
67 *Reiß*, RIW 2005, 353, 355.

beruht. Indessen wird das plötzliche und unvermittelte Halten des Vorausfahrenden nicht als Entlastungsgrund gesehen. Dieses stellt für den Fahrzeugführer regelmäßig ein voraussehbares Ereignis dar, da er gemäß Art. 149 Nuovo codice della strada einen Sicherheitsabstand zum vorausfahrenden Fahrzeug einhalten muss, um auf derartige Fälle angemessen reagieren zu können.

In den Fällen einer Massenkollision kann sich der Führer eines auffahrenden Fahrzeuges nur dadurch von seiner Verantwortung befreien, indem er nachweist, dass die Kollision allein durch den Stoß, den er von dem ihm nachfolgenden Fahrzeug erhalten hat, verursacht wurde.[68]

Zusammenfassend wird der Entlastungsbeweis nur dann als erbracht angesehen, wenn der Fahrer erwiesenermaßen alles Mögliche getan hat, um den Schaden zu vermeiden oder wenn die Unfallvermeidung dem Fahrer objektiv unmöglich war oder wenn der Unfall auf dem alleinigen Verschulden des anderen Fahrers oder auf Zufall beruht.[69]

3. Mitverursachung durch Dritte

Nach der Rechtsprechung des Kassationsgerichtshofes besteht bei Kettenauffahrunfällen – abweichend von Art. 2054 Abs. 2 c.c. – eine Vermutung dahin, dass den zuletzt Auffahrenden eine Alleinverantwortung am entstandenen Schaden trifft.[70] Das gilt allerdings nur dann, wenn feststeht, dass die zuvor stehenden Fahrzeuge bereits still standen.[71]

Wird ein Mitverschulden eines Dritten festgestellt, so führt dies nach Art. 2055 Abs. 1 c.c. zu einer gesamtschuldnerischen Haftung aller Unfallverursacher.[72] Nach Art. 1292 c.c. bedeutet eine Gesamtschuld, dass jeder der Schuldner zu ein und derselben Leistung und damit zur Erfüllung des Ganzen verpflichtet ist, und die Erfüllung durch einen Schuldner die anderen gegenüber dem Gläubiger befreit.[73]

Der in Anspruch genommene Schuldner hat einen Regressanspruch gegen den oder die Mitschuldner, dessen Höhe nach der Schwere des jeweiligen Verschuldens und dem Umfang der hiervon herrührenden Folgen bestimmt wird; im Zweifel wird vermutet, dass die einzelnen Verschulden(sbeiträge) gleich sind (Art. 2055 Abs. 2 und 3 c.c.).

4. Mitverschulden des Anspruchstellers

Ein etwaiges Mitverschulden des Anspruchsinhabers kann anspruchsmindernd wirken. Im Anwendungsbereich des Art. 2054 Abs. 2 c.c. wird dieses zu 50% gesetzlich vermutet.[74]

---

68 *Bellagamba/Cariti*, Il nuovo codice della strada, 5. Aufl. 2006, S. 361 ff.; IPG 2009-2011 Nr. 22 (Hamburg), Rn. 25.
69 Cian/Trabucchi/*Thiene* (oben N. 36), Art. 2054 c.c., V., Rn. 2; Bachmeier/*Feller* (oben N. 33), Rn. 8.
70 Cass., 19.2.2013, n. 4021.
71 Cass., 29.5.2003, n. 8646.
72 MüKo-StVR/*Buse* (oben N. 35), Rn. 116.
73 Zu den Voraussetzungen auch Bachmeier/*Feller* (oben N. 33), Rn. 76 ff.
74 Siehe oben IV. 2. d) aa) (2).

Ein Mitverursachungsanteil wird gemäß Art. 1227 Abs. 1 und 2 c.c. anspruchsmindernd berücksichtigt. Art. 1227 Abs. 1 betrifft ein Mitverschulden bei der Schadensentstehung, während Abs. 2 die Verletzung von Schadensabwehr- und Schadensminderungspflichten betrifft.[75] Bei der Bestimmung des Umfangs des Mitverschuldens kommt es auf die Schwere des Verschuldens und den Umfang der daraus herrührenden Folgen an. Die Schwere des Verschuldens wird dabei als Ausmaß der Sorgfaltspflichtverletzung verstanden.[76]

Art. 1227 Abs. 2 c.c. gehört zum haftungsausfüllenden Tatbestand.[77] Danach wird für Schäden, die der Gläubiger bei Anwendung der gewöhnlichen Sorgfalt hätte vermeiden können, kein Ersatz geschuldet. Beispielsfälle sind etwa das Nichttragen eines Schutzhelmes,[78] überhöhte Geschwindigkeit[79] oder Nichtanzeige eines Spurwechsels.[80] In diesem Zusammenhang werden lediglich diejenigen Handlungen berücksichtigt, die der Geschädigte ex post als Nichterfüllung von Sorgfaltspflichten durch den Schädiger und als Schadensverwirklichung ansehen durfte.[81] Dies beinhaltet im Anwendungsbereich der normalerweise einzuhaltenden gewöhnlichen Sorgfalt aber nur solche Handlungen, die nicht gravierend oder außergewöhnlich sind oder solche, die deutlich erhöhte Risiken oder erhebliche Opfer mit sich bringen.[82]

Hinsichtlich der Frage, wann der Geschädigte alles Mögliche getan hat, um den Unfall zu verhindern, hat der Kassationshof entschieden, dass der Fahrer des gegnerischen Fahrzeugs gehalten ist, ggf. auch ein Notfallmanöver durchzuführen, um den Unfall zu vermeiden.[83] Das bloße Setzen einer Betriebsgefahr durch Teilnahme am Straßenverkehr führt indessen nicht dazu, dass der Anspruchsteller einen Teil des Schadens selbst tragen müsste, wenn er sich genau an die Verkehrsregeln gehalten und alles getan hat, um den Schaden zu vermeiden. Das ergibt sich auch aus dem allgemeinen Prinzip des Art. 2050 c.c, wonach eine Gefährdungshaftung entfällt, wenn der Verkehrsteilnehmer beweist, dass er alle geeigneten Maßnahmen getroffen hat, um den Schaden zu vermeiden.[84]

5. Direktanspruch gegen den Versicherer des Schädigers

Nach Art. 144 Abs. 1 CAP hat der Geschädigte einen Direktanspruch gegen den Haftpflichtversicherer des Schädigers. Dieser Anspruch steht neben dem deliktischen Anspruch gegen den Schädiger selbst und erstreckt sich nach Art. 122 Abs. 1 CAP auf die

---

75 *Buse*, DAR 2016, 557, 563.
76 Cian/Trabucchi/*Zaccaria* (oben N. 36), Art. 1227 c.c., II., Rn. 1, 2.
77 *Buse*, DAR 2016, 557, 563.
78 Cass., 6.5.2016, n. 9241; weitere Nachweise bei *Buse*, DAR 2016, 557, 563.
79 Art. 141, 142 Nuovo codice della strada.
80 Art. 154 sowie Art. 176 (2) lit. c Nuovo codice della strada.
81 Cian/Trabucchi/*Zaccaria* (oben N. 36), Art. 1227 c.c., V., Rn. 1.
82 Cian/Trabucchi/*Zaccaria* (oben N. 36), Art. 1227 c.c., V., Rn. 2.
83 Cass., 5.5.2000, n. 5671; s.a. *Peccenini*, Circolazione dei veicoli. Responsabilità e assicurazione, 2004, S. 128.
84 *Jayme*, JbItalR 27 (2014), S. 73, 75, 79.

zivilrechtliche Haftung für Sach- und Körperschäden nach dem allgemeinen Delikts-recht, insb. auf der Grundlage von Art. 2054 c.c.[85]

V. Einzelne Schadensposten

Steht die Haftung dem Grunde nach fest, stellt sich weiter die Frage der Haftungsaus-füllung.

1. Grundsatz

Grundsätzlich wird Naturalrestitution (*risarcimento in forma specifica*) geschuldet. Bei Sachschäden bedeutet dies Wiederinstandsetzung des Fahrzeugs, wenn dies möglich ist (Art. 2058 Abs. 1 c.c.). Der Richter kann aber den Ersatz in Geld verfügen, wenn die Naturalherstellung zu einer exzessiven Belastung für den Schuldner führen würde. Die Beweislast hinsichtlich des eingetretenen Vermögensschadens liegt nach den allgemei-nen Regeln (Art. 2697 c.c.) beim Anspruchsteller.[86] Nach Art. 2056 Abs. 1 c.c. richtet sich der Umfang des Schadensersatzes nach den Vorschriften der Art. 1223, 1226 und 1227 c.c. Kann die Höhe des Schadens nicht genau nachgewiesen werden, so setzt ihn der Richter nach billigem Ermessen fest (Art. 1226 c.c.).

2. Personenschäden

a) Heilbehandlungskosten

Grundsätzlich sind alle notwendigen Arzt-, Krankenhaus-, Heilbehandlungs- und Pflegekosten zu erstatten.[87] Dies ist nur dann nicht der Fall, wenn sie von der Kran-kenversicherung des Geschädigten bereits erstattet wurden.[88] Auch Nebenkosten wie Krankentransport oder Arztauslagen sind zu erstatten, sofern sie kausal mit den Be-handlungskosten verbunden sind.[89] Etwas anderes gilt wiederum nur dann, sofern sie durch eine Versicherung des Geschädigten bereits erstattet wurden.

b) Schmerzensgeld

Das italienische Recht kennt einen Schmerzensgeldanspruch; er folgt aus Art. 2043 i.V.m. 2059 c.c.[90] Die Notwendigkeit, unfallbedingte Nichtvermögensschäden zu ent-schädigen, ist auch in Art. 138 und 139 der Gesetzesverordnung Nr. 209/2005 (sog. Co-dice delle assicurazioni private, CAP) festgelegt. Dabei betrifft Art. 138 CAP Fälle von schwereren Körperverletzungen (*danno biologico per lesioni di non lieve entità*,

---

85 Siehe zum Ganzen MüKo-StVR/*Buse* (oben N. 35), Rn. 84 ff.
86 Cass., 4.2.2016, n. 2167; *Buse*, DAR 2016, 557, 564 m.w.N.; *Behme/Eidenmüller*, JbItalR 28 (2015), S. 121, 125.
87 MüKo-StVR/*Buse* (oben N. 35), Rn. 187.
88 Bachmeier/*Feller* (oben N. 33), Rn. 144.
89 Bachmeier/*Feller* (oben N. 33), Rn. 145.
90 *Mansel/Seilstorfer*, JbItalR 22 (2009), S. 95, 103 ff.; *Stürner/Wendelstein*, JbItalR 30 (2017), S. 65, 77 ff.

d.h. 10-100% permanenter Invalidität) und Art. 139 CAP die darunter liegenden Fälle leichter Körperverletzungen (*danno biologico per lesioni di lieve entità*, d.h. 1-9% permanenter Invalidität).

Der Nichtvermögensschaden wird in der durch die Verletzung des Körpers oder anderer die persönliche Entfaltungsfreiheit schützender Rechte mit Verfassungsrang verursachten Beschränkung der Möglichkeit des Geschädigten, seinen individuellen, rechtlich geschützten Privatinteressen nachgehen zu können, erblickt.[91] Der Nichtvermögensschaden bildet eine einheitliche, sämtliche immateriellen Folgen der Schädigung umfassende Schadenskategorie. Diese umfasst das seelische Leiden und die erzwungene Veränderung der persönlichen Lebensgewohnheiten.[92] Der Ersatz besteht in billigem Ausgleich in Geld.[93]

Hierbei ist es aus Gründen der Gerechtigkeit, der Gleichbehandlung, der Vorhersehbarkeit und der Justizentlastung in der Rechtspraxis anerkannt, dass das Schmerzensgeld bei Körperverletzungen anhand der Mailänder Tabelle zu bestimmen ist.[94] Um dem Einzelfall mit seinen konkreten Umständen Rechnung zu tragen, können die Tabellenwerte angemessen erhöht oder herabgesetzt werden.[95] Die Mailänder Tabelle selbst basiert auf einem variablen Punktesystem. Einem körperlichen Dauerschaden entspricht eine bestimmte Punktzahl und jeder Punktzahl entspricht eine bestimmte Schadenssumme. Der Ausgangspunkt eines Dauerschadens mit einem Invaliditätsgrad von einem Prozent im ersten Jahr wird als Basispunkt bezeichnet.[96] Da die nachteiligen Folgen mit zunehmender Schwere der Verletzungen überproportional zunehmen, steigt die Schadenssumme mit steigender Punktzahl ebenfalls überproportional an.

Für den Direktanspruch sehen die Art. 138, 139 CAP eine vereinfachende Sonderregelung vor.[97] Danach sind auf der Grundlage des Punktesystems der Mailänder Tabelle die Schadensersatzbeträge durch Rechtsverordnung verbindlich festzulegen. Von dieser Möglichkeit hat der italienische Gesetzgeber für die besonders praxisrelevanten leichten Körperverletzungen mit gesundheitlichen Dauerfolgen von weniger als zehn Punkten durch Rechtsverordnung Gebrauch gemacht.[98] Schmerzensgeld für Dauerschäden von bis zu neun Punkten kann nach Art. 139 Abs. 2 CAP nur verlangt werden, wenn sie medizinisch objektiviert und objektiv pathologisch fassbar sind.[99] Zur Anpassung an die besonderen Umstände des Einzelfalls kann eine Erhöhung um maximal 20% erfolgen (Art. 139 Abs. 3 CAP).

---

91 *Buse*, DAR 2016, 557, 562.

92 *Buse*, DAR 2016, 557, 562.

93 Cass., 11.11.2008, n. 26973; Bachmeier/*Feller* (oben N. 33), Rn. 164 ff.

94 MüKo-StVR/*Buse* (oben N. 35), Rn. 198 ff.; *ders.*, DAR 2016, 557, 562 mit zahlreichen Nachweisen zur Rechtsprechung des Kassationshofes. Daneben gibt es seit einiger Zeit auch eine Römische Tabelle, die sich in einigen Details von der Mailänder Tabelle unterscheidet, s. näher *Buse*, JBItalR 32 (2019), S. 197 (in diesem Band).

95 Cass., 22.4.2016, n. 7766; Cass., 7.3.2016, n. 4377.

96 *Buse*, DAR 2016, 557, 562.

97 Zur deren Europarechtskonformität EuGH, 23.1.2014, Rs. C-371/12 – *Petillo*, ECLI:EU:C:2014:26, Rn. 45.

98 Die Tabelle ist z.B. abrufbar unter: http://www.altalex.com/~/media/Altalex/allegati/2016/allegati%20 free/tabella-danno-biologico-lieve-entita%20pdf.pdf.

99 Die Vorschrift wurde durch Gesetzesdekret Nr. 1 vom 24.1.2012 und Gesetzesdekret Nr. 27 vom 24.3.2012 geändert.

3. Haftung für Sachschäden

Bei (vollständiger) Zerstörung einer Sache kann der Geschädigte den objektiven Wert der Sache im Zeitpunkt des Unfalls abzüglich eines etwaigen Restwertes der Sache und unter Berücksichtigung der Wertminderung seit Erwerb der Sache verlangen.[100] Eine Auslagenpauschale kennt das italienische Recht nicht. Erstattungsfähig sind aber konkrete Kosten für Telefon, Fax oder Porto bei einem Nachweis durch entsprechende Belege.[101]

a) Umfang

Die überwiegende und höchstrichterliche Auffassung geht davon aus, dass die Reparaturkosten auf die üblichen Marktsätze beschränkt sind.[102] Nach der instanzgerichtlichen Rechtsprechung kann sich ein wirtschaftlicher Totalschaden nicht allein daraus ergeben, dass eine zu teure Reparaturmöglichkeit gewählt wurde.[103] Dem Gericht wird ein gewisser Spielraum zugestanden, die beste und vernünftigste Lösung zu finden. Hat der Geschädigte seinen gewöhnlichen Aufenthalt im Ausland, so gelten die marktüblichen Sätze an dessen Wohnort als maßgeblich.[104]

b) Schadensminderungspflicht

Umstritten ist die Frage, ob der Geschädigte im Rahmen einer fiktiven Schadensabrechnung auf eine billigere, technisch gleichwertige Reparaturmöglichkeit in einer freien Fachwerkstatt verwiesen werden kann.

Die überwiegende und höchstrichterliche Auffassung geht davon aus, dass der Geschädigte im Rahmen seiner Schadensminderungspflicht die kostengünstigste Reparaturmöglichkeit zu wählen hat.[105] Höhere Kosten können indessen ausnahmsweise ersatzfähig sein, wenn etwa der Geschädigte besondere Gründe nachweist, aus denen nur eine bestimmte Werkstatt in Betracht kommt. Teilweise wird dem Geschädigten sogar ein Ermessen zugestanden, die Werkstatt seines Vertrauens mit der Reparatur zu beauftragen, auch wenn es sich dabei nicht um die kostengünstigste handelt.[106]

Handelt es sich um einen relativ neuen Wagen, spielt die Frage, ob die Reparatur in einer Vertragswerkstatt oder einer freien Werkstatt durchgeführt wurde, nach der Lebenserfahrung durchaus eine Rolle.[107] Jedenfalls ist es Tatfrage, ob die von der insoweit beweispflichtigen Partei vorgetragene Gleichwertigkeit der alternativen Werkstatt tatsächlich zutrifft.

---

100 Bachmeier/*Feller* (oben N. 33), Rn. 97; *Buse*, DAR 2016, 557, 560.
101 *Buse*, DAR 2016, 557, 561; Bachmeier/*Feller* (oben N. 33), Rn. 133.
102 Cass., 13.5.2016, n. 9942; Cass., 7.2.1996, n. 970; Cass., 4.3.1996, n. 2402; Cass., 2.6.1977, n. 2268; Trib. Palermo, 9.10.1984; *Buse*, DAR 2016, 557, 560; *Jayme*, JbItalR 27 (2014), S. 73, 82; großzügiger Trib. Venedig, 25.9.1982; Trib. Turin, 21.11.1980; Pret. Verona, 30.4.1985.
103 Trib. Forlì 24.5.1985.
104 *Buse*, DAR 2016, 557, 560 unter Verweis auf Pret. Nardò, 30.12.1988, Riv. giur. circolaz. e trasp 1989, 245.
105 Trib. Genua, 8.4.1983; Pret. Bologna, 16.9.1985; Pret. Turin, 13.2.1981; *Buse*, DAR 2016, 557, 560.
106 *Jayme*, JbItalR 27 (2014), S. 73, 82 m.N.
107 Vgl. BGH NJW 2017, 2182.

c) Merkantile Wertminderung

Bei der Frage, ob ein nach der Reparatur verbleibender merkantiler Minderwert zu ersetzen ist, müssen verschiedene Konstellationen unterschieden werden.

aa) Merkantile Wertminderung bei Weiterverkauf

Wird das Fahrzeug tatsächlich nach dem Unfall weiterverkauft und lässt sich hierbei nur ein geringerer Kaufpreis erzielen als ohne Unfallschaden, so aktualisiert sich die merkantile Wertminderung; sie bleibt nicht mehr nur rein hypothetisch und soll stets ersatzfähig sein (faktische merkantile Wertminderung).[108]

bb) Technische merkantile Wertminderung

Zu berücksichtigen ist eine Wertminderung weiter, wenn die Beschädigung trotz fachgerechter Reparatur nicht vollständig beseitigt werden konnte und mit bloßem Auge (etwa in Form von Schweißnähten oder Flickstellen) noch erkennbar ist.[109] Die Feststellung dieser Voraussetzung obliegt dem Tatrichter. Eine merkantile Wertminderung im engeren Sinne liegt indessen in solchen Fällen nicht mehr vor; vielmehr handelt es sich um eine technische Wertminderung. Zur Feststellung ihres Umfangs ist regelmäßig eine gutachterliche Einschätzung erforderlich.

cc) Fiktive merkantile Wertminderung

Ein trotz fachgerechter Reparatur verbleibender niedrigerer Verkaufswert des beschädigten Kfz (*deprezzamento/svalutazione commerciale*) stellt nach italienischem Recht im Ausgangspunkt nur eine rein hypothetische und keine unmittelbare Schadensposition dar und ist daher grundsätzlich nicht zu ersetzen (fiktive merkantile Wertminderung).[110] Dies wird damit begründet, dass die Reparatur gerade den status quo ante wiederherstellt.

Allerdings ist anerkannt, dass bei relativ neuen Autos und vergleichsweise großen Schäden auch durch eine noch so fachgerecht ausgeführte Reparatur keine vollständige Wiederherstellung des vorigen Zustandes möglich ist, so dass hier eine merkantile Wertminderung zu berücksichtigen ist.[111] Teilweise wird davon ausgegangen, dass dies nur bei schweren Schäden und auch nur bis maximal ein Jahr nach Zulassung in Betracht komme.[112]

---

108 Trib. Piacenza 11.10.2010; Trib. Rom 30.7.2005; *Buse*, DAR 2016, 557, 560; ebenso auch AG Köln IPRax 2015, 331.

109 So eine Reihe älterer instanzgerichtlicher Entscheidungen, vgl. Corte d'Appello Mailand, 14.12.2001; Trib. Palermo, 9.10.1984; Pret. Brindisi, 23.11.1984. Hierauf wird auch von deutschen Gerichten Bezug genommen: AG München, 17.12.2014 – 343 C 26865/11 unter Verweis auf AG München 5.12.2012 – 322 C 20245/12, zfs 2013, 566; *Buse*, DAR 2016, 557, 560; Bachmeier/*Feller* (oben N. 33), Rn. 105.

110 *Buse*, DAR 2016, 557, 560; MüKo-StVR/*Buse* (oben N. 35), Rn. 158; *Behme/Eidenmüller*, JbItalR 28 (2015), S. 121, 126 f.

111 Siehe die Rechtsprechungsnachweise bei Bachmeier/*Feller* (oben N. 33), Rn. 103 und bei *Mansel/Teichert*, JbItalR 21 (2008), S. 71, 85; s.a. *Jayme*, JbItalR 27 (2014), S. 73, 80 m.w.N.

112 *Backu*, DAR 2003, 337, 345.

Liegt eine merkantile Wertminderung nach diesen Grundsätzen vor, so ist diese vom Gericht nach Billigkeit zu schätzen (Art. 2056 Abs. 1 i.V.m. Art. 1226 c.c.). Tabellen für solche Wertminderungen sind nicht ersichtlich.[113] Allerdings besteht mit der sog. „Formula di Tornaghi" ein Modus für die Berechnung der Wertminderung nach einem Unfall. Nach dieser sind das Alter des Kfz, dessen Wert vor dem Unfall sowie der Reparaturaufwand zu berücksichtigen. Die Formel lautet:

$$Sv = (m / \alpha\ Va) \times 100$$

Dabei steht „Sv" (*svalutazione*) für den für die Wertminderung anzusetzenden Prozentsatz, „m" (*mano d'opera*) für den Wiederherstellungsaufwand, „Va" (*valore*) für den Wert des Kfz vor dem Unfall. Der Koeffizient „α" verändert sich je nach Alter des Kfz nach folgender Maßgabe:

Alter in Monaten	3	6	9	12	24	48
α	2	3	4	5	10	20

Soweit ersichtlich wird diese Formel grundsätzlich nur bei großen Schäden sowie dann angewendet, wenn das Kfz erst relativ kurze Zeit zugelassen ist.[114] Auch scheint sie eher in der Versicherungspraxis eine Rolle zu spielen. In der gerichtlichen Praxis hat sie offenbar kaum Verbreitung gefunden.

4. Fiktive Schadensabrechnung

Fraglich ist, ob der Anspruch des Geschädigten bei der fiktiven Schadensabrechnung bei einer Weiternutzung des Fahrzeuges hinsichtlich der Höhe der geltend gemachten Reparaturkosten lediglich durch die Höhe des Wiederbeschaffungswertes (verstanden als der Aufwand, der zur Wiederbeschaffung eines gleichwertigen Ersatzfahrzeuges notwendig wäre) beschränkt ist, oder aber durch die Höhe des Wiederbeschaffungsaufwandes (verstanden als der Wiederbeschaffungswert abzüglich des Restwertes des Fahrzeuges).

Nach italienischem Recht kann der Geschädigte bei (vollständiger) Zerstörung einer Sache den objektiven Wert der Sache im Zeitpunkt des Unfalls abzüglich eines etwaigen Restwertes der Sache und unter Berücksichtigung der Wertminderung seit Erwerb der Sache verlangen.[115] Bei einem Sachschaden infolge eines Verkehrsunfalls ist auch eine Abrechnung fiktiver Reparaturkosten durch den Geschädigten zulässig.[116] Zu den Reparaturkosten gehört grundsätzlich auch die Umsatzsteuer, selbst wenn diese tatsächlich nicht angefallen ist.[117] Eine Ausnahme gilt insoweit nur dann, wenn der Geschädigte vorsteuerabzugsberechtigt ist.

---

113 So auch *Jayme*, JbItalR 27 (2014), S. 73, 81.
114 Bachmeier/*Feller* (oben N. 33), Rn. 105.
115 Bachmeier/*Feller* (oben N. 33), Rn. 97; *Buse*, DAR 2016, 557, 560.
116 *Behme/Eidenmüller*, JbItalR 28 (2015), S. 121, 125.
117 Cass., 10.6.2013, n. 14535; *Jayme*, JbItalR 27 (2014), S. 73, 82; *Buse*, DAR 2016, 557, 560; Bachmeier/*Feller* (oben N. 33), Rn. 90.

Eine Deckelung findet die Schadensersatzpflicht im Falle einer Reparaturunwürdigkeit. Eine solche liegt nach höchstrichterlicher Rechtsprechung vor, wenn die Reparaturkosten den Zeitwert des Kfz vor dem Unfall erheblich übersteigen (Art. 2058 (1) c.c.).[118] Die Reparaturkosten sind dementsprechend nur dann nicht zu erstatten, wenn sie den Wiederbeschaffungswert erheblich übersteigen. Dies gilt jedenfalls dann, wenn das Kfz noch weiterverwendet wird. Die Erheblichkeit ist dabei eine Frage des tatrichterlichen Ermessens.[119] Hierbei kommt es auf das Verhältnis zwischen Schaden, entstehenden Kosten und dem Nutzen für den Geschädigten an.[120] Liegt eine erhebliche Belastung vor, so schuldet der Schädiger grundsätzlich nur Ersatz des Zeitwertes des beschädigten Kfz vor dem Unfall.[121]

5. Nutzungsausfall

In der italienischen Rechtsprechung war lange Zeit umstritten, unter welchen Voraussetzungen der Nutzungsausfallschaden ersatzfähig ist. Einigkeit bestand darin, dass eine konkret aufgelaufene Schadensposition (*danno da fermo tecnico*) vom Schädiger jedenfalls dem Grunde nach ersetzt werden muss. Das können etwa Mietwagenkosten sein, die jedenfalls dann als ersatzfähig angesehen werden, wenn das Fahrzeug beruflich genutzt wird.[122]

Für den Fall, dass keine konkrete Schadensposition geltend gemacht, sondern eine abstrakte Nutzungsausfallentschädigung, bestehen unterschiedliche Tendenzen in der Rechtsprechung der Corte di Cassazione.

Eine Rechtsprechungslinie hält allein den technischen Stillstand für einen längeren Zeitraum für ausreichend zur Auslösung eines Ersatzanspruchs.[123] Begründet wird dies damit, dass auch während des Stillstandes Kosten in Form von Steuern und Versicherungsprämien anfielen sowie ein natürlicher Wertverlust auftrete.

Die andere Rechtsprechungslinie fordert, dass der Geschädigte die Notwendigkeit der Nutzung seines Fahrzeugs, deren effektiven Verlust und den durch den Verlust verursachten Schaden in Form entgangenen Gewinns oder des für die notwendige Benutzung anderer Transportmittel entstandenen Aufwands im Einzelnen nachweist.[124]

---

118 Cass., 8.1.2016, n. 124; Cass., 26.5.2014, n. 11662; Cass., 28.4.2014, n. 9367; Cass., 4.11.2013, n. 24718; Cass., 12.10.2010, n. 21012; Cass., 22.5.2003, n. 8052; *Buse*, DAR 2016, 557, 560. Gegen eine solche Einschränkung einige untergerichtliche Entscheidungen: Giudice di Pace (GdP) Mailand, 22.6.2012; GdP Davoli, n. 596/2004; GdP Siracusa n. 290/2004.

119 Cass., 4.11.2013, n. 24718; Cass., 12.10.2010, n. 21011; *Buse*, DAR 2016, 557, 560; *P.G. Monateri*, La responsabilità civile, in: Trattato Sacco, Band III, 1998, S. 330 ff.

120 Cass., 7.5.1984, n. 2763.

121 Cass., 4.11.2013, n. 24718.

122 Siehe dazu die Nachweise bei *Geier*, JbItalR 24 (2011), S. 165, 172 f.; *Behme/Eidenmüller*, JbItalR 28 (2015), S. 121, 130; MüKo-StVR/*Buse* (oben N. 35), Rn. 168.

123 Cass., 4.10.2013, n. 22687; ebenso Cass., 26.6.2015, n. 13215; weitere Nachweise bei Bachmeier/*Feller* (oben N. 33), Rn. 132. Zur Entwicklung auch *Geier*, JbItalR 24 (2011), S. 165, 169 ff.; *Behme/Eidenmüller*, JbItalR 28 (2015), S. 121, 127 ff.

124 Cass., 14.10.2015, n. 20620, LS verfügbar bei juris; ebenso Cass., 11.12.2015, n. 25063; zustimmend *Buse*, DAR 2016, 89. Zahlreiche weitere Nachweise finden sich bei *Buse*, DAR 2015, 557, 561 in Fn. 121.

Das Grundsatzurteil der Corte di Cassazione vom 14.10.2015 begründet dies damit, dass im Ausgangspunkt nach italienischem Schadensrecht stets ein konkreter Schadensnachweis gefordert werde.[125] Auf die für Steuern und Versicherungen aufgewendeten Beträge komme es nicht an, da einerseits die Besteuerungsgrundlage nicht die Benutzbarkeit des Fahrzeugs sei, sondern schlicht die Zulassung, und andererseits die Versicherungsprämie weiterhin ihren Zweck erfülle, indem sie das Risiko der Zerstörung des Fahrzeugs während der Reparatur abdecke. Dem Geschädigten obliege es im Übrigen, im Rahmen der Schadensminderungspflicht das Fahrzeug ggf. abzumelden. Schließlich sei ein eventueller Wertverlust während der Reparaturzeit nicht die Folge des Nutzungsausfalls, sondern der Beschädigung, so dass diesbezüglich ohnehin eine gesonderte Betrachtung notwendig werde. Der Verlust der bloßen Möglichkeit der Nutzung des Fahrzeugs wird mithin nicht kommerzialisiert, sondern als nicht ersatzfähiger Nichtvermögensschaden eingestuft. Diese Argumente werden auch in neueren Urteilen wiederholt.[126]

6. Kosten der Rechtsverfolgung

a) Vorgerichtlich entstandene Anwaltskosten

Die Erstattungsfähigkeit von Kosten der vorgerichtlichen Rechtsverfolgung war im italienischen Recht lange Zeit umstritten.[127] Nach überwiegender Auffassung waren sie bis zur Höhe der gesetzlichen Gebühren erstattungsfähig,[128] sofern sie zur angemessenen Interessenwahrnehmung notwendig und erforderlich waren. Dies ist dann der Fall, wenn die Unfallregulierung besondere rechtliche Schwierigkeiten aufgeworfen oder der Versicherer das Schadensregulierungsverfahren unangemessen betrieben hat und die Schadenshöhe die Erheblichkeitsschwelle erreicht hat.[129] Die Notwendigkeit einer Inanspruchnahme anwaltlicher Beratung lässt sich wohl bereits durch den Auslandsbezug des Sachverhalts begründen.[130]

---

125 Cass., 14.10.2015, n. 20620.
126 Cass., 31.3.2017, n. 13718; s.a. Cass., 12.2.2018, n. 3293.
127 Zum Streitstand *Neidhart*, Unfall im Ausland, Band 2: West-Europa, 5. Aufl. 2007, S. 151; *Doughan*, JbItalR 26 (2013), S. 173, 174 ff.; *Behme/Eidenmüller*, JbItalR 28 (2015), S. 121, 123 f.
128 Cass., 27.11.2015, n. 24205 unter 5.3; ebenso AG Köln IPRax 2015, 358, 360; *Buse*, DAR 2016, 557, 562 mit dem Hinweis auf die Dokumentationspflicht des Art. 148 Abs. 11 CAP hinsichtlich der durch die Einholung von Rechtsrat verursachten Kosten; MüKo-StVR/*Buse* (oben N. 35), Rn. 190.
129 Cass., 21.10.2010, n. 997, Mass. giust. civ. 2010, 81 ("se la spesa sia stata necessitata e giustificata in funzione dell'attività di esercizio stragiudiziale del diritto al risarcimento"); Cass., 11.11.2008, n. 26973; *Buse*, DAR 2016, 557, 562; Bachmeier/*Feller* (oben N. 33), Rn. 141; *Jayme*, JbItalR 30 (2017), S. 59, 61; *Doughan*, JbItalR 26 (2013), S. 173, 174 ff.; a.A. Trib. Treviso, Urt. v. 15.7.2010, wonach außergerichtliche Anwaltskosten nur zu erstatten sind, sofern eine außergerichtliche Regulierung des Unfalls erfolgt ist.
130 Ebenso *Jayme*, JbItalR 30 (2017), S. 59, 61.

Die Erstattungsfähigkeit vorgerichtlicher Anwaltskosten wurde nunmehr auch in Art. 18 ff. des Ministerialdekrets Nr. 55 vom 10.3.2014[131] positivrechtlich anerkannt.[132] In Art. 19 dieses Ministerialdekrets wird festgelegt, dass im Einzelfall der Streitgegenstand, der Streitwert, die Anzahl und Bedeutung der behandelten Fragen, der Wert der erbrachten Leistungen, die erzielten Ergebnisse und die dem Mandanten erwachsenden Vorteile (auch nicht wirtschaftlicher Art) sowie eine etwaige Eilbedürftigkeit der Sache zu berücksichtigen sind.[133] Aus deutscher Sicht wird ganz überwiegend § 287 ZPO für anwendbar erachtet.[134] Für den Fall eines Vergleichs ist dort ferner vorgesehen, dass sich die erstattungsfähigen Gebühren um 40% erhöhen. Ferner wird auf die Richtwerte der im Anhang des Dekrets enthaltenen Tabelle verwiesen, die im Einzelfall um bis zu 80% erhöht oder um bis zu 50% reduziert werden können.[135]

Diskutiert wird eine Deckelung des erstattungsfähigen Betrags durch den Streitwert des gerichtlichen Verfahrens: So sollen die Anwaltskosten maximal in Höhe von 20% hiervon erstattungsfähig sein.[136] Doch sehen andere insoweit keine zwingende rechtliche Regelung, sondern nur eine gängige Praxis der Versicherungen.[137]

b) Gutachterkosten

Kosten für vorprozessual eingeholte private Sachverständigengutachten zur Schadenshöhe sind nach italienischem Recht nur ausnahmsweise ersatzfähig, wenn (1) der Versicherer des Unfallgegners die eigene Schadensermittlung verzögert hat, (2) die Hinzuziehung eines geeigneten Sachverständigen zur Schadensermittlung erforderlich war, und (3) die Einholung von Kostenvoranschlägen und Schadensfotografien nicht ausreichend war sowie (4) es sich um einen wirtschaftlich erheblichen Schaden handelt.[138]

Die italienische Rechtsprechung würdigt privat eingeholte Unfallgutachten im Rahmen der freien Beweiswürdigung als Urkunden.[139] Doch sind deutsche Gerichte daran nicht gebunden, da die Beweiserhebung der deutschen *lex fori* unterliegt (Art. 22 Rom II-VO).[140]

---

131 G.U. Nr. 77, 2.4.2014. Dieses Dekret ersetzt ohne hier relevante Inhaltsänderung das Ministerialdekret Nr. 140 vom 20.7.2012, s. *Behme/Eidenmüller*, JbItalR 28 (2015), S. 121, 124. Eine deutsche Übersetzung des Dekrets findet sich bei *Strauß*, JbItalR 27 (2014), S. 149; zur Vorgängerversion *ders.*, JbItalR 26 (2013), 141.

132 *Doughan*, JbItalR 26 (2013), S. 173, 175; *Nissen*, DAR 2013, 568, 570; AG Köln IPRax 2015, 331, juris Rn. 41.

133 Siehe AG Köln IPRax 2015, 331, juris Rn. 42, das Art. 3 des italienischen Ministerialdekrets Nr. 140 vom 22.7.2012 eine Begrenzung der Höhe des zu erstattenden Betrages auf max. 20% der für begründet erachteten Streitsumme entnimmt; ebenso *Doughan*, JbItalR 26 (2013), S. 173, 178.

134 LG Saarbrücken NJW-RR 2012, 885; *Eichel*, IPRax 2014, 156; *Doughan*, JbItalR 26 (2013), 173, 179. A.A. LG Hanau, Urteil v. 9.6.2011, Az. 4 O 28/09 (juris Rn. 42), das die entsprechende Vorschrift zur Schadensschätzung der *lex causae* anwendet.

135 *Behme/Eidenmüller*, JbItalR 28 (2015), S. 121, 124.

136 Ausführlich mit Nachweisen *Doughan*, JbItalR 26 (2013), S. 173, 177 ff.; so auch AG Köln IPRax 2015, 358, 360.

137 Keine zwingende rechtliche Regelung sehen darin etwa *Nissen*, DAR 2013, 568, 570; *Buse*, DAR 2016, 557, 562 m.N. zur untergerichtlichen Rechtsprechung.

138 Cass., 29.5.2016, n. 11154; *Buse*, DAR 2016, 557, 560.

139 Siehe die Nachweise bei *Buse*, DAR 2016, 557, 564.

140 *Schack*, IZVR (oben N. 9), Rn. 757.

7. Zinsen

a) Anwendbares Recht

Der Zinsanspruch untersteht dem Forderungsstatut (Art. 15 Rom II-VO),[141] hier also italienischem Recht. Auch Prozesszinsen sind nach wohl h.M. materiellrechtlich zu qualifizieren; sie bestimmen sich daher nicht nach der deutschen *lex fori*, sondern nach dem Schuldstatut,[142] hier nach italienischem Recht.

b) Italienische Sachvorschriften

aa) Zinsanspruch dem Grunde nach

Das italienische Recht kennt unterschiedliche Zinsansprüche. Fällige Geldforderungen sind von Gesetzes wegen zu verzinsen (Art. 1282 c.c.). Die Vorschrift erfasst sowohl vertragliche als auch außervertragliche Geldforderungen.[143] Allerdings gilt sie nicht für Forderungen, die dem Grunde oder der Höhe nach streitig sind (illiquide Forderungen). Doch soll im Falle der Verurteilung rückwirkend ein Anspruch auf Verzinsung der zugesprochenen Forderung ab Klageantrag bestehen.[144]

Daneben kennt das italienische Recht auch Verzugszinsen auf der Grundlage des Art. 1224 c.c. Allerdings beruft Art. 2056 Abs. 1 c.c. für die Bemessung des Schadensersatzanspruchs infolge unerlaubter Handlung den Verzugszinsanspruch aus Art. 1224 c.c. gerade nicht zur Anwendung, da es sich bei Schadensersatzpflichten aus unerlaubter Handlung ursprünglich um Geldwertschulden (*debiti di valore*), nicht aber um Geldsummenschulden (*debiti di valuta*) handelt, und Art. 1224 c.c. lediglich für letztere gilt.[145] Als *debiti di valuta*, deren Verzinsung auf der Basis des Art. 1224 c.c. möglich wäre, sind Schadensersatzpflichten aus unerlaubter Handlung erst ab dem Moment zu qualifizieren, in dem ihre gerichtliche Feststellung rechtskräftig wird.[146] Allerdings leitet ein Teil der italienischen Rechtsprechung einen Zinsanspruch in Höhe der gesetzlichen Zinsen ab Schadenseintritt aus Art. 1219 Abs. 2 Nr. 1 c.c. ab, wonach sich der Schädiger im Falle einer unerlaubten Handlung ab dem Zeitpunkt des Schadenseintritts in Verzug befindet.[147]

Der Direktanspruch gegen den Versicherer des Schädigers ist als Geldsummenschuld anzusehen;[148] er ist daher bereits mit Verzugseintritt zu verzinsen.[149] Verzug

---

141 BeckOGK-BGB/*Dornis*, Stand 1.6.2019, § 286 Rn. 380.
142 Siehe die Nachweise bei BeckOGK/*Dornis* (oben N. 141), § 291 Rn. 28.
143 Cass. 29.1.2003, n. 1265, Rep. Giur. It. 2003, voce „obbligazioni e contratti", Nr. 516; *Mansel/Teichert*, JbItalR 21 (2008), S. 71, 87 m.w.N.
144 Cass. 15.3.1983, n. 1904, Rep. Giur. It. 1983, voce „interessi", Nr. 17; *Mansel/Teichert*, JbItalR 21 (2008), S. 71, 86 m.w.N.
145 Cass., 11.3.2004, n. 4993, Rep. Giur. It. 2004, voce „danni in mat. civ. e pen.", Nr. 505.
146 Cass., 11.3.2004, n. 4993, Rep. Giur. It. 2004, voce „danni in mat. civ. e pen.", Nr. 505; Cass., 27.7.2001, n. 10300, Rep. Giur. It. 2001, voce „danni in mat. civ. e pen.", Nr. 224.
147 Statt vieler Cass., 19.5.1990, n. 2296, Giur. It. 1990, I, 1, 1584; vgl. ferner die Nachweise bei *Kindler* (oben N. 31), § 15 Rn. 24.
148 Cass., 11.3.2016, n. 4765; Cass., 18.11.2014, n. 24470; Cass., 31.3.2007, n. 8078.
149 MüKo-StVR/*Buse* (oben N. 35), Rn. 230.

tritt regelmäßig dann ein, wenn der Versicherer seinen Regulierungspflichten nicht nachkommt.[150]

bb) Zinshöhe

Die Zinshöhe folgt aus Art. 1284 Abs. 1 c.c., danach wird der gesetzliche Zinssatz mit jährlich fünf Prozent festgesetzt. Der Minister für das Staatsvermögen kann jährlich mit Dekret, das spätestens bis zum 15. Dezember jenes Jahres im Gesetzblatt der Republik zu veröffentlichen ist, das dem Jahr vorangeht, auf das sich der Zinssatz bezieht, dessen Höhe auf der Grundlage des jährlichen Bruttodurchschnittsertrages der Staatspapiere mit einer Laufzeit von nicht über zwölf Monaten und unter Berücksichtigung der im Jahr ermittelten Inflationsrate ändern. Wird die Höhe des Zinssatzes nicht bis zum 15. Dezember neu festgesetzt, bleibt der bisherige Zinssatz für das folgende Jahr unverändert.

Solche Dekrete bestehen für die vergangenen Jahre wie folgt:[151]
- ab 1.1.2014: Zinshöhe von 1 %
- ab 1.1.2015: Zinshöhe von 0,5 %
- ab 1.1.2016: Zinshöhe von 0,2 %
- ab 1.1.2017: Zinshöhe von 0,1 %
- ab 1.1.2018: Zinshöhe von 0,3 %
- ab 1.1.2019: Zinshöhe von 0,8 %

In intertemporaler Hinsicht erfasst die neu festgesetzte Zinshöhe die Forderung erst ab ihrem jeweiligen Inkrafttreten.[152]

VI. Zusammenfassung

Die *Odenbreit*-Rechtsprechung des EuGH führt hinsichtlich der Regulierung von Verkehrsunfällen vielfach zu einem Klägergerichtsstand. Das in der Sache anwendbare Recht hingegen ist regelmäßig dasjenige des Unfallortes. Dies führt in verfahrensrechtlicher Hinsicht häufig zur Notwendigkeit der Einholung von Sachverständigengutachten zum ausländischen Recht. Das italienische Haftungsrecht nach Verkehrsunfällen ist mittlerweile recht gut erschlossen. Vielfach werden Beweisfragen den Rechtsstreit entscheiden. Insofern kommt den verschiedenen Vermutungen, die das italienische Recht kennt, große praktische Bedeutung zu. Manche Streitfrage, wie etwa die Erstattungsfähigkeit von Kosten der vorgerichtlichen Rechtsverfolgung oder des abstrakten Nutzungsausfalls, wurde mittlerweile einer Klärung zugeführt. Anderes ist noch im Fluss, etwa hinsichtlich der Obliegenheit des Geschädigten, die günstigste Reparaturmöglichkeit zu wählen, insbesondere dann, wenn er seinen gewöhnlichen Aufenthalt im Ausland hat.

---

150 Cass. Sez. Un., 18.12.2014, n. 26659; Cass., 11.3.2016, n. 4765; weitere Nachweise bei MüKo-StVR/*Buse* (oben N. 35), Rn. 230.

151 Siehe etwa https://www.brocardi.it/codice-civile/libro-quarto/titolo-i/capo-vii/sezione-i/art1284.html.

152 Siehe *Behme/Eidenmüller*, JbItalR 28 (2015), S. 121, 122.

II. Beiträge, Berichte, Besprechungen

Karl August Prinz von Sachsen Gessaphe

Unionsrechtliche Regelung von Unterhaltssachen mit Auslandsbezug[*]

I. Einleitung

Unterhaltspflichten, die auf einer familienrechtlichen Grundlage beruhen, können Auslandsbezug aufweisen, wenn etwa der Unterhaltspflichtige in einem Staat seinen gewöhnlichen Aufenthalt hat, der Unterhaltsberechtigte hingegen in einem anderen. Für die Geltendmachung von Unterhaltsansprüchen in Sachverhalten mit Auslandsbezug stellen sich drei Fragen:

1. Welche Gerichte sind hierfür international zuständig?
2. Welches Recht haben diese auf die Unterhaltsverpflichtung anzuwenden?
3. Ist das vom angerufenen Gericht erlassene Urteil in Unterhaltssachen in anderen Staaten, vor allem im Staat, in welchem der Unterhaltsschuldner lebt, vollstreckbar und, wenn ja, unter welchen Voraussetzungen?

Diese Fragen können von den Gesetzgebern der verschiedenen Staaten eigenständig geregelt werden, doch kann dies zu Problemen führen. Sind die Gerichte des Staates A, in dem der Unterhaltsberechtigte lebt, nach den eigenen Rechtsvorschriften international zuständig und erlässt ein Gericht des Staates A ein Unterhaltsurteil gegen den Unterhaltsschuldner, der im Staate B lebt, so kann es sein, dass Gerichte im Staate B diesem Urteil die Anerkennung versagen, weil das Ursprungsgericht nach den Vorschriften des Staates B nicht international zuständig war oder nach dem Internationalen Privatrecht (IPR) des Staates A ein Recht angewandt hat, welches nach dem IPR des Staates B nicht hätte angewandt werden dürfen. Damit scheiterte die Vollstreckung des Unterhaltsurteils, so dass dem Unterhaltsberechtigten nicht geholfen wäre und er, außer dem Aufwand von Zeit, Mühe und Kosten, nichts erreicht hätte.

Aus diesem Grunde wird seit langem versucht, Unterhaltssachen mit Auslandsbezug durch internationales Einheitsrecht zu regeln. Der Idealfall wäre staatsvertragliches oder supranationales Recht, welches das materielle Unterhaltsrecht für eine möglichst große Zahl von Staaten einheitlich regelt. Die beteiligten Staaten würden dieses Recht statt des eigenen nationalen auf Unterhaltssachen mit Auslandsbezug anwenden, ohne dass es einer kollisionsrechtlichen Bestimmung des anwendbaren Rechts und möglicherweise der Anwendung eines dem Gericht fremden ausländischen Unterhaltsrechts bedürfte. Solches internationales materielles Einheitsrecht gibt es freilich auf

---

[*] Der Autor ist Inhaber des Lehrstuhls Bürgerliches Recht, Zivilprozessrecht, Internationales Privatrecht und Rechtsvergleichung an der FernUniversität Hagen. Erweiterte Fassung eines Vortrages, gehalten am 5.4.2019 in Triest bei dem Rechtsseminar: Italien, Deutschland, Österreich, Slowenien, Kroatien im Vergleich, organisiert von *Diego Deboni Ferletic*: Avvocati, Trieste, Gorizia, Udine, in Zusammenarbeit mit Dolce – Lauda Rechtsanwälte – Avvocati, Frankfurt a.M., Milano, Modena, München, Stuttgart.

dem Gebiet des Unterhaltsrechts jedenfalls für Deutschland nicht. Ein anderer Weg ist es, einheitliche Regeln für die drei aufgeworfenen Fragen zu schaffen. Für Gerichte in Deutschland und in Italien waren vor allem die von der Haager Konferenz für Internationales Privatrecht seit den späten 1950er Jahren erarbeiteten Abkommen relevant; diese betrafen jedoch jeweils nur die Frage nach dem anwendbaren Recht oder nach der Anerkennung und Vollstreckung von Urteilen. Zu nennen sind:

– Zum anwendbaren Recht die entsprechenden Haager Übereinkommen von 1956 (HKUntÜ)[1] und 1973 (HUntÜ)[2]; letzteres galt für eine Mehrzahl der damaligen EG-Staaten, darunter auch Deutschland und Italien.[3]

– Zur Anerkennung und Vollstreckung die diesbezüglichen Haager Übereinkommen von 1958 (KindUnthVÜ)[4] und 1973 (UnthVÜ)[5]; letzteres galt ebenfalls für eine Mehrzahl der damaligen EG-Staaten, darunter Deutschland und Italien.[6]

– Zur Bestimmung der direkten internationalen Zuständigkeit von Gerichten in Unterhaltssachen gab es hingegen keine multinationale Regelung. Die Abkommen über die Anerkennung und Vollstreckung von Urteilen regelten die internationale Zuständigkeit nur indirekt, nämlich als Voraussetzung für die Anerkennung von Urteilen aus dem Ursprungsstaat in dem ersuchten Staat.

Damit war es weiterhin möglich, dass Unterhaltsberechtigte, aber ebenso Unterhaltsschuldner bei Erhebung einer negativen Feststellungsklage, sich einen ihnen genehmen Gerichtsort aussuchten und dadurch möglicherweise das anwendbare Unterhaltsrecht mittelbar beeinflussten (*forum shopping*). Allerdings konnte die Anerkennung eines so erlangten Urteils im Aufenthaltsstaat des Unterhaltsschuldners dann daran scheitern, dass nach dem dort geltenden Recht das Urteil von einem international unzuständigen Gericht erlassen worden war.

Für den Raum der EU und damit für Deutschland und Italien brachte dann das Brüsseler EWG-Übereinkommen über die gerichtliche Zuständigkeit und die Vollstreckung gerichtlicher Entscheidungen in Zivil- und Handelssachen von 1968 (EuGVÜ)[7] erstmals für die damaligen Mitgliedstaaten eine verbindliche Regelung der direkten internationalen Zuständigkeit für Unterhaltssachen: Art. 5 Nr. 2 EuGVÜ sah hierfür eine besondere konkurrierende Zuständigkeit vor; daneben waren auf Unterhaltssachen die allgemeinen Regeln anwendbar und damit der allgemeine Gerichtsstand am Wohnsitz des Beklagten, im Regelfall des Unterhaltsschuldners. Die gleiche Rege-

---

1 Haager Übereinkommen über das auf Unterhaltsverpflichtungen gegenüber Kindern anzuwendende Recht v. 24.10.1956, Bundesgesetzblatt (BGBl.) 1961 II 1013.

2 Haager Übereinkommen über das auf Unterhaltspflichten anzuwendende Recht v. 2.10.1973, BGBl. 1986 II 837.

3 Zum aktuellen Stand der Vertragsstaaten: https://www.hcch.net/en/instruments/conventions/status-table/?cid=37 (zuletzt abgerufen am 16.9.2019).

4 Haager Übereinkommen über die Anerkennung und Vollstreckung von Entscheidungen auf dem Gebiet der Unterhaltspflicht gegenüber Kindern v. 15.4.1958, BGBl. 1961 II 1006.

5 Haager Übereinkommen über die Anerkennung und Vollstreckung von Unterhaltsentscheidungen v. 2.10.1973, BGBl. 1986 II 826.

6 Zum aktuellen Stand der Vertragsstaaten: https://www.hcch.net/en/instruments/conventions/status-table/?cid=85 (zuletzt abgerufen am 16.9.2019).

7 In der Fassung des vierten Beitrittsübereinkommens v. 29.11.1996, BGBl. 1998 II 1412.

lung galt über das Luganer Übereinkommen von 1988[8] vor allem im Verhältnis zu Island, Norwegen und der Schweiz. Die Normierung des EuGVÜ wurde dann durch die EG-Verordnung Nr. 44/2001 über die gerichtliche Zuständigkeit und die Anerkennung und Vollstreckung von Entscheidungen in Zivil- und Handelssachen von 2001 (Brüssel I-VO oder EuGVO 2001)[9] weitgehend beibehalten und durch die Neufassung des Luganer Übereinkommens von 2007 (LugÜ)[10] auf dieses übertragen.

Für die Mitgliedstaaten der EU oder eine Vielzahl von ihnen gab es damit staatsvertragliche oder unionsrechtliche Regelungen zu allen drei aufgeworfenen Fragen. Allerdings fehlte es an einer einheitlichen Normierung dieser Fragen, die noch dazu für alle Mitgliedstaaten gegolten hätte. Der nächste Schritt zur Vereinheitlichung des internationalen Unterhaltsrechts erfolgte dann mit der Verordnung (EG) Nr. 4/2009 des Europäischen Parlaments und des Rates über die Zuständigkeit, das anwendbare Recht, die Anerkennung und Vollstreckung von Entscheidungen und die Zusammenarbeit in Unterhaltssachen v. 18.12.2008 (EuUnthVO),[11] die seit dem 18.6.2011 gilt. Mit deren Inkrafttreten wurden zugleich die Bestimmungen der EuGVO 2001 in Bezug auf Unterhaltssachen unanwendbar (Art. 68 Abs. 1 EuUnthVO), während das LugÜ diese weiterhin erfasst. Entgegen früheren Plänen enthält die EuUnthVO aber keine eigenständige Regelung zum anwendbaren Recht. Die EG hatte nämlich auf eine solche verzichtet, weil sie sich an den Arbeiten der Haager Konferenz hierzu beteiligt hatte.[12] Dem daraus hervorgegangenen Haager Protokoll über das auf Unterhaltspflichten anzuwendende Recht von 2007 (HUntProt)[13] ist die damalige EG dann auf der Grundlage des Art. 24 HUntProt als Organisation der regionalen Wirtschaftsintegration beigetreten. In Ermangelung einer eigenen Regelung des IPR hat der Unionsgesetzgeber die Bestimmungen des HUntProt über eine Verweisung in Art. 15 EuUnthVO inkorporiert.

Die EuUnthVO ist damit das erste unionsrechtliche Rechtsinstrument auf dem Gebiet der justiziellen Zusammenarbeit in Zivilsachen gem. Art. 81 des Vertrages über die Arbeitsweise der Union (AEUV),[14] das umfassend die wesentlichen Fragen für Unterhaltssachen mit Auslandsbezug normiert, und zwar sogar über die drei eingangs aufgeworfenen Themen hinaus. Es regelt:

– die direkte internationale Zuständigkeit mit den damit zusammenhängenden Fragen der Rechtshängigkeit und zusammenhängender Verfahren;
– das IPR zur Bestimmung des anwendbaren Rechts;
– die Anerkennung und Vollstreckung von Unterhaltstiteln;
– die Prozesskostenhilfe;

---

8 Luganer Übereinkommen über die gerichtliche Zuständigkeit und die Vollstreckung gerichtlicher Entscheidungen in Zivil- und Handelssachen v. 16.9.1988, BGBl. 1994 II 2660.
9 Verordnung (EG) Nr. 44/2001 des Rates v. 22.12.2000 über die gerichtliche Zuständigkeit und die Anerkennung und Vollstreckung von Entscheidungen in Zivil- und Handelssachen, Amtsblatt (ABl.) EG 2001 L 12/1.
10 Luganer Übereinkommen über die gerichtliche Zuständigkeit und die Vollstreckung gerichtlicher Entscheidungen in Zivil- und Handelssachen v. 30.10.2010, ABl. EU 2009 L 147/5.
11 ABl. EU 2009 L 7/1.
12 Erwägungsgrund 8 zur EuUnthVO.
13 ABl. EU 2009 L 331/19.
14 ABl. EU C 115, 47.

– die Unterstützung der Parteien durch zentrale Behörden und deren Zusammenarbeit;
– die Einbeziehung öffentlicher Aufgaben wahrnehmender Einrichtungen, die anstelle des Verpflichteten Unterhalt leisten.

Die EuUnthVO soll die Beilegung grenzüberschreitender Unterhaltsverfahren erleichtern und beschleunigen (Erwägungsgrund 4), indem sie ein Instrumentarium zur wirksamen Durchsetzung von Unterhaltsforderungen in grenzüberschreitenden Situationen schafft (Erwägungsgrund 45), das „den legitimen Erwartungen der Unterhaltsberechtigten gerecht wird".[15] Zentrales Anliegen der Verordnung ist somit der Schutz des Unterhaltsberechtigten.[16]

Die EuUnthVO gilt nun zwar schon seit einigen Jahren, doch sind kürzlich erste Entscheidungen des EuGH zu dessen Auslegung ergangen; auch deutsche Gerichte befassen sich verstärkt mit dessen Bestimmungen. Es erscheint daher angezeigt, im Lichte dieser Rechtsprechung einen Blick auf die wesentlichen Aspekte der Regelung der internationalen Zuständigkeit (III), des anwendbaren Rechts (IV) und der Anerkennung und Vollstreckung von Urteilen (V) zu werfen; auf die weiteren Themen, welche die EuUnthVO abdeckt, kann hier nicht eingegangen werden. Vorab ist aber kurz der Anwendungsbereich der VO zu definieren (II).

II. Anwendbarkeit der EuUnthVO

1. Sachlicher Anwendungsbereich

Der sachliche Anwendungsbereich ist in Art. 1 Abs. 1 EuUnthVO weit definiert und erfasst sämtliche auf einem Familien-, Verwandtschafts- oder eherechtlichen Verhältnis sowie auf Schwägerschaft beruhende Unterhaltspflichten. Diese Begriffe sind autonom auszulegen. Ob hierunter nur auf Gesetz oder ebenso auf parteiautonomer Vereinbarung beruhende Pflichten fallen, ist umstritten. Nach überwiegender Ansicht ist letzteres der Fall, sofern die Vereinbarung in einem familienrechtlichen oder eherechtlichen Verhältnis i.S.d. Art. 1 Abs. 1 EuUnthVO ihren Grund hat.[17] Der Kreis der erfassten Unterhaltsberechtigten ist weit zu bestimmen (Erwägungsgrund 11), so dass nichteheliche Lebensgemeinschaften sowie homosexuelle eingetragene Lebenspartnerschaften und Ehen gleichfalls hierunter zu subsumieren sind.[18]

Problematisch ist die Auslegung des Begriffs der Unterhaltspflichten, weil es in verschiedenen Staaten Ausgleichsansprüche gibt, die nicht nur dem Unterhalt des bedürftigen Berechtigten dienen, sondern noch eine weitergehende Funktion haben.

---

15 Begründung zum Vorschlag für eine Verordnung des Rates über die Zuständigkeit und das anwendbare Recht in Unterhaltssachen, die Anerkennung und Vollstreckung von Unterhaltsentscheidungen und die Zusammenarbeit im Bereich der Unterhaltspflichten v. 15.12.2005, KOM (2005) 649 endg., 4.
16 *Gruber*, IPRax 2010, 128, 129; *Wurmnest*, in: beck-online.GROSSKOMMENTAR, Stand 1.10.2017, EuUnthVO Art. 1 Rn. 3 (zit. BeckOGK/*Bearbeiter*).
17 BeckOGK/*Wurmnest* (oben N. 16), EuUnthVO Art. 1 Rn. 78 m.w.N.
18 *Gruber*, IPRax 2010, 128, 130; *Henrich*, FamRZ 2015, 1761, 1762; BeckOGK/*Wurmnest* (oben N. 16), EuUnthVO Art. 1 Rn. 96 f.

Das Problem tritt vor allem bei Ansprüchen anlässlich der lebzeitigen Beendigung einer Ehe auf. Beispiele hierfür bieten die *préstacion compensatoire* des französischen Rechts (Art. 270 ff. Code civil) oder das davon abgeleitete Institut des *„derecho a una compensación"* des spanischen Rechts (Art. 97 span. Código Civil). Diese Leistung ist dazu bestimmt, soweit möglich das Ungleichgewicht auszugleichen, welches die Auflösung der Ehe einem Ehegatten in seinen Lebensbedingungen verursacht hat. Solche Ausgleichsansprüche treten funktional an die Stelle eines nachehelichen Unterhaltsanspruchs, haben daneben aber auch eine vermögensverteilende und versorgende Funktion, so dass eine Abhängigkeit von der tatsächlichen Bedürftigkeit nur bedingt gegeben ist. Trotz dieser Doppelfunktionalität hat der EuGH noch zum EuGVÜ erklärt, dass solche Ansprüche als unterhaltsrechtlich zu qualifizieren sind, da sie „finanzielle Verpflichtungen zwischen den früheren Ehegatten nach Scheidung" betreffen, „welche sich nach den beiderseitigen Mitteln und Bedürfnissen bestimmen."[19] Orientieren sich solche Ansprüche zumindest wesentlich an der Bedürftigkeit des Berechtigten und der Leistungsfähigkeit des Verpflichteten, sind sie also trotz einer weitergehenden Ausgleichsfunktion als unterhaltsrechtlich zu qualifizieren. Maßgeblich ist daher eine funktionale Betrachtungsweise. Besonders schwierig ist die Qualifikation von Entscheidungen über den nachehelichen Ausgleich im Recht von England und Wales, weil Richter hier über ein weites Ermessen hinsichtlich des Erlasses finanzieller Maßnahmen verfügen. Das Gericht kann in der gleichen Entscheidung „z.B. die Zahlung von regelmäßigen oder pauschalen Beträgen sowie die Übertragung von Eigentum von einem Ehegatten auf seinen ehemaligen Ehegatten anordnen".[20] Soweit die Entscheidung funktional unterhaltsrechtlich zu qualifizieren ist, unterfällt sie der EuUnthVO, soweit sie hingegen als güterrechtlicher Ausgleich zu qualifizieren ist, der Verordnung (EU) 2016/1103 zur Durchführung einer Verstärkten Zusammenarbeit im Bereich der Zuständigkeit, des anzuwendenden Rechts und der Anerkennung und Vollstreckung von Entscheidungen in Fragen des ehelichen Güterstands (EuGüVO)[21].[22]

2. Räumlicher Anwendungsbereich

Die EuUnthVO ist von den Behörden und Gerichten derjenigen Mitgliedstaaten anzuwenden, die durch sie gebunden sind. Hier gilt es zu unterscheiden: Die EuUnthVO gilt für alle Mitgliedstaaten einschl. Dänemarks,[23] Irlands[24] und des Vereinigten Königreiches,[25] solange dieses noch der EU angehört. Allerdings haben sich Dänemark und das Vereinigte Königreich nicht dem HUntProt angeschlossen, so dass diese Staaten sich nicht an der Vereinheitlichung des auf Unterhaltspflichten bezogenen IPR betei-

---

19 EuGH, 6.3.1980, 120/79 – *de Cavel/de Cavel*, EuGHE 80, 731 Rn. 5 = BeckRS 2004, 71379.
20 EuGH, 27.2.1997, C-220/95 – *van den Boogaard/Laumen*, CELEX 61995CJ0220 Rn. 20; dazu auch *Henrich*, FamRZ 2015, 1761, 1762.
21 ABl. EU 2016 L 183/1.
22 In diesem Sinn noch vor Erlass der EuGüVO EuGH, 27.2.1997, C-220/95 – *van den Boogaard/Laumen*, CELEX 61995CJ0220 Rn. 22.
23 Im Verhältnis zu Dänemark ist die Geltung staatsvertraglich mit der EU vereinbart, vgl. die Mitteilung der Kommission, ABl. EU 2009 L 149/80.
24 Erwägungsgrund 46 zur EuUnthVO.
25 Entscheidung der Kommission zum *Opt-in* des Vereinigten Königreiches, ABl. EU 2009 L 149/73.

ligen.[26] Darüber hinaus nimmt Dänemark auch nicht an Kap. VII der EuUnthVO über die Zusammenarbeit der Zentralen Behörden teil. Werden Gerichte in Deutschland und Italien mit einem Unterhaltsanspruch befasst, so haben sie die EuUnthVO daher anzuwenden, selbst wenn eine Partei ihren gewöhnlichen Aufenthalt in Dänemark oder im Vereinigten Königreich hat. Für die Anerkennung von Urteilen in einem Mitgliedstaat wirkt es sich aber aus, ob diese von Gerichten aus einem Mitgliedstaat erlassen worden sind, der dem HUntProt angehört oder nicht, worauf noch einzugehen ist (sub V).

Diese nur partielle Teilnahme Dänemarks und des Vereinigten Königreichs an der EuUnthVO bewirkt eine ebenfalls nur teilweise Rechtsvereinheitlichung: Diese wird für die Bereiche der direkten internationalen Zuständigkeit und der Anerkennung und Vollstreckung von Urteilen erreicht, wenngleich bei letzterer unter unterschiedlichen Bedingungen, nicht jedoch für das auf Unterhaltsansprüche anwendbare Recht.

3. Verhältnis zu früheren Haager Übereinkommen

Im Verhältnis der Mitgliedstaaten (supra II.2) untereinander hat die EuUnthVO gem. Art. 69 Abs. 2 EuUnthVO Vorrang vor den früheren einschlägigen Haager Übereinkommen (supra I), sobald ihr zeitlicher Anwendungsbereich gem. Art. 75, 76 EuUnthVO eröffnet ist. Die früheren Übereinkommen sind aber weiterhin gegenüber Drittstaaten anwendbar. Für deutsche und italienische Gerichte bedeutet dies, dass bei Sachverhalten mit Bezug zu Drittstaaten jeweils zu prüfen ist, ob die Bestimmungen der EuUnthVO ggf. durch staatsvertragliche Regelungen verdrängt werden und welche diese im Einzelfall sind.[27] Dabei ist nach den Aspekten der direkten internationalen Zuständigkeit, des anwendbaren Rechts und der Anerkennung und Vollstreckung ergangener Entscheidungen zu differenzieren. Für die beiden prozessualen Fragestellungen sind bspw. im Verhältnis zur Schweiz ggf. die Bestimmungen des LugÜ zu beachten, welches nach wie vor für Unterhaltssachen gilt, im Gegensatz zur Neufassung der EuGVO[28] (oder auch Brüssel Ia-VO).[29] Für das anwendbare Recht beurteilt sich die Frage nach Art. 18 HUntProt. Da die Schweiz nicht Vertragsstaat des HUntProt ist, aber dem HUntÜ angehört, ist zu entscheiden, welches dieser Abkommen ein deutsches oder italienisches Gericht in einem Sachverhalt mit Berührung zur Schweiz anzuwenden hat; Gleiches gilt im Verhältnis zur Türkei. Die Frage ist umstritten[30] und

---

26 Bei Unterzeichnung des HUntProt hat die EU erklärt, dass unter der „Europäischen Gemeinschaft" alle Mitgliedstaaten mit Ausnahme von Dänemark und dem Vereinigten Königreich zu verstehen sind, ABl. EU 2009 L 331/17.

27 Näher dazu *Andrae*, in: Rauscher, Europäisches Zivilprozess- und Kollisionsrecht, Bd. IV, 4. Aufl. 2015, Art. 69 EG-UntVO Rn. 5 ff. (zit. Rauscher/*Andrae*).

28 Verordnung (EU) Nr. 1215/2012 des Europäischen Parlaments und des Rates über die gerichtliche Zuständigkeit und die Anerkennung und Vollstreckung von Entscheidungen in Zivil- und Handelssachen v. 12.12.2012, ABl. EU 2012 L 351/1.

29 Rauscher/*Andrae* (oben N. 27), Art. 69 EG-UntVO Rn. 16 f.; wegen gleicher Anknüpfung das Verhältnis offengelassen in BGH NJW-RR 2019, 257 Rn. 12 f.

30 Zum Streitstand MüKoBGB/*A. Staudinger*, BGB, Bd. 11, 7. Aufl. 2018, Art. 18 HUntProt Rn. 2.

bislang von der deutschen Rechtsprechung meist offengelassen worden,[31] da in den entschiedenen Fällen die Anknüpfungen der beiden Übereinkommen jeweils zum selben Anwendungsergebnis führten. Soweit dies in der konkreten Situation jedoch nicht der Fall ist, ist die Frage zu entscheiden; die Auslegungskompetenz hierfür kommt dem EuGH zu (sub IV vor 1). Trotz der universellen Anwendbarkeit des HUntProt gem. Art. 2 spricht der Wortlaut des Art. 18 HUntProt eher dafür, dass im Verhältnis zu Nichtvertragsstaaten, die aber Vertragsstaaten des HUntÜ sind, weiterhin dieses zur Anwendung berufen ist.[32] Dem ist das OLG Karlsruhe gefolgt und hat auf den nachehelichen Unterhalt geschiedener türkischer Ehegatten gem. Art. 8 HUntÜ türkisches Recht angewandt.[33]

III. Internationale Zuständigkeit

1. Überblick

Im Gegensatz zu anderen unionsrechtlichen Rechtsakten auf dem Gebiet des internationalen Zivilprozessrechts (IZPR) wird in Art. 3 ff. EuUnthVO eine abschließende Regelung der internationalen Zuständigkeit getroffen. Dies folgt zum einen als *argumentum e contrario* aus Art. 10 EuUnthVO, zum anderen aus Erwägungsgrund 15. Ein Rückgriff auf das autonome nationale Recht der Mitgliedstaaten ist also ausgeschlossen; eine Ausnahme bilden allerdings einstweilige Maßnahmen, für welche Art. 14 EuUnthVO ausdrücklich auf das nationale Recht verweist.

Die Bestimmungen zur internationalen Zuständigkeit setzen implizit voraus, dass der Sachverhalt grenzüberschreitenden Bezug aufweist. Dies lässt sich zum einen aus verschiedenen Äußerungen in den Erwägungsgründen folgern, vor allem aus der Zielsetzung, „ein Instrumentarium zur wirksamen Durchsetzung von Unterhaltsforderungen in grenzüberschreitenden Situationen" zu schaffen (Erwägungsgrund 45).[34] Zum anderen hatte der Unionsgesetzgeber keine Kompetenz zur Regelung reiner Binnensachverhalte, zumal einige der Tatbestände sogar die örtliche Zuständigkeit normieren. Soweit die Zuständigkeitsregelungen an einen bestimmten Ort anknüpfen, regeln sie nämlich neben der internationalen zugleich die örtliche Zuständigkeit. Das ist der Fall bei den Regelanknüpfungen des Art. 3 EuUnthVO, der Zuständigkeitsbegründung durch rügeloses Einlassen nach Art. 5 EuUnthVO sowie fakultativ bei Gerichtsstandsvereinbarungen nach Art. 4 EuUnthVO, nicht hingegen bei der Auffangzuständigkeit des Art. 6 EuUnthVO und der Notzuständigkeit des Art. 7 EuUnthVO.

---

31 Im Verhältnis zur Schweiz: BGH NJW 2013, 2662 Rn. 34 ff. = IPRax 2014, 345; NJW 2014, 2785 Rn. 6; OLG Hamm NJW 2018, 404 Rn. 25; im Verhältnis zur Türkei: OLG Stuttgart NZFam 2014, 264, 265 m. im Ergebnis zust. Anm. *Mankowski*.

32 Ebenso Palandt/*Thorn*, BGB, 79. Aufl. 2020, HUntProt Rn. 53; *Henrich*, FamRZ 2015, 1761, 1763; Rauscher/*Andrae* (oben N. 27), Bd. V, Art. 18 HUntProt Rn. 1, 5; Staudinger/*Mankowski*, BGB, Bearbeitung 2016, Art. 18 HUntProt Rn. 2 ff.; MüKoBGB/*A. Staudinger* (oben N. 30), Art. 18 HUntProt Rn. 2 ff.

33 OLG Karlsruhe FamRZ 2017, 1491, 1492 f.

34 Rauscher/*Andrae* (oben N. 27), Art. 3 EG-UntVO Rn. 15 ff.

Eines besonderen Bezuges zur EU bedarf es nicht,[35] vielmehr genügt es, dass ein Gericht oder eine Behörde eines Mitgliedstaates nach Art. 3-7 EuUnthVO international zuständig ist, weil sich einer der Anknüpfungspunkte dort verwirklicht. Diese Vorschriften sind bewusst so konzipiert, dass sie ebenso Sachverhalte erfassen, die zu Drittstaaten Bezüge aufweisen, wie Erwägungsgrund 15 klarstellt. Danach greifen die Bestimmungen gleichfalls, wenn der Antragsgegner, meist der Unterhaltsverpflichtete, seinen gewöhnlichen Aufenthalt in einem Drittstaat, z.B. in Serbien, hat, sofern das angerufene Gericht eines Mitgliedstaates nach Art. 3-7 EuUnthVO zuständig ist. So bestimmt sich die internationale Zuständigkeit für eine Unterhaltsklage eines Unterhaltsgläubigers mit gewöhnlichem Aufenthalt in Triest nach Art. 3 lit. b EuUnthVO, selbst wenn der Unterhaltsschuldner seinen gewöhnlichen Aufenthalt in einem Drittstaat hat, z.B. in Belgrad.

2. Gerichtsstände

a) Zuständigkeitssystem

Das Zuständigkeitssystem der Art. 3-8 EuUnthVO besteht aus:

1. Allgemeinen Bestimmungen in Art. 3 EuUnthVO, der vier gleichrangige, konkurrierende Zuständigkeitsgründe normiert, unter denen der Kläger/Antragsteller ein Wahlrecht hat.
2. Stattdessen können die Parteien für bereits entstandene oder künftige Streitigkeiten über Unterhaltspflichten das zuständige Gericht wählen, Art. 4 EuUnthVO.
3. Ein unzuständiges Gericht kann durch rügelose Einlassung des Beklagten zuständig werden, Art. 5 EuUnthVO.
4. Falls nach diesen Bestimmungen kein Gericht zuständig wäre, eröffnet Art. 6 EuUnthVO eine Auffangzuständigkeit zu Gunsten der Gerichte des Mitgliedstaates, dessen Staatsangehörigkeit beide Parteien besitzen.
5. Scheitern die vorgenannten Zuständigkeitsgründe, so gibt Art. 7 EuUnthVO eine Notzuständigkeit (*forum necessitatis*) für Ausnahmefälle einer sonst drohenden Rechtsverweigerung, sofern der Rechtsstreit einen ausreichenden Bezug zu dem Mitgliedstaat des angerufenen Gerichts aufweist.
6. Art. 8 EuUnthVO betrifft Abänderungsentscheidungen, normiert hierfür aber keine eigene Zuständigkeit. Grundsätzlich richtet sich die Zuständigkeit hierfür nach den allgemeinen Bestimmungen der Art. 3-7 EuUnthVO, doch perpetuiert Art. 8 Abs. 1 EuUnthVO die Zuständigkeit des Ursprungsgerichts auch für die Abänderung von dessen Entscheidung, wenn sie im Staat des gewöhnlichen Aufenthaltes der berechtigten Person ergangen ist und diese ihn weiterhin dort hat.

Auffallend ist, dass die EuUnthVO nur einen Fall ausschließlicher Zuständigkeit kennt, nämlich die Gerichtsstandsvereinbarung der Parteien nach Art. 4 EuUnthVO, und selbst diese ist derogierbar (sub III.2.c). Nachfolgend soll auf die allgemeinen

---

35 So auch OLG Karlsruhe NJOZ 2018, 564 Rn. 9 = FamRZ 2018, 200.

Bestimmungen und die Möglichkeit der Gerichtsstandsvereinbarung eingegangen werden, nicht jedoch auf die Auffang-, Not- und Abänderungszuständigkeiten.[36]

b) Allgemeine Bestimmungen, Art. 3

Art. 3 EuUnthVO normiert vier gleichrangige Zuständigkeitsgründe, die zur Wahl des Klägers stehen; alternativ sind danach zuständig die Gerichte:

1. des Ortes, an dem der Beklagte seinen gewöhnlichen Aufenthalt hat (lit. a);
2. des Ortes, an dem die berechtigte Person ihren gewöhnlichen Aufenthalt hat (lit. b); berechtigt ist nach Art. 2 Abs. 1 Nr. 10 EuUnthVO die Person, der Unterhalt zusteht oder die einen solchen Anspruch behauptet.
3. Lit. c normiert eine Annexzuständigkeit für eine Unterhaltssache, wenn in der Hauptsache eine Personenstandssache vor dem Gericht anhängig ist.
4. Lit. d sieht ebenfalls eine Annexzuständigkeit vor, wenn in der Hauptsache ein Verfahren in Bezug auf die elterliche Verantwortung anhängig ist.

aa) Anknüpfung an den gewöhnlichen Aufenthalt

In Deutschland sind die Tatbestände des Art. 3 lit. a und b EuUnthVO die praktisch wichtigsten. Zentraler Anknüpfungspunkt dieser Normen ist der gewöhnliche Aufenthalt, sei es des Beklagten oder des Berechtigten. Bei den Annexzuständigkeiten kommt es über die Verknüpfung mit der Verordnung (EG) Nr. 2201/2003 über die Zuständigkeit und die Anerkennung und Vollstreckung von Entscheidungen in Ehesachen und in Verfahren betreffend die elterliche Verantwortung (EuEheVO oder Brüssel IIa-VO)[37] bei objektiver Anknüpfung im Regelfall ebenfalls zur Maßgeblichkeit des Rechts am gewöhnlichen Aufenthaltsort (sub III.2.b.bb). Die EuUnthVO rückt somit vom Wohnsitz als dem wesentlichen Anknüpfungspunkt der EuGVO ab und entscheidet sich für den gewöhnlichen Aufenthalt, welcher im unionsrechtlichen internationalen Privat- und Prozessrecht auf den Gebieten des Familien- und Erbrechts auch sonst zum zentralen Anknüpfungspunkt geworden ist.[38] Zudem soll so ein Gleichklang mit der Bestimmung des anwendbaren Rechts erzielt werden, denn das HUntProt sieht diesen Anknüpfungspunkt ebenfalls für die Regelanknüpfung des Art. 3 HUntProt vor (sub IV.2.b). Dieser Wechsel im Anknüpfungskriterium kann sich durchaus praktisch auswirken, denn Art. 62 EuGVO verweist zur Ermittlung des Wohnsitzes auf das nationale Recht des betreffenden Mitgliedstaates, während der gewöhnliche Aufenthalt auf Grund faktischer Kriterien autonom zu bestimmen ist. Um die internationale Zuständigkeit deutscher oder italienischer Gerichte zu begründen, muss also entweder der Unterhaltsschuldner als Beklagter oder der Unterhaltsgläubiger als Berechtigter seinen gewöhnlichen Aufenthalt in einem der beiden Länder haben; darüber hinaus kann sich die Zuständigkeit aus einer Annexzuständigkeit nach Art. 3 lit. c oder d EuUnthVO ergeben.

---

36 Dazu *Gruber*, IPRax 2010, 128, 134 f.
37 ABl. EU 2003 L 338/1.
38 So auch *Gruber*, IPRax 2019, 217.

Weder in der EuUnthVO noch im HUntProt wird der Begriff des gewöhnlichen Aufenthalts allerdings definiert. Ein Hinweis ergibt sich lediglich daraus, dass für die Prozesskostenhilfe in Art. 44 Abs. 1 EuUnthVO auf den schlichten Aufenthalt abgestellt wird; dieser soll nach Erwägungsgrund 32 EuUnthVO mehr als die bloße Anwesenheit, aber weniger als der gewöhnliche Aufenthalt sein. Mit der Abstinenz einer Definition steht die EuUnthVO auf einer Linie mit den übrigen Sekundärrechtsakten der EU zum IPR und IZPR, die den gewöhnlichen Aufenthalt natürlicher Personen entweder gar nicht oder nur definieren, soweit diese in Ausübung ihrer beruflichen Tätigkeit gehandelt haben (z.B. Art. 19 Abs. 1 Unterabs. 2 Rom I-VO, Art. 23 Abs. 2 Rom II-VO), was bei Unterhaltsansprüchen *ratione materiae* nicht der Fall ist. Es ist daher eine autonome Auslegung zu treffen, wobei die zu anderen Rechtsakten des unionsrechtlichen IPR und IZPR ergangene Rechtsprechung des EuGH sowie die Auslegung zum HUntProt zu beachten sind. Allerdings kann die erstgenannte grundsätzlich nicht unmittelbar für die Auslegung des Begriffs im Rahmen des Art. 3 EuUnthVO herangezogen werden,[39] zumal auf den Regelungskontext und die besonderen Schutzgesichtspunkte der jeweiligen Vorschrift abzustellen ist.[40]

In der deutschen Rechtsprechung wird der gewöhnliche Aufenthalt pragmatisch als der Ort bestimmt, an dem sich der Schwerpunkt der familiären, beruflichen und sozialen Beziehungen (Daseinsmittelpunkt) befindet.[41] In Übereinstimmung damit stellt der EuGH auf den „tatsächlichen Lebensmittelpunkt" der betreffenden Person ab.[42] Zu dessen Bestimmung i.R.d. EuUnthVO liegt zwar bislang nur eine Entscheidung des EuGH vor, welche den gewöhnlichen Aufenthalt bei der Annexzuständigkeit nach Art. 3 lit. d EuUnthVO betrifft und daher im Zusammenhang mit Art. 8 EuEheVO steht (sub III.2.b.bb).[43] In dieser Entscheidung klingt aber an, dass dieses Kriterium in beiden Verordnungen gleichermaßen zu verstehen ist.[44] Für die Praxis bedeutet das eine wesentliche Erleichterung, denn für die Zwecke der EuUnthVO kann man auf die inzwischen zahlreiche Rechtsprechung des EuGH zum gewöhnlichen Aufenthalt, die zur EuEheVO ergangen ist, zurückgreifen. Danach handelt es sich um einen rein faktischen Begriff, der bei jedem Verfahren erneut zu prüfen und zu bestimmen ist und daher nicht über den Abschluss eines Verfahrens hinaus, etwa bei einem späteren Abänderungsverfahren, bestehen bleibt.[45] Mindesterfordernis ist die physische Anwesenheit in einem bestimmten Staat,[46] was bereits aus der Definition des schlichten Aufenthalts als ein Minus folgt. Ohne physische Anwesenheit vermag weder die Staatsangehörigkeit der betroffenen Person[47] noch deren abweichender Wille[48] einen gewöhnlichen Aufenthalt zu begründen. Zur Bestimmung des gewöhnlichen Aufent-

---

39 EuGH, 2.4.2009, C-523/07 – *A*, IPRax 2011, 76 Rn. 36 zu Art. 8 Brüssel IIa-Verordnung.
40 EuGH, 2.4.2009, C-523/07 – *A*, IPRax 2011, 76 Rn. 35.
41 OLG Düsseldorf BeckRS 2013, 3007 = FamRZ 2013, 55.
42 EuGH, 28.6.2018, C-512/17 – *HR*, IPRax 2019, 248 Rn. 42 = BeckRS 2018, 13329.
43 EuGH, 15.2.2017, C-499/15 – *W/X*, NJW 2017, 2013 Rn. 47 f., 70 = FamRZ 2017, 734 m. Anm. *Mankowski*.
44 *Mankowski*, FamRZ 2017, 738 Punkt 4.
45 EuGH, 15.2.2017, C-499/15 – *W/X*, NJW 2017, 2013 Rn. 54 = FamRZ 2017, 734 m. zust. Anm. *Mankowski*.
46 EuGH, 15.2.2017, C-499/15 – *W/X*, NJW 2017, 2013 Rn. 60 f. = FamRZ 2017, 734.
47 EuGH, 15.2.2017, C-499/15 – *W/X*, NJW 2017, 2013 Rn. 63 = FamRZ 2017, 734.
48 Zutreffend *Mankowski*, FamRZ 2017, 738 Punkt 3.

haltes sind sämtliche tatsächlichen Umstände des Einzelfalls zu berücksichtigen.[49] Zu fordern sind ein tatsächlicher Aufenthalt von einer gewissen Beständigkeit und die Integration in ein soziales und familiäres Umfeld.[50] Der EuGH hat hierfür eine Reihe von Faktoren benannt, die im Einzelfall relevant sein können: die Dauer, die Regelmäßigkeit und die Umstände des Aufenthalts in einem Mitgliedstaat, die Gründe für diesen Aufenthalt und ggf. einen Umzug in diesen Staat, die Staatsangehörigkeit, die Sprachkenntnisse sowie die familiären und sozialen Beziehungen.[51] Für Erwachsene treten Ort und Umstände der beruflichen Tätigkeit hinzu.[52] Bei einem Aufenthaltswechsel kommt es nicht so sehr auf die Dauer des Aufenthalts am neuen Ort an, sondern auf den Willen des Betreffenden, dort den ständigen oder gewöhnlichen Mittelpunkt seiner Interessen in der Absicht zu begründen, ihm Beständigkeit zu verleihen.[53] Problematisch ist die Ermittlung des gewöhnlichen Aufenthaltes bei Minderjährigen und vor allem bei Kleinkindern und Säuglingen. Bei Minderjährigen leitet sich der gewöhnliche Aufenthalt grundsätzlich nicht von demjenigen des Sorgeberechtigten ab,[54] vielmehr ist besonders darauf zu achten, dass der Aufenthalt Ausdruck einer gewissen Integration in ein soziales und familiäres Umfeld ist.[55] Bei eingeschulten Kindern ist zusätzlich auf den Ort und die Umstände der Einschulung abzustellen.[56] Für nicht eingeschulte Kleinkinder und Säuglinge sind hingegen die Lebensumstände der Bezugsperson oder -personen, bei denen es lebt und die tatsächlich für das Kind Sorge tragen und sich im Alltag darum kümmern – in der Regel seine Eltern –, von besonderer Bedeutung.[57] Insgesamt hat die Rechtsprechung des EuGH damit einen bunten Strauß an Kriterien herausgebildet, welcher dem erkennenden mitgliedstaatlichen Gericht einen erheblichen Beurteilungsspielraum belässt und daher nur bedingt geeignet ist, eine einheitliche Handhabung zu gewährleisten.[58]

bb) Annexzuständigkeiten

Art. 3 EuUnthVO sieht in lit. c und d zwei Annexzuständigkeiten vor, welche der Verfahrenskonzentration dienen: Soweit es nach der *lex fori* möglich ist, Unterhaltssachen als Nebensache in Verfahren in Personenstandssachen oder über die elterliche Sorge mitzuentscheiden, soll das für diese Hauptsachen international zuständige Gericht zugleich über die Unterhaltsfrage entscheiden können. Vielfach wird sich die internationale Zuständigkeit in der Hauptsache nach der EuEheVO richten, die ebenfalls

---

49 EuGH, 15.2.2017, C-499/15 – *W/X*, NJW 2017, 2013 Rn. 60 = FamRZ 2017, 734; EuGH, 28.6.2018, C-512/17 – *HR*, IPRax 2019, 248 Rn. 41 = BeckRS 2018, 13329.

50 EuGH, 2.4.2009, C-523/07 – *A*, IPRax 2011, 76 Rn. 35; EuGH, 28.6.2018, C-512/17 – *HR*, IPRax 2019, 248 Rn. 41 = BeckRS 2018, 13329 m.w.N.

51 EuGH, 2.4.2009, C-523/07 – *A*, IPRax 2011, 76 Rn. 35; ähnlich EuGH, 28.6.2018, C-512/17 – *HR*, IPRax 2019, 248 Rn. 43 = BeckRS 2018, 13329 m.w.N.

52 Rauscher/*Andrae* (oben N. 27), Art. 3 EG-UntVO Rn. 29.

53 EuGH, 22.12.2010, C-497/10 PPU – *Mercredi/Chaffe*, ECLI:EU:C:2010:829 Rn. 51 = IPRax 2012, 340.

54 OLG Koblenz FamRZ 2015, 1618.

55 EuGH, 2.4.2009, C-523/07 – *A*, IPRax 2011, 76 Rn. 35.

56 EuGH, 28.6.2018, C-512/17 – *HR*, IPRax 2019, 248 Rn. 43 = BeckRS 2018, 13329.

57 Eingehend dazu EuGH, 28.6.2018, C-512/17 – *HR*, IPRax 2019, 248 Rn. 44 ff. = BeckRS 2018, 13329 sowie *Gruber*, IPRax 2019, 217 ff.

58 Kritisch auch *Gruber*, IPRax 2019, 217, 218.

eine objektive Regelanknüpfung an den gewöhnlichen Aufenthalt kennt, Art. 3, 8 EuEheVO.

Art. 3 lit. c EuUnthVO betrifft Personenstandssachen als Hauptsachen. Das sind Entscheidungen in Ehesachen wie Scheidung, Ungültigerklärung oder Aufhebung einer Ehe oder Lebenspartnerschaft, Abstammungssachen und Adoptionsverfahren. Die Verknüpfung mit einer Personenstandssache muss nach dem Verfahrensrecht des angerufenen Gerichts zulässig sein. So sieht das autonome deutsche Recht eine solche Verknüpfung vor zwischen einem Verfahren der Ehescheidung und der Folgesache des Unterhalts für Kinder der Eheleute, § 137 FamFG. In der Hauptsache muss das Gericht nach seinem Verfahrensrecht zuständig sein; in dem Beispiel der Scheidung mit verbundener Entscheidung über den Kindesunterhalt ergibt sich die internationale Zuständigkeit für die Ehesache aus den Bestimmungen der EuEheVO. Problematisch ist die Eingrenzung, dass die Zuständigkeit für die Personenstandssache nach nationalem Recht sich nicht einzig auf die Staatsangehörigkeit einer Partei stützen darf. Unproblematisch ist es damit, wenn die nationale Zuständigkeitsnorm an die gemeinsame Staatsangehörigkeit beider Parteien anknüpft oder zwar an die Staatsangehörigkeit nur einer von ihnen, daneben aber noch ein weiteres Anknüpfungskriterium vorsieht wie den gewöhnlichen Aufenthalt im Gerichtsstaat. Soweit sich die Zuständigkeit auf die EuEheVO stützt, gibt es hingegen keine Probleme, denn Art. 3 Abs. 1 lit. a EuEheVO knüpft zwar an die Staatsangehörigkeit des Antragstellers an, aber nur, wenn er sich im Gerichtsstaat zusätzlich seit mindestens sechs Monaten vor Antragstellung aufgehalten hat; alternativ knüpft Art. 3 Abs. 1 lit. b Brüssel IIa-VO an die gemeinsame Staatsangehörigkeit der Ehegatten an.

Art. 3 lit. d EuUnthVO betrifft Verfahren in Bezug auf die elterliche Verantwortung als Hauptsachen. Während solche Annexverfahren in der deutschen Praxis keine große Rolle zu spielen scheinen,[59] haben sie doch den EuGH bereits beschäftigt.[60] In einem der entschiedenen Fälle[61] hatte das angerufene Gericht über die elterliche Verantwortung eines Kindes geschiedener Eltern und über den Unterhalt als Nebensache zu entscheiden. Seine Zuständigkeit hatte es für die Hauptsache auf Art. 8 Abs. 1 EuEheVO gestützt und daher an den gewöhnlichen Aufenthalt des Kindes angeknüpft, der hier problematisch zu bestimmen war. Die Zuständigkeit für die Nebensache des Kindesunterhalts folgte damit aus Art. 3 lit. d EuUnthVO. Im Übrigen sind die Voraussetzungen die Gleichen wie bei Art. 3 lit. c EuUnthVO, weshalb hierauf verwiesen werden kann: Die Verknüpfung mit der Entscheidung über die elterliche Verantwortung muss nach dem Verfahrensrecht des angerufenen Gerichts zulässig sein; und die Zuständigkeit darf nicht einzig auf die Staatsangehörigkeit einer der Parteien gestützt werden.

Zwischen beiden Alternativen des Art. 3 lit. c und d EuUnthVO kann es zum Kompetenzkonflikt kommen, wenn für die Trennung der elterlichen Ehe und die elterliche Verantwortung nach Trennung unterschiedliche Gerichte international zuständig

---

59 *Hau*, ZVglRWiss 115 (2016), 672, 678.
60 EuGH, 16.7.2015, C-184/14 – *A/B*, NJW 2015, 3021 m. Anm. *Reuß* = IPRax 2016, 257, dazu *Rauscher*, IPRax 2016, 215; EuGH, 15.2.2017, C-499/15 – *W/X*, NJW 2017, 2013 = FamRZ 2017, 734 m. Anm. *Mankowski*.
61 EuGH, 15.2.2017, C-499/15 – *W/X*, NJW 2017, 2013 = FamRZ 2017, 734 m. Anm. *Mankowski*.

sind. Der EuGH hatte über einen solchen Fall zu entscheiden, in dem ein italienisches Ehepaar mit zwei minderjährigen Kindern ihren gewöhnlichen Aufenthalt in London hatte.[62] Der Ehemann klagte auf Trennung der Ehe vor einem Mailänder Gericht und beantragte, dort auch über den Kindesunterhalt zu entscheiden. Das Mailänder Gericht erklärte sich jedoch für letztere Frage gem. Art. 8 Abs. 1 EuEheVO i.V.m. Art. 3 lit. c EuUnthVO für unzuständig, weil die Kinder ihren gewöhnlichen Aufenthalt in London hätten. Darauf rief der Ehemann ein Londoner Gericht an, um über die elterliche Verantwortung zu entscheiden. Der EuGH entschied, dass der Begriff der Nebensache autonom auszulegen sei;[63] komme es auf Grund der beiden Alternativen des Art. 3 EuUnthVO zu einem Kompetenzkonflikt, so sei ein Antrag in Bezug auf eine Unterhaltspflicht gegenüber den Kindern allein zum Verfahren über die Verteilung der elterlichen Verantwortung im Sinne von Art. 3 lit. d EuUnthVO akzessorisch, weil dieser Antrag „naturgemäß untrennbar mit dem Verfahren betreffend die elterliche Verantwortung verbunden" sei.[64] Im Ausgangsfall hatte das in der Personenstandssache zuständige Mailänder Gericht sich also zu Recht für unzuständig zur Regelung des Unterhalts als Nebensache erklärt.

c) Gerichtsstandsvereinbarungen

Die Parteien können für bereits entstandene oder künftige Streitigkeiten über Unterhaltspflichten das zuständige Gericht nach Maßgabe des Art. 4 EuUnthVO wählen. Allerdings ist diese Möglichkeit zum Schutze des Unterhaltsberechtigten in dreifacher Hinsicht eingeschränkt:

– Zum einen können die Parteien nur zwischen bestimmten Gerichtsständen wählen, die in Art. 4 Abs. 1 Unterabs. 1 lit. a-c EuUnthVO aufgezählt sind. Diese Gerichtsstände weisen allesamt zumindest für eine Partei eine enge Beziehung und damit eine gewisse Sachnähe zur Unterhaltssache auf.
– Zum anderen sieht Art. 4 Abs. 2 EuUnthVO mit der Schriftform ein strenges Formerfordernis vor.
– Schließlich sind gem. Art. 4 Abs. 3 EuUnthVO Vereinbarungen ausgeschlossen in Bezug auf Unterhaltspflichten gegenüber minderjährigen Kindern. Dies dient dem Schutz des unterhaltsberechtigten Kindes.

Gerichtsstandsvereinbarungen haben in der Regel ausschließlichen Charakter, sofern die Parteien nichts anderes vereinbaren, Art. 4 Abs. 1 Unterabs. 3 EuUnthVO. Allerdings kann ein ausschließlich vereinbarter Gerichtsstand durch rügelose Einlassung des Beklagten nach Art. 5 verdrängt werden. Auf diese Weise können somit sämtliche Gerichtsstände, seien sie ausschließlicher oder konkurrierender Natur, verdrängt werden; anders als bei der EuGVO sind keine Ausnahmen zu Gunsten von Schutzgerichtsständen (Art. 25 Abs. 4 i.V.m. Art. 15, 19 und 23 EuGVO) oder ausschließlicher

---

62 EuGH, 16.7.2015, C-184/14 – *A/B*, NJW 2015, 3021 m. Anm. *Reuß* = IPRax 2016, 257, dazu *Rauscher*, IPRax 2016, 215.
63 EuGH, 16.7.2015, C-184/14 – *A/B*, NJW 2015, 3021 Rn. 31 = IPRax 2016, 257.
64 EuGH, 16.7.2015, C-184/14 – *A/B*, NJW 2015, 3021 Rn. 40 m. krit. Anm. *Reuß* = IPRax 2016, 257, krit. dazu auch *Rauscher*, IPRax 2016, 215, 217 ff.

Zuständigkeiten (Art. 25 Abs. 4 i.V.m. Art. 24 EuGVO) vorgesehen. Dies erstaunt angesichts der Tatsache, dass Gerichtsstandsvereinbarungen nur beschränkt zugelassen und für Unterhaltsstreitigkeiten gegenüber einem minderjährigen Kind vollends ausgeschlossen sind. An einer rügelosen Einlassung fehlt es, wenn der Beklagte sich einlässt, um die fehlende Zuständigkeit zu rügen.

Während Gerichtsstandsvereinbarungen nach Art. 4 EuUnthVO in der deutschen Gerichtspraxis offenbar keine Rolle spielen, gibt es Entscheidungen zur Zuständigkeitsbegründung durch rügelose Einlassung nach Art. 5 EuUnthVO.[65] Dieser Begriff ist autonom auszulegen.[66]

IV. Anwendbares Recht

Die EuUnthVO enthält keine eigenen Kollisionsnormen zur Bestimmung des von einem zuständigen Gericht anzuwendenden Rechts, vielmehr verweist Art. 15 hierfür auf das HUntProt. Die EU hat das HUntProt ratifiziert, so dass es Bestandteil des Unionsrechts geworden ist und dem EuGH für die Mitgliedstaaten gem. Art. 267 AEUV die Auslegungskompetenz hierfür zukommt.[67] Allerdings handelt es sich beim HUntProt um einen Staatsvertrag mit weiteren Vertragsstaaten, so dass für sämtliche Vertragsstaaten einschließlich der EU und deren Mitgliedstaaten das in Art. 20 HUntProt verankerte Gebot einheitlicher Auslegung gilt, und hieran hat sich sogar der EuGH zu halten.[68] Zur Sicherung der einheitlichen Auslegung soll das Ständige Büro der Haager Konferenz eine Datenbank errichten.

1. Anwendungsbereich

a) Sachlich

Der sachliche Anwendungsbereich wird in Art. 1 Abs. 1 HUntProt ebenso wie in Art. 1 Abs. 1 EuUnthVO definiert (supra II.1). Allerdings regelt das HUntProt nach seinem Art. 1 Abs. 2 nicht die Vorfrage nach dem Bestehen der in Art. 1 Abs. 1 aufgeführten familiären Beziehungen, also nach dem Bestehen der Ehe, der Abstammung oder der Wirksamkeit einer Adoption. Diese Vorfragen sind vielmehr nach dem jeweils hierfür maßgeblichen IPR des angerufenen Gerichts zu beantworten.[69]

---

65 OLG Stuttgart FamRZ 2014, 850; OLG Koblenz NJW-RR 2015, 1482.
66 OLG Koblenz NJW-RR 2015, 1482 Rn. 14.
67 EuGH, 7.6.2018, C-83/17 – *KP/LO*, ECLI:EU:C:2018:408 Rn. 23 ff. = FamRZ 2018, 1503 ff.; BGH NJW 2013, 2662 Rn. 37 = IPRax 2014, 345.
68 Rauscher/*Andrae* (oben N. 32), Art. 20 HUntProt Rn. 1; Palandt/*Thorn* (oben N. 32), HUntProt Rn. 3.
69 Offengelassen BGH NJW-RR 2017, 1089 Rn. 14 f. (Abstammung); näher dazu Rauscher/*Andrae* (oben N. 32), Art. 1 HUntProt Rn. 15 ff. (grundsätzlich für selbständige Anknüpfung); für unselbständige Anknüpfung hingegen OLG Frankfurt NJW-RR 2012, 1477 (1478); Palandt/*Thorn* (oben N. 32), HUntProt Rn. 9 m.w.N.; zur Abstammung offengelassen.

b) Räumlich

Der räumliche Anwendungsbereich ergibt sich daraus, dass das HUntProt als Staatsvertrag grundsätzlich nur diejenigen Staaten bindet, die ihm beigetreten sind. Die Ratifikation durch die EU bewirkt, dass sämtliche Mitgliedstaaten mit Ausnahme Dänemarks und des Vereinigten Königreichs (supra II.2) dadurch gebunden sind. Weitere Vertragsstaaten sind gegenwärtig Brasilien, Kasachstan und Serbien.[70] Allerdings sind die Kollisionsnormen des HUntProt gem. dessen Art. 2 universell anzuwenden, es handelt sich folglich um eine *loi uniforme*. Das bedeutet, dass das HUntProt grundsätzlich selbst dann anzuwenden ist, wenn das angerufene Gericht zwar einem Vertragsstaat angehört, die Kollisionsnorm im Einzelfall aber das Recht eines Nichtvertragsstaates beruft. Ausnahmen hiervon ergeben sich aus Art. 18 HUntProt, soweit die älteren Haager Übereinkommen gegenüber deren Vertragsstaaten noch anwendbar sind, die nicht zugleich Vertragsstaaten des HUntProt sind; wie gesehen (supra II.3), betrifft das vor allem das Verhältnis zur Schweiz und der Türkei.[71]

Für Gerichte aus EU-Staaten bedeutet die fehlende Teilnahme Dänemarks und des Vereinigten Königreiches: Die internationale Zuständigkeit in Unterhaltssachen ist innerhalb der EU zwar durch die EuUnthVO vereinheitlicht, so dass auch Gerichte aus Dänemark und dem Vereinigten Königreich ihre internationale Zuständigkeit danach zu bestimmen haben. Für die Ermittlung des auf den Unterhaltsrechtsstreit anwendbaren Rechts ist hingegen zu differenzieren: Gerichte aus Dänemark und dem Vereinigten Königreich können hierfür nicht auf die Kollisionsnormen des HUntProt zurückgreifen, sondern müssen das anwendbare Recht nach ihrem eigenen IPR bestimmen. Für Gerichte aus anderen Mitgliedstaaten gelten hingegen die Kollisionsnormen des HUntProt, selbst wenn diese dänisches Recht, das Recht eines der Teilstaaten des Vereinigten Königreiches oder das Recht eines sonstigen Nichtvertragsstaates berufen, vorbehaltlich des Art. 18 HUntProt. Dies folgt aus der in Art. 2 HUntProt verankerten universellen Anwendbarkeit. Durch die Nichtteilnahme Dänemarks und des Vereinigten Königreiches ist die unionsrechtliche Vereinheitlichung des internationalen Unterhaltsrechts aber nicht vollständig.

2. Anknüpfungsregeln

Die Kollisionsnormen sind in Art. 3-10 HUntProt normiert. Art. 9 HUntProt spielt für kontinentaleuropäische Behörden keine Rolle und kann deshalb außer Betracht bleiben.[72] Art. 10 HUntProt sieht eine spezielle Kollisionsnorm für Erstattungsansprüche von Einrichtungen, die öffentliche Aufgaben wahrnehmen, gegen die verpflichtete Person vor, wenn die Einrichtung der berechtigten Person an Stelle von Unterhalt Leistungen erbracht hat; gemeint sind damit Behörden wie Sozialämter. Maßgeblich für solche Erstattungsansprüche ist das Recht, dem diese Einrichtung untersteht. Die Norm erfasst nur die Erstattungsansprüche der Einrichtung gegen den Unterhaltsver-

---

70 Zum aktuellen Stand der Vertragsstaaten https://www.hcch.net/en/instruments/conventions/status-table/?cid=133 (zuletzt abgerufen am 18.9.2019).

71 Näher dazu Rauscher/*Andrae* (oben N. 32), Art. 18 HUntProt Rn. 4 ff.

72 Nur Irland hat von der in der Norm eingeräumten Möglichkeit Gebrauch gemacht.

pflichteten; aus welchem Grund die Einrichtung dem Unterhaltsberechtigten Leistungen erbringt, beurteilt sich hingegen nach dem Sozialrecht des jeweiligen Staates. Ob im Verhältnis des Unterhaltsberechtigten zum -verpflichteten ein Unterhaltsanspruch besteht, richtet sich dagegen nach dem Anknüpfungssystem der Art. 3-8 HUntProt.[73]

Nachfolgend soll nur auf das Anknüpfungssystem zur Bestimmung des auf Unterhaltsansprüche zwischen berechtigter und verpflichteter Person anwendbaren Rechts in Art. 3-8 HUntProt eingegangen werden. Dieses ist ziemlich kompliziert und unübersichtlich geregelt, weshalb vorab die Grundzüge darzustellen sind: Theoretisch stellt Art. 3 HUntProt den Grundtatbestand dar, der an den gewöhnlichen Aufenthalt des Unterhaltsberechtigten anknüpft. Tatsächlich wird dieser Tatbestand jedoch weitgehend durch andere Kollisionsnormen verdrängt oder modifiziert, wie sich bereits aus den einleitenden Worten „sofern in diesem Protokoll nichts anderes bestimmt ist" ergibt. Daher sind im konkreten Fall zunächst die anderen Tatbestände zu prüfen. Hieraus ergibt sich folgende Prüfungsreihenfolge:

1. Vorrangig zu prüfen ist eine Rechtswahl der Parteien, die entweder für die Zwecke eines konkreten Verfahrens (Art. 7 HUntProt) oder unabhängig davon nach Art. 8 HUntProt erfolgen kann. Liegt eine zulässige und wirksame Rechtswahl vor, so verdrängt sie alle anderen Anknüpfungen.

2. In Ermangelung einer Rechtswahl erfolgt eine objektive Anknüpfung nach Art. 3-6 HUntProt.

3. Auf Grund ihrer Spezialität ist zunächst die Sonderregel für die in Art. 4 HUntProt erfassten Unterhaltsbeziehungen zu prüfen. Die Norm gilt für Unterhaltspflichten der Eltern gegenüber ihren Kindern und umgekehrt oder von anderen Personen als den Eltern gegenüber Personen, die noch nicht das 21. Lebensjahr vollendet haben, und die nicht auf einer Ehe beruhen. Greift einer dieser Tatbestände, so ist die Grundregel des Art. 3 HUntProt nur anzuwenden, soweit hierauf verwiesen wird.

4. Sind die Sonderanknüpfungen des Art. 4 HUntProt nicht einschlägig, so beurteilt sich die Unterhaltspflicht nach der Grundregel des Art. 3 HUntProt.

5. Für Ansprüche zwischen (ehemaligen) Ehegatten ist allerdings die Ausweichklausel des Art. 5 HUntProt zu beachten, die zu einer von der Grundregel abweichenden Anknüpfung führen kann.

6. Allerdings kann der Unterhaltsverpflichtete einem aus Art. 3 oder 4 HUntProt resultierenden Anspruch die rechtsvernichtende kollisionsrechtliche Einrede aus Art. 6 HUntProt entgegenhalten. Dies gilt aber nicht für Unterhaltspflichten der Eltern gegenüber Kindern aus Art. 4 HUntProt und zwischen Ehegatten nach Art. 5 HUntProt.

a) Rechtswahlmöglichkeiten

Die Zulassung der Parteiautonomie für die Bestimmung des anwendbaren Rechts in Art. 7 und 8 HUntProt entspricht einem Trend sowohl im staatsvertraglichen als auch im unionsrechtlichen IPR. Die Rechtswahlmöglichkeit besteht allerdings nur unter

---

73 Näher dazu *Andrae*, FPR 2013, 38.

gewissen Bedingungen, um die Parteien und vor allem den Unterhaltsberechtigten vor Missbrauch zu schützen.[74] Eine von den Parteien getroffene Rechtswahl hat nach Maßgabe der Art. 7 f. HUntProt Vorrang, wie die einleitenden Worte dieser Vorschriften klarstellen: „Ungeachtet der Artikel 3 bis 6". Es sind zwei Arten von Rechtswahl zu unterscheiden:

aa) Rechtswahl für ein konkretes Verfahren

Ohne jegliche Einschränkung können die Parteien gem. Art. 7 Abs. 1 HUntProt die *lex fori* für die Zwecke eines bestimmten Verfahrens im Gerichtsstaat wählen. Allerdings muss die Rechtswahl dann ausdrücklich erfolgen, so dass eine konkludente Wahl nicht genügt. Die Vorschrift erfasst sämtliche Unterhaltspflichten i.S.d. Art. 1 Abs. 1 HUntProt, so dass sie sogar Unterhaltspflichten gegenüber minderjährigen Kindern betreffen kann; im Gegensatz zu Art. 8 HUntProt (sub IV.2.a.bb) sieht die Norm für diesen Fall keine besonderen Schutzvorkehrungen vor; solche wurden offenbar für überflüssig gehalten, weil die objektiven Anknüpfungen des Art. 3 und 4 HUntProt meist ohnehin zum Recht des angerufenen Gerichts führen,[75] vor allem im Falle der Sonderanknüpfung des Art. 4 Abs. 3 HUntProt (sub IV.2.c).[76] Eine Missbrauchskontrolle findet ebenfalls nicht statt. Eine nach Einleitung des Verfahrens getroffene Rechtswahl kann formfrei erfolgen, eine vorherige bedarf hingegen zu Beweiszwecken und zum Schutz der Parteien der Schriftform nach Art. 7 Abs. 2 HUntProt.[77]

bb) Rechtswahl unabhängig von einem konkreten Verfahren

Die Parteien können das anwendbare Recht auch ohne Bezug zu einem konkreten Verfahren und damit mit allgemeinerer Wirkung nach Art. 8 HUntProt wählen. Eine solche Rechtswahl hat den Vorteil der Vorhersehbarkeit der Rechtsanwendung, da sie von einem Wechsel der Anknüpfungstatsachen wie dem gewöhnlichen Aufenthalt einer der Parteien oder der konkret angerufenen nationalen Behörde unabhängig ist.[78] Die Rechtswahl soll es insbesondere Ehegatten ermöglichen, das auf den ehelichen und nachehelichen Unterhalt anwendbare Recht in vorhersehbarer Weise vorab zu bestimmen;[79] durch eine die Rechtswahl flankierende Gerichtsstandsvereinbarung nach Art. 4 EuUnthVO kann deren prozessuale Durchsetzbarkeit garantiert werden. Diese Zielrichtung zeigt sich schon allein daran, dass die Norm akzessorische Anknüpfungen an das Ehegüter- und Scheidungsstatut vorsieht (Abs. 1 lit. c und d). Die Rechtswahl kann sich aber, ebenso wie im Falle des Art. 7 HUntProt, auf sonstige Unterhaltspflichten i.S.d. Art. 1 Abs. 1 HUntProt beziehen, doch sieht die Vorschrift einige Kautelen zum Schutz der berechtigten Person vor.

Eine erste Kautel besteht darin, dass den Parteien nicht völlige Wahlfreiheit eingeräumt wird, sondern die wählbaren Rechte abschließend in Abs. 1 lit. a-d definiert

---

74 *Bonomi*, Erläuternder Bericht zum HUntProt, Tz. 111.
75 Rauscher/*Andrae* (oben N. 32), Art. 7 HUntProt Rn. 2.
76 Dazu *Bonomi*, Erläuternder Bericht zum HUntProt, Tz. 114.
77 *Bonomi*, Erläuternder Bericht zum HUntProt, Tz. 119.
78 *Bonomi*, Erläuternder Bericht zum HUntProt, Tz. 125.
79 *Bonomi*, Erläuternder Bericht zum HUntProt, Tz. 126.

werden. Zum Schutz der berechtigten Person[80] sollen nur Rechte gewählt werden können, die eine gewisse Nähebeziehung zu den Parteien und der Unterhaltssache haben,[81] um eine Übervorteilung des Berechtigten zu vermeiden.[82] Danach können die Parteien lediglich wählen:

- das Heimatrecht einer der Parteien im Zeitpunkt der Rechtswahl, bei Mehrstaatern steht jedes der Heimatrechte unabhängig von dessen Effektivität zur Wahl (lit. a);[83]
- das Recht des gewöhnlichen Aufenthalts einer der Parteien im Zeitpunkt der Rechtswahl (lit. b);
- Ehegatten[84] das gewählte oder tatsächlich angewandte Güterstatut (lit. c);
- oder Ehegatten das gewählte oder tatsächlich angewandte Scheidungsstatut (lit. d).
- Nicht zur Wahl steht dagegen das Recht des angerufenen Gerichts.

Als weitere Kautel verlangt Abs. 2 stets die Einhaltung der Schriftform oder einer vergleichbaren elektronischen Form, während dies nach Art. 7 Abs. 2 HUntProt nur für eine vor Verfahrenseinleitung getroffene Wahl gilt. Im Gegensatz zu Art. 7 HUntProt sieht Art. 8 HUntProt weitere Kautelen vor, indem die Rechtswahl für bestimmte Fallkonstellationen entweder ausgeschlossen oder eingeschränkt wird:

Ausgeschlossen ist die Rechtswahl gem. Art. 8 Abs. 3 HUntProt für Unterhaltspflichten betreffend Minderjährige und Erwachsene, die auf Grund einer Beeinträchtigung oder der Unzulänglichkeit ihrer Fähigkeiten nicht in der Lage sind, ihre Interessen zu schützen. Dadurch sollen Missbrauchsgefahren vermieden werden.[85]

Ebenfalls zur Vermeidung von Missbräuchen zu Lasten der berechtigten Person wird die Rechtswahlmöglichkeit in zweierlei Hinsicht in Bezug auf ihre Wirkungen eingeschränkt:[86] So erstreckt sich die Rechtswahl gem. Abs. 4 nicht auf die Frage, ob die berechtigte Person auf ihren Unterhaltsanspruch verzichten kann, vielmehr ist hierfür das Recht des Staates, in dem die berechtigte Person im Zeitpunkt der Rechtswahl ihren gewöhnlichen Aufenthalt hat, maßgebend; letztlich kommt so die objektive Regelanknüpfung des Art. 3 Abs. 1 HUntProt, bezogen auf den Zeitpunkt der Rechtswahl, zum Zuge. Dadurch soll vermieden werden, dass ein Unterhaltsverzicht, der bei objektiver Anknüpfung unzulässig wäre, über die Wahl eines liberaleren Unterhaltsrechts zu Lasten des Berechtigten ermöglicht wird.[87] Bislang sind in Deutschland keine veröffentlichten Entscheidungen zu diesem Einschränkungstatbestand ergangen; in der Literatur wird dessen Reichweite unterschiedlich weit gefasst.[88] Schließlich erlaubt Abs. 5 eine allgemeine Billigkeitskontrolle durch die angerufene Behörde: Stellt diese fest, dass die Anwendung des von den Parteien gewählten Rechts im kon-

---

80 *Bonomi*, Erläuternder Bericht zum HUntProt, Tz. 129.
81 Rauscher/*Andrae* (oben N. 32), Art. 8 HUntProt Rn. 7.
82 *Heiderhoff*, in: Beck'scher Online-Kommentar BGB, 51. Edition (Stand 1.8.2019), Art. 8 HUntProt Rn. 2.
83 *Bonomi*, Erläuternder Bericht zum HUntProt, Tz. 131; dem folgend Rauscher/*Andrae* (oben N. 32), Art. 8 HUntProt Rn. 8; Palandt/*Thorn* (oben N. 32), HUntProt Rn. 30.
84 *Bonomi*, Erläuternder Bericht zum HUntProt, Tz. 134.
85 *Bonomi*, Erläuternder Bericht zum HUntProt, Tz. 127 f.
86 *Bonomi*, Erläuternder Bericht zum HUntProt, Tz. 146 ff.
87 *Bonomi*, Erläuternder Bericht zum HUntProt, Tz. 147.
88 Zum Meinungsstand MüKoBGB/*A. Staudinger* (oben N. 30), Art. 8 HUntProt Rn. 22 ff.

kreten Fall offensichtlich unbillige oder unangemessene Folgen hat, kann das gewählte Recht zugunsten des Rechts ausgeschlossen werden, das sich nach den objektiven Anknüpfungskriterien der Art. 3-5 ergibt.[89] Zu vergleichen ist das Ergebnis bei Anwendung des gewählten Rechts mit demjenigen bei Anwendung des objektiv bestimmten Rechts.[90] Das gilt allerdings nicht, wenn feststeht, dass die Parteien im Zeitpunkt der Rechtswahl umfassend unterrichtet und sich der Folgen ihrer Wahl vollständig bewusst waren. Diese Klausel enthält durch ihren offenen Tatbestand eine Reihe von Unwägbarkeiten und bewirkt daher für jede Rechtswahl eine erhebliche Unsicherheit.[91]

b) Objektive Regelanknüpfung, Art. 3 HUntProt

In Ermangelung einer Rechtswahl bildet Art. 3 Abs. 1 HUntProt die objektive Regelanknüpfung an den gewöhnlichen Aufenthalt des Unterhaltsberechtigten; damit wird die Anknüpfung an die Staatsangehörigkeit zurückgedrängt, was der allgemeinen Tendenz des unionsrechtlichen IPR entspricht.[92] Diese Anknüpfung erfolgt zu Gunsten des Unterhaltsgläubigers, da sich der Unterhalt nach seinen Bedürfnissen richten soll, und diese ergeben sich aus den Verhältnissen an seinem Aufenthaltsort.[93] Das so berufene Recht weist mithin den engsten Bezug zur Situation des Unterhaltsgläubigers auf.[94] Bei einem Wechsel des gewöhnlichen Aufenthaltes findet gem. Art. 3 Abs. 2 HUntProt ein Statutenwechsel statt; ab dem Aufenthaltswechsel ist das Recht des neuen gewöhnlichen Aufenthaltes anzuwenden.[95]

Ein Grund für die Wahl dieser Anknüpfung war es, dadurch möglichst zu einem Gleichlauf zwischen internationaler Zuständigkeit und anwendbarem Recht zu gelangen.[96] Dadurch wird dem angerufenen Gericht die mühsame und fehleranfällige Ermittlung fremden Rechts erspart. Im Verhältnis zur EuUnthVO ist dies allerdings nur begrenzt der Fall: Zum einen muss die Regelanknüpfung des Art. 3 HUntProt überhaupt einschlägig sein, was nach dem Anknüpfungssystem der Art. 3-8 HUntProt nur in bestimmten Situationen der Fall ist. Zum anderen muss der Unterhaltsberechtigte dann sein Wahlrecht zu Gunsten der Gerichte seines eigenen gewöhnlichen Aufenthaltsortes nach Art. 3 lit. b EuUnthVO ausüben, die Parteien diese Gerichte nach Art. 4 Abs. 1 Unterabs. 1 lit. a EuUnthVO zulässigerweise und wirksam gewählt oder der Beklagte sich auf das Verfahren vor dem sonst unzuständigen dortigen Gericht rügelos eingelassen haben, Art. 5 EuUnthVO.

---

89 *Bonomi*, Erläuternder Bericht zum HUntProt, Tz. 150.

90 Rauscher/*Andrae* (oben N. 32), Art. 8 HUntProt Rn. 25; Staudinger/*Mankowski* (oben N. 32), Art. 8 HUntProt Rn. 85.

91 Kritisch daher BeckOK BGB/*Heiderhoff* (oben N. 82), Art. 8 HUntProt Rn. 19.

92 Zum Siegeszug der Anknüpfung an den gewöhnlichen Aufenthaltsort *Dutta*, IPRax 2017, 139, 140 ff.

93 *Bonomi*, Erläuternder Bericht zum HUntProt, Tz. 37.

94 EuGH, 7.6.2018, C-83/17 – *KP/LO*, ECLI:EU:C:2018:408 Rn. 42 = FamRZ 2018, 1503.

95 Zu Konsequenzen daraus EuGH, 7.6.2018, C-83/17 – *KP/LO*, ECLI:EU:C:2018:408 Rn. 31 ff. = FamRZ 2018, 1503.

96 *Bonomi*, Erläuternder Bericht zum HUntProt, Tz. 39.

c) Sonderregel nach Art. 4 zu Gunsten des Unterhaltsberechtigten

aa) Günstigkeitsprinzip

Art. 4 HUntProt erlaubt Abweichungen von der objektiven Regelanknüpfung des Art. 3 HUntProt für Unterhaltsverhältnisse zwischen bestimmten Personengruppen zum Schutze der davon erfassten Unterhaltsgläubiger. Durch ein System subsidiärer Anknüpfungen soll das materiellrechtlich günstige Ergebnis erreicht werden, dass dem Unterhaltsgläubiger ein Unterhaltsanspruch zusteht, sofern ein solcher nach dem von der Regelanknüpfung des Art. 3 HUntProt bestimmten Recht nicht bestünde. Die Norm ist also Ausdruck des kollisionsrechtlichen Günstigkeitsprinzips, *in favore creditoris* einen Unterhaltsanspruch zu ermöglichen.[97] Dieser Schutz soll lediglich typischerweise besonders schutzbedürftigen Personen zustehen.[98] Für die nicht von dieser Privilegierung erfassten Unterhaltspflichten bestimmt sich das anwendbare Recht, vorbehaltlich einer Rechtswahl, nach Art. 3 oder 5 HUntProt. Das gilt etwa für Ansprüche der Kindeseltern untereinander.[99]

bb) Persönlicher Anwendungsbereich

Die durch die Geltung des Günstigkeitsprinzips privilegierten Unterhaltsgläubiger werden in Art. 4 Abs. 1 HUntProt definiert. Erfasst werden Unterhaltsansprüche der – auch volljährigen – Kinder gegen ihre Eltern (lit. a) und umgekehrt der Eltern gegen ihre Kinder (lit. c), wobei etwa an fürsorgebedürftige ältere Eltern gedacht ist.[100] Voraussetzung ist die rechtlich begründete Eltern-Kind-Beziehung, die zugleich den Begünstigungsgrund darstellt;[101] Unterhaltspflichten von Stiefeltern oder Pflegeeltern fallen daher nicht hierunter. Die Privilegierung von Unterhaltsansprüchen sogar der Eltern gegen ihre Kinder wird allerdings dadurch beeinträchtigt, dass dem Kind gegen die Inanspruchnahme durch seine Eltern oder einen Elternteil die Einrede des Art. 6 HUntProt zusteht (sub IV.2.e).

Privilegiert werden gem. lit. b darüber hinaus Unterhaltspflichten von anderen Personen als den Eltern gegenüber Personen, die noch nicht das 21. Lebensjahr vollendet haben, und die nicht auf einer Ehe beruhen. Die erfassten Ansprüche werden negativ dadurch abgegrenzt, dass solche aus einer rechtlichen Eltern-Kind-Beziehung bereits von lit. a und c und solche zwischen Ehegatten von Art. 5 HUntProt normiert sind. Die Unterhaltspflichten i.S.d. lit. b müssen ihre Grundlage in einem Familienverhältnis i.S.d. Art. 1 Abs. 1 HUntProt haben. Gemeint sind Unterhaltspflichten aus:

– einer direkten Verwandtschaftsbeziehung, wie von Großeltern gegenüber Enkeln;
– aus einer Verwandtschaftsbeziehung in der Seitenlinie, wie zwischen Geschwistern oder von Onkeln und Tanten gegenüber Neffen und Nichten;
– oder aus einer Stiefbeziehung eines Stiefelternteils gegenüber dem Stiefkind.[102]

---

97 *Bonomi*, Erläuternder Bericht zum HUntProt, Tz. 49, 55.
98 *Arnold*, IPRax 2012, 311, 312.
99 OLG Karlsruhe NJOZ 2018, 564 Rn. 16.
100 *Arnold*, IPRax 2012, 311, 312.
101 *Bonomi*, Erläuternder Bericht zum HUntProt, Tz. 53.
102 So *Bonomi*, Erläuternder Bericht zum HUntProt, Tz. 56; dem folgend MüKoBGB/*A. Staudinger* (oben N. 30), Art. 4 HUntProt Rn. 4.

Die offene Formulierung erlaubt es indes, noch weitere Personen unter diesen Tatbestand zu subsumieren, sofern die Unterhaltspflicht auf einer Familienbeziehung i.S.d. Art. 1 Abs. 1 HUntProt beruht, keine Eltern-Kind-Beziehung und keine (ehemalige) Ehe zwischen den Parteien besteht. Denkbar sind also sogar Unterhaltspflichten zwischen nichtehelichen oder eingetragenen Lebenspartnern[103] oder eines Elternteils gegen den anderen für die Kindesbetreuung,[104] solange zwischen ihnen keine Ehe besteht. Entscheidendes Privilegierungsmerkmal ist, dass der Unterhaltsberechtigte die Altersgrenze von 21 Jahren noch nicht überschritten hat.[105] Die Privilegierung dieses weiten Personenkreises wird allerdings dadurch beeinträchtigt, dass dem Unterhaltspflichtigen gegen die Inanspruchnahme die Einrede des Art. 6 HUntProt zusteht (sub IV.2.e).

cc) Anknüpfungssystem

Die Privilegierung der in Art. 4 Abs. 1 HUntProt definierten Unterhaltspflichten äußert sich in einem komplexen Anknüpfungssystem, welches im Sinne des Günstigkeitsprinzips (supra IV.2.c.aa) das materiellrechtliche Ergebnis eines Unterhaltsanspruchs der privilegierten Person durch subsidiäre Anknüpfungen fördern soll.

Kann die berechtigte Person nach dem von der Grundregel des Art. 3 HUntProt berufenen Recht ihres gewöhnlichen Aufenthaltsortes von der verpflichteten keinen Unterhalt erhalten, so ist nach Art. 4 Abs. 2 HUntProt subsidiär das am Ort des angerufenen Gerichts geltende Recht anzuwenden. Um diese subsidiäre Anknüpfung zu verstehen, ist sie im Zusammenhang mit derjenigen des Abs. 3 zu lesen.

Nach Art. 4 Abs. 3 HUntProt wird die Rangfolge der Anknüpfungen umgekehrt und primär das Recht des Gerichtsstaates berufen, sofern der Unterhaltsberechtigte die zuständige Behörde des Staates angerufen hat, in welchem der Unterhaltsverpflichtete seinen gewöhnlichen Aufenthalt hat; kann der Berechtigte vom Verpflichteten danach keinen Unterhalt erlangen, ist subsidiär auf die Grundregel des Art. 3 HUntProt zurückzugreifen. Angerufen ist das Gericht jedoch nicht, wenn die berechtigte Person sich auf ein von der verpflichteten Person bei dieser Behörde eingeleitetes Verfahren schlicht gem. Art. 5 EuUnthVO nicht eingelassen hat[106] oder der Verpflichtete einen Abänderungsantrag bezüglich eines Unterhaltstitels gestellt hat.[107]

Kann die berechtigte Person von der verpflichteten weder nach Abs. 2 noch nach Abs. 3 Unterhalt erlangen, so ist hilfsweise das Recht der gemeinsamen Staatsangehörigkeit beider Personen anzuwenden, Art. 4 Abs. 4 HUntProt. Die Anknüpfung an die Staatsangehörigkeit kommt folglich nur als letzte Möglichkeit zur Erreichung des gewünschten Ergebnisses in Betracht.

In Abs. 2 und 3 wird somit jeweils die *lex fori* berufen, einmal subsidiär, das andere Mal primär. Aus der Zusammenschau beider Absätze ergibt sich der Anwendungsbereich

---

103 Staudinger/*Mankowski* (oben N. 32), Art. 4 HUntProt Rn. 18.
104 Rauscher/*Andrae* (oben N. 32), Art. 4 HUntProt Rn. 11a.
105 *Bonomi*, Erläuternder Bericht zum HUntProt, Tz. 53.
106 EuGH, 20.9.2018, C-214/17 – *Mölk/Mölk*, NJW 2018, 3433 Rn. 50 ff.
107 OLG Bremen NJOZ 2017, 1501 Rn. 17.

des Abs. 2: Dieser Tatbestand greift grundsätzlich nur dann, wenn das Verfahren von der verpflichteten Person im Staat ihres eigenen gewöhnlichen Aufenthaltes eingeleitet wird oder wenn keine der Parteien ihren gewöhnlichen Aufenthalt im Gerichtsstaat hat.[108] Dies folgt daraus, dass bei einer Klage der berechtigten Person im Staat des gewöhnlichen Aufenthaltes der verpflichteten Person der Tatbestand des Abs. 3 erfüllt ist; und bei einer Klage im Staat des gewöhnlichen Aufenthaltes der berechtigten Person ist die *lex fori* das ohnehin nach Art. 3 HUntProt berufene Recht.[109] Beide Rechte können indes infolge eines Statutenwechsels auseinanderfallen, wenn die berechtigte Person ihren gewöhnlichen Aufenthaltsort von einem Staat (z.B. Deutschland) in einen anderen Staat verlegt hat (z.B. nach Italien), in welchem sie auch klagt, aber Unterhalt für einen Zeitraum vor diesem Aufenthaltswechsel begehrt; gem. Art. 3 Abs. 2 HUntProt unterliegt der Unterhalt vor dem Aufenthaltswechsel nämlich noch dem Recht des früheren gewöhnlichen Aufenthaltsortes, hier Deutschland, so dass es zu einer Abweichung von der *lex fori* des angerufenen Gerichts (hier: italienisches Recht) kommt.[110]

Gemeinsam ist dieser Anknüpfungsleiter, dass die subsidiäre Anknüpfung nur greift, wenn der Unterhaltsberechtigte nach der primären keinen Unterhalt erhielte. Gemeint ist damit, dass entweder das berufene Recht eine solche Unterhaltspflicht z.B. des Stiefelternteils gegenüber dem Stiefkind, überhaupt nicht kennt oder die rechtlichen Voraussetzungen hierfür im Einzelfall nicht erfüllt sind.[111] Eine solche rechtliche Voraussetzung kann im deutschen Recht das Erfordernis der Mahnung für die Geltendmachung von Unterhalt für die Vergangenheit nach § 1613 Abs. 1 BGB sein; hat der Unterhaltsberechtigte diese Mahnung unterlassen, so ist nach deutschem Recht der Unterhaltsanspruch für die Vergangenheit ausgeschlossen, so dass auf eine subsidiäre Anknüpfung ausgewichen werden kann.[112] Umstritten ist hingegen, ob die Tatsache, dass der Unterhaltsanspruch konkret an den wirtschaftlichen Verhältnissen von Anspruchsteller und Anspruchsgegner scheitert, also an der fehlenden Bedürftigkeit des einen und/oder der fehlenden Leistungsfähigkeit des anderen, ebenfalls erfasst wird. Nach zutreffender Ansicht spielen diese Faktoren für den Übergang zur subsidiären Anknüpfung jedoch keine Rolle,[113] und dies war auch die Ansicht der Mehrzahl der Delegationen im Gesetzgebungsprozess.[114] Erhielte der Berechtigte nach dem

---

108   *Bonomi*, Erläuternder Bericht zum HUntProt, Tz. 63.

109   Im Ergebnis ebenso EuGH, 7.6.2018, C-83/17 – *KP/LO*, ECLI:EU:C:2018:408 Rn. 29 = FamRZ 2018, 1503.

110   EuGH, 7.6.2018, C-83/17 – *KP/LO*, ECLI:EU:C:2018:408 Rn. 33 ff. = FamRZ 2018, 1503; freilich verlangt der EuGH dann zusätzlich, dass das Recht des angerufenen Gerichts „dem Recht des Mitgliedstaats entspricht, dessen Gerichte für Unterhaltsstreitigkeiten in Bezug auf den genannten Zeitraum zuständig waren", ebenda Rn. 50.

111   *Bonomi*, Erläuternder Bericht zum HUntProt, Tz. 61.

112   EuGH, 7.6.2018, C-83/17 – *KP/LO*, ECLI:EU:C:2018:408 Rn. 58 = FamRZ 2018, 1503.

113   Palandt/*Thorn* (oben N. 32), HUntPRot Rn. 16; Rauscher/*Andrae* (oben N. 32), Art. 4 HUntProt Rn. 18; BeckOK BGB/*Heiderhoff* (oben N. 82), Art. 4 HUntProt Rn. 11; wohl auch MüKoBGB/ *A. Staudinger* (oben N. 30), Art. 4 HUntProt Rn. 10; a.A. Staudinger/*Mankowski* (oben N. 32), Art. 4 HUntProt Rn. 46 f.; Bach, in: Kaiser/Schnitzler/Friederici/Schilling, Nomos Kommentar BGB, Bd. IV, 3. Aufl. 2014, Art. 4 HUntProt Rn. 11.

114   *Bonomi*, Erläuternder Bericht zum HUntProt, Tz. 61.

primär anwendbaren Recht jedoch lediglich weniger Unterhalt als nach dem subsidiär berufenen, so ist dies kein Grund, um zur subsidiären Anknüpfung überzugehen.[115]

d) Sonderregel für Ansprüche zwischen (ehemaligen) Ehegatten

Der Sinn der objektiven Sonderanknüpfung für Unterhaltsansprüche zwischen Ehegatten und ehemaligen Ehegatten in Art. 5 HUntProt wird erst auf den zweiten Blick klar: Grundsätzlich bleibt es für diese Ansprüche bei der Regelanknüpfung des Art. 3 HUntProt an den gewöhnlichen Aufenthaltsort der berechtigten Person, sofern die Parteien keine wirksame Rechtswahl getroffen haben. In Ermangelung einer Rechtswahl kann das Festhalten an der Regelanknüpfung Probleme aufwerfen, wenn es infolge eines Aufenthaltswechsels der berechtigten Person gem. Art. 3 Abs. 2 HUntProt zu einem Statutenwechsel kommt: zum einen ist das dann anwendbare Recht für den Unterhaltsschuldner schwer vorhersehbar, und der Unterhaltsgläubiger kann die Regelung dazu nutzen, ein für den Unterhaltsschuldner ungünstigeres Recht zur Anwendung zu bringen; zum anderen kann das neue Aufenthaltsrecht für den Unterhaltsgläubiger selbst eine Schlechterstellung bedeuten, weil es nacheheliche Unterhaltsansprüche nur restriktiv oder überhaupt nicht gewährt.[116] Um sowohl den Anliegen beider Parteien gerecht zu werden als auch einen Anknüpfungspunkt zu finden, der ein mit der Ehe eng verbundenes Recht beruft,[117] hat man sich auf Vorschlag der EG dafür entschieden, in Art. 5 HUntProt eine flexible Regelung vorzusehen:[118] Es bleibt grundsätzlich bei der Regelanknüpfung des Art. 3 HUntProt, doch kann die Anwendung des Rechts am gewöhnlichen Aufenthaltsort des Unterhaltsberechtigten auf Antrag einer der Parteien ausgeschlossen werden, wenn die Ehe engere Verbindungen zu einem anderen Staat aufweist, insbesondere zu dem des letzten gemeinsamen gewöhnlichen Aufenthalts der (ehemaligen) Ehegatten. Es handelt sich also um eine Ausweichklausel, die allerdings nicht von Amts wegen, sondern nur auf Einrede[119] einer Partei zur Anwendung gelangt.[120] Die Wirkungsweise des Art. 5 HUntProt sei anhand zweier Beispiele aus der deutschen Rechtsprechung veranschaulicht:

Beispiel 1:   Die Ehegatten haben 1990 in Deutschland geheiratet und bis zu ihrer Trennung 2005 dort gemeinsam gelebt; der Ehemann ist Deutscher, die Ehefrau Schweizerin, aus der Ehe ist ein 1990 geborenes Kind hervorgegangen. Nach der Trennung ist die Ehefrau mit dem gemeinsamen Kind in die Schweiz gezogen. Die Ehefrau macht nun vor deutschen Gerichten Unterhalt gegen den Ehemann geltend. Der Ehemann erhebt gegen die Anwendung des von Art. 3 Abs. 1 HUntProt berufenen Schweizer Rechts die Einrede aus Art. 5 HUntProt. Der BGH hat die Frage offengelassen, ob im Verhältnis zur Schweiz das HUntProt oder das HUntÜ anwendbar ist (supra II.3). Im Ergebnis hat der BGH der Einrede stattgegeben, weil das deutsche Recht zu der Ehe eine deutlich engere Verbindung als das Schweizer Recht

---

115   Palandt/*Thorn* (oben N. 32), HUntProt Rn. 16; Staudinger/*Mankowski* (oben N. 32), Art. 4 HUntProt Rn. 37.
116   *Bonomi*, Erläuternder Bericht zum HUntProt, Tz. 78.
117   *Bonomi*, Erläuternder Bericht zum HUntProt, Tz. 81.
118   *Bonomi*, Erläuternder Bericht zum HUntProt, Tz. 82.
119   So auch BGH NJW 2013, 2662 Rn. 44 = IPRax 2014, 345.
120   Rauscher/*Andrae* (oben N. 32), Art. 5 HUntProt Rn. 5.

aufweise, obgleich die Ehefrau mittlerweile rund siebeneinhalb Jahre mit dem Kind in der Schweiz lebte.[121]

Beispiel 2: Die Ehegatten hatten im Libanon vor einem Scharia-Gericht geheiratet und haben ihren gewöhnlichen Aufenthalt in Deutschland. Der Ehemann wandte sich gegen die Anwendbarkeit deutschen Rechts nach der Regelanknüpfung des Art. 3 Abs. 1 HUntProt. Das OLG Hamm sah darin zwar die Erhebung der Einrede nach Art. 5 HUntProt, verneinte aber, dass das libanesisch-sunnitische Recht zu der Ehe eine engere Verbindung als das deutsche aufweise: Zwar sei die Ehefrau libanesische Staatsangehörige und wie der Ehemann im Libanon geboren; der Ehemann sei aber als Kleinkind mit seiner Familie nach Deutschland eingewandert, habe dort schon zwanzig Jahre vor der Eheschließung gelebt und sei seit zehn Jahren deutscher Staatsangehöriger; außerdem hätten die Eheleute ihren gewöhnlichen Aufenthalt nicht im Libanon.[122]

e) Kollisionsrechtliche Einrede des Art. 6 HUntProt

Die Vorschrift stellt eine typische Kompromisslösung für widerstreitende Interessen bei der Erarbeitung staatsvertraglichen Einheitsrechts dar.[123] Hintergrund ist, dass eine Reihe von Staaten Unterhaltsansprüche etwa von Eltern gegen ihre Kinder oder von Verwandten in der Seitenlinie nicht kennt. Da das HUntProt keine Vorbehalte zulässt, wollten diese Staaten eine Anwendung ihnen unbekannter Unterhaltsansprüche abwehren können. Das Ergebnis ist eine ziemlich komplizierte Regelung, die vor allem für die erfassten Fälle des Art. 4 HUntProt die dem Unterhaltsberechtigten darin gewährte Privilegierung bei Greifen der Einrede wieder nimmt.[124]

aa) Erfasste Unterhaltspflichten

Die Vorschrift betrifft ausdrücklich nicht Unterhaltspflichten der Eltern gegenüber ihren Kindern nach Art. 4 Abs. 1 lit. a HUntProt und zwischen (ehemaligen) Ehegatten nach Art. 5 HUntProt. Aus dem Umkehrschluss folgt, dass sie alle sonstigen Unterhaltspflichten erfasst, also zum einen die von Kindern gegenüber ihren Eltern und von anderen Personen als den Eltern gegenüber Personen, die noch nicht das 21. Lebensjahr vollendet haben, und die nicht auf einer Ehe beruhen (Art. 4 Abs. 1 lit. b und c HUntProt), zum anderen alle übrigen, die unter die Regelanknüpfung des Art. 3 HUntProt fallen.

bb) Keine Unterhaltspflicht bei kumulativer Anknüpfung

Zunächst muss feststehen, dass der berechtigten Person überhaupt ein Anspruch nach Art. 3 oder Art. 4 Abs. 1 lit. b oder c HUntProt zusteht. Das angerufene Gericht hat dies also zu ermitteln. Sodann muss sich die verpflichtete Person auf die Einrede berufen, nämlich, dass es einen solchen Anspruch weder nach dem Recht des Staates des

---

121 BGH NJW 2013, 2662 Rn. 45 = IPRax 2014, 345; zust. *Andrae*, IPRax 2014, 326, 333 f.
122 OLG Hamm NZFam 2016, 1035 Rn. 61.
123 Dazu *Bonomi*, Erläuternder Bericht zum HUntProt, Tz. 98, 100.
124 Kritisch daher *Bonomi*, Erläuternder Bericht zum HUntProt, Tz. 100; Rauscher/*Andrae* (oben N. 32), Art. 6 HUntProt Rn. 3; BeckOK BGB/*Heiderhoff* (oben N. 82), Art. 6 HUntProt Rn. 2.

gewöhnlichen Aufenthalts der verpflichteten Person noch gegebenenfalls nach dem Recht des Staates, dem die Parteien gemeinsam angehören, gibt. Das bloße Bestreiten des geltend gemachten Anspruchs durch die verpflichtete Person reicht nicht aus, vielmehr muss diese die Einrede mit dem entsprechenden kollisionsrechtlichen Inhalt erheben.[125] Eine Prüfung von Amts wegen findet nicht statt.

Wird diese Einrede erhoben, so hat die befasste Stelle zu prüfen, ob nach den angeführten Rechten der Anspruch nicht besteht. Ein bloß geringerer Anspruch als nach dem an sich anwendbaren Recht reicht hierfür nicht aus. Steht dies fest, so ist weiter festzustellen, ob die berechtigte und die verpflichtete Person eine gemeinsame Staatsangehörigkeit haben. Ist dies nicht der Fall, so ist nur das Recht des gewöhnlichen Aufenthaltsortes der verpflichteten Person zu prüfen. Besteht der Unterhaltsanspruch danach nicht, so ist die Einrede erfolgreich.

Haben die Parteien jedoch eine gemeinsame Staatsangehörigkeit, so ist kumulativ zu untersuchen, ob der Unterhaltsanspruch auch nach dem gemeinsamen Heimatrecht nicht besteht. Dies stellt eine Erschwerung der Einrede im Interesse der berechtigten Person dar. Fraglich ist, wie bei einer mehrfachen Staatsangehörigkeit einer der Parteien oder beider zu verfahren ist. Im Interesse der einheitlichen Auslegung des Übereinkommens muss es genügen, dass die Parteien eine gemeinsame Staatsangehörigkeit haben, selbst wenn diese für eine von ihnen eine ineffektive ist. Die ist für die berechtigte Person vorteilhaft, denn durch die dann erforderliche kumulative Prüfung zweier Rechtsordnungen wird die Berufung auf die Einrede erschwert.[126]

cc) Rechtsfolge

Besteht der Unterhaltsanspruch zwar nach dem maßgeblichen Unterhaltsstatut aus Art. 3 oder Art. 4 Abs. 1 lit. b oder c HUntProt, nicht aber nach der/den von Art. 6 berufene(n) Rechtsordnung(en), und beruft sich die verpflichtete Person hierauf, so scheidet der Anspruch aus.

Beispiel 3: In Beispiel 2 (supra IV.2.d) hat das OLG Hamm die vom Ehemann erhobene Einrede des Art. 6 HUntProt ebenfalls zurückgewiesen. Es hatte einen Unterhaltsanspruch der Ehefrau nach dem von Art. 3 Abs. 1 HUntProt berufenen deutschen Sachrecht bejaht; dieser Anspruch fällt grundsätzlich unter Art. 6 HUntProt. Ob der Anspruch nach libanesischem Recht nicht besteht, hatte das Gericht dagegen nicht zu prüfen, da die weiteren Voraussetzungen der Einrede aus Art. 6 HUntProt nicht vorlagen: Weder hatte der Ehemann als Verpflichteter seinen gewöhnlichen Aufenthalt im Libanon, noch besaßen die Eheleute gemeinsam die libanesische Staatsangehörigkeit, da der Ehemann mit der Einbürgerung offenbar nur Deutscher geworden war.[127]

---

125 Rauscher/*Andrae* (oben N. 32), Art. 6 HUntProt Rn. 6.

126 *Bonomi*, Erläuternder Bericht zum HUntProt, Tz. 106; dem folgend Rauscher/*Andrae* (oben N. 32), Art. 6 HUntProt Rn. 9; MüKoBGB/*A. Staudinger* (oben N. 30), Art. 6 HUntProt Rn. 13; Staudinger/ *Mankowski* (oben N. 32), Art. 6 HUntProt Rn. 26.

127 OLG Hamm NZFam 2016, 1035 Rn. 62.

3. Allgemeine Fragen der Verweisung

Den Umfang der Verweisung der Art. 3-8 HUntProt normiert Art. 11 HUntProt. Im Interesse der kollisionsrechtlichen Vereinheitlichung, die das HUntProt anstrebt, ordnet Art. 12 HUntProt an, dass seine Kollisionsnormen reine Sachnormverweisungen aussprechen, so dass es sogar bei der Verweisung auf das Recht eines Nichtvertragsstaates nicht auf dessen IPR ankommt. Klassisch ist ebenfalls der Vorbehalt des *ordre public* in Art. 13 HUntProt.

Außerdem ist noch auf Art. 14 HUntProt hinzuweisen. Die Vorschrift stellt nicht etwa eine Kollisionsnorm, sondern eine Vorschrift des internationalen materiellen Einheitsrechts dar. Sie soll dem Umstand Rechnung tragen, dass nicht in allen Staaten der Unterhalt von der Bedürftigkeit der berechtigten Person und von der Leistungsfähigkeit der verpflichteten Person abhängt. Sofern nach dem von den Kollisionsnormen des HUntProt berufenen Recht ein Unterhaltsanspruch besteht, muss dieser daher den genannten Anforderungen genügen, unabhängig davon, welches Recht Unterhaltsstatut ist.

Beispiel 4: Unterhaltsstatut ist ein Recht, das die Höhe des nachehelichen Unterhaltsanspruchs davon abhängig macht, wen die Schuld am Scheitern der Ehe trifft. Hier muss das anwendbare Recht durch den Grundsatz des Art. 14 HUntProt korrigiert werden.

V. Anerkennung und Vollstreckung von Urteilen

Diese richtet sich nach den Vorschriften des Kapitels IV der EuUnthVO. Einleitend stellt Art. 16 EuUnthVO heraus, dass es hier zu einer grundsätzlichen Zweiteilung kommt:

- Für Entscheidungen, die in einem EU-Mitgliedstaat ergangen sind, der durch das HUntProt gebunden ist, gilt gem. Abs. 2 das vereinfachte Verfahren nach Abschnitt 1 (Art. 17-22).
- Für Entscheidungen aus anderen Mitgliedstaaten ist dagegen gem. Abs. 3 das traditionelle Verfahren der Vollstreckbarerklärung nach Abschnitt 2 (Art. 23-38) anzuwenden; betroffen sind davon Entscheidungen aus Dänemark und dem Vereinigten Königreich.

Gemeinsam ist beiden Entscheidungstypen, dass Entscheidungen aus dem Ursprungsmitgliedstaat im Vollstreckungsmitgliedstaat keinesfalls in der Sache überprüft werden dürfen (Verbot der *révision au fond*, Art. 42 EuUnthVO). Dies hindert freilich nicht, dass Urteile aus Dänemark und dem Vereinigten Königreich im Vollstreckungsstaat einer *ordre public*-Kontrolle unterzogen werden können (sub V.2).

1. Vereinfachtes Verfahren

Eines der Ziele der EuUnthVO ist es, die „rasche und wirksame Durchsetzung einer Unterhaltsforderung zu gewährleisten und missbräuchlichen Rechtsmitteln vorzubeugen" (Erwägungsgrund 22). Der Unionsgesetzgeber hatte sich daher dazu entschieden, das Verfahren der Anerkennung und Vollstreckung geradezu zu revolutionieren:

Während die EuGVO von 2001 noch ein Verfahren der Vollstreckbarerklärung und eine Kontrolle der Versagungsgründe auf Rechtsbehelf des Vollstreckungsschuldners vorsah, verzichten die unionsrechtlichen Instrumente der zweiten Generation auf jegliches Verfahren der Anerkennung oder Vollstreckbarerklärung sowie auf eine Kontrolle der Versagungsgründe im Vollstreckungsstaat. Dem schließt sich die EuUnthVO insofern an, als es um Entscheidungen aus Mitgliedstaaten geht, die durch das HUnt-Prot gebunden sind: In Art. 17 EuUnthVO wird der Verzicht auf jegliches Verfahren der Anerkennung (Abs. 1) und Vollstreckbarerklärung (Abs. 2) erklärt, eine Kontrolle der klassischen Versagungsgründe im Vollstreckungsstaat ist selbst auf Rechtsbehelf des Vollstreckungsschuldners nicht mehr vorgesehen. Es müssen lediglich die in Art. 20 benannten Schriftstücke vorgelegt werden. Ansonsten ist das Urteil in den übrigen Mitgliedstaaten ebenso zu vollstrecken, als ob es ein inländisches Urteil wäre. Der Verzicht auf ein Verfahren der Vollstreckbarerklärung bringt eine wesentliche Beschleunigung der Vollstreckung im grenzüberschreitenden Verkehr mit sich. Fraglich ist allerdings, ob das vereinfachte Verfahren die Rechte des Vollstreckungsschuldners hinreichend berücksichtigt.

a) Rechtsbehelfe

Im vereinfachten Verfahren sind lediglich zwei Rechtsbehelfe gegen eine stattgebende Entscheidung und deren Vollstreckung vorgesehen. Zunächst räumt Art. 19 EuUnthVO dem Antragsgegner lediglich einen außerordentlichen Rechtsbehelf im Ursprungsmitgliedstaat ein. Durch diesen kann der Antragsgegner, der sich dort nicht auf das Verfahren eingelassen hatte, eine Nachprüfung der Entscheidung durch das Ursprungsgericht verlangen, sofern ihm bei der Erstentscheidung kein rechtliches Gehör gewährt worden war. Dies stellt eine zweite Sicherung zu Gunsten des Vollstreckungsschuldners dar, denn bereits im Erkenntnisverfahren, sofern dieses der EuUnthVO unterfällt, enthält Art. 11 EuUnthVO eine erste Sicherung. Zugleich wird damit ein klassischer Versagungsgrund aufgegriffen (vgl. Art. 45 Abs. 1 lit. b EuGVO und Art. 24 lit. b EuUnthVO), der Ausfluss des Rechts auf ein faires Verfahren ist (Erwägungsgrund 29), wie es von Art. 6 EMRK und Art. 47 Abs. 2 EU-GRC garantiert wird. Im Gegensatz zum traditionellen System erfolgt die Überprüfung aber nur im Ursprungsmitgliedstaat. Lediglich insoweit findet eine Kontrolle des verfahrensrechtlichen *ordre public* statt (sub V.1.b).

Im Vollstreckungsstaat kann der Vollstreckungsschuldner bloß die in Art. 21 EuUnthVO vorgesehenen Einwendungen erheben. Autonome Versagungsgründe sind:

- die eingetretene Verjährung des Rechts auf Vollstreckung nach dem Recht des Ursprungs- oder des Vollstreckungsmitgliedstaates, wobei die längere Verjährungsfrist gilt (Abs. 2 Unterabs. 1);
- das Bestehen einer entgegenstehenden Entscheidung nach Maßgabe des Abs. 2 Unterabs. 2;
- lediglich die Aussetzung rechtfertigt es, wenn im Ursprungsmitgliedstaat ein Antrag nach Art. 19 EuUnthVO gestellt oder das Verfahren dort ausgesetzt wurde, Abs. 3.

Schließlich gestattet Art. 21 Abs. 1 EuUnthVO noch den Rückgriff auf die im Vollstreckungsstaat vorgesehenen Gründe für die Verweigerung oder die Aussetzung der Vollstreckung, sofern sie nicht Abs. 2 und 3 widersprechen. Im deutschen Recht sind dies gem. § 65 des Gesetzes zur Geltendmachung von Unterhaltsansprüchen im Verkehr mit ausländischen Staaten (AUG) über den Verweis auf § 120 FamFG die klassischen Vollstreckungsrechtsbehelfe der ZPO: §§ 765a, 766, 767, 775, 776, 793 ZPO.[128]

b) Keine Kontrolle sonstiger Versagungsgründe

Im traditionellen Verfahren der Vollstreckbarerklärung, ebenso aber im vereinfachten Verfahren, welches die Neufassung der EuGVO in deren Art. 39 ff. vorsieht, kann der Vollstreckungsschuldner im Vollstreckungsstaat die klassischen Versagungsgründe gegen eine Anerkennung oder Vollstreckung vorbringen (Art. 45 f. EuGVO), darunter vor allem einen Widerspruch gegen den *ordre public* des Vollstreckungsstaates. Diese Versagungsgründe sieht die EuUnthVO nur noch für Urteile aus Dänemark und dem Vereinigten Königreich vor (Art. 17 Abs. 3 i.V.m. 24 EuUnthVO), für Urteile aus anderen Mitgliedstaaten hingegen nicht. Im vereinfachten Verfahren kann der Vollstreckungsschuldner von den klassischen Versagungsgründen im Ergebnis lediglich die Gehörsrüge mit dem Rechtsbehelf des Art. 19 EuUnthVO vor dem Ursprungsgericht und das Bestehen einer anderen Entscheidung in der gleichen Sache nach Art. 21 Abs. 2 Unterabs. 2 EuUnthVO im Vollstreckungsstaat geltend machen.

Das mit dem Verzicht auf eine Kontrollmöglichkeit der klassischen Versagungsgründe und insbesondere des *ordre public* in anderen unionsrechtlichen Instrumenten der zweiten Generation entstehende Schutzdefizit soll nach Ansicht des Unionsgesetzgebers dadurch kompensiert werden, dass zum Schutze des Vollstreckungsschuldners gewisse Mindeststandards für das Verfahren vor dem Ursprungsgericht vorgeschrieben werden, wie dies in Art. 12 ff. der Verordnung (EU) Nr. 805/2004 zur Einführung eines europäischen Vollstreckungstitels[129] und in Art. 4 ff. Verordnung (EG) Nr. 861/2007 zur Einführung eines europäischen Verfahrens für geringfügige Forderungen[130] der Fall ist. Die an sich geplante Übernahme dieses Modells in die EuUnthVO scheiterte jedoch daran, dass im Rat keine Einigung hierüber hatte erzielt werden können.[131] In Bezug auf den materiellrechtlichen *ordre public* hat der Unionsgesetzgeber einen Verzicht auf dessen Kontrolle mit den durch die Anwendung der Kollisionsnormen des HUntProt gebotenen Garantien gerechtfertigt (Erwägungsgrund 24).[132] Das Anknüpfungssystem der Art. 3-8 HUntProt sieht mehrfache Sicherungen zum Schutz einerseits des Unterhaltsberechtigten, andererseits des Unterhaltsverpflichteten vor, wie gerade die Regelungen in Art. 5 und 6 HUntProt zeigen. Eine weitere Absicherung bringen die *ordre public*-Kontrolle im Erkenntnisverfahren durch das Ursprungsgericht nach Art. 13 HUntProt sowie die internationale Sachnorm des Art. 14 HUntProt. Verstöße gegen die Anknüpfungsregeln und die gerade erwähnten Kontrollnormen durch das Ursprungsgericht muss der Schuldner im Erststaat mit den hierfür vorgesehenen Rechtsmitteln rügen. Eine Kontrolle im Vollstreckungsstaat ist ihm dagegen

---

128 Näher dazu Rauscher/*Andrae* (oben N. 27), Art. 21 EG-UntVO Rn. 33 ff.
129 ABl. EU 2004 L 143/15.
130 ABl. EU 2007 L 199/1, zuletzt geändert durch Art. 1 Änderungsverordnung (EU) 2015/2421 v. 16.12.2015, ABl. EU L 341/1.
131 Rauscher/*Andrae* (oben N. 27), Art. 19 EG-UntVO Rn. 5.
132 Zum Folgenden Rauscher/*Andrae* (oben N. 27), Einl. EG-UntVO Rn. 26 f.

verwehrt. Dass es gleichwohl zu *ordre public*-widrigen Entscheidungen aus anderen Mitgliedstaaten kommen kann, liegt auf der Hand, ist aber nach dem System der Art. 17 ff. EuUnthVO hinzunehmen. Inwieweit es dadurch in der Praxis zu Schutzlücken zu Lasten des Unterhaltsverpflichteten kommen wird, bleibt abzuwarten.

2. Traditionelles Verfahren

Für Entscheidungen aus Dänemark und dem Vereinigten Königreich gilt demgegenüber das traditionelle Verfahren, wie es noch die EuGVO von 2001 vorgesehen hatte, weil insoweit die Garantien des HUntProt nicht eingreifen: Die Anerkennung erfolgt grundsätzlich formlos, kann aber inzident festgestellt werden, Art. 23 EuUnthVO. Die Vollstreckung setzt eine Erklärung der Vollstreckbarkeit nach Art. 26 ff. EuUnthVO voraus. Auf Rechtsbehelf des Vollstreckungsschuldners kann dieser die klassischen Versagungsgründe geltend machen, Art. 34 i.V.m. 24 EuUnthVO. Zu diesen Gründen gehören, ebenso wie im vereinfachten Verfahren der Art. 17 ff. EuUnthVO, die Verletzung des rechtlichen Gehörs und die Unvereinbarkeit mit einer anderen Entscheidung, darüber hinaus aber auch der Verstoß gegen den *ordre public*; unbeachtlich ist hingegen die Verletzung der Vorschriften über die internationale Zuständigkeit aus dem Kapitel 2 der EuUnthVO. Mit dieser Regelung bleibt die EuUnthVO allerdings hinter dem Standard der Neufassung der EuGVO zurück, welche auf das zeitaufwendige Verfahren der Vollstreckbarerklärung bewusst verzichtet hat.

VI. Würdigung

Die EuUnthVO enthält erstmals einheitliche Regeln für die Mitgliedstaaten der EU zur Bestimmung der drei eingangs aufgeworfenen Fragen für Unterhaltssachen mit Auslandsbezug: der direkten internationalen Zuständigkeit, des anwendbaren Rechts und der Anerkennung und Vollstreckung von Urteilen. Allerdings wird dadurch nur partiell eine Rechtsvereinheitlichung erreicht, weil Dänemark und das Vereinigte Königreich sich dem HUntProt nicht angeschlossen haben, so dass für diese Staaten dessen IPR-Regeln nicht gelten, mit der weiteren Folge, dass für Urteile aus diesen Staaten die Urteilsfreizügigkeit verfahrensrechtlich gegenüber Urteilen aus anderen Mitgliedstaaten erschwert ist.

Zur Frage der direkten internationalen Zuständigkeit hatte es zwar schon im EuGVÜ und der EuGVO 2001 Regeln gegeben, doch waren diese nicht so ausdifferenziert und damit auf die spezifischen Interessen der Beteiligten in Unterhaltssachen abgestimmt wie diejenigen der EuUnthVO. Diese sind abschließend und schließen daher in sämtlichen Mitgliedstaaten einen Rückgriff auf nationales Recht aus; außerdem erfassen sie sogar Fälle mit Drittstaatenbezug, sofern sich einer der Anknüpfungspunkte im Mitgliedstaat des angerufenen Gerichts verwirklicht. Die Vereinheitlichung der Zuständigkeitsregeln soll innerhalb der EU ein *forum shopping* in grenzüberschreitenden Unterhaltssachen möglichst vermeiden. Allerdings ist ein solches auf Grund des komplexen und ausdifferenzierten Systems internationaler Zuständigkeiten, welches die EuUnthVO zum Schutze des Unterhaltsberechtigten vorsieht, doch möglich: Im

Regelfall wird der Unterhaltsberechtigte Kläger sein und kann dann zwischen den verschiedenen Gerichtsständen wählen. Ist der Unterhaltsberechtigte hingegen Beklagter, was im Falle einer negativen Feststellungsklage des Unterhaltsverpflichteten der Fall sein kann, so wird dieser Schutz allerdings dadurch konterkariert, dass sämtliche Gerichtsstände durch rügelose Einlassung des Beklagten derogierbar sind. Erste Entscheidungen des EuGH versuchen, Kompetenzkonflikte zu lösen, wie es für konkurrierende Annexzuständigkeiten geschehen ist.

Über die Verweisung auf das HUntProt regelt die EuUnthVO ebenfalls das anwendbare Recht auf Unterhaltssachen. Die dadurch erzielte Vereinheitlichung des IPR in Unterhaltssachen geht dadurch einerseits über die Grenzen der EU hinaus, als Drittstaaten diesem Abkommen ebenso angehören; andererseits erfasst sie nicht sämtliche EU-Staaten, da Dänemark und das Vereinigte Königreich nicht daran teilnehmen. Für Gerichte von Vertragsstaaten bleibt eine umfassende Anwendung der Kollisionsnormen des HUntProt gleichwohl gewährleistet, da es sich dabei um eine *loi uniforme* handelt. Das Anknüpfungssystem des HUntProt versucht, den Schutz des Unterhaltsberechtigten zu gewährleisten, aber zugleich die Interessen des Unterhaltsverpflichteten nicht aus den Augen zu verlieren; dadurch ist ein ziemlich kompliziertes und unübersichtliches Regelungsgeflecht entstanden, welches schwer zu durchschauen und daher in der Praxis fehleranfällig ist. So scheint Art. 3 HUntProt eine Regelanknüpfung an den gewöhnlichen Aufenthalt des Unterhaltsberechtigten vorzusehen; aus dem Zusammenspiel mit den anderen Normen stellt diese sich jedoch eher als Auffangtatbestand dar, zumal eine Rechtswahl der Parteien vorrangig ist und objektive Spezialanknüpfungen für wichtige Unterhaltsbeziehungen den Grundtatbestand modifizieren und teils verdrängen. Die objektiven Anknüpfungen werden ihrerseits teilweise im Interesse des Unterhaltsverpflichteten dadurch eingeschränkt, dass Art. 6 HUntProt diesem eine kollisionsrechtliche Einrede mit einer kumulativen Anknüpfung einräumt. Der Schutz des Unterhaltsberechtigten zeigt sich besonders deutlich in der Geltung des Günstigkeitsprinzips in Art. 4 HUntProt für bestimmte, besonders wichtige Unterhaltsbeziehungen; durch subsidiäre Anknüpfungen soll das materiellrechtliche Ergebnis eines Unterhaltsanspruchs der privilegierten Person erreicht werden. Die Komplexität des Anknüpfungssystems und die Fülle offener Tatbestandsmerkmale sichern zwar eine ausgewogene Berücksichtigung der widerstreitenden Interessen der Betroffenen, erhöhen aber zugleich die Fehleranfälligkeit in der Praxis und führen so zu Unsicherheiten in Bezug auf die Vorhersehbarkeit der Rechtsanwendung.

Die Verzahnung der Regelung der internationalen Zuständigkeit in der EuUnthVO mit der Bestimmung des anwendbaren Rechts im HUntProt zeigt sich vor allem in zwei Aspekten: Beide Rechtsinstrumente räumen der Parteiautonomie den Vorrang ein. Allerdings sind die Wahlmöglichkeiten in mehrfacher Hinsicht zum Schutze des Unterhaltsberechtigten beschränkt, vor allem bei Minderjährigen. In beiden Rechtsinstrumenten stellt der gewöhnliche Aufenthalt ein zentrales Anknüpfungskriterium dar. Gleichwohl führt dies nicht notwendig zu dem wünschenswerten Gleichlauf von international zuständigem Gericht und anwendbarem Recht, um so dem angerufenen Gericht die mühsame und fehleranfällige Ermittlung fremden Rechts zu ersparen. Zum einen stellt die EuUnthVO alternativ auf den gewöhnlichen Aufenthalt des Unterhaltsberechtigten (Art. 3 lit. b) oder des Unterhaltsverpflichteten (Art. 3 lit. a) ab, während es nach der objektiven Regelanknüpfung des Art. 3 Abs. 1 HUntProt allein auf den Unterhaltsberechtigten ankommt. Ein Gleichlauf lässt sich jedoch für privilegierte Unterhaltsbeziehungen erreichen, für die Art. 4 HUntProt vorrangig oder subsidiär an den Gerichtsort anknüpft, und dieser bestimmt sich für EU-Staaten nach der EuUnthVO. Insgesamt erschweren die vielen Wahlgerichtsstände der EuUnthVO und das komplexe Anknüpfungssystem des HUntProt die Erzielung von Gleichlauf. Zu bedauern ist, dass der Begriff des gewöhnlichen Aufenthaltes in beiden Rechtsinstrumenten nicht definiert wird. Mit der zunehmenden Zahl an Gerichtsentscheidungen wird sich die Auslegung dieses Merkmals jedoch verfestigen. Einen entscheidenden Schritt hierzu hat der EuGH jüngst dadurch geleistet, dass er die Auslegungskriterien in Bezug auf die EuEheVO auch für die EuUnthVO für anwendbar erklärt hat.

In Bezug auf die Anerkennung und Vollstreckung von Urteilen aus Mitgliedstaaten sieht die EuUnthVO ein zweispuriges System vor: eine moderne vereinfachte Variante für Urteile aus solchen Mitgliedstaaten, für welche das HUntProt gilt, und eine kompliziertere traditionelle für Urteile aus Dänemark und dem Vereinigten Königreich. Die erste Variante ist dadurch gekennzeichnet, dass das anzuerkennende Urteil im Vollstreckungsstaat wie ein inländisches zu behandeln ist und daher auf jegliches Verfahren der Anerkennung oder Vollstreckbarerklärung sowie auf eine Kontrolle der Versagungsgründe im Vollstreckungsstaat verzichtet wird. Rechtsstaatlichen Bedenken hiergegen soll durch die Garantien begegnet werden, welche sich aus der Verzahnung der Vollstreckungsregeln der EuUnthVO mit den kollisionsrechtlichen Garantien des HUntProt ergeben. Ob sich dadurch wirklich ein hinreichender Schutz des Vollstreckungsschuldners verwirklichen lässt, wird die Anwendungspraxis zeigen müssen.

Francesco A. Schurr

Entwicklungen im Bereich der *Contratti Intelligenti* (Smart Contracts) in Italien[*]

I. Hintergrund

Italien ist einer der ersten Staaten in Europa, in dem die Begriffe *tecnologie basate su registri distribuiti* (*distributed ledger technology*, DLT) und *contratti intelligenti* (Smart Contract) vom Gesetzgeber definiert worden sind. Dies ist in Art. 8-*ter* Abs. 1 und Abs. 2 Decreto-Legge vom 14.12.2018, n. 135,[1] koordiniert durch die Legge di conversione vom 11.2.2019, n. 12,[2] erfolgt. Bei der Definition der *tecnologie basate su registri distribuiti* hat der Gesetzgeber die international üblichen Wesensmerkmale herangezogen, um die gesetzlichen Voraussetzungen festzusetzen: Insoweit ist das Vorliegen eines verteilten, reproduzierbaren, gleichzeitig zugänglichen, auf dezentralem Register (*registro decentralizzato*) basierenden Systems erforderlich. Die Technologien müssen daher die Registrierung, die Validierung, das Update und die Archivierung von Daten ermöglichen. Das zentrale Element, das in Italien nun auch gesetzlich verankert wurde, ist die Unveränderbarkeit von Daten (*dati non alterabili e non modificabili*).[3] Für den vorliegenden Beitrag besonders wichtig ist die Legaldefinition des Smart Contracts in Art. 8-*ter* Abs. 2 Legge di conversione vom 11.2.2019, n. 12.[4] Nach der Legaldefinition handelt es sich um ein Programm, das auf einem dezentralen Register (*registro decentralizzato*) basiert und dessen Ausführung automatisch die Vertragsdurchführung von zwei oder mehreren Parteien verursacht. Laut Gesetzestext soll durch den Einsatz eines Smart Contracts die Schriftform erfüllt sein. Das könnte bedeuten, dass beispielsweise diejenigen Verträge, die gemäß Art. 1350 c.c. für ihre Gültigkeit der Schriftform

---

[*] Prof. Dr. Francesco A. Schurr ist Universitätsprofessor für Italienisches Privatrecht und Rechtsvergleichung am Institut für Italienisches Recht der Universität Innsbruck sowie Avvocato in Italien und Rechtsanwalt in Deutschland.

1 Gazzetta Ufficiale – Serie generale – n. 290 del 14.12.2018.

2 Gazzetta Ufficiale – Serie generale – n. 36 del 12.2.2019.

3 Abrufbar unter http://www.infoparlamento.it/Pdf/ShowPdf/4054: „*Si definiscono «tecnologie basate su registri distribuiti» le tecnologie e i protocolli informatici che usano un registro condiviso, distribuito, replicabile, accessibile simultaneamente, architetturalmente decentralizzato su basi crittografiche, tali da consentire la registrazione, la convalida, l'aggiornamento e l'archiviazione di dati sia in chiaro che ulteriormente protetti da crittografia verificabili da ciascun partecipante, non alterabili e non modificabili*". In Italien verspricht man sich auch in vielen Bereichen praktikable Lösungen unter Einsatz von Blockchain-basierten *contratti intelligenti*, *Rinaldi*, Contr. impr. 2017, 257; so etwa auch im Kontext des Individualarbeitsrechts siehe dazu *Mattiuzzo/Verona*, Lav.giurispr. 2019, 236.

4 Abrufbar unter http://www.infoparlamento.it/Pdf/ShowPdf/4054: „*Si definisce «smart contract» un programma per elaboratore che opera su tecnologie basate su registri distribuiti e la cui esecuzione vincola automaticamente due o più parti sulla base di effetti predefiniti dalle stesse. Gli smart contract soddisfano il requisito della forma scritta previa identificazione informatica delle parti interessate, attraverso un processo avente i requisiti fissati dall'Agenzia per l'Italia digitale con linee guida da adottare entro novanta giorni dalla data di entrata in vigore della legge di conversione del presente decreto.*"

(*forma scritta ad substantiam*) bedürfen,[5] dieser Anforderung auch dadurch genügen, dass der Vertrag in der Form eines *contratto intelligente* (Smart Contract) abgeschlossen wird. Rechtssicherheit diesbezüglich wird es freilich erst dann geben, wenn die italienische Agentur für Digitalisierung (*Agenzia per l'Italia Digitale*, AgID)[6] ihrer Aufgabe nachgekommen sein wird, die ausführenden Bestimmungen zu erlassen. Die AgID wäre laut Art. 8-*ter* Abs. 2 Legge di conversione vom 11.2.2019, n. 12 innerhalb von neunzig Tagen ab Inkrafttreten dieser Vorschrift verpflichtet gewesen, derartige Ausführungsbestimmungen zu erlassen.[7] Nachdem bei Ablaufen der Neunzigtagefrist die Ausführungsbestimmungen noch nicht erlassen worden waren, hat sich die Tagespresse verständlicherweise kritisch bzw. polemisch geäußert.[8] Der vorliegende Beitrag zielt nicht darauf ab, hinter die Kulissen von Politik und Verwaltung zu blicken bzw. die Gründe für die Verzögerung bei der Erstellung der „lebensnotwendigen" Festsetzung der technischen Standards zu eruieren. Vielmehr geht es darum, die Konturen der italienischen Gesetzesvorschriften (Art. 8-*ter* Abs. 2 Legge di conversione vom 11.2.2019, n. 12) zum *contratto intelligente* zu analysieren und an geeigneter Stelle mit dem deutschen Recht zu vergleichen.

II. Begriff des *contratto intelligente* aus rechtsvergleichender Sicht

Ähnlich wie in Deutschland ergibt sich aus dem allgemeinprivatrechtlichen Grundsatz der Formfreiheit, dass der *contratto intelligente* auch in Italien eine zulässige Form für den Abschluss und die Abwicklung von Verträgen darstellt. Freilich bilden diejenigen Verträge eine Ausnahme, für die der Gesetzgeber eine besondere Form vorschreibt. Wie eben bereits dargelegt, soll der *contratto intelligente* in Italien die Schriftform fakultativ ersetzen. Rechtssicherheit diesbezüglich wird es aber erst mit Bekanntgabe der Ausführungsbestimmungen der AgID geben (oben I.). Freilich wäre es im Sinne der Rechtssicherheit wünschenswert, wenn diese grundlegende Änderung der zivilrechtlichen Formvorschriften auch direkt aus dem Codice Civile ersichtlich wäre.[9] Wie der italienische Gesetzgeber in Art. 8-*ter* Abs. 1 und 2 Legge di conversione vom 11.2.2019, n. 12 klargestellt hat, lässt sich der Begriff des *contratto intelligente* leicht von der dahinterstehenden Technologie, d.h. der *distributed ledger technology* (DLT) im Allgemeinen und der Blockchain im Besonderen abgrenzen. Um zu funktionieren, bedient man sich für den Abschluss eines Smart Contracts meist einer der eben

---

5   So z.B. Verträge zur Übertragung von Immobilieneigentum.

6   Für nähere Informationen zur Agentur für Digitalisierung (*Agenzia per l'Italia Digitale*, AgID) vgl. www.agid.it.

7   Vermutlich wollte der Gesetzgeber die Festlegung der technischen Details der dafür zuständigen Agentur für Digitalisierung (*Agenzia per l'Italia Digitale*, AgID) überlassen und damit sicherstellen, dass die Anforderungen bei Veränderung der technischen Standards problemlos und schnell angepasst werden können, ohne dass es einer Intervention des Gesetzgebers bedürfte.

8   Vgl. etwa *Fotina*, Blockchain, ancora al palo la „validità legale": servono linee di guida, Il Sole 24 ore vom 15.5.2019, abrufbar unter https://www.ilsole24ore.com/art/blockchain-ancora-palo-validita-legale-servono-linee-guida-ACC3PzC.

9   Eine gute Gelegenheit für eine derartige Anpassung wäre die angedachte grundlegende Reform des Codice Civile; siehe dazu Delega al Governo per la revisione del codice civile, abrufbar unter http://www.senato.it/leg/18/BGT/Schede/Ddliter/51488.htm.

genannten Technologien. Mithilfe der *tecnologia basata su registri distribuiti* wird die Unveränderbarkeit, die Selbstdurchsetzung sowie die zeitliche Unbeschränktheit ermöglicht.[10] Aus rechtsvergleichender Perspektive ist anzumerken, dass es zwischen den verschiedenen Rechtsordnungen in Europa und weltweit Unterschiede bei der rechtlichen Einordnung des Smart Contracts und dessen wesentlicher Elemente gibt. Die Tendenz zur fortschreitenden Digitalisierung des Vertrags (*digitalizzazione del contratto*) ist nicht mehr aufzuhalten. Bereits heute stellt der Einsatz selbständig agierender Softwarealgorithmen besonders im B2B-Rechtsverkehr – der oftmals voreilig unter den vagen Begriff des *Machine-to-Machine* (M2M)-Rechtsverkehrs subsumiert wird – eine wesentliche Erleichterung dar. Dennoch erscheint es unwahrscheinlich, dass eines Tages italienische bzw. deutsche Personen an Verträge gebunden sein werden, die sich in einem rechtsfreien Raum ohne Ländergrenzen bewegen. Derzeit ist es jedenfalls unverzichtbar, dass ein Vertrag, gleich in welcher Form er abgeschlossen worden ist, den Regeln des nationalen Rechts oder eines internationalen Regelwerkes (z.B. des UN-Kaufrechts)[11] folgt. Insoweit müssen die Vertragsbestimmungen, auch wenn sie in elektronischer Form als *contratti intelligenti* äußerst präzise formulierbar sind, auch in menschlicher Sprache, also in italienischer oder deutscher Sprache, ausdrückbar sein. Denn das Zivilrecht Italiens und Deutschlands (so wie auch der anderen Zivilrechtsordnungen der Welt) basiert auf der jeweils gebräuchlichen menschlichen Sprache. Im internationalen Umfeld haben sich diverse Definitionen des Begriffs Smart Contract etabliert, die sich nicht so leicht theoretisch systematisieren lassen.[12]

In 8-*ter* Abs. 2 Legge di conversione vom 11.2.2019, n. 12 klingt es an, dass man unter einem Smart Contract ein Programm versteht, das so gespeichert ist, dass es keine Manipulation zulässt.[13] Oftmals wird auch ausgeführt, der Smart Contract sei eine unmittelbar durchsetzbare, automatisierte digitale Abbildung einer Obligation, die meist unter Einsatz der Blockchain-Technologie einen automatisierten Erfüllungsprozess beinhaltet.[14] Der Begriff Smart Contract ist also kein Rechtsbegriff im eigentlichen Sinne.[15] Vielmehr steht der Begriff, wie gerade schon ausgeführt, in engem Zusammenhang mit der *tecnologia basata su registri distribuiti*: Es handelt sich um ein Programm, das darauf ausgerichtet ist, bei Eintritt definierter Voraussetzungen vorprogrammierte Maßnahmen autonom auszuführen.[16] Auch wenn die *distributed ledger*

---

10 Vgl. *Schurr*, ZVglRWiss 118 (2019), 257 f.
11 Vgl. *Butler*, ZVglRWiss 118 (2019), 231 ff.
12 Siehe *Parola/Merati/Gavotti*, Contr. 2018, 681, 683; vgl. auch *Rohr*, 67 (2019), CLEV. ST.L REV. 71, 72; vielfach können die Definitionen des *contratto intelligente* als Ausprägung einer kryptisch-anarchischen Basisdemokratie verstanden werden (dazu etwa *Buchleitner/Rabl*, ecolex 2017, 4, 5), die sich wiederum in der neuartigen Rechtsform der *Decentralized Autonomous Organisations* (DAO) widerspiegelt (siehe *Mann*, NZG 2017, 1014, 1015) und teilweise irrtümlich mit dem Begriff der Blockchaintechnologie verwechselt wird. Zur Differenzierung der *contratti intelligenti* vor und nach der Erfindung der Blockchaintechnologie, *Di Sabato*, Contr. impr. 2017, 378, 386; *Tempte*, WYO. L. REV. (2019) 87, 94 f.; *Young*, 96 WASH. U. L. REV. (2018) 649, 653 f.; vgl. auch *Schurr*, ZVglRWiss 118 (2019), 257, 259.
13 Grundlegend zum deutschen Recht *Möslein*, ZHR 183 (2019), 254, 260. Zur Abgrenzung vom Smart Assistant (z.B. Amazon Alexa, Google Assistant oder Apple Siri), vgl. *Sein*, EuCML 2018, 180.
14 Vgl. *Parola/Merati/Gavotti*, Contr. 2018, 681, 687; zur Schweiz vgl. *Müller/Seiler*, AJP 2019, 317, 318; *Eggen*, AJP 2017, 3, 9.
15 Vgl. MünchKommBGB/*Ernst*, 8. Aufl. 2019, Einleitung (Einl. SchuldR) Rn. 68; *Möslein*, ZHR 183 (2019), 254.
16 Siehe *D. Paulus/Matzke*, ZfPW 2018, 431, 433 f.

technology (DLT) ihren hohen Bekanntheitsgrad unter technischen und juristischen Laien dadurch erhalten hat, dass sie die Neuschaffung alternativer Zahlungsmittel ermöglicht hat,[17] ist ihre praktische Bedeutung im vertragsrechtlichen Umfeld weitaus größer.[18]

Bei rechtsvergleichender Betrachtung des Phänomens zeigt sich, dass eine Kategorisierung von Anwendungsfeldern des Smart Contracts immer wieder versucht wurde.[19] Im deutschsprachigen Raum wird derzeit viel über den Vorstoß des liechtensteinischen Gesetzgebers diskutiert, der am 3.10.2019 das Gesetz über Token und VT-Dienstleister (TVTG) verabschiedet hat, das am 1.1.2020 in Kraft treten wird. Als einer der *„First Mover"* hat der liechtensteinische Gesetzgeber einige wichtige Elemente, die man typischerweise beim *contratto intelligente* vorfindet, geregelt.[20] Gerade im Hinblick auf die rechtliche Beschaffenheit von *Token* wird die liechtensteinische Neuregelung auch für die rechtsvergleichende Auslegung der neugeschaffenen Regelung in Italien herangezogen werden können, sobald die *Agenzia per l'Italia Digitale* (AgID) ihrer Pflicht zur Erarbeitung von Ausführungsbestimmungen nachgekommen sein wird. Auch unter Bezugnahme auf jüngste Entwicklungen in der US-Gesetzgebung[21] lässt sich präzisieren, dass das Bestehen eines *contratto intelligente* nicht notwendigerweise den Einsatz künstlicher Intelligenz (*intelligenza artificiale*) impliziert. Zudem handelt es sich nicht um eine Vertragsart im Rechtssinne (*categoria di contratto in senso giuridico*).[22] Insoweit stiftet der Ausdruck Smart Contract weltweit Verwirrung, da er irrtümlicherweise als neue Vertragsform wahrgenommen wird[23] und oftmals auch kritiklos angenommen wird, dass es sich notwendigerweise um eine M2M-Beziehung handele.

---

17 Dazu *Cuccuru*, NGCC 2017, 107, 110.

18 Vgl. *Eggen*, AJP 2017, 3, 4.

19 Vgl. grundlegend *Szabo*, Smart Contracts: Formalizing and Securing Relationships on Public Networks, First Monday 1997, Volume 2, Number 6, https://firstmonday.org/ojs/index.php/fm/article/view/548/469-publisher=First, wo der Begriff des Smart Contract wohl zum ersten Mal geprägt und ausführlich erläutert worden ist; vgl. dazu *Cuccuru*, NGCC 2017, 107, 110; *Di Sabato*, Contr. impr. 2017, 378, 387; *Werbach/Cornell*, 67 DUKE L.J. (2017) 313, 319 f.

20 Vgl. Gesetz über Token und VT-Dienstleister (TVTG) vom 3.10.2019, das am 1.1.2020 in Kraft treten wird; vgl. dazu *Meier*, NZZ 22.10.2019, https://www.nzz.ch/wirtschaft/blockchain-liechtenstein-setzt-auf-token-oekonomie-ld.1516762; vgl. Bericht und Antrag (BuA) der Regierung an den Landtag des Fürstentums Liechtenstein betreffend die Schaffung eines Gesetzes über Token und VT-Dienstleister (TVTG), Nr. 54/2019, abrufbar unter https://www.llv.li/files/srk/bua_054_2019_tvtg.pdf; vgl. dazu etwa *Layr/Marxer*, LJZ 2019, 11.

21 Für einen Überblick zu jüngsten gesetzgeberischen Aktivitäten im Bereich von Smart Contracts in Tennessee, Arizona, Kalifornien, New York, Illinois, Nebraska und anderen US-Bundesstaaten, vgl. *Rohr*, 67 (2019), CLEV. ST.L REV. 71, 74 ff.; *Young*, 96 WASH. U. L. REV. (2018) 649, 667 ff.; spezifisch zur jüngsten Gesetzgebung in Wyoming, vgl. *Tempte*, WYO. L. REV. (2019) 87, 111 ff.

22 Vgl. etwa *Parola/Merati/Gavotti*, Contr. 2018, 681, 683 ff.; *Cuccuru*, NGCC 2017, 107, 110 f.; für Deutschland vgl. etwa *C. Paulus/Matzke*, Smart Contracts und Smart Meter – Versorgungssperre per Fernzugriff, NJW 2018, 1905; für die Schweiz vgl. etwa *Müller*, Die Smart Contracts aus der Sicht des Schweizer Obligationenrechts, ZBJV 2019, 330, 331; für Österreich vgl. etwa *Smets/Kapeller*, Smart Contracts: Vertragsabschluss und Haftung, ÖJZ 2018, 293; zu einer globalen Perspektive, vgl. *Hsiao*, Blockchain-Paradigm Shift for Contract Law, 14 US-CHINA L. REV. (2017) 685, 689.

23 Von *Rohr*, 67 (2019), CLEV. ST.L REV. 71, 72 wird der Begriff des Smart Contracts als *„unfortunate name"* bezeichnet; siehe *Schurr*, ZVglRWiss 118 (2019), 257, 261; ähnlich im italienischen Schrifttum *Cuccuru*, NGCC 2017, 107, 110 f.

III. Praktische Anwendungsfälle

1. Automatisierte Sicherstellung der Gegenleistungserbringung

Rechtlich besonders spannend erscheint die Funktionalität des *contratto intelligente* für die lückenlose Abfolge der Zug-um-Zug-Leistungen in einem synallagmatischen Vertragsverhältnis (*contratto sinallagmatico*).[24] Möchte man im elektronischen Geschäftsverkehr sicherstellen, dass der Kaufpreis für eine im Fernabsatz (*contratto a distanza*) erworbene Ware zwar hinterlegt wird, aber erst im Zeitpunkt der tatsächlichen Lieferung abrufbar ist, dann stellt der *contratto intelligente* ein gutes Modell dar. Durch die Dynamik des Smart Contracts wird maximale Sicherheit für den Verkäufer (*venditore*) garantiert, der kein Risiko im Hinblick auf die Insolvenz des Käufers (*insolvenza dell'acquirente*) zu tragen hat, und für den Käufer, dessen Kaufpreiszahlung erst dann wirtschaftlich dem Verkäufer zufließt, wenn dieser seine Leistung vertragskonform erbracht hat.[25] Hierbei lassen sich diverse Spielarten programmieren, die den Erwerber (*acquirente*), der in der Rolle eines Verbrauchers (*consumatore*) agiert, mehr oder weniger schützen. So könnte das tatsächliche wirtschaftliche Zufließen des hinterlegten Preises dem Lieferanten (*fornitore*) dann erfolgen, wenn der Käufer die geschuldete Hauptleistung (z.B. Werkleistung) erhalten hat. Als weitere Variante, die abnehmer- bzw. verbraucherfreundlicher ist, würde eine weitere Verzögerung bei der Programmierung des *contratto intelligente* erfolgen. Die hinterlegte Geldsumme würde dem Lieferanten insoweit erst dann zugänglich gemacht werden, wenn der Kunde (*cliente*) die gelieferte Sache (i.d.R. das gelieferte Werk) abgenommen hat.[26] Letztlich handelt es sich bei den Anwendungsbereichen des Smart Contracts, bei denen die in Geld bestehende Hauptleistung „eingefroren" wird, solange keine entsprechende Freigabe durch Lieferung bzw. Abnahme der Hauptleistung erfolgt, um Treuhandkonstellationen (*rapporti fiduciari*).[27]

2. Internet of Things und automatisierte Vertragsdurchführung

Anzusprechen ist auch der immer häufiger verwendete Begriff des sog. *internet of things*.[28] Dabei agieren elektronische Komponenten im Haushalt autonom und bewirken damit mitunter auch den Abschluss eines Vertrages (*conclusione del contratto*) mit einer anderen Person. Dies wäre etwa ein autonom rechtsgeschäftlich funktionierender Kühlschrank, der bei Bedarf (d.h. wenn ein Produkt fehlt oder zur Neige geht) selbständig eine Lieferung von Waren veranlasst.[29] Sprachassistenten oder sog.

---

24 Für diverse Beispiele in den diversen Anwendungsfeldern, vgl. *Möslein*, ZHR 183 (2019), 254, 262.
25 Zur Rechtssicherheit bei Smart Contracts, vgl. *Schawe*, MMR 2019, 218.
26 *Heckelmann*, NJW 2018, 504.
27 Vgl. etwa *D. Paulus/Matzke*, ZfPW 2018, 431, 461; vgl. *Schurr*, ZVglRWiss 118 (2019), 257, 261; laut Einschätzung des liechtensteinischen Gesetzgebers stellt der Begriff Geld einen Überbegriff dar über alle von einem breiten Personenkreis anerkannten Zahlungs- und Tauschmittel und inkludiert daher staatliche Währungen sowie von privater Hand ausgegebene Zahlungsmittel, vgl. BuA TVTG, Nr. 54/2019, S. 12.
28 Vgl. *Cuccuru*, NGCC 2017, 107, 110 ff.; *Parola/Merati/Gavotti*, Contr. 2018, 681, 683; *D. Paulus/Matzke*, ZfPW 2018, 431, 435.
29 Siehe auch *Simmchen*, MMR 2017, 162, 164.

Dash-Buttons folgen in ihrer rechtlichen Einordnung ebenso der Logik eines programmierten *contratto intelligente*, da sie bei Eintritt von definierten Voraussetzungen eine autonome Ausführung (*esecuzione autonoma*) einer vertragsrechtlich relevanten Dynamik veranlassen.[30] Wie bereits angesprochen wird beim *contratto intelligente* besonderes Augenmerk auf die automatische Vertragsdurchführung gelegt. Hierbei geht es um den Austausch der Leistungen (*scambio di prestazioni*) und letztlich auch um die automatisierte Durchsetzung der gegenseitigen Ansprüche (*esecuzione automatica*). So können die Vertragsparteien auch bei komplizierten vertraglichen Konstellationen, etwa im Finanzdienstleistungssektor[31] und im Sportmanagement,[32] von der *tecnologia basata su registri distribuiti*[33] profitieren und Verträge als *contratti intelligenti* ausgestalten.[34] So ließe sich etwa ein Fahrzeug, dessen Halter die Leasingraten bzw. die Kfz-Versicherung nicht pünktlich gezahlt hat, so programmieren, dass es sich nach Abstellen auf einem sicheren Parkplatz solange nicht mehr starten lässt, bis der Halter die geschuldete Zahlung geleistet hat.[35] Vielfach geht es beim Einsatz der neuen Technologien darum, nicht nur den Abschluss des Vertrages einwandfrei zu dokumentieren, sondern auch die Durchführung des Vertrages (*esecuzione del contratto*) zu automatisieren.[36] So könnte in Zukunft auch die automatische Sperrung der Versorgung mit Energie (*blocco della fornitura di energia*) per digitalem Zugriff bei Zahlungsrückstand die Durchführung und Abwicklung von Energielieferverträgen erleichtern.[37] Freilich würden damit die traditionellen Wege der Rechtsdurchsetzung mithilfe der zuständigen staatlichen Gerichte bzw. Schiedsgerichte ausgehebelt. Die Form von automatisierter „Selbstjustiz" innerhalb des mithilfe eines *contratto intelligente* zustande gekommenen Synallagmas wurde in der deutschen Literatur[38] und auch in der deutschen und amerikanischen Tagespresse[39] vielfach kritisiert. Bei Verträgen, die in einer der konventionellen Formen, also konkludent (*concludente*), mündlich (*orale*), schriftlich (*forma scritta*) oder mit öffentlicher Urkunde (*atto pubblico*) bzw. Notariatsakt (*atto notarile*) zustande gekommen sind, hat es die Vertragspartei, deren Ansprüche nicht erfüllt wurden, selbst in der Hand, ob sie ihre Ansprüche durch Anrufung der ordentlichen Gerichte bzw. eines Schiedsgerichts durchsetzt.[40] Schließlich entspricht

---

30 Zahlreiche Beispiele finden sich unter BuA TVTG, Nr. 54/2019, S. 34 ff.

31 Vgl. etwa *Clements*, 10 WM. & MARY BUS. L. REV. (2019), 369.

32 Vgl. ausführlich *Bernstein*, 14 DEPAUL J. SPORTS L. & CONTEMP. PROBS. (2018) 88, 95 ff.

33 Zur essenziellen Differenzierung zwischen privaten und öffentlichen Blockchains und deren Auswirkung auf das Kartellrecht, vgl. *Hoffer/Mirtchev*, NZKart 2019, 239, 240; *McKinney*, WASH. J. L. TECH. & ARTS (2019), 313, 320.

34 Siehe *Parola/Merati/Gavotti*, Contr. 2018, 681, 683; zahlreiche Beispiele finden sich auch unter BuA TVTG, Nr. 54/2019, S. 23 ff.; vgl. dazu *Schurr*, ZVglRWiss 118 (2019), 257, 262.

35 Vgl. *Möslein*, ZHR 183 (2019), 254, 281; *Schurr*, ZVglRWiss 118 (2019), 257, 262.

36 Vgl. *Di Sabato*, Contr. impr. 2017, 378, 387; als Beispiel könnte man etwa die automatische Öffnung eines Mietwagens nach erfolgreicher Kreditkartentransaktion nennen, vgl. für weitere Beispiele *Heckelmann*, NJW 2018, 504, 505.

37 Vgl. dazu *C. Paulus/Matzke*, NJW 2018, 1905; grundlegend zur sog. automatischen Vertragsdurchführung, vgl. *Kuhlmann*, in: Fries/Paal (Hrsg.), Smart Contracts – Schlaue Verträge?, 2019, S. 117.

38 Vgl. *D. Paulus/Matzke*, ZfPW 2018, 431, 462 f.

39 Vgl. etwa *Lobe*, Wenn der Algorithmus Selbstjustiz übt, Süddeutsche Zeitung vom 8.4.2018, abrufbar unter https://www.sueddeutsche.de/digital/smart-contracts-wenn-der-algorithmus-selbstjustiz-uebt-1.3934283; *Corkery/Silver-Greenberg*, New York Times vom 24.9.2014, abrufbar unter https://dealbook.nytimes.com/2014/09/24/miss-a-payment-good-luck-moving-that-car/.

40 Vgl. *Schurr*, ZVglRWiss 118 (2019), 257, 263.

ihrem Anspruch ein Versprechen der anderen Vertragspartei.[41] Das Vorliegen von gegenseitigen Versprechen scheint insoweit für das Vertragsrecht charakterisierend zu sein. Der Durchführungsautomatismus (*automatismo dell'esecuzione contrattuale*) steht dem diametral entgegen, da es eine Vertragspartei bei einem selbstausführenden *contratto intelligente* nicht mehr in der Hand hat, selbst zu entscheiden, ob sie den Anspruch durchsetzen möchte oder nicht.[42]

IV. Zusammenhang von Informatik und Recht

Im Schrifttum wurde zu Recht immer wieder darauf hingewiesen, dass Smart Contracts nicht notwendigerweise auf der *distributed ledger technology* (DLT) beruhen.[43] Dagegen hat der italienische Gesetzgeber in Art. 8-*ter* Abs. 2 Legge di conversione vom 11.2.2019, n. 12 explizit geregelt, dass es sich bei einem Smart Contract um ein Programm handelt, das auf den *tecnologie basate su registri distribuiti* beruht. Insoweit könnte man vermuten, der italienische Gesetzgeber habe de facto den Smart Contract in Italien im Vergleich zum internationalen Umfeld einschränken wollen. Dennoch lässt sich diese Vermutung relativieren. Denn auch nach internationalem Verständnis basieren Smart Contracts in der Praxis nahezu immer auf der *distributed ledger technology* (DLT). Denn meist wird gerade deshalb die Form des Smart Contracts gewählt, weil die Parteien im Hinblick auf den Abschluss, die Durchführung bzw. die Abwicklung ihres Vertrages eine objektive und unveränderbare bzw. schwer veränderbare Lösung anstreben. Insoweit erscheint es sachgerechter, die in Art. 8-*ter* Abs. 2 Legge di conversione vom 11.2.2019, n. 12 notwendigerweise festgelegte Verbindung zwischen dem *contratto intelligente* und der *tecnologia basata su registri distribuiti* eher als Präzisierung und nicht als Einschränkung zu betrachten.[44] Typischerweise benötigt man für die Umsetzung der angestrebten Automatismen eine dezentrale Datenbankstruktur, die schwer manipulierbar ist.[45] Die Unveränderbarkeit von Datensätzen hat die Blockchain-Technologie zu einem beliebten Instrument für die technische Realisierung von Smart Contracts gemacht.[46] Hierbei kann man an das Beispiel von oben (III.1.) anknüpfen: Das dem *contratto intelligente* zugrundeliegende Programm kann also innerhalb der Blockchain von alleine feststellen, ob die vertraglich vereinbarte Sache dem Erwerber zugestellt wurde und dann automatisch das Zufließen des treuhänderisch

---

41 Zur Frage des Vertragsversprechens im Spannungsverhältnis zur automatischen Vollstreckung und der Würdigung des bekannten Slogans „*if this then that*" in Italien, vgl. *Parola/Merati/Gavotti*, Contr. 2018, 681, 684; *Di Sabato*, Contr. impr. 2017, 378, 387; vgl. *Schurr*, ZVglRWiss 118 (2019), 257, 263 f.
42 Dazu *Werbach/Cornell*, 67 DUKE L.J. (2017) 313, 356; *O'Shields*, 21 N.C. Banking Inst. (2017) 177, 185 ff.; *Matzke*, in: Fries/Paal (Hrsg.), Smart Contracts - Schlaue Verträge?, 2019, S. 99.
43 Siehe *Eschenbruch/Gerstberger*, NZBau 2018, 3, 4; *Tempte*, WYO. L. REV. (2019) 87, 94; *Tempte*, WYO. L. REV. (2019) 87, 94 f.; *Young*, 96 WASH. U. L. REV. (2018) 649, 653 f.
44 Vgl. zur Beziehung zwischen den Begriffen bereits *Cuccuru*, NGCC 2017, 107, 115; vgl. zur Unveränderbarkeit *Sklaroff*, 166 U. PA. L. REV. (2017) 263, 291 f.; zur Bedeutung für Blockchain-basierte Lizenzverträge, vgl. dazu *Schawe*, MMR 2019, 220.
45 Vgl. dazu *Cuccuru*, NGCC 2017, 107, 108 f.; *Schurr*, ZVglRWiss 118 (2019), 257, 264.
46 Teilweise erscheint auch ein Vergleich der Unveränderbarkeit von blockchainbasierten Smart Contracts einerseits und Stiftungserklärungen andererseits sinnvoll, da beide Phänomene dem Erstarrungsprinzip zu folgen scheinen, vgl. dazu *Büch*, npoR 2018, 100, 102.

gehaltenen Geldbetrags, der als Gegenleistung dient, veranlassen.[47] Für die Umsetzung eines verbraucherschützenden Vertragsmodells (*modello contrattuale per la tutela del consumatore*) könnte die Freischaltung des Geldflusses auch erst dann erfolgen, wenn der Verbraucher das Werk abgenommen hat.[48]

V. Absonderung der Vertragspraxis von der nationalen Rechtsordnung

Der eben angesprochene Automatismus der Vertragsdurchführung (*esecuzione contrattuale*) hat den gefährlichen Nebeneffekt, dass sich die auf der *distributed ledger technology* (DLT) fußende Vertragspraxis zunehmend von einer Bindung an nationale Rechtsordnungen verabschiedet. Die bekannten Plattformen, die die Technologie für den Abschluss von *contratti intelligenti* anbieten,[49] sind vielfach nicht anhand einer bestimmten Rechtsordnung programmiert und werden damit zu Recht im Schrifttum als zu undifferenziert bezeichnet.[50] So könnten etwa von einem Anbieter vertragliche Konstellationen programmiert werden, die dem italienischen Recht nicht voll entsprechen, aber dennoch von italienischen Vertragsparteien genutzt werden.[51]

Letztlich bräuchten sich die Ansprüche zwischen italienischen Vertragsparteien nicht notwendigerweise aus der Anwendung von italienischem Zivilrecht herleiten lassen, da eine Durchsetzung durch ein italienisches ordentliches Gericht gar nicht erforderlich ist. Denn die vertraglichen Ansprüche werden in Form einer automatisierten Vertragsdurchführung (*esecuzione automatizzata*) auch ohne Zutun eines Richters per Computerprogramm durchgesetzt. Wie unten (VI.3.) aufgezeigt werden wird, gibt der User bzw. Programmierer eines autonomen Systems das weitere Schicksal der vertraglichen Bindung (*nesso contrattuale*) aus der Hand und gibt lediglich ein wirtschaftlich optimales Ergebnis vor. Hierbei bedient sich das System für die Details des Kontrahierens (*dettagli della stipulazione*) der Technologie, die unter Umständen zu Ergebnissen führen könnte, die nach dem nationalen Vertragsrecht unzulässig sind.[52] Vielfach wird auch das Abweichen der menschlichen Sprache (*linguaggio umano*), die für einen Teil des Vertragsabschlusses verwendet wird, von der Programmiersprache (*linguaggio informatico*), die für die weitere Durchführung der Vertragsbeziehung eingesetzt wird, zu Recht als Problem identifiziert.[53] Diesbezüglich ist also für die Zukunft innerhalb der Bahnen der Technologie eine spezifischere Unterscheidung zwischen dem an-

---

47 Vgl. in diesem Zusammenhang zum logischen Konnex zwischen der dezentralen Wesenseigenschaft und der Starrheit aus italienischer Perspektive, *Cuccuru*, NGCC 2017, 107, 115.
48 Zu den Funktionen des Smart Contracts vgl. grundlegend *Möslein*, ZHR 183 (2019), 254, 264.
49 So z.B. Ethereum, vgl. https://www.ethereum.org; Hyperledger, vgl. https://www.hyperledger.org; NEM, vgl. https://nem.io; Stellar, vgl. https://www.stellar.org; Waves, vgl. https://wavesplatform.com; usw.; vgl. dazu *Meyer/Schuppli*, „Smart Contracts" und deren Einordnung in das Schweizer Vertragsrecht, Recht 2017, 204, 207 f.
50 So auch *Jiang*, 15 US-CHINA L. REV. (2018), 139, 147.
51 Vgl. *Parola/Merati/Gavotti*, Contr. 2018, 681, 683 ff.; *Schurr*, ZVglRWiss 118 (2019), 257, 264; weiterführend *Kolber*, 21 STAN. TECH. L. REV. (2018) 198, 208 ff.
52 Zur (In-)kompatibilität von Plattformen mit einzelnen Rechtsbereichen, vgl. *Eschenbruch/Gerstberger*, NZBau 2018, 3, 4.
53 Siehe *Schurr*, ZVglRWiss 118 (2019), 257, 265; vgl. auch *Rohr*, 67 (2019), CLEV. ST.L REV. 71, 85.

wendbaren nationalen Recht erforderlich, um zu verhindern, dass sich ein rechtsfreier Raum etabliert, der nicht mehr dem Einfluss des nationalen Gesetzgebers unterliegt.[54]

Die Frage, ob sich die digitale Vertragspraxis zunehmend vom geltenden italienischen bzw. deutschen Recht verabschieden wird, erscheint im Zusammenhang der Vertragsdurchbrechung besonders deutlich zu sein. Die Unveränderbarkeit der Blockchain, die einerseits als großer Vorteil und Garant für die Rechtssicherheit gesehen wird, ist auf der anderen Seite der Medaille auch ein großes Hindernis, da nicht nur nach italienischem und deutschem Recht eine mögliche Anfechtung eines Vertrages,[55] etwa wegen eines Willensmangels (*vizio di volontà*), nur schwer technisch umgesetzt werden kann.[56] Es ist also wünschenswert, dass die Plattformen, die die Technologie für den Vertragsabschluss (*stipulazione del contratto*) und die Vertragsdurchführung (*esecuzione del contratto*) anbieten, das jeweils anwendbare nationale Vertragsrecht technisch umsetzen.[57] Es ist davon auszugehen, dass die bei den gängigen Plattformen zum Einsatz kommenden Programmiersprachen so differenziert sind, dass sie die im konventionellen Vertragsrecht auf Italienisch, Deutsch bzw. Englisch ausgedrückten Vertragsklauseln im Programm abbilden und damit mit dem jeweils anwendbaren nationalen Recht im Einklang stehen.

Hinsichtlich der Prüfung, ob die in einem *contratto intelligente* enthaltenen Vertragsklauseln wegen Ungesetzlichkeit nichtig sind, kann nur anhand der im Gesetz festgelegten Nichtigkeitsbestimmung festgestellt werden: Gemäß 1418 Abs. 1 c.c. ist ein Vertrag nichtig (*contratto è nullo*), wenn er zwingenden Vorschriften widerspricht (*contrario a norme imperative*), es sei denn, dass das Gesetz etwas anderes bestimmt. Das Fehlen eines der von Art. 1325 c.c. genannten Erfordernisse, die Unrechtmäßigkeit des Rechtsgrundes (*illiceità della causa*), die Unrechtmäßigkeit der Beweggründe (*illiceità dei motivi*) in dem von Art. 1345 c.c. genannten Fall und das Fehlen der von Art. 1346 c.c. festgelegten Erfordernisse hinsichtlich des Gegenstandes (*mancanza nell'oggetto*) bewirken die Nichtigkeit des Vertrages. Nach der höchstrichterlichen Rechtsprechung hat der Richter die Nichtigkeitsgründe von Amts wegen zu prüfen.[58] Gerade die Prüfung der Unrechtmäßigkeit des Rechtsgrundes (*causa del contratto*) erscheint dann besonders schwierig, wenn der Vertrag nicht in Worte – d.h. in menschlicher Sprache ausgedrückte Vertragsklauseln – gefasst werden könnte.[59] Wie sollte

---

54 Zur Frage, ob Anbieter von Blockchain-basierten Dienstleistungen Rechtsberatung anbieten und damit außergerichtliche Rechtsdienstleistungen gemäß § 3 RDG erbringen, vgl. *Heckelmann*, NJW 2018, 504, 509.

55 Zu den Fragen fehlerhafter Vertragserklärungen, vgl. *Casey/Nibblett*, 43 J. CORP. L. (2017), 1, 17 f.

56 Grundlegend zur mangelnden Flexibilität von Smart Contracts, vgl. *Sklaroff*, 166 U. PA. L. REV. (2017) 263, 291 f. sowie aus italienischer Sicht *Cuccuru*, NGCC 2017, 107, 115.

57 Zur Durchbrechung des Prinzips *pacta sunt servanda* im Zusammenhang mit Smart Contracts in der Schweiz, vgl. *Meyer/Schuppli*, recht 2017, 204, 217; zur späteren Korrektur von Smart Contracts vgl. *Casey/Nibblett*, 43 J. CORP. L. (2017), 1, 25 f.

58 Cass. civ. Sez. Un., Urteil vom 22.3.2017, n. 7294.

59 Cass. civ. Sez. Un., Urteil vom 11.1.1973, n. 63: „*La causa, come funzione economico-sociale del negozio, va intesa, nei contratti tipici, come funzione concreta obiettiva, che corrisponde ad una delle funzioni tipiche ed astratte determinate dalla legge. Pertanto, anche nei contratti tipici, avendo riguardo a detta funzione concreta, è concepibile una causa illecita, che si ha quando le parti, con l'uso di uno schema negoziale tipico, abbiano direttamente perseguito uno scopo contrario ai principi giuridici ed etici fondamentali dell'ordinamento*".

aber ein Richter überhaupt in die Lage kommen, die Nichtigkeit zu prüfen, wenn der Vertrag automatisch vollzogen wird und insoweit gar kein ordentliches Gericht in die Situation gelangen kann, den Vertrag auf Antrag einer Partei rechtlich zu beurteilen.

Sollte der *contratto intelligente* doch von einem ordentlichen Gericht beurteilt werden, wäre eine Beurteilung lediglich mithilfe eines Informatiksachverständigen möglich, der die Übersetzung der im Code ausgedrückten Vertragsinhalte in die menschliche Sprache vornehmen müsste. Dabei müssten die wesentlichen Bestimmungen – beispielsweise zur Ergründung der Unrechtmäßigkeit des Rechtsgrundes (*illiceità della causa*) oder der Unrechtmäßigkeit der Beweggründe (*illiceità dei motivi*) – geprüft werden. Es ist also der Schluss zu ziehen, dass in Italien, ebenso wie in Deutschland, jeder *contratto intelligente* legitimerweise in Programmiersprache aufgesetzt werden darf und dass parallel dazu für die rechtliche Beurteilung eine „Übersetzung" des elektronisch vorgegebenen Vertragsinhalts in menschlicher Sprache erforderlich ist, um die Durchsetzung durch die ordentlichen Gerichte (und ggf. durch Schiedsgerichte) zu ermöglichen, sofern der automatisierte Vertragsvollzug (*esecuzione contrattuale automatizzata*) nicht funktioniert bzw. zu gesetzeswidrigen Ergebnissen führt. Diese in menschlicher Sprache (etwa auf Italienisch, Deutsch, Englisch usw.) verfasste Version muss im „Ernstfall" die allein rechtlich bindende Version sein. Dies gilt sowohl für die internationalprivatrechtliche Einordnung des konkreten Vertrags unter ein bestimmtes nationales Recht, etwa bei Rechtswahl,[60] sowie für die Bestimmung der Nichtigkeit nach Art. 1325 c.c. bzw. zur Bestimmung der Anfechtbarkeit oder der Bestimmung der vertraglichen Pflichten usw.

VI. Vertragsrechtliche Problemstellungen

1. Vertragsschluss durch Programmiersprache oder menschliche Sprache?

Die neue Vorschrift von Art. 8-*ter* Abs. 2 Testo des Decreto-Legge vom 14.12.2018, n. 135 setzt bereits in ihrem Wortlaut an der Privatautonomie (*autonomia privata*) in ihrer besonderen Ausprägung der Vertragsfreiheit (*autonomia contrattuale*) an.[61] So haben die Vertragsparteien (*parti contrattuali*) laut dieser Vorschrift jedenfalls die Möglichkeit, für den Vertragsabschluss, d.h. den Austausch von Willenserklärungen, jedwede Form zu wählen, sofern der Gesetzgeber die Freiheit nicht aus Gründen des öffentlichen Interesses eingeschränkt hat.[62] Letztlich geht es bei der Beurteilung eines *contratto intelligente* lediglich um die Form.[63] Der Vertragsinhalt, der laut Gesetz in übereinstimmenden Willenserklärungen zum Ausdruck gebracht werden muss, wird dabei zunächst nicht in Worte der jeweils verwendeten Sprache (also z.B.

---

60 Zur Rechtswahl nach italienischem IPR, vgl. *Schurr*, in: Christandl/Eccher/Gallmetzer/Laimer/Schurr, Handbuch Italienisches Internationales Privatrecht, 2019, S. 285 f.

61 In diesem Sinne *Möslein*, ZHR 183 (2019), 254, 266 f, mit Verweis auf Art. 2 Abs. 1 GG; vgl. *Schurr*, ZVglRWiss 118 (2019), 257, 265.

62 Im italienischen Recht wird traditionell zwischen der Form *ad substantiam* und der Form *ad probationem* unterschieden; vgl. dazu im Hinblick auf die in Italien abgeschlossenen Smart Contracts, *Parola/ Merati/Gavotti*, Contr. 2018, 681, 686 f.

63 Vgl. zum Vertragsschluss und insbesondere zu Formfragen, *D. Paulus/Matzke*, ZfPW 2018, 431, 438 ff.

Italienisch) gefasst, sondern in einem sog. *source code* festgelegt.[64] Für den Abschluss eines *contratto intelligente* bedarf es also – ebenso wie bei jedem Vertrag, der in irgendeiner zulässigen Form abgeschlossen wird – der Übereinstimmung der Willenserklärungen (*corrispondenza delle dichiarazioni di volontà*). Beim zweiseitigen Vertrag (*contratto bilaterale*) müssen dies zwei Vertragsparteien sein, beim mehrseitigen Vertrag (*contratto plurilaterale*) drei oder mehr Vertragsparteien. Solange also der Gesetzgeber hinsichtlich eines spezifisch abzuschließenden Vertrags keine besondere Form vorsieht – wie etwa im italienischen Recht die Schriftform gemäß Art. 1350 c.c. oder im deutschen Recht die Schriftform gemäß § 126 BGB, die Textform gemäß § 126b BGB oder die notarielle Beurkundung gemäß § 311b BGB – besteht Formfreiheit (*libertà di forma*), womit der Vertrag in jeder beliebigen Form abgeschlossen werden kann.[65] Wenn also ein Vertrag konkludent oder durch mündliche Willenserklärung (*dichiarazione concludente oppure orale*) abgeschlossen werden kann, dann muss dies erst recht für die Form des *contratto intelligente* gelten.[66] So ist die Programmiersprache in der Regel dazu geeignet, Willenserklärungen der Parteien so präzise aufzunehmen, dass sie einen späteren Nachweis über das Vorhandensein übereinstimmender Willenserklärungen ermöglicht.[67] Freilich ist bei dem Abschluss eines Vertrags über die Blockchain eine Verknüpfung von Vertragsregeln, Vertragsbedingungen usw. erforderlich. Aber gerade dies erfolgt auf dem Weg zum Abschluss eines Vertrags in der Form eines Smart Contracts. Es ist zu erwarten, dass nach Verabschiedung der Ausführungsbestimmungen zu Art. 8-*ter* Abs. 2 Testo des Decreto-Legge vom 14.12.2018, n. 135 durch die italienische Agentur für Digitalisierung (*Agenzia per l'Italia Digitale*, AgID) geklärt sein wird, ob Verträge, die als *contratti intelligenti* unter diese Vorschrift subsumiert werden können, auch dem in Art. 1350 c.c. angeordneten Schriftformerfordernis (*forma scritta ad substantiam*) genügen.

2. Schwebezustand hinsichtlich der Wirksamkeit der Willenserklärungen

Bei Vertragsabschluss (*conclusione del contratto*) in der Form eines *contratto intelligente* ergeben sich zahlreiche Fragen. Zunächst ist festzuhalten, dass die Abgabe der Willenserklärung der anbietenden Vertragspartei wohl darin besteht, dass deren eigene Erklärung mit dem eigenen privaten Schlüssel in der Blockchain signiert wird.[68] Im italienischen und deutschen Recht bedarf es für den Vertragsabschluss des Zugangs

---

64 Siehe *Simmchen*, MMR 2017, 162, 164; *Schurr*, ZVglRWiss 118 (2019), 257, 266.

65 Ob die elektronische Form, die der deutsche Gesetzgeber in § 126a BGB vorgesehen hat, auf Vertragsabschlüsse auf der Blockchain analog angewendet werden kann, ist fraglich. Nach § 126a Abs. 1 BGB muss der Aussteller der Erklärung dieser seinen Namen hinzufügen und das elektronische Dokument mit einer qualifizierten elektronischen Signatur versehen, wenn man die gesetzlich vorgeschriebene schriftliche Form durch die elektronische ersetzen möchte. Gerade das Hinzufügen des Namens und die elektronische Signatur scheinen mit dem technischen Wesen der Blockchain schwer vereinbar zu sein. § 126a Abs. 2 BGB: Bei einem Vertrag müssen die Parteien jeweils ein gleichlautendes Dokument in der in Absatz 1 bezeichneten Weise elektronisch signieren.

66 Siehe ähnlich zum österreichischen Recht *Smets/Kapeller*, ÖJZ 2018, 293, 295; *Hanzl/Rubey*, Zak 2018, 127, 128.

67 Vgl. *Schurr*, ZVglRWiss 118 (2019), 257, 266; zum Verhältnis von Willenserklärung und Software vgl. *D. Paulus/Matzke*, ZfPW 2018, 431, 439.

68 Vgl. dazu *Hoffer/Mirtchev*, NZKart 2019, 239, 240; *Heckelmann*, NJW 2018, 504, 505.

der Willenserklärungen (*dichiarazioni di volontà*).[69] Im Fall der in Art. 8-*ter* Abs. 2 Testo des Decreto-Legge vom 14.12.2018, n. 135 geregelten Form erfolgt dies dadurch, dass der Block, der die Erklärung des Anbietenden enthält, an die Blockchain angehängt wird. Hierbei ist freilich erforderlich, dass die Identität der Person sowie das Anhängen des die Erklärung enthaltenen Blocks objektiv feststellbar sind. In technischer Sprache gesprochen, wäre das die Dekodierung der im angehängten Block enthaltenen Erklärung des Anbietenden mit einem sog. öffentlichen Schlüssel (*chiave pubblica*).[70] Wegen des Risikos der Bildung einer sog. *fork* (*biforcazione della Blockchain*) besteht die Gefahr, dass der Block, der die Willenserklärung des Anbietenden enthält, nur in einem Teil des Servers festgehalten wird, der die Blockchain bildet.[71] Insoweit ist davon auszugehen, dass die in dieser Form abgegebene Willenserklärung erst einmal schwebend unwirksam (*provvisoriamente inefficace*) ist. Denn die Aufgabelung (*biforcazione*) führt zu einem rechtsunsicheren Zustand, bei dem zwei voneinander abweichende Konstellationen parallel zueinander existieren. Erst wenn die Bildung einer *fork* zu einem späteren Zeitpunkt festgestellt und beseitigt wird, liegt (in programmiersprachlichem Sinne) Lesbarkeit und Zurechenbarkeit (*leggibilità e imputabilità*) vor, was wiederum zur endgültigen Wirksamkeit der im angehängten Block enthaltenen Willenserklärung (*efficacia della dichiarazione di volontà*) des Anbietenden führt.[72]

Freilich ist für die Umformung der schwebenden Unwirksamkeit (*inefficacia provvisoria*) der im Block enthaltenen Willenserklärung des Anbietenden zu deren vollen Wirksamkeit erforderlich, dass nicht nur die Aufgabelung an sich, sondern auch deren spätere technische Beseitigung einwandfrei festgestellt wird. Diese Schlussfolgerung muss auch dann gelten, wenn – wie im Schrifttum oftmals verdeutlicht – die eigentlichen Willenserklärungen außerhalb der Blockchain, also *off-chain*, erfolgen.[73] Denn die Frage der Aufgabelung (*biforcazione*) und deren Beseitigung ist eine rein technische Frage, bei der es darum geht, ob die rechtliche Realität (also Vertragsschluss im rechtlichen Sinne) in der elektronischen Sprache richtig oder falsch dargestellt wurde.[74]

Der im deutschen Schrifttum verfestigte Gedanke, nach welchem man das technische Risiko einer Aufgabelung (*biforcazione*) nicht ignorieren dürfe und daher bei Anhängen des die Willenserklärung des Anbietenden enthaltenen Blocks sofort von einer vollständigen Wirksamkeit ausgehen müsse, ist in dieser Form auch auf das italienische Recht übertragbar.[75] Man könnte die Aufgabelung der Blockchain mit einer nicht eindeutigen Zuordnung einer schriftlich oder mündlich geäußerten Willenserklä-

---

69 Zu den Fragestellungen rund um die Vertragsbegründung, vgl. *Möslein*, ZHR 183 (2019), 254, 270 ff.

70 Siehe *Schawe*, MMR 2019, 218; *Schurr*, ZVglRWiss 118 (2019), 257, 267.

71 Zu den Fällen des Auseinanderfallens von Code und Recht, vgl. *Meyer/Schuppli*, recht 2017, 204, 217 f.

72 So *Heckelmann*, NJW 2018, 504, 505 f.

73 So etwa *D. Paulus/Matzke*, ZfPW 2018, 431, 447.

74 Zur italienischen Perspektive, wo immer wieder ausgeführt wird, ein traditionelles Zustandekommen eines Vertrages durch Angebot und Annahme im Sinne von Art. 1326 c.c. sei bei den auf der Blockchain angebahnten und abgeschlossenen Verträgen kaum darstellbar, vgl. dazu *Di Sabato*, Contr. impr. 2017, 378, 393.

75 Siehe *Schurr*, ZVglRWiss 118 (2019), 257, 267; a.A. *Heckelmann*, NJW 2018, 504, 505 f.

rung (*dichiarazione scritta oppure orale*) vergleichen.[76] Auch der Gesetzgeber hat in Art. 8-*ter* Abs. 2 Testo des Decreto-Legge vom 14.12.2018, n. 135 versucht, die Welt des digitalen Vertragsabschlusses derjenigen des analogen Vertragsabschlusses anzunähern und dieselben Prinzipien gelten zu lassen. Die im Block enthaltene Willenserklärung des Anbietenden verliert erst dann ihre schwebende Unwirksamkeit und kann daher erst dann als zugestellt angesehen werden, wenn eine etwaige Aufgabelung (*biforcazione*) festgestellt werden kann bzw. wenn erwiesen ist, dass eine etwaige *fork-Bildung* durch Zurückschneiden eines kürzeren Zweiges beseitigt wurde.[77] Die eben beschriebenen technischen und rechtlichen Besonderheiten bei der Abgabe einer Willenserklärung in der Form eines *contratto intelligente* gelten *mutatis mutandis* auch für die Annahme der Willenserklärung (*accettazione della dichiarazione di volontà*) sowie für den Zugang der Annahmeerklärung, die in einem entsprechenden Block enthalten ist.[78] Im italienischen Schrifttum wurde auch die These geäußert, es handle sich bei der Angebotsstellung über die Blockchain um ein Angebot an die Allgemeinheit (*offerta al pubblico*) gemäß Art. 1336 c.c.[79] Dieser Grundsatz kann so nicht verallgemeinert werden. Es kommt auf den Willen der hinter dem handelnden Algorithmus stehenden natürlichen bzw. juristischen Person an.

3. Zurechnungsfragen

Die aus dem deutschen Recht bekannte Problematik der Abgabe von Willenserklärungen durch Nicht-Personen ergibt sich gleichermaßen im italienischen Recht.[80] Die traditionelle Zivilrechtsdogmatik stößt insoweit an ihre Grenzen, als nur eine Abgabe der Willenserklärung durch die betroffene Person selbst bzw. durch einen Stellvertreter (*rappresentante*) möglich ist. Einer Zurechnung an die wirtschaftlich berechtigte Person bedarf es sowohl im deutschen, als auch im italienischen Recht. Freilich kann man sich zur Abgabe einer Willenserklärung eines Boten (*nuncius*) bedienen. Dieser gibt, anders als der Stellvertreter (*rappresentante*), gerade keine eigene Willenserklärung ab, sondern überbringt lediglich die Willenserklärung einer anderen Person. Es scheint bislang in der einschlägigen Literatur keine eindeutige Meinung dazu zu geben, ob das Programmieren bzw. die Verwendung eines technisch (teil-)selbständigen Systems so zu beurteilen ist, dass es sich letztlich um die Erklärung einer natürlichen oder juristischen Person (*persona fisica o giuridica*) handelt, die als Programmierer oder Benutzer mit dem System faktisch verbunden ist.[81] Bei der Interaktion dezentraler Systeme (*interazione di sistemi decentralizzati*) stellt sich demnach die rechtsdogmatische Frage, ob eine vertragliche Bindung außerhalb des klassischen Personenbe-

---

76 Vgl. in diesem Zusammenhang *D. Paulus/Matzke*, ZfPW 2018, 431, 448 f.; hierzu führt *Heckelmann*, NJW 2018, 504, 505 f. folgerichtig aus, dass sachenrechtliche Vereinbarungen (z.B. § 929 BGB) *ex tunc* nichtig wären und schuldrechtliche Vereinbarungen nach §§ 812 ff. BGB rückabzuwickeln wären.

77 Vgl. *Schurr*, ZVglRWiss 118 (2019), 257, 267 f.

78 Weiterführend *D. Paulus/Matzke*, ZfPW 2018, 431, 445.

79 Vgl. dazu *Di Sabato*, Contr. impr. 2017, 378, 393; *Schurr*, ZVglRWiss 118 (2019), 257, 268.

80 Vgl. *Cuccuru*, NGCC 2017, 107, 110 ff.; *Di Sabato*, Contr. impr. 2017, 378, 386 ff.; zur automatisierten Willenserklärung, vgl. *D. Paulus/Matzke*, ZfPW 2018, 431, 462 f.; zum Schweizer Recht vgl. *Eggen*, AJP 2017, 3, 7.

81 Vgl. *Schurr*, ZVglRWiss 118 (2019), 257, 269; zur Zurechnungsproblematik vgl. *Müller*, ZBJV 2019, 330, 344.

griffs denkbar ist.[82] Im Hinblick auf den zu Vertragsabschlüssen befähigten Kreis von Personen und Nicht-Personen lässt sich bei rechtsvergleichender Betrachtung der Schluss ziehen, dass nicht nur in der deutschen Zivilrechtsdogmatik, sondern auch in zahlreichen anderen Rechtssystemen Zweifel daran bestehen, ob außerhalb des Kreises der von Rechts wegen zur Vertragspartizipation befähigten Subjekte, d.h. der natürlichen Personen (*persone fisiche*), der Personengesellschaften (*società di persone*) und der juristischen Personen (*persone giuridiche*), auch technisch (teil-)selbständige Elemente als Vertragspartner fungieren können.[83] Unter den Oberbegriff derartiger technisch (teil-)selbstständiger Elemente könnte man sowohl das automatisierte System (*sistema automatizzato*) als auch das autonome System (*sistema autonomo*) subsumieren.[84] Wollte man automatisierten und/oder autonomen Systemen die Befähigung zur Vertragspartizipation einräumen, müsste man ihnen erst einmal eine absolute oder zumindest eingeschränkte Rechtssubjektivität zugestehen. Die theoretische und praktische Notwendigkeit, sich dieser Thematik weiter zu widmen, ergibt sich weniger bei den automatisierten Systemen, da diese ohnedies nur als „verlängerter Arm" einer sie programmierenden Person betrachtet werden können.[85] Beim automatisierten System (*sistema automatizzato*) wird man regelmäßig die Person, die das „Verhalten" des Automaten vorab bestimmt hat, als Vertragspartei (*parte contrattuale*) definieren können.[86] Diese klare Zurechnung kann man für die autonomen Systeme (*sistemi autonomi*) nicht bestätigen. Gerade der große „Gestaltungsspielraum", innerhalb dessen sich das autonome System bewegt, macht eine Zurechnung schwierig. Beim Abschluss und bei der Abwicklung von Verträgen (*stipulazione ed esecuzione dei contratti*) sind die Bandbreiten der Möglichkeiten der Algorithmen beachtlich. Insoweit erscheint es nicht sachgerecht, das „Verhalten" des autonomen Systems (*sistema autonomo*) den für die ursprüngliche Programmierung zuständigen Personen, also den „Erschaffern" des autonomen Systems, zuzurechnen.[87] Bei rein technischer Betrachtungsweise lässt sich feststellen, dass innerhalb der Vertragsform des *contratto intelligente* autonome Systeme ohne den Einfluss einer natürlichen Person Vertragsverhandlungen führen können und dabei einen Vertragsabschluss perfekt vorbereiten, wenn nicht sogar selbst abschließen können.[88] Hierbei kommt gerade die sog. künstliche Intelligenz (*intelligenza artificiale*) zum Tragen, die auch in der Kontrahierungspraxis lernfähig ist.[89] Das

---

82 Dazu *Heckelmann*, NJW 2018, 504, 506.

83 *Di Sabato*, Contr. impr. 2017, 378, 391 ff.

84 Als Beispiel für ein automatisiertes System lässt sich ein Online-Warenhandel nennen, bei dem das automatisierte System bei Eingang einer Bestellung prüft, ob der Bestand des Lagers den Bestellungsanforderungen genügt. Das automatisierte System der Online-Plattform würde daher erst dann „grünes Licht" für den Vertragsabschluss geben und das online abgegebene Kaufangebot des Kunden annehmen, wenn die Prüfung des Lagers entsprechende Verfügbarkeit signalisiert hat; vgl. *Schurr*, ZVglRWiss 118 (2019), 257, 269.

85 Automatisierte bzw. autonome Systeme haben in der Regel eher die Aufgabe, Lücken bei der Vertragsgestaltung auch nachträglich zu füllen, dazu *Casey/Nibblett*, 43 J. CORP. L. (2017), 1, 2.

86 Vgl. *Schurr*, ZVglRWiss 118 (2019), 257, 269 f.; eine ähnliche Frage der zivilrechtlichen Zurechnung stellt sich auch bei der Verantwortlichkeit der dahinterstehenden natürlichen oder juristischen Person in Bezug automatisierte Fahrsysteme, vgl. dazu grundlegend *Eidenmüller*, ZEuP 2017, 765, 771 f.

87 Siehe *Heckelmann*, NJW 2018, 504, 506; *Schurr*, ZVglRWiss 118 (2019), 257, 270.

88 Vgl. *Smets/Kapeller*, ÖJZ 2018, 293, 295 f.

89 Vgl. *Schurr*, ZVglRWiss 118 (2019), 257, 270; zu den mit selbstständig agierenden Algorithmen verbundenen Risiken vgl. *Giuffrida/Lederer/Vermeys*, 68 CASE W. Res. L. REV. (2019) 747, 761 ff.

autonome System könnte daher – ebenso wie eine natürliche Person oder eine durch ihre Organe vertretene juristische Person – von vorhergehenden Erfahrungen bei der Vertragsverhandlung (*negoziazione*), beim Vertragsabschluss (*stipulazione*) und bei der Vertragsdurchführung (*esecuzione del contratto*) lernen.[90] Es lässt sich demnach zusammenfassen, dass die Fähigkeit zur Vertragspartizipation der dahinterstehenden natürlichen oder juristischen Person dann eher zu verneinen ist, wenn der Autonomiegrad des autonomen Systems so groß ist, dass das System völlig unabhängig von den Personen „agiert".[91] Ein wichtiges Element ist dabei die Lernfähigkeit des Systems. Automatisierte Systeme (*sistemi automatizzati*) und autonome Systeme (*sistemi autonomi*) unterscheiden sich demnach stark voneinander. Zwar lässt sich in beiden Fällen das Funktionieren bei Abschluss und bei der Abwicklung von Verträgen (*stipulazione ed esecuzione di contratti*) technisch über die Software einstellen. Beim autonomen System werden die inhaltlichen Details der Erklärung gerade nicht vom Nutzer vorgegeben, sondern vom System selbst entwickelt. In beiden Fällen gibt der Benutzer des Systems (d.h. die vertragspartizipierende natürliche oder juristische Person) das gewünschte Ergebnis (*risultato desiderato*) des Vertrags vor.[92] Gerade diese Vorprogrammierung des Ergebnisses unterstreicht die Tatsache, dass das autonome System in seiner eigenen „Ermessensausübung" nicht als frei bezeichnet werden kann.[93] Es schiene auch absurd anzunehmen, dass das autonome System (*sistema autonomo*) oder das automatisierte System (*sistema automatizzato*) vom Prinzip der Privatautonomie (*autonomia privata*) geschützt wären. Vom Prinzip der Privatautonomie profitiert dagegen diejenige natürliche oder juristische Person (*persona fisica oppure giuridica*), die sich eines derartigen Systems bedient, um die Vertragspraxis zu optimieren. Die Optimierung besteht darin, dass das System im Fall der Annäherung an das vom User vorgegebene Ergebnis die notwendigen Erklärungen autonom elektronisch übermitteln kann.[94]

4. Gegenüberstellung der menschlichen und der digitalen Erklärung

An dieser Stelle ist noch eine kurze Gegenüberstellung zwischen einer menschlichen und einer virtuellen Willenserklärung (*dichiarazione virtuale*), d.h. einer von einem autonomen bzw. automatisierten System abgegebenen Erklärung, anzustellen. Im deutschen Recht muss die von einer natürlichen Person abgegebene Willenserklärung konkludent, mündlich, schriftlich, elektronisch, in Textform oder mit notarieller Beur-

---

90 Siehe dazu *Kolber*, 21 STAN. TECH. L. REV. (2018) 198, 231; zur autonomen Willenserklärung, vgl. *D. Paulus/Matzke*, ZfPW 2018, 431, 446; *Casey/Nibblett*, 43 J. CORP. L. (2017), 1, 17 f.

91 Vgl. *Di Sabato*, Contr. impr. 2017, 378, 392; eine ähnliche Formel könnte auch für die Haftung von sog. *Smart Cars* im Verhältnis zu den dahinterstehenden natürlichen oder juristischen Personen aufgestellt werden, vgl. *Schurr*, ZVglRWiss 118 (2019), 257, 270; zu dieser Thematik vgl. grundlegend *Eidenmüller*, ZEuP 2017, 765, 774 f.

92 Zur Zurechnung der automatisierten Willenserklärung, vgl. *D. Paulus/Matzke*, ZfPW 2018, 431, 441.

93 In diesem Zusammenhang wird immer wieder das Fehlen einer echten gegenseitigen Zustimmung behandelt, vgl. dazu *Casey/Nibblett*, 43 J. CORP. L. (2017), 1, 17 ff.

94 Vgl. *Schurr*, ZVglRWiss 118 (2019), 257, 271; zum Verhältnis von tatsächlichem Vertragsschluss und dem Smart Contract, vgl. *Müller/Seiler*, AJP 2019, 317, 323.

kundung abgegeben werden.[95] Diese Formüberlegungen lassen sich *mutatis mutandis* auch auf das italienische Recht übertragen, obwohl dort die Formen für den Vertragsabschluss, wie oben (I. und VI.1.) bereits angesprochen, etwas anders geregelt sind. Im Zusammenhang des *contratto intelligente* bleibt in beiden Rechtsordnungen zu prüfen, ob die durch ein automatisiertes bzw. autonomes System in der Form des Smart Contracts abgegebene Erklärung einer durch eine natürliche Person abgegebenen Willenserklärung (*dichiarazione di volontà*) gleichgesetzt werden kann.[96] Die vom digitalen System abgegebene Erklärung kann dabei wohl kaum den Handlungswillen der dahinterstehenden Person akkurat verkörpern.[97] Zudem muss die vom elektronischen System abgegebene Erklärung den Anforderungen an den Erklärungswillen (*volontà della dichiarazione*) sowie den Geschäftswillen (*volontà riguardante il negozio giuridico*) entsprechen. Die vom automatisierten oder autonomen System (*sistema automatizzato oppure autonomo*) abgegebene Erklärung muss in irgendeiner Form den dahinterstehenden natürlichen oder juristischen Personen zugerechnet werden können, also etwa den Usern oder Programmierern des Systems. Unter dieser Personengruppe muss es jemanden geben, der eine bestimmte Rechtsfolge oder alternativ eine von zwei oder mehr möglichen Rechtsfolgen anstrebt. Das automatisierte bzw. autonome System hingegen übernimmt mit weitaus größerer technischer Präzision die Detailweichenstellungen der Vertragsgestaltung[98] und -abwicklung ohne aber von der ursprünglichen Willensbildung, die dem automatisierten oder autonomen System in der Ausführung seiner Rolle mitgegeben worden ist, abzurücken.[99] In der Regel wird das automatisierte bzw. autonome System in der Lage sein, vertragserhebliche Daten präziser und schneller zu bestimmen als das menschliche Gehirn. Es ist aber das menschliche Gehirn hinter den elektronischen Prozessen des automatisierten bzw. autonomen Systems, das den Willen bekundet hat, den Vertrag in optimierter, d.h. an die Wunschvorstellungen angepasster, Form anzubahnen, abzuschließen bzw. abzuwickeln.[100] Bei Gegenüberstellung von menschlicher und virtueller Erklärung (*dichiarazione umana e dichiarazione virtuale*) bleibt der Grundsatz bestehen, dass es keine

---

95 Siehe *Schurr*, ZVglRWiss 118 (2019), 257, 271; zum Sonderproblem der gesetzlich angeordneten notariellen Beurkundung im Verhältnis zum Einsatz der Blockchaintechnologie, vgl. *Smets/Kapeller*, ÖJZ 2018, 293, 295; zu den Auswirkungen der neuen Technologien für Notare in Italien, vgl. *Laurini*, Notariato 2018, 141.

96 Gerade bei der Errichtung von Gesellschaften, die typischerweise auch vertraglich geschieht, stellt sich die Frage, ob die in Deutschland vorgeschriebene Form der notariellen Beurkundung durch elektronische Alternativen ersetzt werden kann; grundlegend dazu *Teichmann*, ZfPW 2019, 247, 250 f.

97 Siehe *Parola/Merati/Gavotti*, Contr. 2018, 681, 683 ff.; *Simmchen*, MMR 2017, 162, 164.

98 Unter den Oberbegriff der Detailweichenstellungen fallen etwa bei einem im Einkauf durch ein Unternehmen eingesetzte elektronische Systeme für die Bestimmung des Preisleistungsverhältnisses der zu erwerbenden Sache, die Festsetzung eines für die Befüllung des eigenen Lagerbestands opportunen Lieferzeitpunkts, die Spezifizierung der Stückzahl in Abhängigkeit der aktuellen Marktsituation und der Prognose zur Verfügbarkeit in naher Zukunft. Hierbei würde also die hinter dem automatisierten bzw. autonomen System stehende natürliche oder juristische Person den Willen äußern, Waren zu erwerben, die ein gutes Preisleistungsverhältnis aufweisen, die zeitlich so angeliefert werden, dass der Lagerbestand konstant bleibt und im Hinblick auf die zu erwartende Preisentwicklung eher frühzeitig oder später bestellt wird; vgl. dazu *Schurr*, ZVglRWiss 118 (2019), 257, 271 f.

99 Vgl. *Di Sabato*, Contr. impr. 2017, 378, 386 ff.; siehe im Detail zu den Zurechnungsfragen, *Müller*, ZBJV 2019, 330, 344.

100 Vgl. *Schurr*, ZVglRWiss 118 (2019), 257, 272; zur Frage der Haftung der dahinterstehenden Person, vgl. MünchKommBGB/*Ernst* (oben N. 15), Rn. 68.

virtuelle Erklärung geben kann, die nicht an die durch das menschliche Gehirn vorgezeichneten Vertragsziele gebunden wäre. Gerade beim autonomen System (*sistema autonomo*) kommt – im Vergleich zum automatisierten System – die Komponente der Lern- und Anpassungsfähigkeit hinzu.[101] Das autonome System errechnet insoweit ein für die dahinterstehende natürliche oder juristische Person optimiertes Vertragsergebnis und profitiert dafür von vorhergehenden „Erfahrungen" beim Kontrahieren.[102]

Die Grenzen zwischen dem automatisierten und dem autonomen System sind fließend. Beim autonomen System (*sistema autonomo*) ist der User bzw. Programmierer jedenfalls nicht mehr vollends in der Lage, die fundamentalen Parameter der abgegebenen Willenserklärung(en) nachzuvollziehen. Vielmehr ist diese dahinterstehende natürliche oder juristische Person lediglich über die Spanne möglicher Muster für den Vertragsschluss (*stipulazione del contratto*) und die Vertragsdurchführung (*esecuzione del contratto*) informiert.[103] Beim automatisierten System (*sistema automatizzato*) dagegen hat der User bzw. Programmierer während der gesamten Zeit des Vertragsschlusses (*stipulazione del contratto*) und der Vertragsdurchführung (*esecuzione del contratto*) die Möglichkeit, sich über den Inhalt der Interaktion mit anderen Systemen zu informieren und diese gegebenenfalls auch zu beeinflussen, zu steuern und zu stoppen. Man kann insoweit den Schluss ziehen, dass die Rückführung der Willenserklärungen des elektronischen Systems auf die dahinterstehende Person beim automatisierten System (*sistema automatizzato*) in der Regel zu bejahen sein wird.[104] Beim autonomen System (*sistema autonomo*) dagegen bestehen begründete Zweifel daran, ob man die „Willenserklärungen" des Computers der dahinterstehenden natürlichen oder juristischen Person zurechnen kann. Ginge man davon aus, dass dem autonomen System eigene Rechtspersönlichkeit bzw. eine Teilrechtsfähigkeit zukäme, dann würde sich die Frage der Zurechnung der Vertragserklärung des Computers an eine dahinterstehende Person erübrigen.[105] Dann gäbe es freilich nach wie vor eine wirtschaftliche Zurechnung an eine dahinterstehende Person, aber keine rechtsgeschäftliche Zurechnung mehr. Denn das mit Rechtspersönlichkeit ausgestattete autonome System würde für sich selbst „sprechen" und „agieren". Bei rechtsvergleichender Betrachtung fällt auf, dass nicht nur Italien und Deutschland, sondern in zahlreichen Rechtsordnungen das Zugestehen eigenständiger Rechtspersönlichkeit weitgehend mit Skepsis betrachtet wird. Insoweit muss man demnach weiter überlegen, welche Rolle das autonome System einnimmt und welche Rolle dem dahinterliegenden User bzw. Programmierer zukommt. Aufgrund der bislang angestellten Überlegungen wird deutlich, dass das autonome System bei Vertragsschluss (*stipulazione del contratto*) und bei Vertrags-

101 Vgl. dazu *D. Paulus/Matzke*, ZfPW 2018, 431, 443.
102 Vgl. *Di Sabato*, Contr. impr. 2017, 378, 391 ff.; *Schurr*, ZVglRWiss 118 (2019), 257, 272.
103 Vgl. *Schurr*, ZVglRWiss 118 (2019), 257, 273; siehe auch *Casey/Nibblett*, 43 J. CORP. L. (2017), 1, 17 ff.
104 Beim automatisierten System (*sistema automatizzato*) wird der Computer nur zur Optimierung herangezogen, vgl. *Jiang*, 15 US-CHINA L. REV. (2018), 139, 141 f.; vgl. in diesem Zusammenhang zur praktischen Anwendung der Smart Contracts für die digitale Abnahme in der Baubranche, *Eschenbruch/Gerstberger*, NZBau 2018, 3, 6.
105 Aus italienischer Perspektive, vgl. *Di Sabato*, Contr. impr. 2017, 378, 388 f., mit Hinweis auf die Entschließung des Europäischen Parlaments vom 16.2.2017 mit Empfehlungen an die Kommission zu zivilrechtlichen Regelungen im Bereich Robotik (2015/2103(INL)), abrufbar unter http://www.europarl.europa.eu/doceo/document/TA-8-2017-0051_DE.pdf; siehe dazu auch *Müller*, ZBJV 2019, 330, 344.

durchführung (*esecuzione del contratto*) jedenfalls nicht selbst rechtsgeschäftlich handeln kann, da nur natürliche oder juristische Personen rechtswirksame Entscheidungen treffen und damit Willenserklärungen (*dichiarazioni di volontà*) abgeben können. Es ist auch zu bedenken, dass nur Personen ihren Willen artikulieren dürfen, die auch dafür haften können; das gilt selbst bei jemandem, der für einen anderen als Stellvertreter eine Willenserklärung abgibt und dabei, falls die Vertretungsmacht fehlen sollte, nach Art. 1398 c.c. bzw. § 179 BGB als Vertreter ohne Vertretungsmacht (*rappresentante senza averne i poteri*) für sein rechtsgeschäftliches Agieren geradestehen muss.[106] Man könnte insoweit zum Schluss kommen, dass rechtswirksame Entscheidungen vom autonomen System (das eben keine Rechtspersönlichkeit hat) vorbereitet werden, deren rechtserhebliche Artikulation gegenüber Dritten aber erst dann Rechtswirksamkeit entfaltet, wenn die dahinterstehende Person auch nur konkludent den Willen äußert, an die digitale „Willenserklärung" (*dichiarazione di „volontà" digitale*) gebunden sein zu wollen.[107] Aufgrund dieses Modells bedürfte es demnach einer nachträglichen rechtsgeschäftlichen Genehmigung der dahinterstehenden natürlichen oder juristischen Personen. Diese nachträgliche Genehmigung ist aber dann jedenfalls nicht erforderlich, wenn es im konkreten Einzelfall gelingt, die Zurechnung über das Modell des Boten (*nuncius*) oder der Blanketterklärung (*biancosegno*) zu konstruieren (dazu unten IX.2. und IX.3.).

VII. Digitale Währungen im Vertragskontext

Im Fall des *contratto intelligente* ist meist die Bezahlung der vereinbarten Lieferung von Waren oder Erbringung von Dienstleistungen mit Kryptowährungen (*criptovalute*) vorgesehen.[108] Nachdem es sich bei digitalem Geld (z.B. Bitcoin, Ether, Libra o.ä.) nicht um ein gesetzliches Zahlungsmittel handelt,[109] spricht viel dafür, beispielsweise statt eines Kaufvertrages (*contratto di compravendita*) im Sinne von Art. 1470 c.c. einen Tauschvertrag (*permuta*) im Sinne von Art. 1552 c.c. anzunehmen. Zu diesem Schluss würde man jedenfalls kommen, wenn man die Pflicht zur Zahlung des gelieferten Gegenstandes nur dann erfüllen könnte, wenn sich die Parteien dabei auf ein gesetzliches Zahlungsmittel (z.B. Euro, USD, GBP) geeinigt hätten. Ob etwa beim Kaufvertrag (*compravendita*) die Gegenleistung (*corrispettivo*) gemäß Art. 1470 c.c. bzw. § 433 Abs. 2 BGB notwendigerweise in Form eines gesetzlichen Zahlungsmittels erfolgen muss oder ob auch eine Kryptowährung (*criptovaluta*) zum Einsatz kommen darf, ist nicht abschließend geklärt.[110] Zudem ist es fraglich, ob die Gegenleistung in einem in Form eines *contratto intelligente* abgeschlossenen Vertrags, die typischerweise in der Übertragung von digitalem Geld (z.B. Bitcoin, Ether, Libra o.ä.) besteht, als Ver-

---

106 Vgl. *Schurr*, ZVglRWiss 118 (2019), 257, 274; zum Stellvertretungsmodell und der Frage, ob Rechtssubjektivität zuzuerkennen ist, vgl. *Möslein*, ZHR 183 (2019) 254, 274.
107 Zur Notwendigkeit der Zurechnung an eine dahinterstehende Person, vgl. *D. Paulus/Matzke*, ZfPW 2018, 431, 444.
108 Etwa für Italien, vgl. *Laurini*, Notariato 2018, 141.
109 Vgl. *Rinaldi*, Contr. impr. 2019, 257.
110 Vgl. dazu *Heckelmann*, NJW 2018, 504, 508; *Schurr*, ZVglRWiss 118 (2019), 257, 282; *D. Paulus/Matzke*, ZfPW 2018, 431, 448 f.

fügung im Rechtssinne oder als bloßer Realakt zu sehen ist. Es spricht viel dafür, dass ein in Form eines *contratto intelligente* abgeschlossener Vertrag zwar einen Realakt bewirken kann, aber den rechtlichen Zustand nicht abzuändern imstande ist. Die Blockchain ist lediglich als Medium zu sehen, in dem faktische Umstände in einem sicheren Protokoll festgehalten werden. Mithilfe der *tecnologia basate su registri distribuiti* kann die bei Anwendung der geltenden Rechtsvorschriften einschlägige Rechtslage nicht immer einwandfrei abgebildet werden.[111]

VIII. Formfragen

Die bereits mehrfach angesprochene Vorschrift von Art. 8-*ter* Abs. 2 Legge di conversione vom 11.2.2019, n. 12 normiert nicht nur das auf einem dezentralen Register (*registro decentralizzato*) basierende Programm und die daraus resultierende automatische Vertragsdurchführung, sondern scheint sich insbesondere auf den Ersatz der Schriftform durch den Einsatz eines *contratto intelligente* zu fokussieren. Auch wenn die Durchführungsbestimmungen der AgID noch nicht bekannt sind und daher noch keine endgültige Aussage zur gegenwärtigen bzw. zukünftigen italienischen Rechtslage gemacht werden kann, sollte an dieser Stelle ganz grundsätzlich überlegt werden, ob die digitale Form (*forma digitale*) dasselbe Niveau an Rechtssicherheit bietet wie die z.B. in Art. 1350 c.c. normierte zwingende Schriftform (*forma scritta ad substantiam*).[112] Mit Art. 8-*ter* Abs. 2 Legge di conversione vom 11.2.2019, n. 12 hat der italienische Gesetzgeber einen ganz entscheidenden Schritt in Richtung Modernisierung des Zivilrechts gesetzt. Denn bei rechtsvergleichender Betrachtung kann man feststellen, dass sich Verträge, die in Form eines *contratto intelligente* abgeschlossen werden, ausschließlich im gesetzlich formungebundenen Raum als eine Alternative etablieren können.[113] Dagegen kann ein formgebundenes Geschäft, für das die Schriftform (*forma scritta*) oder die öffentliche Beurkundung (*atto pubblico*) vorgesehen ist, in den meisten Rechtsordnungen nicht mithilfe eines Smart Contracts abgeschlossen werden, sofern es keine dem Art. 8-*ter* Abs. 2 Legge di conversione vom 11.2.2019, n. 12 vergleichbare Rechtsvorschrift gibt, die die Form des *contratto intelligente* der Schriftform gleichstellt.[114] Bei rechtsvergleichender Betrachtung sticht insoweit die eben zitierte italienische Rechtsvorschrift hervor, in der – im Zusammenspiel mit den noch zu erlassenden Ausführungsbestimmungen – die digitale Form (*forma digitale*) im Zusammenhang mit einem dezentralen System (*sistema decentralizzato*) dem Schriftformerfordernis gleichgestellt sein sollte. Ergänzend ist anzumerken, dass das Vorliegen einer

---

111 Vgl. *Schurr*, ZVglRWiss 118 (2019), 257, 282; ausführlich *Heckelmann*, NJW 2018, 504, 508.
112 So z.B. Verträge zur Übertragung von Immobilieneigentum.
113 Vgl. *Young*, 96 WASH. U. L. REV. (2018) 649, 657 f.; freilich ist es wichtig, dass der verwendete Computercode so beschaffen ist, dass er gelesen werden kann und dass die festgehaltenen Vertragsbestimmungen in menschliche Sprache übersetzt werden können.
114 Ansonsten müssten die Vertragsparteien zunächst unter Beachtung der Form den Vertrag abschließen und sich dann darauf verständigen, für die Durchführung des Vertrags ein auf einer Blockchain beruhendes System einzurichten, um etwa automatisierte Abläufe in Gang zu setzen; siehe *Schurr*, ZVglRWiss 118 (2019), 257, 274 f.; vgl. in diesem Zusammenhang, *Simmchen*, Blockchain (R)Evolution, MMR 2017, 162, 164.

gesetzlichen Formpflicht die praktische Auswirkung hat, dass nicht nur der Vertragsabschluss (*stipulazione del contratto*) selbst, sondern auch jede spätere Vertragsänderung (*modifcazione del contratto*) der Formpflicht unterliegt.[115] Beispielsweise ein Vertrag über Immobilien, der in einer bestimmten Rechtsordnung (z.B. in Deutschland oder Italien) der öffentlichen Beurkundung (*atto pubblico*) oder der Schriftform (*scrittura privata*) bedarf, kann auch nur unter Beachtung derselben Formvorschiften geändert oder angepasst werden.[116]

IX. Kategorisierung der beteiligten Personen und der abgegebenen Willenserklärungen

1. Stellvertreter (*rappresentante*)

Aus den bisherigen Überlegungen kann man schließen, dass das Modell des auf autonomen oder automatisierten Systemen beruhenden *contratto intelligente* nur funktionieren kann, wenn man die Stellung der in Art. 8-*ter* Abs. 2 Legge di conversione vom 11.2.2019, n. 12 geregelten digitalen Einheiten sowie der natürlichen und juristischen Personen entsprechend einordnet.[117] Die Anwendung der Vorschriften von Art. 1387 ff. c.c. über die Stellvertretung (*rappresentanza*) ist strikt abzulehnen. Denn das automatisierte System oder autonome System (*sistema automatizzato oppure sistema autonomo*)[118] können nicht stellvertretend für den dahinterstehenden User oder Programmierer eine eigene Willenserklärung abgeben.[119] Gemäß Art. 1388 c.c. gibt es keine Zweifel daran, dass ein Stellvertreter (*rappresentante*) jedenfalls eine eigene Willenserklärung (*dichiarazione*) abgibt, die dann dem Vertretenen zugerechnet wird, sofern ein entsprechendes Vollmachtsverhältnis vorliegt. Nachdem weder das automatisierte, noch das autonome System eigene Rechtspersönlichkeit (*personalità giuridica*) aufweisen, ist es undenkbar, dass diese eigene Willenserklärungen abgeben können und – im Falle des Fehlens einer entsprechenden Vertretungsmacht – für diese Willenserklärungen haften könnten.[120] Die Argumentation lässt sich noch weiter zuspitzen:

---

115 Vgl. dazu etwa *Gerstenmaier*, Die Beurkundung der Anteilsabtretung beim Share Deal – ein Fallstrick?, in Geiss/Gerstenmaier/Winkler/Mailänder (Hrsg.), Festschrift für Karl Peter Mailänder zum 70. Geburtstag, 2006, S. 329, 331.

116 Zur Bedeutung von Smart Contracts im Immobilienbereich aus globaler Perspektive, vgl. *McKinney*, WASH. J. L. TECH. & ARTS (2019), 313, 345 f.

117 Vgl. *Schurr*, ZVglRWiss 118 (2019), 257, 275; siehe dazu *Lauslahti/Mattila/Seppälä*, ETLA Reports N.68, 2017, 1, 11 f., abrufbar unter https://www.etla.fi/wp-content/uploads/ETLA-Raportit-Reports-68. pdf; zur italienischen Perspektive vgl. *Di Sabato*, Contr. impr. 2017, 378, 391; aus Schweizer Sicht vgl. *Gyr*, Blockchain und Smart Contracts – Die vertragsrechtlichen Implikationen einer neuen Technologie, Dissertation Bern, 2019, Rn. 422 ff.

118 Vgl. etwa *Schurr*, ZVglRWiss 118 (2019), 257, 275; zwischen dem automatisierten und den autonomen Systemen gibt es viele Grauzonen. Daher werden die beiden Modelle im Hinblick auf ihre zivilrechtliche Einordnung und die Dynamik des Vertragszustandekommens teilweise gemeinsam behandelt.

119 Vgl. *Möslein*, ZHR 183 (2019), 254, 274.

120 Vgl. *Schurr*, ZVglRWiss 118 (2019), 257, 275 f.; in diesem Zusammenhang geht *Furrer*, Die Einbettung von Smart Contracts in das schweizerische Privatrecht, AnwRev 2018, 103, 108, davon aus, dass es für den Smart Contract typisch sei, dass der Willen vom System automatisch generiert wird; siehe auch *Furrer*, The Embedding of Smart Contracts into Swiss Private Law, abrufbar unter https://www. mme.ch/fileadmin/files/documents/MME_Compact/2018/1803_Smart_Contracts_Furrer.PDF.

Würde man dem automatisierten bzw. autonomen System die Fähigkeit zugestehen, eine eigene Willenserklärung im Sinne von Art. 1388 c.c. stellvertretend für eine dahinterstehende natürliche oder juristische Person abzugeben, würde sich die logische Schlussfolgerung ergeben, dass das digitale System über eine eigene Rechtspersönlichkeit verfügt.[121]

2. Bote (nuncius)

Nachdem das Stellvertretungsmodell (modello di rappresentanza) auf automatisierte oder autonome Systeme (sistemi automatizzati e sistemi autonomi) nicht anwendbar ist, sollte man nun prüfen, ob die Einordnung dieser Systeme als Bote (nuncius) möglich wäre.[122] Diese Lösung scheint sehr reizvoll, da auch bei einem konventionellen Warenautomaten (distributore automatico) davon ausgegangen wird, dass der Betreiber ein Angebot an einen unbestimmten Personenkreis (offerta a persona incerta) abgibt und insoweit der Automat die Willenserklärung der dahinter stehenden natürlichen oder juristischen Person einfach weitergibt und damit ähnliche Züge annimmt, wie wenn es sich um eine Person als Boten handelte.[123] Denn ein Bote ist immer eine Person, die eine fremde Willenserklärung (dichiarazione di volontà altrui) übermittelt. Insoweit könnte man zum Schluss kommen, dass automatisierte Systeme im engeren Sinne als Boten einzuordnen sind. Solange also ein vom Betreiber bzw. Programmierer eingesetztes System so funktioniert, dass es der Willenserklärung des Betreibers in der Form des contratto intelligente technisch zu ihrer Wirksamkeit verhilft, ist die Botenschaft ein gutes Modell, um den partizipativen Rechtskonnex zur dahinterstehenden natürlichen Person glaubhaft darzustellen und damit eine rechtswirksame Bindung dieser dahinterstehenden Person herbeizuführen. Insoweit sprechen also gute Gründe dafür, das automatisierte System (sistema automatizzato) rechtlich einem konventionellen Warenautomaten (distributore automatico convenzionale) gleichzustellen, solange das automatisierte System nicht selbst rechtsgeschäftliche Weichenstellungen abgibt und in der oben beschriebenen Grauzone nicht einem autonomen System im eigentlichen Sinne angenähert ist.[124] Gerade in der Eigenständigkeit bei der Vertragsanbahnung (autonomia nella negoziazione), beim Vertragsabschluss (stipulazione del contratto) und bei der Vertragsdurchführung (esecuzione del contratto) unterscheidet sich das autonome System vom automatisierten System. Wenn der Computer nicht eine mehr oder weniger vorgegebene Willenserklärung elektronisch in Form eines contratto intelligente weitergibt, sondern die Willenserklärung selbst – im Hinblick auf die zentralen Vertragseigenschaften wie etwa den Lieferzeitpunkt, die Menge, die Beschaffenheit der Vertragsgegenstände, die Auswahl des Lieferanten mit dem besten Preis-Leistungsverhältnis usw. – formuliert, dann ist das Modell der Botenschaft als

---

121 Siehe *Di Sabato*, Contr. impr. 2017, 378, 389; *Schurr*, ZVglRWiss 118 (2019), 257, 275 f.
122 Vgl. dazu *Gyr*, Blockchain und Smart Contracts (oben N. 117), Rn. 427.
123 Zur Gegenüberstellung zum Warenautomaten (*distributore automatico*) vgl. *Di Sabato*, Contr. impr. 2017, 378, 392, die gerade komplexere Zahlungsdienstleistungen (*operazioni di pagamento*) durch Geldautomaten (*bancomat*) anspricht.
124 Vgl. *Di Sabato*, Contr. impr. 2017, 378, 391 f.

allgemein bekanntes zivilrechtliches Instrumentarium nicht mehr geeignet, die Fragen rund um den partizipativen Rechtskomplex zu beantworten.[125]

3. Blanketterklärung (biancosegno)

Beim autonomen System dagegen bietet es sich eher an, das Agieren des Users oder Programmierers so zu verstehen, dass dieser eine schon gebilligte, aber noch nicht vollständig konkretisierte Willenserklärung dem autonomen System zur weiteren elektronischen Optimierung überlässt und diesem System auch die Befähigung erteilt, selbstständig mit anderen Systemen zu agieren und das lediglich vom wirtschaftlichen Ergebnis her vorgegebene Vertragsergebnis zu erzielen; damit hat das autonome System einen „eigenen Willen".[126] Die im italienischen und deutschen Recht etablierte Rechtsform der Blanketterklärung (*biancosegno*),[127] die im italienischen Recht auf Art. 1349 Abs. 1 c.c. gestützt wird, könnte hier eine Hilfestellung bieten und damit analog herangezogen werden.[128] Bei der konventionellen *dichiarazione in bianco* überlässt jemand einer anderen Person ein schon unterschriebenes aber noch nicht vollständig ausgefülltes Schriftstück und ermächtigt die andere Person dazu, das Schriftstück bei Bedarf auszufüllen.[129] Hierbei vermischen sich die eigene Erklärung der wirtschaftlich interessierten Person (*persona economicamente interessata*) und die Erklärung des Stellvertreters (*dichiarazione del rappresentante*).[130] Konkret gesprochen wird das autonome System (*sistema autonomo*), das die einer Blanketterklärung entsprechende Willenserklärung der dahinterstehenden Person elektronisch vervollständigt, jedenfalls so agieren, dass die hinter dem anderen elektronischen System stehende Person erkennen kann, dass die ursprünglich von einer natürlichen Person ausgehende Willenserklärung autonom vervollständigt wurde. Man kann insoweit den Schluss ziehen,

---

125 Vgl. *Schurr*, ZVglRWiss 118 (2019), 257, 277; nach *Schwab/Löhnig*, Einführung in das Zivilrecht, 20. Aufl. 2016, Rn. 740, ist es zweifelhaft, ob Botenschaft vorliegen kann, wenn wesentliche Elemente des Erklärungsinhalts vom Erklärenden vorformuliert sind, die Übermittlungsperson aber noch Wahlmöglichkeiten hat.

126 Siehe *Schulz*, Verantwortlichkeit bei autonom agierenden Systemen, 2015, S. 50.

127 *Schurr*, ZVglRWiss 118 (2019), 257, 277; grundlegend zu diesem Rechtsinstitut, vgl. BGH, Urt. v. 11. Juli 1963 – VII ZR 120/62, BGHZ 40, 65.

128 Vgl. *Arbeitsgruppe „Digitaler Neustart" der Konferenz der Justizministerinnen und Justizminister der Länder*, Bericht vom 15. Mai 2017, S. 104, abrufbar unter https://www.justiz.nrw/JM/schwerpunkte/ digitaler_neustart/zt_bericht_arbeitsgruppe/bericht_ag_dig_neustart.pdf; vgl. auch *Wiebe*, Die elektronische Willenserklärung, 2002, S. 134.

129 Vgl. *Galgano*, Trattato di Diritto Civile, Band II, 2. Aufl. 2010, S. 240; *D. Paulus/Matzke*, ZfPW 2018, 431, 442 f.

130 Siehe *Günther*, Roboter und rechtliche Verantwortung – Eine Untersuchung der Benutzer- und Herstellerhaftung, 2017, S. 54 f.; grundsätzlich ist zwar zwischen der offenen und der verdeckten Blankettsituation zu differenzieren, insbesondere auch für die Frage, ob eine Irrtumsanfechtung möglich ist. Diese Differenzierungen erscheinen für die analoge Anwendung des Rechtsinstituts der Blanketterklärung (*biancosegno*) auf die Frage des partizipativen Rechtskonnexes bei autonomen Systemen irrelevant zu sein, da das Interagieren eines autonomen Systems mit einem anderen elektronischen System wohl stets mit einer offenen Blanketterklärung vergleichbar sein wird; vgl. dazu *Galgano* (oben N. 129), S. 239; *Wagner*, in: Roßnagel/Hornung (Hrsg.), Grundrechtsschutz im Smart Car, 2019, S. 211 f.

dass die Analogie zur Blanketterklärung (*biancosegno*) brauchbar ist, um die Frage nach der Zurechnung bei autonomen Systemen (*sistemi autonomi*) zu beantworten.[131]

Sowohl bei der klassischen Blanketterklärung als auch bei dem mithilfe eines autonomen Systems abgeschlossenen *contratto intelligente* gibt es dahinterstehende Personen, deren rechtliche Zurechnung fraglich ist. Bei der Blanketterklärung (*biancosegno*) ist es die Person, die die Blanketterklärung ausfüllt;[132] beim Einsatz autonomer Systeme (*sistemi autonomi*) ist es der User oder Programmierer. In beiden Fällen verlässt sich diese dahinterstehende Person hinsichtlich der konkreten Ausgestaltung auf das ungewisse Schicksal, das bei der konventionellen Blanketterklärung vom Agieren des Verwenders der Urkunde abhängt und beim Einsatz autonomer Systeme vom autonomen System bestimmt wird.[133] Es ist zu präzisieren, dass wohl nur die Analogie zur offenen Blanketterklärung sachgerecht ist, d.h. also eine Analogie zur konventionellen Vertragskonstellation, bei der der Verwender der vorunterzeichneten Blanketterklärung diese im Beisein des anderen Vertragsteils ausfüllt. Die Blanketterklärung eignet sich insbesondere deshalb als Referenzpunkt bei der Beantwortung der Frage nach dem partizipativen Vertragskonnex beim Agieren autonomer Systeme, weil die dahinterstehende Person in beiden Konstellationen das Risiko in Kauf nimmt, dass sie rechtsgeschäftlich an etwas gebunden sein wird, was ihrem Willen nicht entspricht.[134] Der Unterzeichner einer Blanketterklärung (*biancosegno*) gibt die Details seiner zukünftigen rechtsgeschäftlichen Bindung (*vincolo contrattuale futuro*) ebenso aus der Hand,[135] indem er die Bindung an ein ungewisses Kontrahierungsergebnis riskiert, wie der User oder Programmierer eines autonomen Systems (*sistema autonomo*).[136]

X. Auslegung des *contratto intelligente*

In der Praxis stellt sich oft die Frage, wie *contratti intelligenti* auszulegen sind. Die klassischen Auslegungsmethoden sind auch in diesem Fall heranzuziehen.[137] Nach § 157 BGB sind Verträge so auszulegen, wie Treu und Glauben mit Rücksicht auf die Verkehrssitte es erfordern. Eine ähnliche Bestimmung findet sich im italienischen Recht bei Art. 1366 c.c. und wird im italienischen Schrifttum auch bezogen auf Smart Contracts als einschlägig beschrieben.[138] Im Rahmen von Verträgen, die nicht in natürlicher, sondern quasi in elektronischer Sprache (*linguaggio elettronico*) geschrieben

---

131 Vgl. in diesem Zusammenhang *Günther* (oben N. 130), S. 55.
132 Siehe *Wiebe* (oben N. 128), S. 134; *Galgano* (oben N. 129), S. 239 ff.
133 So *D. Paulus/Matzke*, ZfPW 2018, 431, 444; *Schurr*, ZVglRWiss 118 (2019), 257, 278.
134 *Wagner* (oben N. 130), S. 212 f.
135 Nach BGH, Urt. v. 11. Juli 1963 – VII ZR 120/62, BGHZ 40, 65 muss jeder, der ein Blankett mit seiner Unterschrift aus der Hand gibt, auch bei einem seinem Willen nicht entsprechend ausgefüllten Blanketts den dadurch geschaffenen Inhalt der Urkunde einem redlichen Dritten gegenüber, dem die Urkunde vorgelegt wird, als seine Willenserklärung gegen sich gelten lassen; insoweit ist laut BGH § 172 Abs. 2 BGB entsprechend anzuwenden.
136 Vgl. *Schurr*, ZVglRWiss 118 (2019), 257, 278; zur Überschreitung des in der Blanketterklärung enthaltenen Umfangs, vgl. *Günther* (oben N. 130), S. 56 f.
137 Zur italienischen Perspektive vgl. *Parola/Merati/Gavotti*, Contr. 2018, 681, 685; weiterführend zur Auslegung von Smart Contracts, vgl. *Lauslahti/Mattila/Seppälä*, ETLA Reports N. 68, 2017, 1, 8 f.
138 Vgl. *Parola/Merati/Gavotti*, Contr. 2018, 681, 686.

sind, stellt sich die Frage der Auslegungsfähigkeit.[139] Hierbei ist zu bedenken, dass man die elektronisch festgelegten Vertragsbestimmungen stets in menschliche Sprache übersetzen kann (oben V.).[140] Recht und natürliche Sprache sind eng miteinander verbunden. Denn die Rechtstradition im kontinentaleuropäischen Rechtskreis und in den Rechtsordnungen des *Common Law* basiert auf den von Menschen geschaffenen, in der jeweils gültigen Amtssprache veröffentlichten Rechtsquellen, d.h. primär den Gesetzen und Entscheidungen der (Höchst-)gerichte.[141] Die Auslegung von Rechtsakten, insbesondere Verträgen, hat seit jeher bedeutet, dass man die von den Parteien in menschlicher Sprache geäußerten Intentionen anhand von Parametern auslegt, die eben auch an sprachliche Komponenten anknüpfen. Insbesondere die grammatikalische und die systematische Auslegung folgen klarerweise Gedankengängen, die nur in der von der menschlichen Sprache vorgegebenen Logik folgen können.[142] Dagegen erscheint es bei der historischen und teleologischen Auslegung einer in elektronischer Sprache ausgedrückten Vertragserklärung eher möglich, autark, d.h. weitgehend abgekoppelt von der menschlichen Sprache, vorzugehen.[143] Man kann insoweit den Schluss ziehen, dass der als *contratto intelligente* abgeschlossene Vertrag parallel zu seiner elektronischen Rechtsrealität auch eine parallele konventionelle Rechtsrealität aufweisen muss, die sich in der/den menschlichen Sprache(n) der jeweils betroffenen Rechtsordnungen artikuliert.[144] Diese zweite Realität ist diejenige, die bei theoretischer Betrachtung immer von Relevanz ist, in der Praxis aber wohl erst dann ins Spiel kommt, wenn man den *contratto intelligente* auslegen muss, so etwa in einer Konfliktsituation zwischen den Parteien.[145]

XI. Risiken der Unveränderbarkeit des *contratto intelligente*

Nicht nur im italienischen und deutschen Recht, sondern auch in allen anderen Rechtsordnungen des kontinentaleuropäischen Rechtskreises und auch und im *Common Law* Rechtsraum gibt es Möglichkeiten, um bei Willensmängeln (*vizi di volontà*) Abhilfe zu schaffen. Bei im konventionellen Wege abgeschlossenen Verträgen ist es im

---

139 Siehe dazu *Woebbeking*, 10 J. INTELL. PROP. INFO. TECH. & ELEC. COMM. L. 105 (2019), 105, 109 f.

140 Siehe *Schurr*, ZVglRWiss 118 (2019), 279; vgl. zum Verhältnis von elektronischer Kodierung und menschlicher Sprache, *Young*, 96 WASH. U. L. REV. (2018) 649, 657 f.; speziell zum italienischen Recht, vgl. *Cuccuru*, NGCC 2017, 107, 113.

141 Vgl. *Schurr*, ZVglRWiss 118 (2019), 257, 279; zu den praktischen Herausforderungen der Rechtsberufe bei der Zweigleisigkeit von kodierter Computersprache und natürlicher Sprache, vgl. *Bernstein*, 14 DEPAUL J. SPORTS L. & CONTEMP. PROBS. (2018) 88, 103.

142 Siehe in diesem Zusammenhang etwa *Lauslahti/Mattila/Seppälä*, ETLA Reports N. 68, 2017, 1, 8 f.

143 Siehe *Schurr*, ZVglRWiss 118 (2019), 257, 279; vgl. zur Rolle des Richters bei der Beurteilung von Verträgen, die primär in Computersprache verfasst sind, *O'Shields*, 21 N.C. Banking Inst. (2017) 177, 190.

144 Die Divergenzen zwischen Quellentext und vertraglicher Abrede führen in der Praxis dazu, dass neben dem kodierten Protokoll über eine Abmachung durchaus andere rechtlich relevante Umstände vorliegen können, die im Zweifel Vorrang haben, vgl. dazu *Schawe*, MMR 2019, 221.

145 Vgl. dazu *Heckelmann* NJW 2018, 504, 507, der zu Recht darauf hinweist, dass vergleichbare Zweifelsfragen auch bei der Umdeutung sowie bei Vertragsänderungen mit Wirkung für die Zukunft aufkommen; vgl. dazu auch *Hsiao*, 14 US-CHINA L. REV. (2017) 685, 690.

italienischen und deutschen Recht nach Art. 1427 ff. c.c. bzw. §§ 119 ff. BGB leicht möglich, die vertragliche Bindung wieder aufzuheben.[146] Die Anfechtung ist eine der wichtigsten rechtsvernichtenden Einwendungen. Das Besondere an der Anfechtung ist, dass die angefochtene Willenserklärung und das aus ihr resultierende zweiseitige Rechtsgeschäft *ex tunc* nichtig ist (*effetto retroattivo dell'annullamento*).[147] Diese Wirkungsweise steht in einem Spannungsverhältnis mit dem technischen Prinzip der Unveränderbarkeit (*immutabilità*) einer im Wege des Smart Contracts abgeschlossenen Vertrags.[148] Gerade die auf der unveränderlichen Kette von Transkationen beruhende Unveränderbarkeit der auf einer Blockchain abgeschlossenen Verträge entpuppt sich bei Willensmängeln als Problem.[149] Wie bereits angesprochen, stehen die gängigen Plattformen typischerweise in einem globalen Rechtsraum und sind nur selten auf ein nationales Recht, z.B. auf das italienische Recht, ausgerichtet. Wenn also das italienische Recht anordnet, dass bei geltend gemachten Willensmängeln eine rückwirkende Vertragsvernichtung (*effetto retroattivo dell'annullamento*) eintritt, dann stellt sich die Frage, wie dies bei einem im Wege eines *contratto intelligente* angebahnten Vertragsverhältnisses auf der Blockchain darstellbar ist. So könnte ein in der Vergangenheit liegender Vertragsabschluss bei Anwendung der einschlägigen Bestimmungen des italienischen Zivilrechts (Art. 1427 ff. c.c.) *ex tunc* seine Wirkung verloren haben, während der technische *Status quo* auf der Blockchain den Vertragsabschluss nach wie vor als gültig darstellen würde. Es müsste also dann auch digital eine Abänderung der Darstellung auf der Blockchain kommen, indem ein weiterer Block angehängt wird, der die rückwirkende Vertragsvernichtung (*effetto retroattivo dell'annullamento*) im Sinne von Art. 1427 ff. c.c. digital richtig darstellt.[150]

XII. Allgemeine Geschäftsbedingungen (*condizioni generali di contratto*)

Sowohl bei der Verwendung Allgemeiner Geschäftsbedingungen (*condizioni generali di contratto*) als auch beim Einsatz einer Blockchain wird typischerweise das Ziel einer vereinfachten und gleichgeschalteten Kontrahierungspraxis gegenüber zahlreichen Vertragspartnern verfolgt.[151] Die Beziehung des *contratto intelligente* zu den im Massengeschäft regelmäßig zur Anwendung kommenden Allgemeinen Geschäftsbedingungen (*condizioni generali di contratto*) ist noch nicht abschließend geklärt. Zunächst muss man vom Grundsatz ausgehen, dass die Blockchain in erster Linie dazu dient, ein Protokoll von Handlungen zu erstellen. Dies gilt vor allem für Willenserklärungen (*dichiarazioni di volontà*), die von den Parteien so abgegeben werden, dass sie auf der

---

146 Für eine weltweite Bestandsaufnahme der Irrtumsanfechtung, vgl. *Kramer*, Der Irrtum bei Vertragsschluss – eine weltweit rechtsvergleichende Bestandsaufnahme, Zürich 1998, https://www.trans-lex.org/131700.

147 Siehe dazu *D. Paulus/Matzke*, ZfPW 2018, 431, 461.

148 Siehe *Parola/Merati/Gavotti*, Contr. 2018, 681, 683 f.

149 Insbesondere im Hinblick auf blockchainbasierte Lizenzverträge ist der Schluss zu ziehen, dass die Bedeutung von Smart Contracts dort besonders groß ist, wo die Wahrscheinlichkeit einer späteren Anpassung gering ist, siehe dazu *Schawe*, MMR 2019, 218, 223.

150 So *Heckelmann*, NJW 2018, 504, 507; *Schurr*, ZVglRWiss 118 (2019), 257, 279 f.

151 Vgl. dazu *Eggen*, AJP 2017, 3, 7 f.; *Hanzl/Rubey*, The smartest contract?, Zak 2018, 184, 185.

Blockchain protokolliert werden. Die Frage, ob die Allgemeinen Geschäftsbedingungen (*condizioni generali di contratto*) in der Blockchain enthalten sind, kann sich in dieser Form gar nicht stellen, da vertragliche Bestimmungen, auch wenn sie allgemein formuliert sind, einen rechtlichen Inhalt haben und dieser Inhalt sich in Recht und nicht lediglich in einem Protokoll ausdrückt.[152] Gemäß italienischen und deutschen Legaldefinitionen von Art. 1341 Abs. 1 c.c. und § 305 Abs. 1 Satz 1 BGB sind Allgemeine Geschäftsbedingungen (*condizioni generali di contratto*) alle für eine Vielzahl von Verträgen vorformulierten Vertragsbedingungen, die eine Vertragspartei der anderen bei Abschluss eines Vertrags stellt.[153] Es ist fraglich, ob diese Vorformulierung der Bedingungen die Verwendung einer natürlichen Sprache (etwa der italienischen oder deutschen) bedarf, oder ob für diese vom Gesetzgeber umfasste Vorformulierung auch eine elektronische Sprache ausreichen würde. Sollte dies nicht der Fall sein, würde die Gefahr bestehen, dass Verträge, die in der Form eines *contratto intelligente* abgeschlossen werden, nicht unter die AGB-Kontrolle fallen würden. Für die Anwendung der AGB-rechtlichen Bestimmungen in Deutschland würde jedenfalls die Formulierung in § 305 Abs. 1 Satz 2 BGB sprechen, wonach man vertragliche Bestimmungen unter den AGB-Begriff subsumieren kann, gleich ob die Bestimmungen einen äußerlich gesonderten Bestandteil des Vertrags bilden oder in die Vertragsurkunde selbst aufgenommen werden, welchen Umfang sie haben, in welcher Schriftart sie verfasst sind und welche Form der Vertrag hat. Aus der neuen in Art. 8-*ter* Abs. 2 Testo des Decreto-Legge vom 14.12.2018, n. 135 enthaltenen Regelung, die die digitale Vertragsabschlussform des *contratto intelligente* der Schriftform (*forma scritta ad substantiam*, etwa von Art. 1350 c.c.) gleichstellt, könnte man den Umkehrschluss ziehen, dass auch elektronisch formulierte Vertragsbedingungen in Form eines Codes und nicht in Form einer menschlichen Sprache ausgedrückt werden dürfen. Große Zweifel würden sich allerdings im Hinblick auf die gegenüber dem Verbraucher gebotene Transparenz ergeben. Bezogen auf Smart Contracts kann man § 305 Abs. 1 Satz 2 BGB so auslegen, dass jede AGB in jeder Ausdrucksform geäußert werden kann, also auch in Form einer innerhalb einer Blockchain abgegebenen Erklärung.[154] Diese weite Auslegung von § 305 Abs. 1 Satz 2 BGB erscheint wohl nicht möglich, da aus dem Wortlaut der Bestimmung ersichtlich ist, dass der Gesetzgeber davon ausgehen musste, dass die AGB in einer natürlichen Sprache (also z.B. Deutsch oder Englisch) verkörpert sind. Zudem stellt sich die Frage, ob die Vertragsgestaltung in Form eines Smart Contracts überhaupt Klauseln enthält, die für eine Vielzahl von Transaktionen bestimmt sind und ob es überhaupt einen Vertragsteil (bzw. ein für einen Vertragsteil agierendes automatisiertes bzw. autonomes System) gibt, das einseitig Vertragsbedingungen vorgegeben hat.[155] Jedenfalls lässt sich sehr wohl der Schluss ziehen, dass neben der Protokollierung der übereinstimmenden Willenserklärungen der Parteien auf der Blockchain noch AGB bestehen können. Es läge also eine vergleichbare Situation vor wie bei der

---

152 Zum Verhältnis von Smart Contract in der Blockchain und AGB, siehe *Woebbeking*, 10 J. INTELL. PROP. INFO. TECH. & ELEC. COMM. L. 105 (2019), 105, 109.

153 Siehe *Schurr*, ZVglRWiss 118 (2019), 257, 283; weiterführend *Spruß*, Die Einbeziehung Allgemeiner Geschäftsbedingungen im deutschen Recht unter besonderer Berücksichtigung des europäischen Rechts und des UN-Kaufrechts, 2010, S. 147 f.

154 Vgl. *Hanzl/Rubey*, Zak 2018, 184, 185.

155 Vgl. *Heckelmann*, NJW 2018, 504, 507.

Einbeziehung von AGB in einen mündlich oder konkludent abgeschlossenen Vertrag.[156] Wenn der Vertragspartei, die keine AGB verwendet, klar ist, dass auf das Vertragsverhältnis die von der anderen Vertragspartei vorformulierten AGB Anwendung finden werden (z.B. durch Aushang im Geschäftslokal), dann gelten die AGB auch für nicht schriftlich abgeschlossene Verträge. In Art. 1341 Abs. 1 c.c. hat der italienische Gesetzgeber präzisiert, dass die Allgemeinen Geschäftsbedingungen (*condizioni generali di contratto*) jedenfalls Vertragsbestandteil werden, wenn der andere Vertragsteil bei Abschluss des Vertrages diese kannte oder bei ordentlicher Sorgfalt (*ordinaria diligenza*) hätte kennen müssen. Bei der vergleichbaren Situation des als *contratto intelligente* abgeschlossenen Vertrags können also AGB zwischen den Parteien – und bei automatisierten bzw. autonomen Systemen zwischen den dahinterstehenden natürlichen oder juristischen Personen – gelten, sofern sie nach den AGB-rechtlichen Sorgfaltsbestimmungen (etwa Art. 1341 Abs. 1 c.c.) einbezogen worden sind.[157]

XIII. Zusammenfassung

Mit dem Slogan „*Code is Law*" wurde in der Vergangenheit vielfach der Eindruck erweckt, dass ein auf einer Blockchain basierendes Vertragssystem ohne das konventionelle Recht bestehen könne.[158] Anhand der Ausführungen zur Auslegung des Rechts (oben X.) und der Durchbrechung der vertraglichen Wirkung (oben V. und XI.) zeigt sich jedoch, dass ein zwei Parteien bindendes Rechtsgefüge auch im globalen Wirtschaftraum nicht bestehen kann, wenn es nicht auf die Ressourcen des jeweils – aufgrund internationalprivatrechtlicher Regeln – auf die Parteien anwendbaren Rechts zurückgreifen kann. Hierbei ist zu bedenken, dass letztlich auch Verträge, die zwischen automatisierten oder autonomen Systemen (*sistemi automatizzati oppure autonomi*) zustande kommen, rechtlich und wirtschaftlich einer natürlichen oder juristischen Person zurechenbar sind.[159] Man kann insoweit den Schluss ziehen, dass der elektronische Code (*codice elettronico*) einen Teil der zwischen den Parteien bestehenden vertragsrechtlichen Regelung ausmacht, aber diese nicht ersetzt.[160] Vielmehr werden die wesentlichen Vertragsmerkmale durch die in der *tecnologia basata su registri distribuiti* enthaltenen Komponenten fixiert.[161] Solange alles reibungslos läuft, wird zumindest ein einfaches Vertragsregelwerk direkt ausführbar sein, ohne dass die Parteien sich konkret auf die Existenz eines konventionellen, durch die Gesetze und Rechtsprechung errichteten Rechtsrahmens besinnen müssten.[162] Sobald aber die Komplexität in

---

156 Vgl. dazu, insbesondere zu stillschweigenden Vertragserklärungen, *Lauslahti/Mattila/Seppälä*, ETLA Reports N. 68, 2017, 1, 13 f.
157 *Schurr*, ZVglRWiss 118 (2019), 257, 283 f.
158 Zur Diskussion in diesem Zusammenhang, vgl. *Kolber*, 21 STAN. TECH. L. REV. (2018) 198, 214 ff.; *Khan*, Edinburgh Student L. Rev. (2017) 114, 121 ff.
159 Vgl. grundlegend *Möslein*, ZHR 183 (2019) 254, 289.
160 Vgl. *Schurr*, ZVglRWiss 118 (2019), 257, 281; differenzierend *Heckelmann*, NJW 2018, 504, 509.
161 Siehe etwa *Lauslahti/Mattila/Seppälä*, ETLA Reports N. 68, 2017, 1, 11 f.
162 Ähnlich scheint die Rechtslage bei *Decentralized Autonomous Organisations* (DAO) zu sein, wo sich ebenso die Frage stellt, ob neben dem technikbasierten Gefüge, das einer Gesellschaft ähnelt, auch tatsächliches Gesellschaftsrecht erforderlich ist, vgl. dazu *Mann*, NZG 2017, 1014, 1017.

der Dynamik des Vertrags zunimmt, werden die Parteien ohne Zuhilfenahme des in menschlicher Sprache ausgedrückten geltenden Rechts keine Lösung finden, die durch Anrufung der ordentlichen Gerichte bzw. Schiedsgerichte durchsetzbar wäre.[163]

Mit Inkraftsetzung von Art. 8-*ter* Abs. 1 und Abs. 2 Testo des Decreto-Legge vom 14.12.2018, n. 135 hat der italienische Gesetzgeber für den Bereich der Smart Contracts einen sehr wichtigen Schritt gesetzt, der europa- und weltweit große Beachtung gefunden hat. Die Überlegungen im vorliegenden Beitrag haben die eben zitierte Vorschrift im Gesamtkontext der *contratti intelligenti* analysiert. Dabei kann man zusammenfassen, dass ein Smart Contract weder intelligent ist noch einen Vertrag im Rechtssinne darstellt. Beim Begriff des *contratto intelligente* handelt es sich vielmehr um eine Form für den Abschluss eines Vertrages und/oder um eine automatisierte Vertragsausführung.[164]

Auch wenn sich die meisten Fragestellungen rund um den Smart Contract im italienischen und im deutschen Recht mithilfe der Anwendung der zivilrechtlichen Grundsätze des Vertragsrechts und des allgemeinen Zivilrechts beantworten lassen, bedarf es gerade für die Einordnung des Smart Contracts als formloses Rechtsgeschäft bzw. für die Anerkennung der Form des Smart Contracts als eine der Schriftform vergleichbaren Art des Vertragsabschlusses doch der Intervention des nationalen Gesetzgebers. Zudem erscheint es auch sinnvoll, dass die nationalen Gesetzgeber wesentliche Fragen rund um die *Distributed Ledger Technology* (DLT) sowie Smart Contracts gesetzlich verankern, um die (terminologische) Rechtssicherheit zu erhöhen. Die Definitionen in Art. 8-*ter* Abs. 1 und Abs. 2 Testo des Decreto-Legge vom 14.12.2018, n. 135 sind klar strukturiert und werden wohl – nach Inkrafttreten der Ausführungsbestimmungen der AgID – auch im Hinblick auf die Alternative zur Schriftform (*alternativa alla forma scritta*) eine eindeutige Antwort geben. Im Hinblick auf die Auswirkungen der „Willenserklärungen" der automatisierten oder autonomen Systeme (*sistemi automatizzati oppure autonomi*) auf die dahinterstehenden Personen lässt sich zusammenfassen, dass eine rechtsgeschäftliche (und nicht nur wirtschaftliche) Zurechnung in der Regel immer dann möglich sein wird, wenn die Parteien die Vertragsziele anfänglich genau vorgegeben haben und insoweit das elektronische System eher den durch ein menschliches Gehirn artikulierten Anweisungen folgt, als selbst derartige digitale „Willenserklärungen" äußert. Die Vergleichbarkeit des Agierens eines autonomen Systems (*sistema autonomo*) mit der Blankoerklärung (*biancosegno*) und des automatisierten Systems (*sistema automatizzato*) mit dem Boten (*nuncius*) dient als Hilfestellung für die Beantwortung von Zurechnungsfragen in der italienischen und deutschen Praxis.

---

163 Zum Grundsatz des Primats des Rechts im Zusammenhang mit Smart Contracts, vgl. *Möslein*, ZHR 183 (2019), 254, 291; vgl. zum italienischen Recht *Cuccuru*, NGCC 2017, 107, 113 f.
164 *Schurr*, ZVglRWiss 118 (2019), 257, 284.

Georg Miribung

Die *domini collettivi*

I. Einleitung

Am 20.2.2017 wurde mit Gesetz Nr. 168 der Bereich der sog. Gemeinnutzungsrechte neu geregelt. Allgemein versteht man hierunter althergebrachte kollektive Rechte, wobei den Mitgliedern beispielsweise Holz-, Weide- oder Fischereirechte auf gemeinschaftlichem oder fremdem Grund zugestanden werden. Diese Rechte werden vielfach unter dem Begriff *usi civici* (im weitesten Sinne) zusammengefasst.[1] Ziel des neuen Gesetzes ist es, die verschiedenen Regelungen, die sich mit diesen Gemeinschaftsrechten befassen, zu vereinheitlichen, sei es bezogen auf die systematische Darstellung dieser Rechte, indem ein für derlei Gegebenheiten allgemein anwendbares Regelungskonzept entwickelt worden ist, sei es begrifflich.[2] In der Lehre, wie in der Rechtsprechung, aber auch in der (älteren und jüngeren) Gesetzgebung sind für derlei Realitäten stets verschiedene Namen verwendet worden, wie zum Beispiel *usi civici, terre civiche, terre collettive, demanio comunale, demanio civico, demani collettivi*.[3] Das neue Gesetz fasst diese unter dem einheitlichen Begriff der *domini collettivi* zusammen. Daraus folgt auch, dass zukünftig der Gesetzgeber, die Lehre oder die Rechtsprechung sich in erster Linie an diesen Begriff halten müssen bzw. sollten.[4] Der Begriff der *domini collettivi* ist jedoch keineswegs neu, sondern wurde in diesem Zusammenhang bereits im Gesetz Nr. 397 vom 4.8.1894 (sog. *Tittoni*-Gesetz) verwendet, welches die Gemeinschaftsrechte auf dem Territorium des ehemaligen Kirchenstaates regelte.

---

1 Hierzu allg. *Grossi*, Un altro modo di possedere, 2017; *Grossi*, Rivista di diritto agrario 1991, 247; *Germanò*, Rivista di diritto agrario 2015, 131; *Romangnoli*, in: Nuovissimo digesto italiano, 1986; *Romangnoli/Trebeschi*, Comunioni familiari montane, 1975; *Fontanarosa*, Usi civici e proprietà collettive, 2012; *Grossi*, in: Accademia dei Georgofili (Hrsg.), Quaderni dei Georgofili, 2006; *Marinelli*, Gli usi civici, 2. Aufl. 2013; *Petronio*, Rivista di diritto civile 2006, 616; *Macario/Marseglia*, in: Jannarelli/Macario, della proprietà – leggi collegate, 2013, 965; *Palermo*, Rivista di diritto civile 2006, 591-614; *Cerulli Irelli*, Proprietà pubblica e diritti collettivi, 1983; *Costato*, in: Costato/Abrami (Hrsg.), Trattato breve di diritto agrario italiano e comunitario, 3. Aufl. 2003, 566; *Di Genio*, in: Cosulich/Rolla (Hrsg.), Il riconoscimento dei diritti storici negli ordinamenti costituzionali, 2014; *Germanò*, Usi civici, terre civiche, terre collettive: punti fermi per le future leggi regionali in materia, 15.04.2019, https://www.demaniocivico.it/public/public/705.pdf; *Germanò*, Diritto e giurisprudenza agraria, alimentare e dell'ambiente 1993, 278; *Buoso*, Le Regioni 2018, 453; *Grossi*, Rivista di diritto agrario 1997, 261; *Lombardi*, in: Nervi (Hrsg.), Il ruolo economico e sociale dei demani civici e delle proprietà collettive, 1999; *Simonati*, Le Regioni 2015, 411; vgl. auch *Marinelli*, Giustizia civile 2018, 1039.
2 Hierzu *Cosulich*, Rivista di diritto agrario 2017, 691; *Germanò*, Rivista di diritto agroalimentare 2018, 83; *Marinelli*, Giustizia civile 2018, 1039; *Nervi*, Rivista di diritto agroalimentare 2018, 621. Für eine sehr kritische Betrachtung, vgl. *Fulciniti*, Rivista di diritto agroalimentare 2018, 547 sowie *Di Genio*, federalismi. it 2018.
3 Vgl. *Marinelli*, Giustizia civile 2018, 1039, 1039 und *Germanò*, Rivista di diritto agroalimentare 2018, 83, 84 f.
4 Vgl. *Germanò*, Rivista di diritto agroalimentare 2018, 83, 84 f. Hierzu kritisch *Fulciniti*, Rivista di diritto agroalimentare 2018, 547, 548 ff.

Den verschiedenen Begrifflichkeiten liegen unterschiedliche territoriale und damit verbunden legislative und administrative Entwicklungen zu Grunde. Trotzdem weisen all diese Regime bestimmte Merkmale auf. Bei allen handelt es sich um Realrechte mit dem Inhalt einer dauerhaften Nutzung einer Sache. Alle entsprechen Rechten, die einer Gemeinschaft zugewiesen sind. Bei allen handelt es sich um Rechte ohne genaue Bestimmung des Anteils an der zu nutzenden Sache (d.h. es handelt sich um ein Eigentum zur gesamten Hand) und alle sind mit dem Zweck entstanden, Grund und Boden so zu verwenden, dass in erster Linie existentielle Bedürfnisse der dort lebenden Menschen befriedigt werden können. Vielfach wird für derlei Phänomene der Begriff der *usi civici* verwendet, wobei diesbezüglich noch unterschieden wird zwischen *usi civici* im engeren Sinn, welche ein Nutzungsrecht auf Grundstücke eines Dritten (z.B. Weiderecht, Jagdrecht) einräumen, und den sog. *terre civiche*. Hier wird das Nutzungsrecht durch eine Gemeinschaft ausgeübt, die als Eigentümer zur gesamten Hand (*proprietà collettiva*, *Kollektiveigentum*) diese Rechte ausüben kann. In diesem Zusammenhang wird unterschieden zwischen offenem Eigentum, welches allen Bürgern zusteht, die in einem bestimmten Gebiet wohnhaft sind (sog. *terre civiche*), und geschlossenem Eigentum (*terre collettive*).[5] Diese Art des Eigentums wird nur jenen Bürger zuteil, deren Familien nachweisbar über einen längeren Zeitraum, d.h. seit Generationen in einem bestimmten Gebiet wohnhaft sind.[6] Die Unterschiede sind historisch bedingt und lassen sich auf die ersten Anfänge der Urbarmachung (z.B. aufgrund von einer Inbesitznahme oder aufgrund einer Zuweisung dieser Rechte von Seiten eines Herrschers) eines Territoriums zurückführen. Es ist unbestritten, dass diese Phänomene unterschiedlicher Rechtsnatur sind und nur aus ihrem historischen Kontext heraus gedeutet und ins italienische Rechtssystem eingeordnet bzw. überführt werden können.

Im Jahre 1927 wurden diese Rechte jedoch allumfassend durch den italienischen Gesetzgeber[7] geregelt, mit dem Ziel, diese damals als überkommen betrachteten Nutzungs- und Eigentumsregime aufzulösen, indem die entsprechenden Territorien in Privateigentum oder in die Verwaltung der Gemeinden überführt wurden bzw. werden sollten. Auch wurde die Möglichkeit der Ersitzung zugestanden. In der Folge kam es zu weiteren verschiedenen Regelungen, mit welchen jedoch versucht wurde, von diesem vereinheitlichenden Ansatz abzurücken, um die verschiedenen historisch gewachsenen Realitäten besser zu berücksichtigen.[8]

Mit dem neuen Gesetz Nr. 168/2017 soll nun zwar ein neuer, einheitlicher Rahmen für diese unterschiedlichen Regime etabliert werden, dieser ist aber nicht auf Vereinheit-

---

5 Vgl. u.a. *Germanò*, Manuale di diritto agrario, 8. Aufl. 2016, 158 ff.; *Costato/Russo*, Corso di diritto agrario italiano e comunitario, 4. Aufl. 2015, 37 ff.; *Marinelli*, Un'altra proprietà, 2. Aufl. 2018, 49 ff.; *Germanò*, Rivista di diritto agrario 2015, 131.

6 Z.B. kann jemand, dessen Familie seit mindestens 80 Jahren in der Gemeinde von San Vito di Cadore ansässig ist, einen Antrag auf Mitgliedschaft in einer der *Regole di San Vito di Cadore* werden; vgl. Art. 6 der allg. Satzung dieser *regole*. Siehe auch *Romangnoli* (oben N. 1), 608 f.; *Miribung*, Cooperative di lavoro e Regole cadorine: un confronto, demnächst.

7 Gesetz Nr. 1766/1927. Weiterführend z.B. *Marinelli*, Giustizia civile 2018, 1039, 1044 ff. Für eine ausführliche Auflistung von relevanten Quellen, vgl. *Buoso* (oben N. 1), 453.

8 Vgl. Gesetz N. 1103 vom 3.12.1971 oder Gesetz Nr. 97 vom 31.01.1994.

lichung ausgerichtet, sondern erkennt die historischen Unterschiede an und führt somit die jüngeren rechtlichen Entwicklungen fort. Dies ist auch deshalb kein einfaches Unterfangen, da diese Phänomene zum einen eben unterschiedlich und zudem noch nicht kohärent in die italienische Rechtsordnung aufgenommen worden sind.[9]

Das neue Gesetz beinhaltet drei Artikel, die die folgenden Themen behandeln. Art. 1 regelt die Anerkennung der *domini collettivi* und legt im Wesentlichen fest, wie diese althergebrachten Rechtsregime in die italienische Rechtsordnung integriert werden können. Art. 2 befasst sich mit den Kompetenzen des Staates, der in diesem Zusammenhang in erster Linie den Gemeinnutzungsgütern (Abs. 1) und den sich darauf beziehenden Nutzungsrechten (Abs. 2) wesentliche Merkmale zuspricht. Gleiches gilt für die Nutzungsberechtigten (Abs. 3). Der letzte Artikel von Gesetz Nr. 168/2017 trägt den Titel Kollektiv- oder Gemeinschaftsgüter und legt fest, welche Sachen hierunter zu subsumieren sind. Damit soll gewährleistet werden, dass die unterschiedlichen historischen Gegebenheiten und auch Begriffe vereinheitlicht dargestellt und in Bezug zu den *domini collettivi* (als System von Normen) gesetzt werden können. Da sich die in Gesetz Nr. 168/2017 enthaltenen Normen gegenseitig ergänzen, erscheint es nicht zielführend, deren Inhalte normenbezogen darzustellen und zu analysieren. Entsprechend wird in diesem Beitrag in einem ersten Schritt festgehalten, welche Güter von der neuen Regelung betroffen sind. Hiernach wird der Mechanismus der Anerkennung analysiert und in einem letzten Schritt der Begriff der Verwaltung der Sachen genauer erklärt.

II. Gemeinschaftsgüter als Gegenstand der *domini collettivi*

Da sich die *domini collettivi* als Rechte immer auf ein bestimmtes Grundstück beziehen, legt Art. 3 Abs. 1 Gesetz Nr. 168/2017 fest, auf welche Güter diese Rechte angewendet werden können. Dies ist zum einen jener Grund (*terre*) ursprünglich gemeinsamen Eigentums der Allgemeinheit der Einwohner einer Gemeinde oder einer Gemeindefraktion, der Gemeinden, Gemeindefraktionen oder Agrargemeinschaften[10] zugeschrieben wird oder sich in deren Besitz befindet (lit. a). Weiters jene Grundstücke,[11] die nach der Auflösung/Liquidierung der Gemeinnutzungsrechte[12] durch Gesetz Nr. 1766/1927 einem bestimmten Bevölkerungskreis (Gemeinde, Gemeindefraktion) in Gemeinschaftseigentum übertragen worden sind (lit. b). Lit. c bezieht sich auf Grundstücke, welche Gegenstand spezifischer Regeln gem. Gesetz Nr. 1766/1927 und Gesetz Nr. 1102/1971 waren bzw. sind. Hierunter fallen z.B. jene, die Gegenstand von Art. 8 Gesetz Nr. 1766 oder Gegenstand der Auflösung von Agrargemeinschaften

---

9 Vgl. u.a. *Grossi* (oben N.1), 385; *Palermo*, Rivista di diritto civile 2006, 591-614, *Marinelli*, Giustizia civile 2018, 1039 und allg. *Marinelli* (oben N. 5).
10 Wie auch immer bezeichnet.
11 Samt Bauwerken.
12 Einschließlich aller anderen sog. „gemischten" Nutzungsrechte, die auf dem Land öffentlicher oder privater Rechtssubjekte ausgeübt werden.

waren.[13] Lit. e[14] verweist allgemein auf die Gemeinschaftsböden,[15] die Familien gehören, welche von den ursprünglichen Bewohnern eines Ortes abstammen, und im Speziellen auf die Gemeinschaftsböden gem. Art. 34 Gesetz Nr. 991/1952, Art. 10 und 11 Gesetz Nr. 1102/1971 und Art. 3 Gesetz Nr. 97/1994.

Lit. d und f hingegen beziehen sich nicht auf Güter oder Sachen einer Gemeinschaft, sondern auf Grund und Boden (lit. d)[16] bzw. Gewässer (lit. f),[17] die im Eigentum von Privaten oder öffentlichen Körperschaften stehen und auf denen einige Bürger bestimmte *usi civici* haben.[18]

Mit Ausnahme der Güter gem. lit. d bilden die in Art. 3 Abs. 1 Gesetz Nr. 168/2017 bestimmten Güter gem. Abs. 2 das antike Vermögen (*patrimonio antico*, auch *demanio civico* oder *patrimonio civico*) einer gemeinschaftlichen Körperschaft (*ente collettivo*).[19] Dieser Begriff beschreibt allgemein jene Gruppe von Personen (Familien, Bürger einer Gemeinde), die nutzungsberechtigt sind. Der Begriff des antiken Vermögens weist auf die zeitliche Dimension hin, wobei das Adjektiv *antik* das grundsätzliche Problem bei der rechtlichen Darstellung und Einordnung aufzeigt. Ähnlich spricht Art. 1 Abs. 1 Gesetz Nr. 168/2017 von ursprünglichen Gemeinschaften. Diese zeitliche, das Vermögen prägende Dimension bezieht sich aber nicht nur auf die Vergangenheit, sondern ausdrücklich auch auf die Zukunft, da es als generationenübergreifendes Eigentum konzipiert ist. Hierauf wird im nächsten Kapitel genauer eingegangen.

Auf den Sachen/Gütern gem. Abs. 1 – und dies ist, wie nachfolgend beschrieben wird, kennzeichnend für das hier verwendete Eigentumskonzept – lasten bestimmte Beschränkungen. Gem. Abs. 3[20] können sie nämlich nicht veräußert, nicht geteilt und auch nicht ersessen werden. Zusätzlich lastet auf diesen Gütern die immerwährende Bindung, diese einem feld-, forst- oder weidewirtschaftlichen Zweck entsprechend zu nutzen. Diese Güter sind aber nicht identisch mit dem Begriff der *domini collettivi*, sondern, da sie ein Nutzungsregime verkörpern, deren Gegenstand. Dies wird durch Art. 1 Gesetz Nr. 168/2017 verdeutlicht, welcher sich mit der Anerkennung der *domini collettivi* befasst.

---

13 Art. 3 Abs. 1 lit. c lautet: „le terre derivanti: da scioglimento delle promiscuita' di cui all'articolo 8 della legge 16 giugno 1927, n. 1766; da conciliazioni nelle materie regolate dalla predetta legge n. 1766 del 1927; dallo scioglimento di associazioni agrarie; dall'acquisto di terre ai sensi dell'articolo 22 della medesima legge n. 1766 del 1927 e dell'articolo 9 della legge 3 dicembre 1971, n. 1102; da operazioni e provvedimenti di liquidazione o da estinzione di usi civici; da permuta o da donazione".

14 Art. 3 Abs. 1 lit. e lautet: „le terre collettive comunque denominate, appartenenti a famiglie discendenti dagli antichi originari del luogo, nonche' le terre collettive disciplinate dagli articoli 34 della legge 25 luglio 1952, n. 991, 10 e 11 della legge 3 dicembre 1971, n. 1102, e 3 della legge 31 gennaio 1994, n. 97".

15 Wie auch immer bezeichnet.

16 Art. 3 Abs. 1 lit. d lautet: „le terre di proprieta' di soggetti pubblici o privati, sulle quali i residenti del comune o della frazione esercitano usi civici non ancora liquidati".

17 Art. 3 Abs. 1 lit. f lautet: „i corpi idrici sui quali i residenti del comune o della frazione esercitano usi civici".

18 Vgl. auch Art. 2 Abs. 4, welcher zusätzlich zu den Gütern gemeinschaftlichen Eigentums auch jene nennt, auf denen eine Gemeinnutzungsrecht lastet.

19 Art. 3 Abs. 2 lautet: „I beni di cui al comma 1, lettere a), b), c), e) e f), costituiscono il patrimonio antico dell'ente collettivo, detto anche patrimonio civico o demanio civico".

20 Art. 3 Abs. 3 lautet: „Il regime giuridico dei beni di cui al comma 1 resta quello dell'inalienabilita', dell'indivisibilita', dell'inusucapibilita' e della perpetua destinazione agro-silvo-pastorale".

III. Die *domini collettivi* als Rechtsordnung

Gem. Art. 1 Gesetz Nr. 168/2017 werden die *domini collettivi* durch die Republik Italien anerkannt und dadurch die ihnen wesentlichen Eigenschaften und Merkmale zuerkannt. Der Begriff der Anerkennung impliziert, dass diese bereits bei der Gründung des italienischen Staates existiert haben und infolgedessen die Republik diese nicht begründet.[21] Ähnlich verweist auch Art. 2 Abs. 2 Gesetz Nr. 168/2017 darauf, dass es sich um Rechte handelt, die bereits vor der Gründung Italiens bestanden haben. Von zentraler Bedeutung für die Einordnung in die italienische Rechtsordnung ist Art. 1 Gesetz Nr. 168/2017, der die *domini collettivi* als primäre Rechtsordnung der ursprünglichen Gemeinschaften anerkennt.[22] Es handelt sich demnach um spezifische Rechtsordnungen, die zwar älter sind als der Staat Italien, aber durch diesen ausdrücklich anerkannt – d.h. akzeptiert – werden. Diese Anerkennung ist auch deshalb notwendig, da es sich hier vielfach um eine Art des Eigentums – nämlich zur gesamten Hand – handelt, welches der italienischen Rechtsordnung fremd ist. Entsprechend ist es sinnvoll und hilfreich, dass der Gesetzgeber die Anerkennung unter Anwendung der Art. 2, 9, 42 Abs. 2 und 43 der italienischen Verfassung vollzogen hat.

Durch den ausdrücklichen Hinweis auf Art. 2 der Verfassung wird festgelegt, dass die Trägerschaft der *domini collettivi* – die nutzungsberechtigte Gemeinschaft – als verfassungsrechtlich geschütztes soziales Gebilde zu betrachten ist. Dies hat zur Folge, dass auch für diese das in Art. 118 Abs. 4 der Verfassung festgelegte Prinzip der horizontalen Subsidiarität anwendbar ist.[23] Demnach sind autonome Initiativen der Bürger – einzeln oder als Gemeinschaften – zur Durchführung von Aktivitäten allgemeinen Interesses förderungswürdig. Dies bedeutet auch, dass Tätigkeiten der Selbstverwaltung und der selbstständigen Normensetzung, die im allgemeinen Interesse durchgeführt werden, unterstützt werden sollen. Entsprechend diesem Prinzip der Subsidiarität werden alternativ zur staatlichen Rechtsetzung oder jener der darunter liegenden Ebenen somit auch andere Möglichkeiten erlaubt: Als Beispiel sei hier auf das Recht der bellunesischen *regole* - als alternatives Recht – hingewiesen.[24]

Der Hinweis auf Art. 9 Verf.[25] verdeutlicht den Stellenwert der *domini collettivi*. Diese werden in Zusammenhang zur Kultur und der Notwendigkeit, diese zu fördern, gesetzt und insbesondere in den Schutzbereich von Landschaft und den geschichtlichen Vermögenswerten gestellt. Aus der Verbindung mit Art. 42 Abs. 2 Verf. ergibt sich, dass es sich demnach um eine Form des Privateigentums handelt, welches jedoch eine Sonderstellung einnimmt. Dieser Aspekt eines übergeordneten Interesses wird durch Art. 43

---

21 Vgl. *Germanò*, Rivista di diritto agroalimentare 2018, 83, 87, *Marinelli*, Giustizia civile 2018, 1039, 1049. Vgl. auch *Di Genio*, federalismi.it 2018, 13 f. und *Fulciniti*, Rivista di diritto agroalimentare 2018, 547, 555 ff.

22 Art. 1 Abs. 1 lautet: „In attuazione degli articoli 2, 9, 42, secondo comma, e 43 della Costituzione, la Repubblica riconosce i domini collettivi, comunque denominati, come ordinamento giuridico primario delle comunita' originarie".

23 Vgl. *Germanò*, Rivista di diritto agroalimentare 2018, 83, 87 f.; vgl. auch *Marinelli*, Giustizia civile 2018, 1039, 1050.

24 Hierzu ausführlich *Pototschnig*, Le regole della magnifica Comunità Cadorina, 1953 oder *Ciaschi/ Tomasella*, La montagna e il diritto, 2007 und *Miribung* (oben N. 6).

25 Vgl. auch Art. 2 Abs. 1 lit. d Gesetz Nr. 168/2017.

Abs. 2 Verf. verdeutlicht. Diese Norm gestattet es, bestimmte Unternehmen[26] bestimmten Subjekten (Staat, öffentlichen Körperschaften, Vereinigungen von Arbeitern oder Verbrauchern) vorzubehalten, sofern dies dem Allgemeinwohl dient. Agrargemeinschaften – und hier sei erneut auf die bellunesischen *regole* verwiesen – führen nämlich auch unternehmerische Tätigkeiten durch und sind demnach Unternehmen.[27]

Gem. Art. 1 Abs. 1 Gesetz Nr. 168/2017 haben diese Rechtsordnungen vier Merkmale: Sie sind – verständlicherweise – der italienischen Verfassung unterstellt,[28] verfügen über die Fähigkeit zur Selbstregulierung[29] und ermöglichen die Verwaltung (im Sinne von Steuerung, *gestione*[30]) und Nutzung[31] eines natürlichen, ökonomischen und ökologischen Vermögens (sog. antikes Vermögen). Die Art und Weise, wie diese *gestione* erfolgt, wird im Rahmen der durch die Fähigkeit zur Selbstregulierung gestatteten Satzungsautonomie konkretisiert. Im Wesentlichen bestimmen die *domini collettivi* als Rechtsordnungen die Geschicke einer Gemeinschaft, und zwar hinsichtlich der Nutzung von Grundstücken durch deren Mitglieder (einzeln oder gemeinschaftlich), die wiederum (oftmals/meistens) Eigentümer dieser Sachen sind.[32]

Hierbei stellte sich lange die Frage, ob diese Rechte an ein öffentliches Eigentum oder ein privates Eigentum geknüpft sind. Während mittlerweile auch der Kassationsgerichtshof sich diesbezüglich am Begriff des privaten Eigentums orientiert, gab es vor allem in der Lehre zahlreiche Meinungen, welche sich für die Subsumierung unter den Begriff des öffentlichen Eigentums ausgesprochen haben. So wird zum Beispiel darauf verwiesen, dass der Gesetzgeber bereits im Jahr 1894 die früheren Güter des Kirchenstaates den Regeln der Gemeinde und der Provinzen unterstellt hat[33] und in ähnlicher Weise im Jahre 1948 den Agrargemeinschaften im Cadoretal (sog. *regole della magnifica communità cadorina*) die Rechtspersönlichkeit des öffentlichen Rechts zugewiesen hat.[34] Sowohl in der Lehre als auch in der Rechtsprechung wird aber auch die Meinung vertreten, dass es sich beim Gemeinschaftseigentum um eine Form des Eigentums handelt, das sowohl privat als auch öffentlich ist. Demnach handelt es sich hier um ein so genanntes *tertium genus* und zwar deshalb, weil die Güter zwar im Eigentum von privaten Rechtssubjekten stehen, diese Güter in ihrer Nutzung aber einem Regime

---

26 Oder Kategorien hiervon.

27 Vgl. *Miribung* (oben N. 6).

28 Art. 1 Abs. 1 lit. a Gesetz Nr. 168/2017.

29 Art. 1 Abs. 1 lit. b Gesetz Nr. 168/2017.

30 Art. 1 Abs. 1 lit. c Gesetz Nr. 168/2017. Hierbei handelt es sich um die Tätigkeit im ursprünglichen Sinne, derentsprechend die Nutzungsberechtigten gem. über die Nutzungsmöglichkeiten entscheiden (Verwaltung der Güter) und diese Nutzungen dann auch selbst vornehmen. Vgl. auch *Miribung* (oben N. 6).

31 Art. 1 Abs. 1 lit. d Gesetz Nr. 168/2017.

32 Art. 1 Abs. 1 lit. d Gesetz Nr. 168/2017.

33 Vgl. Art. 1 Gesetz Nr. 397 vom 4.8.1894. In diesem Zusammenhang, *Germanò*, Rivista di diritto agroalimentare 2018, 83, 90 f.

34 Vgl. d.lgs. Nr. 1105 vom 3.5.1948. Hierzu allgemein *Pototschnig* (oben N. 24). Vgl. auch *Di Genio*, Tutela e rilevanza costituzionale dei diritti di uso civico, 2012; *Simoncini*, in: Accademia dei Georgofili (Hrsg.), Quaderni dei Georgofili, 2006; *Cassese*, I beni pubblici: circolazione e tutela, 1969 oder *Galgano*, Rivista di diritto agrario 1993, 179.

unterstellt sind, das jenem des öffentlichen Eigentums ähnelt.[35] Gesetz Nr. 168/2017 favorisiert diese Lösung.[36]

In diesem Sinne wird nunmehr in Art. 1 Abs. 2 Gesetz Nr. 168/2017 ausdrücklich festgestellt, dass die Körperschaften, welche die Gemeinschaft der Träger der Gemeinnutzungsrechte und des gemeinschaftlichen Eigentums vertreten, Rechtspersönlichkeit des privaten Rechts haben. Diese Bestimmung wird durch Art. 3 Abs. 3 Gesetz Nr. 168/2017 ergänzt, der in diesem Zusammenhang festlegt, dass die betroffenen Güter nicht veräußert werden können, nicht teilbar sind und auch nicht ersessen werden können. Dies sind die wesentlichen Merkmale von Demanialgütern. Zusätzlich lastet auf diesen Gütern die immerwährende Bindung, diese einem feld-, forst- oder weidewirtschaftlichen Zweck entsprechend zu nutzen. Folglich sind die *domini collettivi*, bezogen auf die Rechtsträger, dem Privatrecht unterstellt, während sie, bezogen auf den Gegenstand (Sachen, Güter), durch das öffentliche Recht geregelt werden bzw. diesem unterstellt sind.[37]

In diesem Zusammenhang sei noch kurz auf die wohl eher unglückliche Formulierung von Art. 3 Abs. 1 lit. a Gesetz Nr. 168/2017 hingewiesen, der sich, wie erwähnt, auf Güter bezieht, die im Besitz von Gemeinden, Gemeindefraktionen oder Agrargemeinschaften stehen. Es wird hervorgehoben, dass die Verwendung des Begriffes *Besitz* irreführend sei, da die Güter im Besitz der Eigentümer stehen und nicht im Besitz der jeweiligen Verwaltungsorgane. Der Begriff Besitz wird in diesem Zusammenhang umgangssprachlich zu verstehen sein.[38]

Diese Lesart ist in Einklang mit anderen Bestimmungen dieses Gesetzes. Gemäß Art. 1 Abs. 1 lit. c Gesetz Nr. 168/2017 beruht die *gestione* – also Verwaltung und Nutzung[39] – des Vermögens auf der territorialen Verankerung des gemeinschaftlichen Eigentums.[40]

---

35 Vgl. *Cerulli Irelli*, in: Martin (Hrsg.), Comunità di villaggio e proprietà collettive in Italia e in Europ., 1990; *Trebeschi/Trebeschi*, in: Cagnazzo/Toschei/Tucci (Hrsg.), Sanzioni amministrative in materia di usi civici, 2013. Vgl. in diesem Zusammenhang auch das Landesgesetz Nr. 2 vom 7.1.1959 der autonomen Provinz Bozen, welches die Agrargemeinschaften grundsätzlich dem Privatrecht unterstellt.

36 Vgl. *Germanò*, Rivista di diritto agroalimentare 2018, 83, 92; *Nervi*, Rivista di diritto agroalimentare 2018, 621, 636. Kritisch *Fulciniti*, Rivista di diritto agroalimentare 2018, 547, 570 f.

37 Art. 1 Abs. 1 lit. d Gesetz Nr. 168/2017 ist etwas unverständlich formuliert und zwar im letzten Teil, „su terreni che il comune amministra o la comunità da esso distinta ha in proprietà pubblica o collettiva". Diese Unterscheidung zwischen öffentlichem und gemeinschaftlichem Eigentum erlaubt es, laut *Germanò*, die Güter der Gemeinde (als öffentliche Körperschaft) als öffentlich anzusehen, während jene Güter, die im Eigentum der hiervon zu unterscheidenden anderen Gemeinschaften stehen, als privat und öffentlich zu qualifizieren sind. Dies scheint wohl die einzige Lesart zu sein, damit Art. 3 in sich stimmig ist. Vgl. *Germanò*, Rivista di diritto agroalimentare 2018, 83, 92 f.

38 Der Verweis auf den Besitz von Seiten der Gemeinde steht zudem nicht in Einklang mit Art. 2 Abs. 4 Gesetz Nr. 168/2017, welcher für den Fall, dass die Verwaltung nicht durch die eigens hierfür vorgesehenen Körperschaften (als jenen, die die Gemeinschaften repräsentieren bzw. vertreten) durchgeführt wird, festlegt, dass diese durch die Gemeinde mittels getrennter Verwaltung durchgeführt werden muss. *Germanò* weist darauf hin, dass es sich hierbei um eine Verwaltungstätigkeit und nicht um die Tätigkeit eines Besitzers handelt. Vgl. *Germanò*, Rivista di diritto agroalimentare 2018, 83, 98; vgl. auch *Nervi*, Rivista di diritto agroalimentare 2018, 621, 627.

39 *Gestione* als Verwaltung im weiteren Sinne, im Unterschied zur *amministrazione* als Verwaltung im engeren Sinne.

40 In diesem Sinne verdeutlicht Art. 1 Abs. 1 lit. c Gesetz Nr. 168/2017 auch, dass es das Territorium ist, welches die Gemeinschaft bestimmt, und nicht umgekehrt. Vgl. auch *Miribung* (oben N. 6).

Im Konkreten wird diese Tätigkeit durch die Mitglieder der Gemeinschaft im Rahmen einer Vollversammlung durch eine entsprechende Beschlussfassung und in Folge durch die tatsächliche Nutzung ausgeführt.

IV. Über die zweckgebundene Verwaltung der Gemeinschaftsgüter

Ein weiteres Merkmal der *domini collettivi* ist jenes der Selbstregulierung.[41] Demzufolge fußt die Verwaltung (*amministrazione*) dieser Güter und der damit verbundenen Rechte auf eigenen, selbst erlassenen Satzungen (Satzungsautonomie). Unter dem Begriff *Verwaltung* kann man grundsätzlich an Tätigkeiten denken, die die Sachen eines Betriebes wie in einem gewerblichen Unternehmen verwenden und organisieren und jene, die hierüber die Kontrolle ausüben. Dies ist wohl allgemein der Inhalt, der diesem Begriff zukommt und auch so in der Rechtssprache konzipiert wird.[42]

Im Gesetz Nr. 168/2017 unterscheidet der Gesetzgeber zwischen subjektiver und objektiver Verwaltung sowie zwischen zweckgebundener Verwaltung und einer mit Ermessensspielraum.[43] Aus der Unterscheidung zwischen subjektiver und objektiver Verwaltung ergeben sich nicht nur wichtige Hinweise auf die tatsächliche Funktionsweise der *domini collettivi* (als Rechtsordnung), sondern auch Rückschlüsse auf die zweckgebundene Verwaltung.

Die subjektive Verwaltung verweist auf jene Organe, die die Tätigkeit durchführen.[44] In diesem Zusammenhang präzisiert Art. 2 Abs. 4 Gesetz Nr. 168/2017, dass die Verwaltung durch die Körperschaft, welche die Gemeinschaft der Träger der Gemeinnutzungsrechte und des gemeinschaftlichen Eigentums vertritt, durchgeführt wird, während der Gemeinde die Verwaltung nur für den Fall zukommt, dass die Gemeinschaft nicht entsprechend organisiert ist. In diesem Fall wird diese durch die Gemeinde vertreten. Der Wille der Nutzungsberechtigten kommt demnach entweder durch ein entsprechendes, selbstgewähltes Organ (Körperschaft des Privatrechts)[45] zum Ausdruck, oder aber, wenn dieses fehlt, durch die öffentliche Verwaltung.

Die Verwaltung dieser Güter im objektiven Sinn hingegen befasst sich mit den Gütern und dem Zweck, dem diese dienen sollen, d.h. die Tätigkeiten müssen in Einklang mit einem vorgegebenen Zweck durchgeführt werden. Allgemein wird der Inhalt der objektiven Verwaltung durch Art. 1 Abs. 2 Gesetz Nr. 168/2017, welcher diesen *domini collettivi* die juristische Persönlichkeit des Privatrechts einschließlich der darin verankerten Satzungsautonomie zuerkennt, und durch Art. 3 Abs. 5 Gesetz Nr. 168/2017 bestimmt. Zwar handelt es sich um ein Rechtssubjekt des Privatrechts; die Tätigkeiten aber, die durchgeführt werden können bzw. sollen, haben direkte Folgen für die

---

41 Vgl. Art. 1 Abs. 1 lit. b, sowie Art. 1 Abs. 2 Gesetz Nr. 168/2107.

42 Vgl. *Nervi*, Rivista di diritto agroalimentare 2018, 621, 629 f.

43 Vgl. in diesem Zusammenhang auch Art. 3 Abs. 5 Gesetz Nr. 168/2017. Dieser lautet: „L'utilizzazione del demanio civico avviene in conformità alla sua destinazione e secondo le regole d'uso stabilite dal dominio collettivo".

44 Vgl. *Nervi*, Rivista di diritto agroalimentare 2018, 621, 630.

45 Vgl. auch Art. 3 Absatz 1 lit. a des Gesetzes Nummer 97/1994.

Umwelt und somit für die Allgemeinheit. Entsprechend ist nicht nur auf die wirtschaftliche Nutzung sondern auch auf die Konsequenzen für die Umwelt Bedacht zu nehmen. Diese Aspekte müssen aber nicht nur in Einklang gebracht werden, sondern vielmehr ist den Folgen für die Umwelt besondere Beachtung zu schenken: Nur dadurch können die Güter als Gegenstand eines generationenübergreifenden Eigentums – so wie in Art. 1 Abs. 1 lit. c Gesetz Nr. 168/2017 als Merkmal erwähnt – nutzbar gemacht werden und nutzbar bleiben.[46]

Dieser Aspekt der dauerhaften Nutzung ist zentral und wird durch Art. 2 Abs. 1 Gesetz Nr. 168/2017 weiter präzisiert. In Einklang mit Art. 9 der Verfassung wird hier ausdrücklich festgehalten, dass die *domini collettivi* dauerhaft Teil der Umwelt (des Umweltsystems) sind und wesentliche Instrumente darstellen, um das natürliche und kulturelle Erbe der Republik zu schützen und zu erhalten. Dies entspricht auch den Vorgaben des Verfassungsgerichtshofes, welcher den Grund für den besonderen Schutz des Gemeinschaftseigentums darin sieht, dass damit die Umwelt geschützt wird. Dieser klare Verweis auf einen Zusammenhang zu Natur und Umwelt hat zur Folge, dass der Nutzen (und damit einhergehend der Vorteil für den Nutzer), der sich aus diesen Gütern ergibt,[47] nicht mehr ausschließlich den direkten Anspruchsberechtigten zusteht, d.h. zum Beispiel den Inhabern von Gemeinnutzungsrechten oder Mitgliedern von Agrargemeinschaften, sondern auch der gesamten Bevölkerung.[48] Folglich ergeben sich durch den Schutz der *domini collettivi* ein Vorteil und ein Nutzen für die Allgemeinheit. Bezogen auf die Interessen, die mit der Nutzung der Güter einhergehen, ist jedoch zu unterscheiden zwischen dem (althergebrachten) persönlichen Interesse der Nutzungsberechtigen, welches vielfach durch wirtschaftliche Anreize getrieben wird, und dem gemeinschaftlichen Interesse, das darauf abzielt, den Zweck, den diese Güter als natürliches Vermögen und Teil der Umwelt zu erfüllen haben, zu schützen.[49]

Da nun – und dies wird durch Art. 1 Abs. 1 lit. c Gesetz Nr. 168/2017 entsprechend hervorgehoben – diese Territorien und Güter als kulturelles, wirtschaftliches und ökologisches Vermögen so zu schützen sind, damit sie auch von der nächsten Generation entsprechend genutzt werden können, geht es bei der Nutzung nicht, wie beispielsweise bei einem privaten Unternehmen, um die Maximierung des Gewinnes, sondern um die nachhaltige Maximierung des Nutzens, den diese Güter stiften können.[50] Diese Bindung gilt sowohl für die heutige Generation als auch für die nächsten Generationen. Der hier verwendete Vermögensbegriff ist naturgemäß von einem Konzept, wie er beispielsweise im Gesellschaftsrecht verwendet wird, zu unterscheiden. Der Begriff,

---

46 Vgl. *Germanò*, Rivista di diritto agroalimentare 2018, 83, 88 f.; vgl. auch *Nervi*, Rivista di diritto agroalimentare 2018, 621, 630 f. und 636 f. sowie *Ciaschi/Tomasella* (oben N. 24), 216; *Buoso* (oben N. 1), 453 und *Romangnoli/Trebeschi* (oben N. 1), 152. Diesbezüglich hat sich auch das Verfassungsgericht einschlägig geäußert. Vgl., z.B. Urteile Nr. 210 vom 18.7.2014, Nr. 103 vom 11.5.2017 oder Nr. 178 vom 26.7.2018 (abrufbar unter iusexplorer.it).

47 Gem. Art. 2 Abs. 2 lit. f Gesetz Nr. 168/2017.

48 Vgl. Art. 2 Abs. 1 lit. a und lit. f; vgl. auch Art. 3 Abs. 6 Gesetz Nr. 168/2017.

49 Vgl. *Nervi*, Rivista di diritto agroalimentare 2018, 621, 627. In diesem Zusammenhang sei auf die Typologie von Schlager und Ostrom verwiesen, gemäß welcher man zwischen Rechten auf individueller und gemeinschaftlicher Ebene unterscheiden kann. Vgl. *Schlager/Ostrom*, Land Economics 1992, 249.

50 Vgl. Art. 2 Abs. 1 lit. b Gesetz Nr. 168/2017; vgl. auch *Nervi*, Rivista di diritto agroalimentare 2018, 621, 631.

der hier verwendet wird, ist enger gefasst und hat aufgrund der durch die Umwelt vorgegebenen Rahmenbedingungen einen sehr komplexen Inhalt: Es handelt sich nämlich nicht nur um Güter, die wirtschaftlich verwendet und verwertet werden können
(wie zum Beispiel Grund und Boden, der für die Produktion von Gütern verwendet
wird), sondern um Güter, die auch einen bedeutenden nichtwirtschaftlichen Aspekt
aufweisen.[51] Hier kann man z.B. an einen Wald als allgemein zugängliche Erholungs-
stätte denken oder aber auf die Bedeutung dieser Güter im Hinblick auf die Auswirkungen des anthropogenen Klimawandels.

Dieser Vermögensbegriff verbindet somit materielle wie auch immaterielle Elemente,
z.B. das kulturelle Vermögen der Gemeinschaft.[52] Dieses von der Grundkonzeption
als generationsübergreifend gedachte Vermögen hat eine zeitliche und eine räumliche Dimension, die als identitätsstiftendes Merkmal erhalten und, wenn man so will,
„vererbt" werden soll. Dieses identitätsstiftende Merkmal definiert ein bestimmtes
Territorium als Grundlage für das natürliche Vermögen und drückt sich in der Nutzung der Güter aus, die vielfältig sein kann: Sie reicht von der Produktion von Gütern[53]
bis hin zum Territorium als Lebens-, Erholungs- und Schutzraum.[54] Aufgrund dieser
Mehrdimensionalität und Multifunktionalität sind diese Güter Gegenstand einer gesonderten Reglementierung. Es ist selbstredend, dass bei der Verwaltung dieser Güter
auf diese Besonderheiten Rücksicht zu nehmen ist.

Verwaltung im objektiven Sinn hat demzufolge eine zweifache Bedeutung: Zum einen
betrifft sie die Nutzung durch die Familien bzw. durch die ursprüngliche Gemeinschaft
und zum anderen wird der Zweck der Verwaltung durch den Umstand beeinflusst, dass
die zur Zweckerreichung zu verwendenden Güter natürliche Ressourcen sind und
langfristig geschützt werden sollen. Die langfristige – und somit nachhaltige – Ausrichtung wird auch durch Art. 3 Abs. 3 Gesetz Nr. 168/2017 gestützt, welcher diese Güter
entsprechenden Bindungen, wie z.B. der Unveräußerlichkeit oder des Verbots der Änderung des Zwecks, unterwirft. Hieraus ergibt sich auch eine wichtige Schranke für das
individuelle Interesse, die Güter zu nutzen. Entsprechend bringt das neue Gesetz nunmehr klar zum Ausdruck, dass jedes Mitglied der Gemeinschaft die Güter nicht im
Sinne des klassischen Eigentums als *ius utendi et abutendi* nutzen kann, sondern dass
die Sachen gesamtheitlich zukünftigen Generationen zur Verfügung gestellt werden
müssen. Es handelt sich um ein Realrecht, welches stark dem Fruchtgenuss ähnelt.[55] In
diesem Sinne bestimmt Art. 2 Abs. 3 lit. a Gesetz Nr. 168/2017, dass diese Nutzungsrechte einem *sfruttamento* entsprechen.

Aus diesen Analysen ergeben sich verschiedene Schlüsselelemente, die bei der Verwaltung dieser Güter beachtet werden müssen. Grundsätzlich soll/muss sichergestellt sein,

---

51 Vgl. *Nervi*, Rivista di diritto agroalimentare 2018, 621, 631 ff.; *Ciaschi/Tomasella* (oben N. 24), 216;
    Miribung (oben N. 6) oder allg. *Germanò*, Usi civici, terre civiche, terre collettive: punti fermi per le
    future leggi regionali in materia, 15.04.2019, https://www.demaniocivico.it/public/public/705.pdf.; *Buoso*
    (oben N. 1), 453 und *Graziani, Carlo, Alberto*, Diritto romano attuale 2006, 83.
52 Vgl. auch Art. 2 Abs. 1 Gesetz Nr. 168/2017.
53 Gem. Art. 2135 c.c.; vgl. Art. 2 Abs. 1 lit. f Gesetz Nr. 168/2017.
54 Z.B. der Wald als Schutzwald oder als spirituelle Quelle; vgl. Art. 2 Abs. 1 lit. a und lit. c Gesetz
    Nr. 168/2017.
55 Vgl. *Germanò*, Rivista di diritto agroalimentare 2018, 83, 93.

dass die langfristige wirtschaftliche und langfristige natürliche Nutzung in Einklang gebracht werden, damit die Zweckbindung geschützt bleibt und umgesetzt werden kann. Dies bedingt eine allumfassende Verwaltungstätigkeit und setzt entsprechende Kompetenzen voraus, einschließlich eines passenden Verständnisses für monetäre und nicht monetäre Werte. Die Teilnahme der Nutzer ist hierbei wesentlich, da diese durch den direkten Bezug zu den Gütern über einen Wissensschatz verfügen, der über Generationen gereift ist. Dieses Wissen ist essentiell, da die Güter nicht einzelne Sachen darstellen, sondern ein biologisches System mit entsprechenden Interdependenzen. Die gezielte Einbindung der Eigentümer in ihrer Eigenschaft als Nutzer hilft somit, Missbrauch einzudämmen und bei etwaigen Umweltschäden passend zu reagieren.[56] Auf all diese Notwendigkeiten ist in der Ausgestaltung der Satzung Acht zu geben. Da es jedoch verschiedene Möglichkeiten der Nutzung gibt, die auch in Konkurrenz zueinander stehen können, muss sich die Verwaltung am vorgegebenen Zweck orientieren. Damit wird auch die in Art. 1 Abs. 1 lit. b Gesetz Nr. 168/2017 angeführte Unterscheidung zwischen zweckgebundener Verwaltung und einer mit Ermessensspielraum sichtbar. Wie dieser Spielraum ausgenutzt werden kann, wird durch die Mitglieder der Gemeinschaft als Gemeinschaftseigentümer festgelegt.[57] Ihnen obliegt es auch, die Handlungsmöglichkeiten des Verwaltungsorgans (*ente esponenziale*) zu bestimmen.

V. Abschließende Bemerkung

Abschließend sei noch festgestellt, dass das Gesetz Nr. 168/2017 die Gemeinschaftsgüter und Gemeinnutzungsrechte als Teil eigener Rechtsordnungen sieht und diese deshalb im Vergleich zum Gesetz Nr. 1766/1927 anders konzipiert (juristisch wie auch politisch). Das neue Gesetz hat das seit 1927 vorherrschende Paradigma, welches auf Nivellierung ausgerichtet war, abgelöst und einen neuen Ansatz entworfen, um die historisch gewachsenen Unterschiede einheitlich darzustellen, ohne deren Besonderheiten abschaffen zu wollen.[58] Dadurch sollen die in Italien existierenden unterschiedlichen Regime von Gemeinnutzungsgütern und der damit einhergehenden Autonomie der Nutzungsberechtigten einem passenden Rechtsrahmen unterstellt werden.

Möglicherweise scheint das neue Gesetz auch hinsichtlich der komplexen Frage des Eigentums eine passende Antwort gefunden zu haben, indem es Wesensmerkmale des Privatrechts mit jenen des öffentlichen Rechts verknüpft. Dementsprechend wird die wirtschaftliche Nutzung dieses antiken Vermögens geschützt und erlaubt aber gleichzeitig den Aspekt des Natur- und Umweltschutzes in den Vordergrund zu stellen. Dieser Gedanke ist aber nicht neu, sondern identitätsstiftendes Merkmal des antiken Vermögens. Entsprechend verdeutlicht Art. 1 Abs. 1 lit. c Gesetz Nr. 168/2017, dass es das Territorium ist, welches die Gemeinschaft bestimmt und nicht umgekehrt. In anderen Worten: Die Umwelt steht im Vordergrund und nicht der Mensch. Gleichzeitig ist an-

---

56 Vgl. *Nervi*, Rivista di diritto agroalimentare 2018, 621, 636 f.; *Miribung* (oben N. 6) und in diesem Zusammenhang auch Art. 3 Abs. 5 Gesetz Nr. 168/2017.
57 Gem. Art. 1 Abs. 1 lit. c Gesetz Nr. 168/2017.
58 Vgl. *Nervi*, Rivista di diritto agroalimentare 2018, 621, 623 f.

zuerkennen, dass diese Gemeinschaftsgüter (als Rechtsbegriff) nicht für sich selbst existieren, sondern in ihrer Existenz an eine Gemeinschaft, die sich in einem bestimmten Gebiet niedergelassen hat, gebunden sind. Es gibt demnach eine unauflösbare, aus der Vergangenheit in die Zukunft wirkende Verbindung zwischen Gemeinschaft und zweckgebundenen Gütern. Hierauf ist bei der Verwaltung dieser Güter Acht zu geben: Die Mitglieder der Gemeinschaft wie auch das Verwaltungsorgan als ihr ausführendes Organ haben die Aufgabe, das gemeinschaftliche Eigentum zu schützen und nach Möglichkeit in seinen Eigenschaften zu verbessern.

Michael Buse

Aktuelles zur Regulierung von Verkehrsunfällen nach italienischem Recht – insbesondere zum Schmerzensgeld und den Mailänder Tabellen

I. Personenschaden

1. Neue höchstrichterliche Rechtsprechung zum danno morale

Seit Jahrzehnten ist umstritten, ob der *danno morale* eine selbständige Schadensart darstellt oder aber zum *danno biologico* gehört. Mit *danno morale* ist das Schmerzensgeld im eigentlichen Sinne, das *pretium doloris*, gemeint. Unter *danno biologico* ist jede durch eine Verletzung des Körpers oder der Gesundheit verursachte Beeinträchtigung des körperlichen oder seelischen Wohlbefindens und der Möglichkeiten, seinen persönlichen und sozialen Interessen nachgehen zu können, zu verstehen.[1] Die Mitte der 1980er Jahre durch das Verfassungsgericht vorgenommene Dreiteilung des ersatzfähigen Schadens in *danno morale*, *danno biologico* und Vermögensschaden[2] hatte der Kassationshof 2008 zugunsten eines einheitlichen Begriffs des Nichtvermögensschadens (*concezione unitaria*) aufgegeben.[3] Danach gehört der *danno morale* zum *danno biologico*, wurde mit diesem abgefunden und konnte nur bei dessen Bemessung, aber nicht gesondert Berücksichtigung finden. Hiervon ist jüngst der dritte Senat des Kassationshofs in einer Reihe von Entscheidungen wieder abgerückt und hat den *danno*

---

1 Insb. Corte cost., 18.7.1985, n. 356; Cass. civ. Sez. Un., 11.11.2008, n. 26972 bis 26975; 31.5.2003, n. 8827 und 8826; Cass., 18.2.1993, n. 2009; vgl. Legaldefinition in Art. 138 Abs. 2 Buchst. a) codice delle assicurazioni private.

2 Corte cost., 14.7.1986 n. 184; „va ribadito che il danno biologico è nettamente distinto (ed assume un ruolo autonomo) sia in relazione al lucro cessante da invalidità temporanea o permanente, sia nei confronti del danno morale in senso stretto".

3 Cass. civ. Sez. Un., 11.11.2008, n. 26972 ff.: „Il danno non patrimoniale da lesione della salute costituisce una categoria ampia ed onnicomprensiva, nella cui liquidazione il Giudice deve tenere conto di tutti i danni concretamente patiti dalla vittima senza, però, duplicare il risarcimento attraverso l'attribuzione di nomi diversi a pregiudizi identici; ne consegue che è inammissibile, perché rappresenta una duplicazione risarcitoria, la congiunta attribuzione alla vittima di lesioni personali, ove derivanti da reato, del risarcimento sia del danno biologico, sia del danno morale, inteso quale sofferenza soggettiva, il quale costituisce necessariamente una componente del primo (posto che qualsiasi lesione della salute implica necessariamente una sofferenza fisica o psichica), come pure la liquidazione del danno biologico separatamente da quello c.d. estetico, da quello alla vita di relazione o da quello c.d. esistenziale. Danno morale, danno biologico, danno da perdita del rapporto parentale, danno esistenziale cc. sono mere „voci", „componenti" della categoria unitaria del danno non patrimoniale. Pertanto, il Giudice deve tener conto di tutti i pregiudizi allegati e provati che siano conseguenza immediata e diretta dell'illecito, *ex* art. 1223 c.c., procedendo ad una liquidazione unitaria di queste voci di danno al fine di evitare duplicazioni risarcitorie del medesimo pregiudizio. Il Giudice deve comunque „procedere ad adeguata personalizzazione della liquidazione del danno biologico, valutando nella loro effettiva consistenza le sofferenze fisiche e psichiche patite dal soggetto leso, onde pervenire al ristoro del danno nella sua interezza".

morale als eigenständigen, vom *danno biologico* verschiedenen und gesondert zu ersetzenden Nichtvermögensschaden konzipiert.[4] Diese neue Rechtsprechung scheint mittlerweile etabliert.[5]

---

4 Insb. Cass., 17.1.2018, n. 901: „il Giudice «deve rigorosamente valutare, sul piano della prova, tanto *l'aspetto interiore del danno (c.d. danno morale)*, quanto il suo *impatto modificativo in pejus con la vita quotidiana (il danno c.d. esistenziale, o danno alla vita di relazione, da intendersi quale danno dinamico-relazionale)*»…«esistenziale è quel danno che, in caso di lesione della stessa salute (ma non solo), si colloca e si dipana nella sfera dinamico-relazionale del soggetto, come conseguenza della lesione medicalmente accertabile»…«nella liquidazione di qualsiasi pregiudizio non patrimoniale, il Giudice di merito deve tener conto di tutte le conseguenze che sono derivate dall'evento di danno, nessuna esclusa, con il concorrente limite di evitare duplicazioni risarcitorie, attribuendo nomi diversi a pregiudizi identici, e di non oltrepassare una soglia minima di apprezzabilità, onde evitare risarcimenti cd. bagattellari» … «oggetto della valutazione di ogni Giudice chiamato ad occuparsi della persona e dei suoi diritti fondamentali è, nel prisma multiforme del danno non patrimoniale, la sofferenza umana conseguente alla lesione di un diritto costituzionalmente protetto; (…) *restano così efficacemente scolpiti i due aspetti essenziali della sofferenza: il dolore interiore e/o la significativa alterazione della vita quotidiana.* Danni diversi e perciò solo entrambi autonomamente risarcibili" und „in tema di risarcimento del danno non patrimoniale conseguente alla lesione di interessi costituzionalmente protetti, il Giudice di merito, dopo aver identificato la situazione soggettiva protetta a livello costituzionale, deve rigorosamente valutare, sul piano della prova, tanto l'aspetto interiore del danno (c.d. danno morale), quanto il suo impatto modificativo „in pejus" con la vita quotidiana (il danno c.d. esistenziale, o danno alla vita di relazione, da intendersi quale danno dinamico-relazionale), atteso che oggetto dell'accertamento e della quantificazione del danno risarcibile – alla luce dell'insegnamento della Corte costituzionale (sent. n. 235 del 2014) e del recente intervento del legislatore (artt. 138 e 139 cod. ass. come modificati dalla legge annuale per il Mercato e la Concorrenza del 4 agosto 2017 n. 124) – è la sofferenza umana conseguente alla lesione di un diritto costituzionalmente protetto, la quale, nella sua realtà naturalistica, si può connotare in concreto di entrambi tali aspetti essenziali, costituenti danni diversi e, perciò, autonomamente risarcibili, ma solo se provati caso per caso con tutti i mezzi di prova normativamente previsti"; 27.3.2018, n. 7513 (sog. „decalogo", Nr. 8 und 9): „ricorre il primo caso ove sia allegato il turbamento dell'animo, il dolore intimo sofferti, ad esempio, dalla persona diffamata o lesa nella identità personale, senza lamentare degenerazioni patologiche della sofferenza. Ove siano dedotte siffatte conseguenze, si rientra nell'area del danno biologico, del quale ogni sofferenza, fisica o psichica, per sua natura intrinseca costituisce componente. Determina quindi duplicazione di risarcimento la congiunta attribuzione del danno biologico e del danno morale inteso, sovente liquidato in percentuale (da un terzo alla metà) del primo. Esclusa la praticabilità di tale operazione, *dovrà il Giudice, qualora si avvalga delle note tabelle, procedere ad adeguata personalizzazione della liquidazione del danno biologico, valutando nella loro effettiva consistenza le sofferenze fisiche e psichiche patite dal soggetto leso, onde pervenire al ristoro del danno nella sua interezza.* Egualmente determina duplicazione di risarcimento la congiunta attribuzione del danno morale, nella sua rinnovata configurazione, e del danno da perdita del rapporto parentale, poiché la sofferenza patita nel momento in cui la perdita è percepita e quella che accompagna l'esistenza del soggetto che l'ha subita altro non sono che componenti del complesso pregiudizio, che va integralmente ed unitariamente ristorato. *Possono costituire solo voci del danno biologico nel suo aspetto dinamico, nel quale, per consolidata opinione, è ormai assorbito il c.d. danno alla vita di relazione, i pregiudizi di tipo esistenziale concernenti aspetti relazionali della vita, conseguenti a lesioni dell'integrità psicofisica, sicché darebbe luogo a duplicazione la loro distinta riparazione*"; 31.5.2018, n. 13770: „in tema di risarcimento del danno non patrimoniale conseguente alla lesione di interessi costituzionalmente protetti, il giudice di merito, dopo aver identificato la situazione soggettiva protetta a livello costituzionale, deve rigorosamente valutare, sul piano della prova, tanto l'aspetto interiore del danno (c.d. danno morale), quanto il suo impatto modificativo in pejus con la vita quotidiana (il danno c.d. esistenziale, o danno alla vita di relazione, da intendersi quale danno dinamico-relazionale), atteso che oggetto dell'accertamento e della quantificazione del danno risarcibile – alla luce dell'insegnamento della Corte costituzionale (sent. n. 235 del 2014) e del recente intervento del legislatore (artt. 138 e 139 C.d.A., come modificati dalla Legge annuale per il Mercato e la Concorrenza del 4 agosto 2017 n. 124) – è la soffe-. renza umana conseguente alla lesione di un diritto costituzionalmente protetto, la quale, nella sua realtà naturalistica, si può connotare in concreto di entrambi tali aspetti essenziali" (cfr. Cass. 901/2018).

2. Auswirkungen der neuen Rechtsprechung auf die Schadensbemessung

Bei der Schadensbemessung sind die sogenannten Mailänder Tabellen[6] das Maß der Dinge. Sie sind höchstrichterlich als der Billigkeit entsprechend anerkannt[7] und gängige Regulierungs- und Gerichtspraxis.[8] Allerdings ist fraglich, ob sie diese dominierende Rolle auch zukünftig behalten werden, denn sie stehen nicht im Einklang mit der neuen Rechtsprechung. Die Abweichung ist allerdings mehr formal als substantiell. Sie beschränkt sich auf die Berechnungsmodalitäten ohne Auswirkung auf die Gesamthöhe der Tabellenwerte. Diese waren bereits in der Fassung des Jahres 2009 um den *danno morale* erhöht worden.[9] Eine Anpassung an die neue Rechtsprechung erfordert daher, um eine teilweise Schadensverdopplung zu vermeiden, den Anteil des moralischen Schadens (einfach) wieder herauszurechnen und gesondert zu bemessen.[10]

Daneben unternehmen jetzt die neuen Römischen Tabellen den Versuch, den Mailänder Tabellen den Rang abzulaufen.[11] Die Römischen Tabellen weisen insbesondere in Übereinstimmung mit der aktuellen höchstrichterlichen Rechtsprechung den *danno morale* gesondert aus. Darüber hinaus steigen anders als in den Mailänder Tabellen die Schadensersatzbeträge ab einem Schädigungsgrad von 40% von einem Punkt zum nächsten überproportional. Diese überproportionale Steigerung wird entgegen der den Mailänder Tabellen zugrundeliegenden, rechtsmedizinischen Auffassung auch bei einem Schädigungsgrad von über 80% beibehalten. Insgesamt zielen die Römischen Tabellen auf eine spürbare Erhöhung der ohnehin bereits „erstaunlich hohen Ansprüche"[12] vor allem bei einem Schädigungsgrad von mehr als 40% ab.[13]

---

5 Insb. Cass., 31.1.2019, n. 2788, der eine Vorlage an die Gemeinsamen Senate ausdrücklich ablehnt mit der Begründung, der Gesetzgeber habe die Selbständigkeit des *danno morale* mit der Neuformulierung des Art. 138 Abs. 2 Buchst. e) codice delle assicurazioni private anerkannt.

6 Die aktuellen Tabellen sind über das Internet zugänglich, insb. auf der Homepage des Tribunale di Milano unter dem Link https://www.tribunale.milano.it/files/news/TABELLE%20MILANO%20EDIZIONE%202018.pdf).

7 Ritterschlag durch Cass., 7.6.2011, n. 12408.

8 U.a. Cass., 28.2.2017, n. 5013; 20.10.2016, n. 21245; 21.4.2016, n. 8045; 23.2.2016, n. 3505; 4.2.2016, n. 2167; 25.1.2016, n. 1305; 15.10.2015, n. 20895; 30.7.2015, n. 16197; 19.6.2015, n. 12717; 12.6.2015, n. 12211; 13.1.2015, n. 276; 5.12.2014, n. 25733; 18.11.2014, n. 24473; 13.11.2014, n. 24205; 6.3.2014, n. 5243; 25.2.2014, n. 4447; 19.7.2012, n. 12464; 16.2.2012, n. 2228. Die Mailänder Tabellen werden von etwa 70% der Instanzgerichte angewandt; vgl. *Ponzanelli*, Il nuovo statuto del danno alla persona è stato fissato, ma quali sono le tabelle giuste?, NGCC 2019, 277, 279.

9 *Ponzanelli*, Tabelle, NGCC 2017, 246, 247.

10 Allerdings ist das *Osservatori sulla giustizia civile di Milano*, das die Tabellen erstellt, wenig überzeugt von der neuen Rechtsprechung; s. z.B. *Spera*, Tabelle milanesi 2018 e danno non patrimoniale, Officine del Diritto, Giuffrè, 2018: „quando c'è una lesione biologica i pregiudizi conseguenti alla menomazione psicofisica – *„il pregiudizio non patrimoniale consistente nel non poter fare"* e quello ravvisato nella pena e nel dolore conseguenti e cioè *„nella sofferenza morale determinata dal non poter fare"* – sono, in definitiva, *due facce della stessa medaglia*, essendo la sofferenza morale «componente di più complesso pregiudizio non patrimoniale». I giudici devono, quindi, con congrua motivazione, «procedere ad adeguata personalizzazione della liquidazione del danno biologico», valutando congiuntamente i pregiudizi anatomo-funzionali (ivi comprese le sofferenze fisiche) e la sofferenza interiore patiti dal soggetto leso".

11 Abrufbar z.B. auf der Homepage des Tribunale di Roma unter dem Link http://www.tribunale.roma.it/allegatinews/A_24405.pdf.

12 *Gerda Müller*, Der Anspruch auf Hinterbliebenengeld, VersR 2017, 321, 325 Fn. 35.

13 *Ponzanelli*, Il nuovo statuto del danno alla persona è stato fissato, ma quali sono le tabelle giuste?, NGCC 2019, 277, 278 f.

Allerdings findet keine der beiden genannten Tabellen Anwendung auf den Direkt-anspruch, wenn der Dauerschaden einen Schädigungsgrad von 9% nicht übersteigt. Bis zu dieser Schwelle gilt nach Art. 139 codice delle assicurazioni eine spezielle, durch Rechtsverordnung erlassene und jährlich an die Teuerungsrate angepasste Tabelle.[14] Auf diese scheint die neue Rechtsprechung allerdings nicht anwendbar. Zum einen betrifft die von der Rechtsprechung angeführte Gesetzesänderung nur den Art. 138, nicht aber die einschlägige Bestimmung des Art. 139.[15] Und für diese letzte Vorschrift gilt nach wie vor, „dass nach italienischem Recht die Haftpflicht des Versicherten für immaterielle Schäden, die Personen aufgrund eines Verkehrsunfalls entstanden sind, die nach Art. 139 des Privatversicherungsgesetzbuchs durch die Pflichtversicherung gedeckten Beträge nicht übersteigen darf".[16]

3. Möglichkeiten und Grenzen der Erhöhung (oder Reduzierung) der Standardbeträge

Zur Anpassung an die besonderen Umstände des Einzelfalles können die Standard-beträge insbesondere innerhalb der in den Tabellen jeweils genannten Grenzen erhöht werden. Dabei wird die höchstrichterliche Rechtsprechung nicht müde zu betonen, dass eine solche Erhöhung keinesfalls automatisch vorgenommen werden darf, son-dern nur dann, wenn der Geschädigte ganz außergewöhnliche Schadensfolgen vorträgt und nachweist.[17]

4. Zusätzliche Mailänder Tabellen

Zu den Mailänder Tabellenwerten des *danno biologico* (einschließlich des *danno morale*) sind solche zum Immaterialschadensersatz des Getöteten, zum sog. *danno intermittente* und zum sog. *danno differenziale* neu hinzugekommen. Der Verlust des menschlichen Lebens an sich ist kein ersatzfähiger Schaden; Schadensersatz kommt nur in Betracht in den Fällen, in denen entweder die Körperverletzung gegenüber dem nachfolgenden Tod kein bloßes Durchgangsstadium ist, sondern eine eigenständige

---

14 Aktuell in der Fassung der Verordnung des Ministers für wirtschaftliche Entwicklung vom 9.1.2019, abrufbar unter https://www.gazzettaufficiale.it/eli/id/2019/02/04/19A00712/sg. Die für Schädigungsgrade von mehr als neun Prozent in Art. 138 des codice delle assicurazioni private vorgesehene Tabelle wurde dagegen bislang immer noch nicht erlassen.

15 Die neue Formulierung, „al fine di considerare la componente del danno morale da lesione all'integrità fisica", aus der die Rechtsprechung die gesetzliche Anordnung der gesonderten Erstattung des *danno morale* herausliest, findet sich nur in Art. 138 Abs. 2 Buchst. e) codice delle assicurazioni private.

16 EuGH, Urt. v. 23.1.2014, Rs. C-371/12 – *Petillo*, Rn. 38.

17 S. insb. Cass., 27.3.2018, n. 7513: „7) In presenza d'un danno permanente alla salute, la misura standard del risarcimento prevista dalla legge o dal criterio equitativo uniforme adottato dagli organi giudiziari di merito (oggi secondo il sistema c.d. del punto variabile) può essere aumentata solo in presenza di conseguenze dannose del tutto anomale ed affatto peculiari. Le conseguenze dannose da ritenersi normali e indefettibili secondo l'id quod plerumque accidit (ovvero quelle che qualunque persona con la medesima invalidità non potrebbe non subire) non giustificano alcuna personalizzazione in aumento del risarcimento".

immaterielle Beeinträchtigung darstellt,[18] oder in denen der Getötete den herannahenden eigenen Tod bewusst und intensiv erlebt.[19]

In der ersten Fallgruppe setzt eine solche Eigenständigkeit voraus, dass der Verletzte nach dem Unfall noch über eine längere Zeitspanne gelebt hat,[20] nicht aber, dass er auch bei Bewusstsein war.[21] Bei der anderen Kategorie des bewussten Erlebens des herannahenden Todes ist umgekehrt die zeitliche Dauer des bewussten Leidens nicht Anspruchsvoraussetzung, sondern nur Kriterium der Schadensbemessung.[22]

Die Bemessung des Schadensersatzes ist in der Vergangenheit in beiden Fällen rein nach Billigkeit erfolgt.[23] Die neue Mailänder Tabelle sieht nunmehr für die zweite Fallgruppe des bewussten Erlebens standardisierte Beträge vor:

Tage bis 3	Schadensersatzbetrag							Individualisierung bis 50%
	bis 30.000,00 €							
bis	zuzüglich Tagessätze							
4	1.000,00 €	28	774,00 €	52	549,00 €	76	323,00 €	
5	991,00 €	29	765,00 €	53	539,00 €	77	314,00 €	
6	981,00 €	30	756,00 €	54	530,00 €	78	304,00 €	
7	972,00 €	31	746,00 €	55	521,00 €	79	295,00 €	
8	962,00 €	32	737,00 €	56	511,00 €	80	286,00 €	
9	953,00 €	33	727,00 €	57	502,00 €	81	276,00 €	
10	944,00 €	34	718,00 €	58	492,00 €	82	267,00 €	
11	934,00 €	35	709,00 €	59	483,00 €	83	257,00 €	
12	925,00 €	36	699,00 €	60	474,00 €	84	248,00 €	
13	915,00 €	37	690,00 €	61	464,00 €	85	239,00 €	
14	906,00 €	38	680,00 €	62	455,00 €	86	229,00 €	
15	897,00 €	39	671,00 €	63	445,00 €	87	220,00 €	

---

18 Cass. civ. Sez. Un., 11.11.2008, n. 26972 und 26973; Cass. 19.10.2016, n. 21060; 21.3.2013, n. 7126; 29.5.2012, n. 8575; 20.9.2011, n. 19133; 7.6.2011, n. 12273; 8.4.2010, n. 8360; 27.5.2009, n. 12326; 30.10.2009, n. 23053; 13.1.2009, n. 458.

19 Cass. civ. Sez. Un., 11.11.2008, n. 26772 und 26773; Cass., 17.9.2019, n. 23153; 5.7.2019, n. 18056; 7.12.2017, n. 29332; 29.11.2017, n. 28479; 17.2.2017, n. 4208; 30.1.2017, n. 1418; 19.1.2017, n. 1289; 19.10.2016, n. 21060; 7.3.2016, n. 4377; 14.10.2015, n. 20767; 20.8.2015, n. 16993; 11.7.2014, n. 15909; 13.6.2014, n. 13537; 16.1.2014, n. 759; 22.2.2012, n. 2564; 24.3.2011, n. 6754; 8.4.2010, n. 8360; 13.9.2009, n. 458; 28.11.2008, n. 28433; 19.10.2007, n. 21976; 14.2.2007, n. 3260; 6.8.2007, n. 17177; 31.5.2005, n. 11601; 23.2.2005, n. 3766; 1.12.2003, n. 18305; 24.5.2001, n. 7075.

20 Cass. civ. Sez. Un., 11.11.2008, n. 26972 bis 26975; Cass., 17.2.2017, n. 4208; 19.1.2017, n. 1289; 26.7.2016, n. 15395; 8.7.2014, n. 15491; 18.1.2011, n. 1072; 30.10.2009, n. 23053; 13.1.2009, n. 459; 28.8.2007, n. 18163; 23.2.2005, n. 3766; 23.2.2004, n. 3549; 16.6.2003, n. 9620; 16.5.2003, n. 7632; 14.3.2003, n. 3728; 1.2.2003, n. 18305; 2.4.2001, n. 4783.

21 Cass., 5.7.2019, n. 18056; 19.10.2016, n. 21060; 26.7.2016, n. 15395; vgl. auch Cass., 27.9.2017, n. 22451.

22 Cass., 19.10.2016, n. 21060; 17.10.2016, n. 20915; 24.3.2015, n. 5866; 21.3.2013, n. 7126; 22.2.2012, n. 2564; 16.5.2003, n. 7632.

23 Cass. civ. Sez. Un., 22.7.2015, n. 15350; Cass., 20.6.2019, n. 16592; 17.10.2016, n. 20915.

Tage bis 3	Schadensersatzbetrag							Individualisierung bis 50%
bis	bis 30.000,00 €							
	zuzüglich Tagessätze							
16	887,00 €	40	662,00 €	64	436,00 €	88	210,00 €	
17	878,00 €	41	652,00 €	65	427,00 €	89	201,00 €	
18	868,00 €	42	643,00 €	66	417,00 €	90	192,00 €	
19	859,00 €	43	633,00 €	67	408,00 €	91	182,00 €	
20	850,00 €	44	624,00 €	68	398,00 €	92	173,00 €	
21	840,00 €	45	615,00 €	69	389,00 €	93	163,00 €	
22	831,00 €	46	605,00 €	70	380,00 €	94	154,00 €	
23	821,00 €	47	596,00 €	71	370,00 €	95	145,00 €	
24	812,00 €	48	586,00 €	72	361,00 €	96	135,00 €	
25	803,00 €	49	577,00 €	73	351,00 €	97	126,00 €	
26	793,00 €	50	568,00 €	74	342,00 €	98	116,00 €	
27	784,00 €	51	558,00 €	75	333,00 €	99	107,00 €	
						100	98,00 €	

Für die ersten drei Tage des Überlebens ist ein pauschaler Höchstbetrag von 30.000 € vorgesehen. Ab dem vierten Tag sinken die Tagessätze bis zum hundertsten Tag graduell von 1.000 bis auf 98 € ab. Dieser letzte Tagessatz entspricht dem Betrag, den die Tabelle als *danno biologico* für die vollständige vorübergehende Arbeitsunfähigkeit veranschlagt. Grund hierfür ist die Überlegung, dass das Überleben ein vorübergehender, in den häufigsten Fällen nicht länger als einige Tage dauernder Vorgang ist und nach einer als angemessen angesehenen Höchstdauer von hundert Tagen in einen normalen *danno biologico* umschlägt. Im Übrigen beruht die Staffelung auf der gerichtsmedizinischen Erfahrung, dass das Erleben anfangs besonders intensiv ist und sich anschließend abzuschwächen beginnt, insbesondere wegen des normalerweise erfolgenden Sichabfindens oder, im Gegenteil, aufkeimender Überlebenshoffnung, aber auch z.B. aufgrund medizinischer und familiärer Pflege und Tröstung. In jedem Fall umfassen die Beträge sämtliche immateriellen körperlichen und seelischen Schadensfolgen.

Der bislang *danno intermittente* und zukünftig *danno definito da premorienza* genannte Schaden tritt in Fällen ein, in denen der Geschädigte vor Schluss der letzten mündlichen Verhandlung an anderen Ursachen als den Unfallfolgen verstirbt. Bislang nimmt die Rechtspraxis auf verschiedene Weise eine Kürzung der Standardbeträge vor, die sich für den unfallkausalen Dauerschaden aus der Mailänder Tabelle bzw. der ministeriellen Rechtsverordnung gemäß Art. 139 codice delle assicurazioni private ergeben.[24] Die Mailänder Tabelle schlägt nun auch zu dieser Schadensart eine Vereinheitlichung

---

24 Cass., 7.7.2016, n. 13920; 18.1.2016, n. 679; 19.10.2015, n. 21086; 30.6.2015, n. 13331; 13.11.2014, n. 24204; 14.11.2011, n. 23739; 30.10.2009, n. 23053; 24.10.2007, n. 22338; 3.10.2007, n. 14767; 9.8.2001, n. 10980; 10.5.2000, n. 5962; Trib. Milano 10.9.2011.

vor. In der Annahme, dass die Auswirkungen des *danno biologico* auf den Geschädigten in den beiden ersten Jahren nach der Schädigung besonders stark sind, entfallen auf diese Anfangszeit höhere Beträge als auf die Folgejahre. Weiter fällt die Unterscheidung nach dem Lebensalter des Geschädigten weg, da dieses im Rahmen der Tabelle nur dem Zweck dient, der statistischen Lebenserwartung, die durch den Tod im Einzelfall als allgemeine Bezugsgröße für die Schadensermittlung gerade unerheblich wird, Rechnung zu tragen. Konkret wird zum einen für jeden Schweregrad der Mittelwert zwischen dem tabellarischen Höchst- und Tiefstwert bei einem ein bzw. hundert Jahre alten Geschädigten ermittelt. Zum anderen ergibt sich die durchschnittliche Lebenserwartung aus der Summe der (geschlechterspezifischen) Lebenserwartung aller einhundert Altersstufen der Tabelle geteilt durch einhundert. Der durchschnittliche jährliche Schadensersatzbetrag entspricht dem Mittelwert geteilt durch die Lebenserwartung. Dieser wird (nur) für die ersten beiden Jahre erhöht. Beispielhaft ergeben sich als Tabellenwerte in Euro:

Schweregrad danno biologico	Jahr 1	Jahr 1+2	Jedes weitere
1	64	111	32
2	135	236	68
3	214	375	107
4	302	528	151
10	1.201	2.102	601
30	8.003	14.005	4.001
60	27.541	48.197	13.770
80	41.061	71.856	20.530
90	46.953	82.167	23.476

Schließlich enthält die Tabelle auch eine Rechenformel zur einheitlichen Ermittlung des maßgeblichen Schweregrades des biologischen Schadens unter Berücksichtigung eines gesundheitlichen Vorschadens (*„danno differenziale"*): x = Schweregrad biologischer Neuschaden – [(Schweregrad biologischer Neuschaden / 100) * Schweregrad biologischer Vorschaden]. An einem Beispielsfall verdeutlicht ergäbe sich nach der neuen Formel (Schweregrad biologischer Gesamtschaden 40 – [(Schweregrad biologischer Gesamtschaden 40/100) * Schweregrad biologischer Vorschaden 30] = 28 Punkte unfallkausaler biologischer Schaden) bei einem dreißig Jahre alten Geschädigten ein tabellarischer Standardbetrag von 139.482 €.

5. Erfordernis der medizinischen Objektivierbarkeit

Für den Direktanspruch definieren die Art. 138 f. codice delle assicurazioni private den *danno biologico* als die vorübergehende oder dauernde Beeinträchtigung der körperlichen und psychischen Unversehrtheit, die rechtsmedizinisch objektivierbar ist (*„suscettibile di accertamento medico-legale"*). Darüber hinaus fordert Art. 139 Abs. 2 codice delle assicurazioni private bei leichten Dauerschäden bis zu einem Schweregrad von neun Punkten Objektivierbarkeit mittels klinisch apparativer Diagnostik („*suscettibile di accertamento clinico strumentale obiettivo*") bzw. durch Inspektion bei ohne apparative Diagnostik erkennbaren Dauerschäden wie Narben.

Nach der mittlerweile herrschenden Rechtsprechung handelt es sich nicht um eine gesetzliche Beweisregel, sondern um eine Legaldefinition des Schadensbegriffs des *danno biologico*.[25] Der Schadensnachweis kann mit jedem zulässigen Beweismittel geführt werden, muss jedoch auf einer über die bloße Anamnese hinausgehenden, zusammenfassenden Gesamtschau und Bewertung hinreichender klinischer, apparativer und sonstiger Befunde beruhen. Die Regelung dient im volkswirtschaftlichen Interesse der Eindämmung der Höhe der Versicherungsprämien durch das Zurückdrängen rein suggerierter, intuitiver, bloß angenommener und unzureichend medizinisch begutachteter Schäden.[26]

II. Vemögensschaden

1. Abstrakte Nutzungsausfallentschädigung

Der Kassationshof hat seine neue, ablehnende Rechtsprechung[27] nochmals bestätigt.[28]

2. Umsatzsteuer

Der Kassationshof hat bekräftigt, dass der Betrag der Umsatzsteuer, auch wenn diese (noch) nicht angefallen ist, grundsätzlich zu dem zu ersetzenden Schaden gehört, es sei denn, das Fahrzeug wurde veräußert oder repariert, ohne dass Umsatzsteuer in Rechnung gestellt worden wäre.[29]

---

25 Cass., 16.10.2019, n. 26249; 28.2.2019, n. 5820; 11.9.2018, n. 22066; 19.1.2018, n. 1272.
26 Cass., 16.10.2019, n. 26249.
27 S. insb. Cass., 14.10.2015, n. 20620.
28 Cass., 4.4.2019, n. 9348: „Il danno da fermo tecnico del veicolo incidentato non è risarcibile in via equitativa ove la parte non abbia provato di aver sostenuto oneri e spese per procurarsi un veicolo sostitutivo, né abbia fornito elementi, quali i costi assicurativi o la tassa di circolazione, idonei a determinare la misura del pregiudizio subito".
29 Cass., 4.4.2019, n. 9348: „il risarcimento del danno patrimoniale debba comprendere anche gli oneri accessori e conseguenziali: pertanto, se esso è consistito nelle spese da affrontare per riparare un veicolo, il risarcimento deve comprendere anche l'importo dovuto dal danneggiato all'autoriparatore a titolo di IVA, pur quando la riparazione non sia ancora avvenuta (a meno che il danneggiato, per l'attività svolta, abbia diritto al rimborso o alla detrazione dell'IVA versata), dal momento che l'autoriparatore, per legge (D.P.R. 26 ottobre 1972, n. 633, art. 18), deve addebitarla, a titolo di rivalsa, al committente (ex plurimis, Cass. 27/01/2010, n. 1688)", es sei denn, „(a) il veicolo è stato alienato dopo essere stato riparato; (b) la danneggiata non ha dimostrato di avere sostenuto spese di sorta o versato l'IVA al riparatore; (c) deve ritenersi che la riparazione sia avvenuta „in economia" ovvero senza versamento dell'IVA al riparatore".

III. Vorteilsausgleichung

Die Geltung des Prinzips der *compensatio lucri cum damno* ist grundsätzlich anerkannt. Lange Zeit umstritten war jedoch, ob über Kausalität zwischen dem Schadensereignis und der wirtschaftlich vorteilhaften Auswirkung Verursachung durch ein und dasselbe Ereignis und Artgleichheit von Schaden und Vorteil hinzukommen müssen. Für Versicherungsleistungen hat der Kassationshof entschieden, dass diese jedenfalls dann auf den Schadensersatzanspruch anzurechnen sind, wenn sie geeignet sind, den Schaden zu kompensieren und dem Versicherer ein gesetzliches oder vertragliches Rückgriffsrecht gegen den Schädiger zusteht.[30]

Danach sind z.B. Versicherungsleistungen aus privaten oder gesetzlichen Unfallversicherungen anzurechnen,[31] selbst wenn der Versicherer auf das Rückgriffsrecht verzichtet hat.[32]

IV. Insassendirektanspruch

Art. 141 des codice delle assicurazioni private gewährt Kfz-Insassen einen zusätzlichen Schadensersatzanspruch gegen den Versicherer des befördernden Fahrzeugs.[33] Nach der gesetzlichen Regelung scheidet der Anspruch nur bei Unfallverursachung durch Zufall aus. Der positiven Feststellung der Haftung des befördernden Fahrzeugführers bedarf es nicht. Das genaue Verständnis der Vorschrift ist allerdings umstritten.[34] Nach der aktuellen höchstrichterlichen Rechtsprechung beruht der Anspruch auf vermutetem Verschulden.[35] Diese Wertung steht in Einklang mit der internationalpri-

---

30 Cass. civ. Sez. Un., 22.5.2018, n. 12566: „In tema di compensatio lucri cum damno, la detrazione dell'attribuzione patrimoniale occasionata dall'illecito (o dall'inadempimento) dall'ammontare del risarcimento del danno ad esso conseguente presuppone, sul piano funzionale, che il beneficio sia causalmente giustificato in funzione di rimozione dell'effetto dannoso dell'illecito e, sul piano strutturale, che ad esso si accompagni un meccanismo di surroga o di rivalsa, capace di evitare che quanto erogato dal terzo al danneggiato si traduca in un vantaggio inaspettato per il responsabile. Deve pertanto detrarsi dall'ammontare del risarcimento dovuto alla vittima di un incidente stradale, riconosciuto come infortunio in itinere, il valore capitale della rendita vitalizia erogata dall'INAIL, atteso, per un verso, che tale prestazione, a contenuto indennitario, è volta a soddisfare, neutralizzandola in parte, la medesima perdita al cui integrale ristoro mira la disciplina della responsabilità risarcitoria civilistica; e considerato, per altro verso, che il sistema normativo in cui essa è inserita prevede (artt. 1916 c.c. e 142 cod. ass.) un meccanismo di riequilibrio idoneo a garantire che il terzo responsabile dell'infortunio sulle vie del lavoro, estraneo al rapporto assicurativo, sia collateralmente obbligato a restituire all'INAIL l'importo corrispondente al valore della rendita per inabilità permanente costituita in favore del lavoratore assicurato".
31 Cass. civ. Sez. Un., 22.5.2018, n. 12565; Trib. Firenze, 18.12.2018, n. 3596; Trib. Bolzano, 8.11.2018, n. 1183.
32 Cass., 27.5.2019, n. 14358.
33 Cass., 4.7.2017, n. 16477; 20.5.2016, n. 10410; 30.7.2015, n. 16181; 12.12.2008, n. 29276; Corte App. Roma, 11.9.2012, n. 4206; Trib. Vicenza, 27.7.2013, n. 306; Roma 30.10.2010; Torino 11.10.2007; Santa Maria Capua Vetere 24.8.2007.
34 Vgl. Cass., 4.7.2017, n. 16477.
35 Cass., 17.7.2019, n. 19121; 13.2.2019, n. 4147.

vatrechtlichen Qualifizierung des Direktanspruchs als auf einem materiellrechtlichen Schadensersatzanspruch als Rechtsgrund und Voraussetzung beruhend.[36]

V. Abtretbarkeit von Schadensersatzansprüchen

Der Kassationshof hat wiederholt bestätigt, dass die Schadensersatzforderungen grundsätzlich abtretbar sind.[37]

---

36 *Micha*, Der Direktanspruch im europäischen Internationalen Privatrecht, S. 75. Der Vorschlag für eine Verordnung des Europäischen Parlaments und des Rates über das auf außervertragliche Schuldverhältnisse anzuwendende Recht („Rom II") (KOM[2003] 427 endgültig vom 22.7.2003, S. 28) besagt ausdrücklich, dass Art. 18 Rom II-VO „regelt, nach welchem Recht sich bestimmt, ob der Geschädigte direkt gegen den Versicherer des Ersatzpflichtigen vorgehen darf".
37 Cass., 31.5.2019, n. 14887; 14.2.2019, n. 4300.

Liberati Buccianti, Giovanni, **Il merito creditizio del consumatore, Università degli Studi di Siena – Collana di diritto dell'Economia, Band 29**, Giuffrè Editore, Mailand 2019, 206 S.

Der Verbraucherschutz betrifft vor allem auch das Recht der Verbraucherdarlehen. Verschiedene europäische Richtlinien haben in diesem Bereich dem Darlehensgeber die Pflicht auferlegt, eine Kreditwürdigkeitsprüfung durchzuführen. Die Umsetzung in das deutsche Recht erfolgte in den §§ 505a ff. BGB, in Italien in einem Gesetzesdekret vom 21.4.2016, n. 72. Die neuen Vorschriften betreffen vor allem auch die Immobiliar-Verbraucherdarlehensverträge. Es fehlen aber auf der europäischen Ebene zivilrechtliche Regeln über die Sanktionen, wenn die genannte Pflicht zur Prüfung der Kreditwürdigkeit nicht oder nur ungenügend vorgenommen wurde. Insoweit greifen die jeweiligen Vorschriften der nationalen Zivilrechte ein. Hier setzt die vorliegende Monografie an. Der Autor lebt in Siena, einer Stadt, die durch den berühmten Fall der altehrwürdigen Bank *Monte dei Paschi* in die Schlagzeilen geraten war. In seiner Schrift geht es ihm also vor allem um die Entwicklung einer zivilistischen Theorie der Rechtsbehelfe („*rimedi*") und der Rechtsfolgen, die sich auf die Pflicht des Darlehensgebers zur Prüfung der Kreditwürdigkeit des Darlehensnehmers beziehen. Der Verfasser unterscheidet dabei vor allem drei Fallgruppen (S. 71 ff.): a) der Darlehensgeber hat seine gesetzliche Prüfungspflicht erfüllt, b) er hat eine solche Prüfung ganz unterlassen und c) er hat sie in ungenauer Weise vorgenommen.

Die gründliche und umfassend dokumentierte Untersuchung bezieht die italienische Bankpraxis einschließlich der entsprechenden Schiedsverfahren in anschaulicher Weise in die vorgeschlagenen Lösungsmodelle ein. Dabei geht es dem Verfasser vor allem auch um Begründungspflichten, welche die Banken treffen, falls sie die Gewährung eines Darlehens ablehnen (S. 75 ff.). Eingeflochten werden stets auch rechtsvergleichende Überlegungen, die vor allem auch auf der französischen Bankpraxis beruhen. Der Verfasser vertritt z.B. mit Hilfe einer Analogie zu den Regeln über die Abschlusspflichten bei Monopolunternehmen, dass die Bank eine Pflicht zur Gewährung von Darlehen an kreditwürdige Darlehensnehmer trifft und dass insoweit die Vertragsfreiheit eingeschränkt sei. Liegt die Kreditwürdigkeit vor, dann ist die Bank verpflichtet, den Kredit zu gewähren, wobei der Verfasser in diesem Rahmen noch den Gleichbehandlungsgrundsatz anführt (S. 107 ff.). Die weitere Fallgruppe betrifft dann den Sachverhalt, dass die Bank zwar die Kreditwürdigkeit zutreffend geprüft hat, aber trotz des negativen Ergebnisses den Kredit gewährt hat (S. 121 ff.). Es folgt noch eine Untersuchung des Falles, in dem die Kreditwürdigkeit des Darlehensnehmers deshalb unrichtig geprüft wurde, weil die Angaben des Verbrauchers unzutreffend waren (S. 142 ff.). Ein eigenes Kapitel gilt dann den Informationstechniken zur Feststellung der Kreditwürdigkeit des Verbrauchers, ehe die Ergebnisse der Untersuchung zusammengefasst werden (S. 197 f.). In diesem Rahmen findet sich auch eine zwar vorsichtig formulierte, aber überzeugende Kritik an der europäischen Gesetzgebung, welche zwar die Prüfung der Kreditwürdigkeit des Verbrauchers verlangt, aber keine einheitlichen Sanktionen für die Nichterfüllung dieser Pflichten des Kreditgebers vorsieht, was für den gemeinsamen Markt die Gefahr einer ungleichmäßigen Entwicklung mit sich bringen kann (S. 199).

Es handelt sich um eine gründliche Monografie in einem praktisch bedeutsamen Bereich des Verbraucherschutzrechts. Die Untersuchung und ihre Ergebnisse für das italienische Zivilrecht beruhen zugleich auf Überlegungen aus der Rechtsvergleichung. Die Bankpraxis ist in anschaulicher Weise verwertet. Dies ermöglicht zugleich die Entwicklung zivilrechtlicher Thesen in überzeugender Weise, welche sich auch für andere Rechtssysteme empfehlen.

Erik Jayme

Neu, Leonie-Pascale, **Der Trust im italienischen Recht. Eine rechtsvergleichende Untersuchung vor dem Hintergrund des Haager Trust-Übereinkommens,** Mohr Siebeck, Tübingen 2018, XXVIII, 384 S.

Die vorliegende Arbeit kam zur richtigen Zeit auf den deutschen Markt und wird mit Sicherheit einen Beitrag dazu leisten, dass der Trust auch in Deutschland stärker in den Mittelpunkt der öffentlichen Diskussion rückt. Bekanntlich spielt der Trust in der italienischen Rechtspraxis eine herausragende Rolle, obwohl der italienische Gesetzgeber bis heute keine nationale Regelung zum materiellen Trustrecht verankert hat. Nachdem Italien als eine der ersten *civil law*-Staaten das Haager Übereinkommen über das auf Trusts anzuwendende Recht und über ihre Anerkennung (HTÜ) vom 1.7.1985 unterzeichnet und ratifiziert hat, haben unzählige Personen in Italien von der Möglichkeit profitiert, (Binnen-)Trusts zu errichten.[1] Das Rechtsinstitut des Trusts ist insoweit als Gestaltungsinstrument, etwa in der Nachfolgeplanung von Unternehmen, nicht mehr wegzudenken. Im Vergleich dazu schlummert der Trust in Deutschland einen echten „Dornröschenschlaf". Zudem besteht in Deutschland – anders als in Italien – auch ein sehr verzerrtes Bild vom Trust, was sich etwa aus den jüngsten Entwicklungen bei der Umsetzung der Geldwäscherichtlinien ergibt.[2] Weltweit erlebt der Trust als Gestaltungsinstrument gerade in kontinentaleuropäisch geprägten Rechtsordnungen einen enormen Boom. Dies gilt einerseits für Rechtsordnungen, die sich mithilfe eines sog. *legal transplant* eine eigene spezialgesetzliche Regelung geschaffen haben.[3] Aber auch die Anpassung der IPR-rechtlichen Regelungen hat in zahlreichen Staaten dazu geführt, dass der Trust als ausländisches Instrument anerkannt wird und damit auch als Binnentrust fungieren kann. Insoweit liegt Italien weltweit voll im Trend, wo doch der Trust in vielen kontinentaleuropäischen Rechtsordnungen und auch in Mischrechtsordnungen entweder aufgrund spezialgesetzlicher Regelung (z.B. in Ungarn, Tschechien) oder aufgrund IPR-rechtlicher Gegebenheiten im Rechtsalltag einen festen Platz einnimmt.[4]

I.

In allen Staaten der Welt bestimmt sich die IPR-rechtliche Behandlung von Trusts entweder nach dem nationalen IPR oder nach dem HTÜ.[5] Der weltweite Trend, wonach der Trust nicht nur in der angelsächsischen Welt, sondern auch im *civil law*-Rechtskreis an Bedeutung ge-

---

1 Vgl. dazu *Schurr*, in: Christandl/Eccher/Gallmetzer/Laimer/Schurr (Hrsg.), Handbuch Italienisches Internationales Privatrecht, 2019, Rn. 4/44 ff.
2 So findet sich etwa im Dokument BaFin Konsultation 05/2018, Auslegungs- und Anwendungshinweise gemäß § 51 Abs. 8 Geldwäschegesetz (abrufbar unter https://www.bafin.de/SharedDocs/Downloads/DE/Konsultation/2018/dl_kon_0518_auas_gw.pdf?__blob=publicationFile&v=3), S. 48 der folgende Satz: *„Der Stifter ist daher dem ‚Settlor' beim Trust nicht vergleichbar, da er in seiner Eigenschaft als Stifter keine Rechte an der Stiftung oder deren Vermögen hat."* Die BaFin unterliegt daher dem rechtlichen Irrtum, dass der Settlor eines angelsächsischen Trusts stets ein Recht am Trustvermögen habe und daher das Trustvermögen notwendigerweise dem persönlichen Vermögen des Settlor zuzurechnen sei und daher stets steuerlich transparent sei.
3 Die erste kontinentaleuropäische Rechtsordnung, die den Trust mithilfe eines sog. *legal transplant* ins heimische Recht eingeführt hat, war bekanntlich das Fürstentum Liechtenstein im Jahre 1926; vgl. Art. 897 ff. Personen- und Gesellschaftsrecht (PGR); vgl. dazu *Schurr*, A Comparative Introduction to the Trust in the Principality of Liechtenstein, in: Schurr (Hrsg.), Trusts in the Principality of Liechtenstein and Similar Jurisdictions, 2014, S. 3.
4 Zum Vergleich des liechtensteinischen und tschechischen Trusts vgl. etwa *Schurr*, Lichtenstejnské Treuhänderschaft jako príklad fungujícího regimu Trustu v oblasti obcanského Práva, in: Tichý, Ronovská Kocí (Hrsg.), Trust a srovnatelné Instituty v Evrope, 2014, S. 153 ff.
5 Siehe dazu für Italien *Tonolo*, in: Conetti/Tonolo/Vismara (Hrsg.), Manuale di Diritto Internazionale Privato, 3. Aufl. 2017, S. 136 f.

wonnen hat, ist in Italien und der Schweiz besonders stark. Dies gilt etwa für den Trust als Instrument für internationale Finanztransaktionen, als Alternative für letztwillige Verfügungen (*will substitute*), für die Gestaltung von Vermögensverhältnissen, zur Bündelung von Aktionärsstimmen bei börsennotierten Aktiengesellschaften bzw. für gemeinnützige Zielsetzungen.[6] Aus deutscher Perspektive ist anzumerken, dass das Interesse für den Trust in Italien wesentlich früher zum Ausdruck gekommen ist als in Deutschland.[7]

Unter einem Trust versteht man im angloamerikanischen Rechtskreis ein Rechtsverhältnis, bei dem bestimmte Vermögenswerte treuhänderisch auf eine oder mehrere Personen (*trustees*) übertragen werden, welche diese zu verwalten und für einen vom Treugeber (*settlor*) vorgegebenen Zweck zu verwenden haben.[8] Das HTÜ wurde in Italien (und gleichzeitig in Luxemburg und den Niederlanden) bereits am 1.7.1985 unterzeichnet. Nachdem es vom Vereinigten Königreich, von Italien und von Australien ratifiziert worden war, trat es am 1.1.1992 in Kraft.[9] Für die italienische Praxis besonders wichtig sind die Bestimmungen des HTÜ zu dem auf den jeweiligen Trust anwendbaren Recht. Die damit verbundene, in Italien gewährleistete Anerkennung von Trusts unter dem HTÜ bewirkt, dass das Trustvermögen im Falle eines Konkurses des *trustee* stets aussonderbar bleibt. Zudem werden eigentumsrechtliche Fragen, d.h. das Eigentum des *trustee* an den Trustgütern, geregelt.[10] Das Übereinkommen kommt nicht nur zwischen Vertragsstaaten zur Anwendung, sondern auch dann, wenn das anzuwendende Recht dasjenige eines Nichtvertragsstaats ist.[11] Dies ergibt sich *e contrario* aus Art. 21 HTÜ. Insoweit kann für italienische Parteien ein Trust nach dem Recht einer beliebigen Trust-Rechtsordnung errichtet werden,[12] wobei in Italien volle Anerkennung gewährleistet ist. Nach Art. 6 HTÜ unterliegt jeder Trust grundsätzlich dem vom *settlor* gewählten Recht. Möchte z.B. ein italienisches Ehepaar zur Regelung der Nachfolge als Alternative zu einem Testament (*will substitute*) einen Trust errichten, dann muss diese Rechtswahl ausdrücklich sein oder sich durch Auslegung aus dem Errichtungsgeschäft ergeben. Fehlt eine Rechtswahl gemäß Art. 6 HTÜ oder geht sie ins Leere (etwa, weil das gewählte Recht keine Vorschriften über Trusts enthält), erfolgt subsidiär eine objektive Anknüpfung. Der Trust untersteht dann demjenigen Recht, mit welchem er die engste Verbindung hat, so etwa der Ort der Verwaltung bzw. die Belegenheit des Trust-Vermögens.[13] Bekanntlich ist in Art. 25 des Gesetzes vom 31.5.1995, Nr. 2018, das Personalstatut von Gesellschaften geregelt. Betroffen sind neben den Gesellschaften im engeren Sinne (so z.B. der AG) auch jene Rechtspersonen, die typischerweise keine Gewinnerzielungsabsicht haben (*enti non profit*), so die Vereine (*associazioni*) und Stiftungen (*fondazioni*).[14] Nachdem Art. 25 des Gesetzes vom 31.5.1995, Nr. 2018, auch Einrichtungen ohne ein mitgliedschaftliches Element (*enti privi di natura associativa*) umfasst, ist davon auszugehen, dass die Regelungen zum Personalstatut, die sich in dieser Vorschrift finden, analog auch für Trusts Wirksamkeit

---

6 *Schurr*, Trusts in Civil Law Environments, in: Nolan/Low/Tang (Hrsg.), Trusts and Modern Wealth Management, 2018, S. 510 f.

7 Vgl. aus dem italienischen Schrifttum etwa *Carbone*, Autonomia privata, scelta della legge regolatrice del trust e riconoscimento dei suoi effetti nella Convenzione dell'Aja del 1985, Riv.dir.int.priv.proc. 1999, 774 ff.; *Contaldi*, Il trust nel diritto internazionale privato italiano, 2005; *Lupoi*, Istituzioni del diritto dei trust negli ordinamenti di origine e in Italia, 2016; *Lupoi*, Trusts, 2001; *Luzzatto*, „Legge applicabile" e „riconoscimento" di trusts secondo la Convenzione dell'Aja del 1 luglio 1985, Riv.dir.int. priv.proc. 1999, 5 ff.

8 Vgl. dazu *Schurr* (oben N. 1), Rn. 4/44 ff.

9 Siehe dazu etwa *Schurr* (oben N. 6), S. 515 f.

10 Vgl. für Italien etwa *Tonolo* (oben N. 5), S. 136 f.

11 Für Italien dazu etwa *Milan*, in: Preite (Hrsg.), Trattato notarile, Atti notarili nel diritto comunitario e internazionale, 2011, S. 692 f.

12 So z.B. Jersey, Guernsey, New Zealand, British Virgin Islands, Ireland usw.

13 *Milan* (oben N. 11), S. 692 f.

14 *Schurr* (oben N. 1), Rn. 4/47.

entfalten.[15] Für die aktuelle Diskussion rund um die Relevanz von Trusts in der EU – d.h. nicht nur in denjenigen Staaten, die das HTÜ übernommen haben – ist es wichtig, eine aktuelle Entscheidung des EuGH zu berücksichtigen, in welcher klargestellt worden ist, dass die Niederlassungsfreiheit auf Trusts voll anzuwenden ist.[16] Damit hat der EuGH insbesondere auch für Trusts mit italienischen Begünstigten, mit einem italienischen *trustee* bzw. mit italienischen Trustvermögen für Rechtssicherheit im europäischen Binnenmarkt gesorgt.[17] Bei der konkreten Entscheidung handelte es sich um ein Vorabentscheidungsverfahren: Der EuGH hatte sich mit der Frage zu befassen, ob eine Steuer, die vom Vereinigten Königreich verhängt worden war, mit dem EU-Recht vereinbar war. Die Steuer betraf die Migration eines UK Trusts ins Ausland. Die Hauptfrage war, ob Trusts von den Grundfreiheiten profitieren und ob diese Grundfreiheiten herangezogen werden können, um diese *exit tax* zu bekämpfen. Der EuGH hatte keinen Zweifel, dass die Grundfreiheiten auf Trusts anzuwenden sind.[18] Im vorliegenden Fall ging es um die Migration eines Trusts vom Vereinigten Königreich nach Zypern. Insoweit war der Anwendungsbereich der Grundfreiheiten eröffnet. Für Italien ist die Entscheidung insoweit gültig, wenn es um die Migration eines italienischen Trusts in einen anderen EU-Mitgliedstaat geht bzw. um die umgekehrte Migration nach Italien.[19] Der EuGH musste erst klarstellen, dass der Trust als Gesellschaft im Sinne von Art. 54 Abs. 2 AEUV verstanden werden muss. Art. 49 Abs. 1 AEUV schreibt die Beseitigung von Beschränkungen der freien Niederlassung von Staatsangehörigen eines Mitgliedstaats im Hoheitsgebiet eines anderen Mitgliedstaats vor.[20] Gemäß der grundlegenden Vorschrift von Art. 54 Abs. 1 AEUV stehen nach nationalem Recht errichtete Gesellschaften für die Anwendung der Bestimmungen des AEUV über die Niederlassungsfreiheit natürlichen Personen gleich, die Angehörige der Mitgliedstaaten sind.[21] Dies gilt für Gesellschaften und andere rechtliche Einheiten, die ihren satzungsmäßigen Sitz, ihre Hauptverwaltung oder ihre Hauptniederlassung innerhalb der Union haben. Als Gesellschaften gelten nach Art. 54 Abs. 2 AEUV die Gesellschaften des bürgerlichen Rechts und des Handelsrechts einschließlich der Genossenschaften und die sonstigen juristischen Personen des öffentlichen und privaten Rechts mit Ausnahme derjenigen, die keinen Erwerbszweck verfolgen. Die Niederlassungsfreiheit ist eine der grundlegenden Vorschriften des Unionsrechts und ist sehr weitreichend.[22] Davon profitiert jede Einheit, die nach dem nationalen Recht über Rechte und Pflichten verfügt, die es ihr erlauben, ungeachtet des Fehlens einer speziellen Rechtsform als solche im Rechtsverkehr aufzutreten.[23] Diese Einheit muss einen Erwerbszweck verfolgen. Beim Trust liegt eine Verbindung zwischen dem *settlor*, dem *trustee* und den *beneficiaries* vor, aufgrund derer der Trust – trotz Fehlens der Rechtspersönlichkeit – als eine Einheit betrachtet werden muss.[24] Für Trusts, die in Italien im Zuge der Anwendung des HTÜ unter Wahl eines ausländischen Rechts errichtet wurden, gilt demnach, dass aufgrund der eben beschriebenen EuGH-Rechtsprechung[25] eine Migration in einen anderen EU-Mitgliedstaat möglich ist, da die unsichtbare Verbindung zwischen dem *trustee* (mit Sitz in Italien), dem *settlor* und den

---

15 Vgl. *Ballarino*, Diritto internazionale privato italiano, 8. Aufl. 2016, S. 174.

16 EuGH, 14.9.2017, Rs. C-646/15 – *Panayi*.

17 *Schurr* (oben N. 1), Rn. 4/48.

18 Der EuGH folgte im Ergebnis weitgehend der Entscheidung E-3/13 und E-20/13 des EFTA-Gerichtshofs im Fall *Olsen* vom 9.7.2014.

19 *Schurr* (oben N. 1), Rn. 4/48.

20 *Schurr* (oben N. 1), Rn. 4/49.

21 *Schurr* (oben N. 1), Rn. 4/50.

22 EuGH, 24.5.2011, Rs. C-47/08 – *Kommission/Belgien*; EuGH, 13.12.2005, Rs. C-411/03 – *SEVIC Systems*; vgl. dazu *Crespi*, Le fusioni transfrontaliere davanti alla Corte di Giustizia: il caso Sevic, Riv.dir.int.priv. proc. 2007, 345 ff.

23 So auch Schlussanträge der Generalanwältin *Kokott* Nr. 33 f.

24 *Schurr* (*SEVIC Systems*, 1), Rn. 4/51.

25 EuGH, 14.9.2017, Rs. C-646/15 – *Panayi*.

beneficiaries letztlich für die internationalprivatrechtliche Ausrichtung wie eine italienische Kapitalgesellschaft behandelt wird.[26] In Europa wird insoweit auf IPR-rechtlicher Ebene ein Kurs verfolgt, der den Trust der Gesellschaft im Hinblick auf die Niederlassungsfreiheit gleichstellt. Die Anwendung der Niederlassungsfreiheit auf den Trust führt im innereuropäischen Rechtsverkehr zu ähnlichen Vorzügen, wie sie bislang nur für das Verhältnis zwischen Staaten gegolten haben, die dem HTÜ beigetreten waren. Italienische *trustees* können sich insoweit auch gegenüber deutschen (Steuer-)Behörden und Gerichten darauf berufen, dass Deutschland aufgrund der EuGH-Rechtsprechung den italienischen Trust voll anerkennen muss.

II.

Die theoretischen Wesensmerkmale des Trusts in Italien sowie die praktische Anwendung des Trusts in der italienischen Praxis werden von *Leonie-Pascale Neu* sehr gut für den deutschen Leserkreis aufbereitet und analysiert. Im ersten Kapitel (S. 13-59) befasst sich die Autorin mit dem englischen Recht und baut mit der Darstellung der Mutterrechtsordnungen den Grundstein für die spätere Auseinandersetzung mit der italienischen Realität des Trusts. Hierbei vertieft die Autorin den Ursprung und die Entwicklung des Trusts in England, sowie die verschiedenen Verwendungsarten des Trusts. Die Autorin definiert das Institut des Trusts und gibt einen Überblick über die Funktionsweise des besagten Institutes. Dabei differenziert die Autorin gekonnt zwischen den unterschiedlichen Erscheinungsformen eines Trusts, wobei sie den *express trust* und seine Gestaltungsformen aufzeigt. Die Autorin beschränkt sich nicht bloß auf eine theoretische Abhandlung, da sie auch die Funktion und die Ausgestaltung der verschiedenen Trusts, wie den *inter vivos trust* und *discretionary trust*, im konkreten Einsatzbereich aufzeigt und erörtert. Dabei geht sie auch auf den *testamentary trust* näher ein und verdeutlicht damit, dass der Trust als *will substitute* fungieren kann. Bei der Abhandlung des *express trust* konzentriert sich die Autorin besonders auf die am Trust beteiligten Personen und auf die Eigentumsverfassung des Trusts. Dabei bezeichnet die Autorin die involvierten Parteien treffend als *magic triangle* und spricht im Detail sowohl über die Figur des *settlors*, als auch über den *trustee* und die *beneficiaries*. Zudem erläutert sie auch kurz die Figur des *protectors*, der gerade in der *offshore*-Welt besondere Bedeutung zukommt. In ihrer Monographie beschäftigt sich *Leonie-Pascale Neu* mit der wirksamen Errichtungsweise und der entsprechenden Modifizierung, sowie mit der Beendigung eines *express trust*. Dabei nimmt die Autorin einen kurzen Exkurs über den Trust als Scheingebilde (*sham trust*) vor. Zuletzt wird noch das Thema der Haftung bei Verletzung der Trustbestimmungen behandelt. Dabei schafft es die Autorin, die Haftung des *trustee* sowie die Ansprüche, welche gegen den *trustee* erhoben werden können, klar aufzuzählen und zu erörtern. In diesem Rahmen geht die Autorin auf die Figur des *breach of trust* ein. *Leonie-Pascale Neu* lässt es aber nicht aus, auch die Haftung Dritter zu behandeln, wobei sie sowohl die dinglichen Ansprüche, als auch die obligatorischen Ansprüche gegenüber Dritten erörtert.

Im zweiten Kapitel (S. 61-94) vertieft *Leonie-Pascale Neu* die Figur des Trusts im deutschen Recht. Dabei behandelt sie die Problematik, dass der Trust als Rechtsinstitut der deutschen Rechtsordnung unbekannt ist. Außerdem gibt sie die Gründe für die bestehende Trustproblematik im deutschen Recht an. Die Autorin geht zudem auf das konkret anwendbare Recht im Falle der Begründung eines Trustes ein. Dabei stellt sie sich zunächst die Frage nach dem anwendbaren Recht und somit die Frage der Qualifikation des Trusts im Internationalen Privatrecht. Diese Qualifikation erfolgt durch die Ermittlung von funktionsäquivalenten Rechtsinstituten der deutschen Rechtsordnung, wie beispielsweise das Institut der Treuhand und der Stiftung. In diesem Sinne werden sowohl die Kollisionsnormen zur Bestimmung des anwendba-

---

26 *Schurr* (oben N. 1), Rn. 4/52.

ren Rechts, sowie die Qualifikationsmethode und die effektiven Bestimmungen des Truststatuts erörtert. Dabei schafft es *Leonie-Pascale Neu* zu verdeutlichen, wie komplex der Umgang in der deutschen Rechtsordnung mit dem Rechtsinstitut des Trusts derzeit ist. Die Autorin hält fest, dass diese komplexe Lage auch in Zukunft fortbestehen wird auf Grund der fehlenden Unterzeichnung und Ratifizierung des HTÜ in Deutschland.

Das dritte Kapitel (S. 95-274) beinhaltet den Kern der Monographie, da hier der Trust in der italienischen Rechtsordnung behandelt wird. *Leonie-Pascale Neu* beginnt das dritte Kapitel mit einem kurzen historischen Exkurs über die Figur des Trusts in der italienischen Rechtsordnung. Dabei geht die Autorin sowohl auf die Rechtslage in Italien vor dem HTÜ, als auch auf den Beitritt zum HTÜ selbst und die daraus resultierende Rechtslage ein. Dabei schafft es *Leonie-Pascale Neu* gekonnt, die Ziele und das Wesen des HTÜ sowie die daraus entstandenen Wirkungen wiederzugeben. Die Autorin geht auf die Frage ein, ob Italien die Figur des Trusts schon vor dem HTÜ kannte. Dabei erörtert sie auch die verschiedenen Rechtsfiguren, die der italienischen Rechtsordnung bekannt sind: In diesem Rahmen behandelt sie die Rechtsfiguren des fiduziarischen Rechtsgeschäftes im engeren Sinne, die Rechtsfigur des *contratto di affidamento fiduciario*, des Zweckvermögens zur Verwirklichung schutzwürdiger Interessen (*atti di destinazione per la realizzazione di interessi meritevoli di tutela*), des Familiengutes (*fondo patrimoniale*) und des Vermögens, das für ein Sondergeschäft bestimmt ist (*patrimonio destinato ad uno specifico affare*). Dabei zieht *Leonie-Pascale Neu* korrekterweise den Schluss, dass der Trust ein Rechtsgeschäft darstellt, das keine Regelung im italienischen *codice civile* gefunden hat, da es sich durch besondere Merkmale auszeichnet, wie beispielsweise die Absonderung und den Schutz des Trustvermögens vor den persönlichen Gläubigern. Es gibt jedoch Rechtsinstitute in der italienischen Rechtsordnung, die der Figur des Trusts ähneln, dieses jedoch nicht zur Gänze decken. Die Autorin geht dann auf die Anerkennung des Trusts infolge der Ratifizierung des HTÜ ein. Dabei behandelt sie die verschiedenen Erscheinungsformen, so den *trust straniero*, *trust interno* und den *trust italiano*. *Leonie-Pascale Neu* geht dann auch auf die Wirkungen des Trusts gegenüber Dritten und auf die Möglichkeit ein, diese Wirkungen den Dritten entgegenzuhalten. Dabei erörtert sie das in Italien gültige Publizitätsrecht und wirft die Frage auf, ob dieses ein Hindernis für die Funktionsfähigkeit des Trusts in Italien darstellt. In diesem Rahmen wird die Publizität durch Grundbucheintragung behandelt. Die Autorin lässt es nicht aus, kurz auf die Herausforderung des *trust interno* vor allem für die italienische Kautelarjurisprudenz einzugehen. Hierbei wird auf das den *trust interno* regelnde Recht eingegangen, sowie Geltungseinschränkungen des Truststatuts aufgezeigt. *Leonie-Pascale* Neu kommt zum Schluss, dass es hier eine Vielschichtigkeit von anwendbaren Vorschriften gibt.

Im vierten Kapitel (S. 321-356) widmet sich *Leonie-Pascale Neu* dem Rechtsvergleich. Hierbei beginnt sie mit einer rechtsvergleichenden Betrachtung des Trusts im italienischen Recht und des Trusts im englischen Recht, wobei sie auf die Figuren des *civil law*-Trusts und des *common law*-Trusts eingeht. Die Autorin beginnt auch hier mit einem historischen Exkurs beider Institute. Sie erklärt die Entwicklung vom traditionellen Trustkonzept des *common law* zum Trustkonzept des *civil law*. Dabei zeigt sie die Charakteristika des *common law*-Trusts und die Unterschiede zum *civil law*-Trust auf. Am Ende des vierten Kapitels geht die Autorin nochmals auf die Figur des *trust interno* ein und erörtert die Entwicklung eines *trust di diritto interno*.

Abschließend zieht *Leonie-Pascale Neu* die Schlüsse aus den vorangegangenen Überlegungen (S. 359). Sie unterstreicht nochmals die positiven Auswirkungen des Erlasses des HTÜ, da es wesentliche Fortschritte hinsichtlich der Rechtsfigur des Trusts vor allem in den Rechtsordnungen des *civil law* gebracht hat. Die Autorin spricht nochmals über die Vereinbarkeit des Trusts mit den Rechtordnungen des *civil law*. Außerdem unterstreicht *Leonie-Pascale Neu*, dass der Trust nicht mehr als reines *common law*-Rechtsinstitut angesehen werden kann, da es nun auch in den *civil law*-Rechtsordnungen seine Existenzberechtigung gefunden hat. Abschließend hält die Autorin fest, wie das angelsächsische Institut des Trusts nicht einfach eins zu eins in *civil law*-Rechtsordnungen übernommen werden kann. Die Autorin hebt die Wichtigkeit einer entsprechenden Anpassung der Rechtsordnung hervor.

III.

Mit dem vorliegenden Werk zeigt *Leonie-Pascale Neu* große Begeisterung für das Rechtsinstitut des Trusts. Die tiefgehende Untersuchung stützt sich auf die einschlägige Literatur und Rechtsprechung und zeigt für den deutschsprachigen Leserkreis die jahrzehntelange Entwicklung hin zu einem völligen Selbstverständnis des Trusts in der italienischen Rechtslandschaft auf. Das Werk von *Leonie-Pascale Neu* ist nicht nur wegen der theoretischen Auseinandersetzung mit dem Rechtsinstitut des Trusts, sondern auch wegen der Darstellung der praktischen Bedeutsamkeit besonders wertvoll. Das Buch von *Leonie-Pascale Neu* ist jedem wärmstens zu empfehlen, der sich wissenschaftlich bzw. in seiner Beratungstätigkeit mit dem Trust befasst.

Francesco A. Schurr

Isola, Lisa, Venire contra factum proprium – **Herkunft und Grundlagen eines sprichwörtlichen Rechtsprinzips. Wiener Studien zu Geschichte, Recht und Gesellschaft, Band 6,** Peter-Lang Verlag, Frankfurt a. M. u.a. 2017, 515 S.

Das Verbot des *venire contra factum proprium* bringt zum Ausdruck, dass widersprüchliches Verhalten grundsätzlich nicht bindet. Trotz seiner „Sprichwörtlichkeit" ist seine Ausformung in den europäischen Rechtsordnungen nicht einheitlich, selbst seine Grundsätzlichkeit steht nicht fest. Während in Deutschland das Verbot widersprüchlichen Verhaltens allgemein als Unterfall der unzulässigen Rechtsausübung basierend auf der Generalklausel von Treu und Glauben nach § 242 BGB anerkannt ist, wird es in Österreich hingegen nur in Einzelfällen als sittenwidrig eingestuft. Dies setzt nach dem Obersten Gerichtshof nicht nur die Verletzung schutzwürdigen Vertrauens, sondern darüber hinaus aufgrund dieses Vertrauens getroffene Dispositionen der Gegenseite voraus (S. 2-3). Die Rechtslage in Italien erscheint uneinheitlich. Auf der einen Seite wird es wie in Deutschland als eine Ausprägung der *buona fede oggettiva* verstanden, wobei ein Teil der Literatur es als Verbot des Rechtsmissbrauchs (*exceptio doli*) einstuft, ein anderer als Folge der Pflicht zur korrekten Vertragsausführung. Die Gegenansicht sieht im *divieto di venire contro il fatto proprio* jedoch kein allgemeines Prinzip, sondern nur eine Ausnahmefallregelung.[1]

Erstmals erwähnt wird der Rechtssatz zur Zeit der Glossatoren. Als allgemeiner Grundsatz wird er in den sogenannten *Brocardica aurea* aufgestellt. Anhand der Kasuistik des *Corpus Iuris Civilis* und teils des *Decretum Gratiani* wird er darin als Rechtsprinzip beschrieben. Die Aufarbeitung dieser Induktion (S. 18) samt einer detaillierten Exegese der dafür verwendeten Quellen macht sich das Werk von *Lisa Isola* zur Aufgabe. Ihre Arbeit leistet damit einen wichtigen Beitrag zur Fortentwicklung des römischen Rechts im Mittelalter und liefert darüber hinaus eine solide Grundlage für die Untersuchung der späteren, unterschiedlichen Herausbildung in den europäischen Rechtsordnungen.

In der Einleitung (S. 1-14) führt die Autorin in den Forschungsstand und in die Literaturgattung der *Brocardica* ein (S. 15-30). Äußerst begreiflich beschreibt sie darin deren Entstehung, Aufbau und die darin angewandte Technik der Regelfindung und weist auf die bisher ungelösten Rätsel um die Etymologie der Bezeichnung hin. Rechtstheoretisches Verständnis beweist die Autorin bei der Unterscheidung von Regeln und Prinzipien und deren historische Entwicklung im Rechtsdenken. Der Hauptteil der Arbeit widmet sich den *Brocardica aurea*. Nach Einführung (S. 31-34) und Abgrenzung dieses Werks zu anderen *Brocardica* (S. 35-40) erfolgt eine detaillierte Quellenanalyse. Gleich der Abfolge der *Brocardica aurea* werden zunächst die 27 *pro-argumenta* (S. 41-220) und sodann die 26 *contra-argumenta* (S. 220-365) für das Prinzip aufgeführt, kontextualisiert und bewertet, bevor die Untersuchung in die *Solutio* (S. 365-381) als dritter Teil der *Brocardica aurea* mündet. Dieser abschließende Teil zeigt, wie die Pro- und die scheinbaren Contra-Argumente in Einklang zu bringen sind. Schließlich werden noch weitere *argumenta* aus den *Brocardica dolum* sowie *initium* erwähnt (S. 389-423). Das Werk endet mit einer siebenseitigen Ergebnisübersicht und einem umfangreichen Literatur-, Quellen- und Stichwortverzeichnis.

Die Quellen, die in den *argumenta* herangezogen werden, behandeln eine Vielzahl von Rechtsgebieten. Neben dem Privatrecht werden Regeln aus dem Prozessrecht, dem öffentlichen Recht und dem Kirchenrecht angeführt. Als eingängige Beispiele zur Untermauerung des *venire contra factum proprium*-Prinzips sind zu nennen: der einseitige Rücktritt vom Vertrag; das Er-

---

1 *Falco*, La buona fede e l'abuso del diritto: principi, fattispecie e casistica, 2010, S. 206-216; *Festi*, Il divieto di „venire contro il fatto proprio", 2006, S. 1-14; *Schurig*, Rechtsfragen des italienischen Handelsvertreterrechts mit kollisionsrechtlichen Bezügen, in: Jayme/Mansel/Pfeiffer (Hrsg.), Jahrbuch für Italienisches Recht 19 (2007), S. 97, 143-147.

löschen des Beweisrechts, wenn ein zuvor gestellter Beweisantrag zurückgenommen wurde; als auch das Verbot gegen den Fiskus vorzugehen, wer einmal den Fiskus als *advocatus fisci* vertreten hat. Auf der anderen Seite dienen als Contra-Argumente bspw. die Nichtigkeit verbotswidriger Veräußerungen von Kirchenvermögen, allgemein Handlungen im Namen oder Interesse Dritter, die Rücknahme von Ersthandlungen im Prozess, wie die unverschuldet wahrheitswidrige Besitzbehauptung. Die *Solutio* löst den vermeintlichen Widerspruch derart auf, dass sie zwischen rechtswirksamen und nicht rechtswirksamen Ersthandlungen unterscheidet. Rechtswirksame Ersthandlungen sind abgesehen von speziellen Ausnahmetatbeständen stets verbindlich. Rechtsunwirksame Ersthandlungen sind grundsätzlich unverbindlich, jedoch ist nach dem Grund für die Unwirksamkeit zu differenzieren. Liegt ein Verstoß gegen ein materiell-rechtliches Verbot vor, kommt der Grundsatz von der Unwirksamkeit des Zweitverhaltens nicht zum Tragen. Handelt es sich lediglich um einen Formverstoß oder fehlt die Mitwirkung anderer Personen, so ist die Person an das Vorverhalten gebunden. Das Vertrauen bzw. der Rechtsschein, der durch das Erstverhalten hervorgerufen wird, spielt in der Argumentation – anders als heute – hingegen keine Rolle. Die *Brocardica aurea* liefern damit ein anschauliches Beispiel, wie die mittelalterlichen Juristen mit Hilfe allgemeiner Rechtsprinzipien das *Corpus Iuris Civilis* besser durchdrangen und dadurch das Rechtsdenken systematisierten. Als „sprichwörtlich" wird das Rechtsprinzip bezeichnet, da es „sich durch eine einprägsame Formulierung aus[zeichnet]" (S. 425).

Bydlinski folgend, wonach konkrete Einzelregeln auch von unterschiedlichen Prinzipien bestimmt werden, die sich gegenseitig verstärken oder einschränken, stellt die Autorin folgende, allgemeine Übersicht auf: Das Verbot des Selbstwiderspruchs wird verstärkt durch die Bindung an den selbst gesetzten Rechtsakt, das Vertrauensschutzprinzip und das fehlende Recht zur Rückforderung bei Konvaleszenz. Auf der anderen Seite schränken der Minderjährigenschutz, der *favor libertatis* und der Verzicht auf Begünstigendes das Prinzip ein (S. 431).

Für die in den *Brocardica* aufgeführten Quellen liefert die Autorin eigene Übersetzungen und behandelt deren Inhalt über die eigentliche Widerspruchsproblematik hinaus sehr genau. So stellt sie viele Bezüge zu weiteren römischen Quellen her und stellt damit die aus den *Brocardica aurea* zu gewinnenden Erkenntnisse umfassend dar. Dem Ziel der Arbeit, die dogmatischen Wurzeln des Rechtsgrundsatzes zu beleuchten (S. 13), wird die Autorin damit bei weitem gerecht. Zusätzlich erinnert das Werk an eine heute ausgestorbene Literaturgattung der Rechtswissenschaft.

Weitgehend offen bleibt der Gedanke, ob der Verfasser der *Brocardica aurea* nicht auch abduktiv vorging: Der Rechtsgrundsatz könnte zunächst hypothetisch aufgestellt worden sein, um sodann anhand der römischen Quellen auf seine Regelmäßigkeit hin überprüft zu werden. Gegen ein induktives Vorgehen, d.h. der Gewinnung des Rechtssatzes aus dem Quellenmaterial, spricht, dass die Anzahl der Pro-Argumente die der Contra-Argumente nur um eines übersteigt, ein klares Ergebnis lässt sich daraus nicht ableiten. Als genauso wahrscheinlich scheint es, dass die Überzeugung der Richtigkeit des Grundsatzes sich aus externen Quellen nährte.

Um die europäische Rechtsentwicklung von der Antike bis heute nachzuvollziehen, bedarf es nicht nur der Kenntnis des römischen Rechts als ihrer Grundlage. Erforderlich ist zusätzlich das Wissen um die Art und Weise der Verallgemeinerung der Kasuistik durch die Glossatoren und Kommentatoren. Damit spürt das Werk nicht nur analytisch genau der Entstehung eines begrenzten europäischen Rechtsprinzips nach, sondern leistet zusätzlich einen Beitrag zur Überprüfung der Rechtsfindung in der europäischen Rechtsgeschichte.

Doris Forster

III. Entscheidungen

Nr. 1   BGH, Beschluss vom 13.12.2018, Az.: V ZB 175/15

Zur Anwendung der Monatsfrist des § 929 Abs. 2 ZPO auf die Vollziehung einer italienischen Sicherstellungsbeschlagnahme, die in Deutschland für vollstreckbar erklärt worden ist

Leitsatz:

Die in § 929 Abs. 2 ZPO geregelte Monatsfrist erfasst auch die Vollziehung eines Arrestbefehls, der in einem anderen Mitgliedstaat erlassen (hier: italienische Sicherstellungsbeschlagnahme) und in Deutschland für vollstreckbar erklärt worden ist.[1]

Gründe:

I.

Die Antragstellerin ist eine Gesellschaft italienischen Rechts in der Rechtsform einer *società a responsibilità limitata*. Sie erwirkte am 19.11.2013 vor dem italienischen Tribunale di Gorizia eine Sicherstellungsbeschlagnahme (*„sequestro conservativo"*) gegen G. H. (im Folgenden: Schuldner). Hierdurch wurde sie ermächtigt, die Sicherstellungsbeschlagnahme bis zu einem Betrag von 1.000.000 Euro auf bewegliche und unbewegliche, materielle und immaterielle Werte sowie Forderungen des Schuldners vorzunehmen. Mit Beschluss vom 22.8.2014 erklärte das Oberlandesgericht die Entscheidung in Deutschland für vollstreckbar.

Am 23.4.2015 hat die Antragstellerin beantragt, eine verteilte Sicherungshypothek an dem im Rubrum genannten, in Deutschland belegenen Grundbesitz des Schuldners (einer Eigentumswohnung nebst zwei Tiefgaragenstellplätzen) einzutragen. Das Amtsgericht – Grundbuchamt – hat den Eintragungsantrag zurückgewiesen. Das Oberlandesgericht hat die dagegen gerichtete Beschwerde der Antragstellerin zurückgewiesen, weil die Frist des § 929 Abs. 2 ZPO nicht eingehalten worden sei. Mit der zugelassenen Rechtsbeschwerde will die Antragstellerin weiterhin die Eintragung der Sicherungshypothek erreichen. Mit Beschluss vom 11.5.2017[2] hat der Senat dem Gerichtshof der Europäischen Union folgende Frage zur Vorabentscheidung vorgelegt:

„Ist es mit Art. 38 Abs. 1 der Verordnung (EG) Nr. 44/2001 des Rates vom 22. Dezember 2000 über die gerichtliche Zuständigkeit und die Anerkennung und Vollstreckung von Entscheidungen in Zivil- und Handelssachen vereinbar, eine im Recht des Vollstreckungsstaates vorgesehene Frist, aufgrund derer aus einem Titel nach Ablauf einer bestimmten Zeit nicht mehr vollstreckt werden darf, auch auf einen funktional vergleichbaren Titel anzuwenden, der in einem anderen Mitgliedsstaat erlassen und in dem Vollstreckungsstaat anerkannt und für vollstreckbar erklärt worden ist?"

Der Gerichtshof der Europäischen Union hat die Vorlagefrage mit Urteil vom 4.10.2018[3] wie folgt beantwortet:

„Art. 38 der Verordnung (EG) Nr. 44/2001 des Rates vom 22. Dezember 2000 über die gerichtliche Zuständigkeit und die Anerkennung und Vollstreckung von Entscheidungen in Zivil- und Handelssachen ist dahin auszulegen, dass er der Anwendung einer Regelung eines Mitgliedstaats wie der im Ausgangsverfahren in Rede stehenden, nach der für die Vollziehung eines

---

1   Vgl. EuGH, Urteil vom 4.10.2018, Rs. C-379/17 – *Società Immobiliare Al Bosco Srl*, EU:C:2018:806, NJW 2019, 581.
2   Abgedruckt u.a. in RIW 2018, 305.
3   EuGH, Urteil vom 4.10.2018, Rs. C-379/17 – *Società Immobiliare Al Bosco Srl*, EU:C:2018:806, veröffentlicht u.a. in RIW 2018, 756.

Arrestbefehls eine Frist gilt, nicht entgegensteht, wenn es um einen Arrestbefehl geht, der in einem anderen Mitgliedstaat erlassen wurde und dem im Vollstreckungsmitgliedstaat Vollstreckbarkeit beigelegt worden ist".

II.

Nach Auffassung des Beschwerdegerichts[4] steht der beantragten Eintragung der Ablauf der in § 929 Abs. 2 ZPO geregelten Vollziehungsfrist von einem Monat entgegen. Die dem ausländischen Titel nach Art. 38 der Verordnung Nr. 44/2001 verliehene Vollstreckbarkeit decke sich inhaltlich mit der einem entsprechenden inländischen Titel zukommenden Vollstreckbarkeit. Die Vollstreckung als solche richte sich nach der *lex fori*. Da die Sicherstellungsbeschlagnahme nach italienischem Recht mit einem deutschen Arrestbeschluss vergleichbar sei, seien die hierfür maßgeblichen Verfahrensvorschriften und damit auch § 929 Abs. 2 ZPO einzuhalten. In die Entscheidungshoheit des ausländischen Staates werde hierdurch nicht eingegriffen, da die Vollziehungsfrist die zwangsweise Durchsetzung eines erstrittenen Arresttitels, nicht aber dessen Wirksamkeit als solche beschränke.

III.

Diese Ausführungen halten rechtlicher Nachprüfung stand.

Die italienische Entscheidung vom 19.11.2013 ist nach der Verordnung Nr. 44/2001 in Deutschland für vollstreckbar erklärt worden; diese Verordnung ist auch weiterhin anzuwenden, weil die Entscheidung über die Vollstreckbarerklärung vor dem 10.1.2015 ergangen ist.[5] Grundlage der Zwangsvollstreckung in Deutschland ist die inländische Entscheidung über die Vollstreckbarerklärung.[6]

Rechtsfehlerfrei und von der Rechtsbeschwerde unbeanstandet ordnet das Beschwerdegericht die italienische Sicherstellungsbeschlagnahme funktional wie einen Arrestbefehl nach deutschem Recht ein. Infolgedessen richtet sich die Zwangsvollstreckung aus der inländischen Entscheidung über die Vollstreckbarerklärung nach den deutschen Vorschriften über die Vollziehung des Arrestbefehls.

a) Zu den maßgeblichen Verfahrensvorschriften gehört auch § 929 Abs. 2 ZPO. Die dort geregelte Monatsfrist erfasst auch die Vollziehung eines Arrestbefehls, der in einem anderen Mitgliedstaat erlassen und in Deutschland für vollstreckbar erklärt worden ist. Nach der auf Vorlage des Senats ergangenen Entscheidung des Gerichtshof der Europäischen Union steht Art. 38 der Verordnung Nr. 44/2001 der Anwendung einer solchen, im Recht des Vollstreckungsstaats vorgesehenen Frist nicht entgegen.[7] An diese Auslegung des Unionsrechts sind die nationalen Gerichte gebunden.[8]

---

4 OLG München, FGPrax 2016, 68 ff.
5 Art. 66 Abs. 2 der Verordnung (EU) Nr. 1215/2012 des Europäischen Parlaments und des Rates vom 12. Dezember 2012 über die gerichtliche Zuständigkeit und die Anerkennung und Vollstreckung von Entscheidungen in Zivil- und Handelssachen; vgl. EuGH, Urteil vom 4.10.2018, Rs. C-379/17 – *Società Immobiliare Al Bosco Srl*, EU:C:2018:806, Rn. 22.
6 Vgl. BGH, Beschluss vom 4.3.1993, IX ZB 55/92, BGHZ 122, 16, 18 m.w.N. Wird – wie hier – die Eintragung einer Sicherungshypothek beantragt, hat das Grundbuchamt die Voraussetzungen der Zwangsvollstreckung selbständig zu prüfen (vgl. Senat, Beschluss vom 4. Juli 2013, V ZB 151/12, ZfIR 2013, 779 Rn. 7 m.w.N.).
7 EuGH, Urteil vom 4.10.2018, Rs. C-379/17 – *Società Immobiliare Al Bosco Srl*, EU:C:2018:806, Rn. 51.
8 Vgl. nur BGH, Urteil vom 28.10.2015, VIII ZR 158/11, BGHZ 207, 209, Rn. 33.

b) Danach ist der Arrestbefehl nicht mehr vollziehbar. Der Lauf der Monatsfrist des § 929 Abs. 2 ZPO wird im Anwendungsbereich von Art. 38 Abs. 1 der Verordnung Nr. 44/2001 durch den Zugang[9] der Vollstreckbarerklärung an den Gläubiger in Gang gesetzt.[10] Nach den Feststellungen des Beschwerdegerichts war mehr als ein Monat seit dem Zugang der Vollstreckbarerklärung an die Gläubigerin verstrichen, als die Eintragung der Sicherungshypothek beantragt wurde. Da gemäß § 932 Abs. 3 ZPO der Eintragungsantrag maßgeblich ist, ist die Vollziehungsfrist nicht eingehalten.

[…]

---

9 Vgl. § 10 Abs. 3 AVAG.
10 Vgl. EuGH, Urteil vom 4.10.2018, Rs. C-379/17 – *Società Immobiliare Al Bosco Srl*, EU:C:2018:806, Rn. 50.

Nr. 2   OLG Dresden, Beschluss vom 23.1.2019, Az.: 3 W 652/18

Angemessenheit der Vergütung eines Sachverständigen für ausländisches Recht nach JVEG

Leitsatz (juris):

Sind spezifische juristische Sonderkenntnisse des Sachverständigen im ausländischen Recht und der ausländischen Rechtssprache zur Erstellung des Rechtsgutachtens erforderlich, ist die Einordnung seiner Tätigkeit in die höchste Honorargruppe Nr. 13 nach § 9 Abs. 1 JVEG angemessen.

Gründe:

I.

Der Sachverständige war vom Landgericht mit Beschluss vom 27.10.2017 beauftragt worden, ein Rechtsgutachten zu der Frage zu erstellen, ob bei Zugrundelegung des klägerischen Sachvortrags der vom Kläger geltend gemachte Schadenersatzanspruch nach italienischem materiellem Recht dem Grunde, der Quote und der Höhe nach gegeben sei. Der Sachverständige hat sein schriftliches Rechtsgutachten vom 5.3.2018 vorgelegt und mit Rechnung vom 12.3.2018 eine Vergütung i.H.v. 4.250,00 €, Aufwendungsersatz i.H.v. 71,95 € sowie Umsatzsteuer i.H.v. 821,17 € geltend gemacht. Er beansprucht dabei eine Vergütung zu einem Stundensatz von 125,00 € entsprechend der Honorargruppe 13 nach § 9 Abs. 1 JVEG.

Der Bezirksrevisor des Landgerichts ... hat in seiner Stellungnahme vom 3.5.2018 gemeint, der gemäß § 9 Abs. 1 Satz 3 JVEG vorzunehmenden Ermessensausübung werde durch Zubilligung eines Stundensatzes von 110,00 € (Honorargruppe 10) Genüge getan; eine Gewährung der Honorargruppe mit dem höchsten Stundensatz komme nicht in Betracht, da mithilfe des Gutachtens lediglich die Schlüssigkeit der Klage unter Anwendung des italienischen materiellen Rechts habe geklärt werden sollen.

Das Landgericht hat mit dem im Tenor genannten Beschluss vom 10.6.2018 den an den Sachverständigen zu zahlenden Betrag auf 4.531,40 € festgesetzt. Dabei hat es zum einen den Aufwendungsersatz für die gefertigten Ablichtungen gem. § 7 Abs. 2 JVEG geringfügig gekürzt. Zum anderen hat es entschieden, der angemessene Stundensatz für die Vergütung sei nach § 9 Abs. 1 Satz 3 JVEG anhand der Honorargruppe 10 mit 110,00 € zu bemessen.

Mit seiner am 6.7.2018 eingegangenen Beschwerde wendet sich der Sachverständige gegen die Einordnung seiner beauftragten Tätigkeit in die Honorargruppe 10; er hält im Hinblick darauf, dass spezifische juristische Sonderkenntnisse des ausländischen Rechts und der ausländischen Rechtssprache angefragt waren, eine Eingruppierung in die höchste Honorargruppe 13 zu einem Stundensatz von 125,00 € für angemessen.

Das Landgericht hat der Beschwerde mit Beschluss vom 11.7.2018 nicht abgeholfen und sie dem Oberlandesgericht Dresden zur Entscheidung vorgelegt.

II.

Die gemäß § 4 Abs. 3 JVEG zulässige Beschwerde des Sachverständigen hat auch in der Sache Erfolg.

Da die Erstattung von Gutachten über ausländisches Recht in der Anlage 1 zum Justizvergütungs- und -entschädigungsgesetz keiner Honorargruppe zugewiesen wird, ist die von dem gerichtlichen Sachverständigen vorliegend erbrachte Leistung gemäß § 9 Abs. 1 Satz 3 Halbsatz 1 JVEG unter Berücksichtigung der allgemein für Leistungen dieser Art außergerichtlich und außerbehördlich vereinbarten Stundensätze nach billigem Ermessen einer der in § 9 Abs. 1 Satz 1 JVEG aufgeführten Honorargruppen zuzuordnen.

Es mag sein, dass – wie das Landgericht ausführt – kein freier Markt für die Tätigkeit eines wissenschaftlichen Rechtsgutachters für ausländisches Recht besteht. Für die Tätigkeit eines Rechtsanwalts, der im Rahmen eines konkreten Mandats ebenfalls derartige Fragen zu beantworten hat, gibt es indessen durchaus einen Markt. Dem Senat ist bekannt, dass bei Rechtsanwälten mit Kenntnissen in besonderen, nicht häufig bearbeiteten Gebieten – noch dazu bei Fällen mit internationalem Bezug – regelmäßig Stundensätze von deutlich über 125,00 € ausgehandelt werden. Deren Tätigkeit ist durchaus mit der hier beauftragten vergleichbar. Angesichts der Tatsache, dass das Landgericht die normale Fachkenntnis eines deutschen Volljuristen vorliegend nicht für ausreichend erachtete, sondern gezielt einen Wissenschaftler und Professor für Internationales Privatrecht und Rechtsvergleichung mit Sonderkenntnis des italienischen Rechts beauftragte, erscheint die Einordnung seiner Tätigkeit in die höchste Honorargruppe Nr. 13 zu einem Stundensatz von 125,00 € durchaus angemessen.

Gegen die (geringfügige) Kürzung der ursprünglich geltend gemachten Aufwendungen wendet sich der Sachverständige mit seiner Beschwerde nicht.

Der an ihn auszuzahlende Betrag berechnet sich daher wie folgt:

34,0 Stunden zu je 125,00 € (Honorar-Gr. 13), §§ 8 Abs. 1, 9 m, -11 JVEG	4.250,00 €
Schreibaufwand, § 12 Abs. 1 Nr. 3 JVEG	42,30 €
Ablichtungen, § 7 Abs. 2 JVEG	25,60 €
Zwischensumme	4.317,90 €
19 % Umsatzsteuer, § 12 Abs. 1 Nr. 4 JVEG	820,40 €
Summe	**5.138,30 €**

Gerichtsgebühren werden nicht erhoben, Kosten nicht erstattet (§ 4 Abs. 6 JVEG).

Nr. 3   AG Heidelberg, Urteil vom 20.11.2018, Az.: 22C 319/18

Geltendmachung der Mautforderung einer italienischen Autobahnmautgesellschaft in Deutschland: Anwendbares Recht; Anspruch auf vorgerichtliche Inkassokosten

Leitsätze der Red.:

1. **Die Mautforderung einer italienischen Autobahnmautgesellschaft beruht auf Art. 176 des italienischen Straßenverkehrsgesetzes (Codice della Strada). Ihre Verjährung richtet sich nach Art. 2946 des italienischen Zivilgesetzbuchs (CC ITA).**
2. **Der italienischen Autobahnmautgesellschaft steht gemäß den §§ 280 Abs. 2, 286, 288 BGB ein Anspruch auf vorgerichtliche Inkassokosten zu; bei nachfolgender Einschaltung eines Rechtsanwalts zum Zweck der Prozessführung jedoch nur in Höhe der in Anlehnung an das RVG erstattungsfähigen und auf die danach auf die Verfahrensgebühr nicht anrechnungsfähigen vorgerichtlichen Rechtsanwaltsgebühren.**

Gründe:

Gemäß § 495a ZPO bestimmt das Gericht das Verfahren nach billigem Ermessen. Innerhalb dieses Entscheidungsrahmens berücksichtigt das Gericht grundsätzlich den gesamten Akteninhalt.

Die Klägerin hat ihren Zahlungsanspruch schlüssig dargestellt. Die Hauptforderung in Höhe von 13,44 EUR folgt aus Art. 176 der italienischen Straßenverkehrsordnung. Die Forderung ist nicht verjährt, Art. 2946 des italienischen Zivilgesetzbuchs. Das Institut der Verwirkung greift nicht.

Die Verurteilung zur Zahlung der Nebenforderung gründet sich auf §§ 280 Abs. 2, 286, 288 BGB. Der Klägerin steht ein Anspruch auf vorgerichtliche Inkassokosten bei nachfolgender Einschaltung eines Rechtsanwalts zum Zweck der Prozessführung jedoch nur in Höhe der in Anlehnung an das RVG erstattungsfähigen und auf die danach auf die Verfahrensgebühr nicht anrechnungsfähigen vorgerichtlichen Rechtsanwaltsgebühren zu. Damit beläuft sich der zu erstattende Betrag für vorgerichtliche Inkassotätigkeit auf eine 0,65 Gebühr, damit von 29,25 EUR, zuzüglich der ungekürzten Auslagenpauschale der 1,3 Gebühr, damit von 11,70 EUR, mithin gesamt auf 40,95 EUR.

Die Kostenentscheidung beruht auf § 91 ZPO. Die teilweise Klageabweisung betrifft den Streitwert nicht erhöhende Nebenforderungen.

Die Entscheidung zur vorläufigen Vollstreckbarkeit hat ihre Rechtsgrundlage in den §§ 708 Nr. 11, 713 ZPO.

IV. Rechtsprechungsübersicht

(im Anschluss an die Übersicht in Band 31,
vornehmlich aus dem Publikationszeitraum 2018 und 2019)

1. SCHULD-, SACHEN-, HANDELS- UND WIRTSCHAFTSRECHT

1.1 § 254 BGB, Art. 1227 Abs. 2 Codice Civile

Für die Frage, ob dem Geschädigten die Verwertung seines Pkw zumutbar ist, kommt es darauf an, ob er dadurch einen Beweisnachteil bei dem Versuch der Durchsetzung seiner Schadensersatzforderung gegen den Schädiger/Versicherer zu befürchten hat. Dies ist aus der ex ante Betrachtung eines vernünftigen, auch die berechtigten Belange des Schädigers/Versicherers und seine Schadensminderungspflicht beachtenden Geschädigten zu entscheiden. In besonders gelagerten Fällen, etwa beim Verdacht einer Unfallmanipulation oder wenn der Unfallhergang als solcher streitig ist und eine beweissichere Dokumentation durch Fotos nicht möglich ist, kann dem Geschädigten die Verwertung mit der Gefahr damit verbundener Beweisnachteile unzumutbar sein. (FD-StrVR Leitsatz)

OLG München, Urteil vom 15.2.2019 – 10 U 1330/18 (LG München II), BeckRS 2019, 1952

1.2 Art. 17 CMR

1. Dem außerhalb des Beförderungsvertrages stehenden „vertragslosen Absender" einer Lieferung ab Werk („ex works") steht nach den Regelungen der CMR, die ausdrücklich die vertraglichen Ansprüche der am Transport Beteiligten regelt, kein Anspruch nach CMR zu, eine ergänzungsbedürftige Lücke hinsichtlich eines außerhalb des Beförderungsvertrages stehenden Dritten besteht nicht. Er überträgt die Verfügungsgewalt in tatsächlicher und rechtlicher Hinsicht mit der Übergabe der Waren an die Spedition willentlich auf den Käufer.

2. Mangels rechtsgeschäftlichen Kontakts zwischen Schuldner und Drittem erfolgt die Übernahme von Schutzpflichten beim Vertrag mit Schutzwirkung zugunsten Dritter gegenüber dem Dritten unfreiwillig, sodass es sich nicht um eine freiwillig eingegangene Verpflichtung auf der Grundlage eines Vertrages handelt und somit um eine außervertragliche Sonderverbindung im Sinne des Art. 4 I Rom II-VO.

3. [...] (RdTW Leitsätze)

LG Saarbrücken, Urteil vom 27.6.2018 – 17 HK O 9/16, RdTW 2019, 270 = BeckRS 2018, 18884 = NZV 2019, 101 = TranspR 2019, 172

1.3 Art. 8 Abs. 2 Rom II-VO, Art. 13 Abs. 1 VO (EU) 1151/2012, §§ 19, 135 MarkenG, § 540 Abs. 1 Nr. 1 ZPO, Art. 17 Abs. 2 LMIV, § 8 Abs. 3 Nr. 2 UWG

1. Wird bei behaupteter Verletzung einer geographischen Ursprungsbezeichnung allein das Anbieten, Bewerben, In-Verkehr-Bringen und Einführen in der/die Bundesrepublik Deutschland angegriffen, gilt nach Art. 8 Abs. 2 Rom II-Verordnung für den Umfang des Schutzes der geltend gemachten Rechte Art. 13 der Verordnung (EU) 1151/2012, während sich auf der Rechtsfolgenseite der Unterlassungsanspruch aus § 135 MarkenG, § 8 UWG ergibt, auch wenn beide Parteien nicht in Deutschland ansässig sind.

2. Der Schutz der geographischen Ursprungsbezeichnung „Prosciutto di Parma" erstreckt sich auch auf die Verwendung der einzelnen geographischen Bestandteile der zusammengesetzten Bezeichnung.

3. Für die Frage der Anspielung im Sinne des Art. 13 Abs. 1 lit. b der Verordnung (EU) 1151/2012 kommt es weder auf die Sichtweise des deutschen Verbrauchers noch des Verbrauchers im Herkunftsland der Waren, sondern auf die Verkehrsauffassung des europäischen Verbrauchers an. Diese Verkehrsauffassung kann der Senat selbst beurteilen, da er zu den angesprochenen europäischen Verkehrskreisen gehört.

4. Die Bezeichnung „Culatello di Parma" für ein aufgeschnittenes Rohschinkenprodukt in Klarsichtverpackung stellt eine Anspielung auf die geschützte Ursprungsbezeichnung „Prosciutto di Parma" dar. (Rn. 54 ff.)

OLG Köln (6. Zivilsenat), Urteil vom 18.1.2019 - 6 U 61/18, BeckRS 2019, 285 = GRUR-RR 2019, 251 = MarkenR 2019, 119 = WRP 2019, 362 = ZLR 2019, 409 = GRUR-Prax 2019, 88

1.4   Art. 1223 Codice Civile

Zu Schadensersatzansprüchen nach italienischem Recht wegen eines Verkehrsunfalls in Italien (Verf.)

AG Heinsberg, Urteil vom 27.3.2019 – 18 C 27/17, juris

1.5   §§ 278, 328, 831 BGB, Art. 1 § 1, 6 § 1, 23 § 1, 25 § 1, 27 § 1, 32 § 1 CIM, §§ 138 Abs. 3, 142 ZPO

Die Haftung des Beförderers nach Art. 23 § 1 CIM setzt grundsätzlich voraus, dass zwischen dem Anspruchsteller und dem Beförderer ein Beförderungsvertrag nach Art. 6 § 1 CIM besteht, denn es folgt aus Art. 1 § 1 CIM, dass die Vorschriften der CIM in personeller Hinsicht nur für die Parteien eines Beförderungsvertrags gelten. Es können jedoch die Grundsätze des Vertrags mit Schutzwirkung zugunsten Dritter auch auf einen der CIM unterfallenden, grenzüberschreitenden Beförderungsvertrag anzuwenden sein, wodurch auch der Eigentümer des beschädigten Trailers in den Schutzbereich des Beförderungsvertrages einbezogen sein kann.

LG Bonn (19. Zivilkammer), Urteil vom 1.10.2018 – 19 O 120/17, BeckRS 2018, 43241

2. FAMILIEN- UND ERBRECHT

2.1   Art. 3 Abs. 1, 4, 12 Abs. 1 HKÜ, §§ 14 Nr. 2, 40 Abs. 2 Satz 4 IntFamRVG, §§ 40 Abs. 1, 42 Abs. 3 FamGKG

1. **Hat ein Kind unmittelbar mit seiner Einreise seinen gewöhnlichen Aufenthalt in einem Vertragsstaat des HKÜ begründet, so scheidet ein widerrechtliches Zurückhalten im Sinne des Art. 3 HKÜ schon begrifflich aus, wenn ein Elternteil sich weigert, das Kind aus diesem Vertragsstaat ausreisen zu lassen. (Rn. 3)**

2. **Ein Aufenthalt wird zum gewöhnlichen Aufenthalt, wenn er von vornherein auf Dauer angelegt ist. Bei einem Kind kommt es dabei auf den gemeinsamen objektiv erkennbaren Willen der Sorgerechtsinhaber zum dauerhaften Wechsel des gewöhnlichen Aufenthaltes an. Ein Säugling bzw. ein sehr kleines Kind teilt das soziale und familiäre Umfeld des Personenkreises, auf den es angewiesen ist (ebenso EuGH BeckRS 2011, 80085). (Rn. 4)**

3. **Ein Kind, dessen sorgeberechtigte Eltern nach einvernehmlicher Entscheidung in ein anderes Land umziehen, um dort auf Dauer zu leben und einer beruflichen Tätigkeit nachzugehen, erlangt dort unmittelbar mit der Einreise und Wohnsitznahme seinen gewöhnlichen Aufenthalt. (Rn. 5) (Leitsätze der BeckRS-Redaktion)**

OLG Düsseldorf (1. Familiensenat), Beschluss vom 4.10.2018 – 1 UF 127/18, BeckRS 2018, 36570

2.2 **§§ 19 Abs. 2 Nr. 4, 27 VersAusglG, §§ 70 Abs. 1, 150 Abs. 4 FamFG,**
   §§ 40, 50 Abs. 1 Satz 1 FamGKG

1. Verfügt ein Ehegatte über ausländische Anwartschaften, die mindestens so hoch sind, wie
   die inländischen Anrechte des anderen Ehegatten, kann der Ausgleich dieser inländischen
   Anrechte für den anderen Ehegatten unbillig sein, auch wenn der über die ausländischen
   Anwartschaften verfügende Ehegatte bei weitem höhere ausgleichsreife Anrechte erworben
   hat als der andere Ehegatte. (Rn. 7 ff.)
2. Zur Bemessung des Ausgleichs in einem derartigen Fall. (Rn. 13)

OLG Düsseldorf (8. Senat für Familiensachen), Beschluss vom 7.9.2018 – 8 UF 36/17, BeckRS
2018 = FamRZ 2019, 440

3. STEUERRECHT

3.1 **Art. 54, 55 Abs. 1 Satz 2 SDÜ, Art. 325 Abs. 1 u. 2 AEUV, § 4 Nr. 1 b), 6a UStG,**
   § 264 Abs. 1 StPO

Die wegen Eintritt der absoluten Verjährung in Italien erfolgte Einstellung eines dort geführ-
ten Verfahrens wegen der Beteiligung an einem Umsatzsteuerkarussell führt nach Art. 54 f.
SDÜ zum Strafklageverbrauch in Deutschland, obwohl der EuGH (mit Urteil vom 5.12.2017,
C-42/17) Italien aufgefordert hat, nötigenfalls nationale Bestimmungen nicht anzuwenden, um
Art. 325 AEUV volle Wirkung zu verleihen.

LG Mannheim (23. Große Strafkammer), Beschluss vom 5.6.2019 – 23 KLs 616 Js 21611/11 –
AK 1/12, BeckRS 2019, 12817

4. ÖFFENTLICHES RECHT

4.1 **§ 29 Abs. 1 Nr. 1. § 34a Abs. 1 AsylG, Art. 3, Art. 8 EMRK, Art. 4 GRCH, Art. 6 GG,**
   § 60 Abs. 5, Abs. 7 S. 1, § 60a Abs. 2 S. 1 AufenthG, Art. 3 Abs. 2 Dublin III-VO

1. Auch wenn Dublin-Rückkehrer in Einzelfällen bei ihrer Rückkehr obdachlos werden können, sind diese defizitären Umstände noch nicht als generelle systemische Mängel in Italien
   zu qualifizieren. (Rn. 28-29)
2. Mit dem Beschäftigungsverbot innerhalb der Mutterschutzfrist korreliert ein Abschiebungs-
   verbot, da die psychische und physische Belastung einer Schwangeren in dieser Zeit derart
   enorm ist, dass es durch eine zwangsweise Aufenthaltsbeendigung zu einer ernsthaften Gefährdung der körperlichen Unversehrtheit der Mutter wie auch des ungeborenen Kindes
   kommen kann. (Rn. 45)

VG Würzburg, Beschluss vom 14.4.2019 – W 10 S 19.50280, BeckRS 2019, 8884

4.2 **§§ 29 Abs. 1, 34a Abs. 1, 77 Abs. 1, Abs. 2, 80, 83b AsylG, §§ 60 Abs. 5, Abs. 7, 60a Abs. 2**
   AufenthG, Art. 3 Abs. 2, 17 Abs. 2, 23 Abs. 2, 29 Abs. 2 Dublin III-VO, Art. 3 EMRK,
   Art. 6 Abs. 4, 9 RückführungsRL, Art. 21 AufnahmeRL, Art. 16a Abs. 2 Satz 1 GG

1. Nach aktuellem Erkenntnisstand ist nicht davon auszugehen, dass das Asylverfahren in Italien unionsrechtlichen Maßstäben widerspricht bzw. dort unzureichende Aufnahmebedingungen herrschen, die zu einer Verletzung der durch Art. 4 GRCh gewährleisteten Rechte
   führen. (Rn. 20)

2. **Italien verfügt grundsätzlich über ausreichende Unterbringungskapazitäten für Asylbewerber sowie ein im Wesentlichen ordnungsgemäßes und richtlinienkonformes Asyl- und Aufnahmeverfahren (vgl. z.B. OVG Lüneburg BeckRS 2018, 22826). (Rn. 27)**

3. **Die Einschätzung, dass Italien über ein im Wesentlichen ordnungsgemäßes und richtlinienkonformes Asyl- und Aufnahmeverfahren verfügt, bedarf auch in Anbetracht des am 24.9.2018 erlassenen Dekrets der italienischen Regierung (sog. Salvini-Dekret) keiner Modifizierung. Diese Regelung betrifft, soweit ersichtlich, Änderungen im Bereich des Aufenthaltsrechts aus humanitären Gründen sowie zum Verlust eines zuerkannten Schutzstatus.**

4. **Soweit Ausländern nach einem unanfechtbar gewordenen negativen Abschluss des Asylverfahrens weder ein Aufenthaltsrecht aus humanitären Gründen noch eine Duldung gewährt wird, liegt darin in den von Art. 6 Abs. 4 und Art. 9 RL 2008/115/EG gesetzten Grenzen kein Verstoß gegen europäisches Unionsrecht oder gegen völkerrechtliche Mindeststandards. (Rn. 29)**

VG Würzburg, Beschluss vom 28.12.2018 – W 10 S 18.50545, BeckRS 2018, 38794

4.3 § 80 Abs. 5 VwGO, § 34a Abs. 1 Satz 1 AsylG, § 60 Abs. 5 AufenthG, Art. 3 Abs. 2 UAbs. 2 Dublin III-VO

Das italienische Asylsystem weist, auch in Anbetracht des sog. Salvini-Dekrets, keine systemischen Mängel auf. (Rn. 27-28)

VG Würzburg, Beschluss vom 10.1.2019 – W 10 S 18.50532, BeckRS 2019, 1522

4.4 § 34a Abs. 1 AsylG, § 80 Abs. 5 VwGO, §§ 11 Abs. 1, 60 Abs. 5, Abs. 7 Satz 1 AufenthG, Art. 3 Abs. 2 UAbs. 2, UAbs. 3d, Art. 17 Abs. 1, 22 Abs. 7, 25 Abs. 2 Dublin III-VO, Art. 4 GRCh, Art. 3 EMRK

1. **In Bezug auf Italien ist nach dem aktuellen Stand der Erkenntnisse nicht davon auszugehen, dass einem Antragsteller bei einer Überstellung dorthin eine menschenunwürdige Behandlung droht. Es ist nicht hinreichend ersichtlich, dass in Italien systemische Mängel des Asylverfahrens und der Aufnahmebedingungen für Asylbewerber vorliegen. (Rn. 12-14)**

2. **Auch die Lage der Personen, die in Italien einen internationalen Schutzstatus zuerkannt bekommen haben, begründet noch keine systemischen Mängel. (Rn. 15)**

VG München, Beschluss vom 17.10.2018 – M 1 S 17.52238, BeckRS 2018, 26484

5. UNIONSRECHT

5.1 Art. 1, 3 Abs. 4, 8, Anhang I Nr. 29 RL 2005/29/EG, Art. 267 AEUV

1. **Vermarktet ein Telekommunikationsanbieter SIM-Karten, auf denen bestimmte Dienste – wie Internetzugangs- und Mailbox-Dienste – vorinstalliert und -aktiviert sind, ohne dass der Verbraucher zuvor angemessen darüber aufgeklärt wurde, dass diese Dienste vorinstalliert und -aktiviert sind oder welche Kosten hierfür anfallen, wird dieses Verhalten von dem Begriff „unbestellte Waren oder Dienstleistungen" im Sinne von Anhang I Nr. 29 der Richtlinie 2005/29/EG des Europäischen Parlaments und des Rates vom 11. Mai 2005 über unlautere Geschäftspraktiken von Unternehmen gegenüber Verbrauchern im Binnenmarkt umfasst.**

2. **Der Begriff der „Kollision" im Sinne des Art. 3 Abs. 4 der Richtlinie 2005/29 beschreibt eine Beziehung zwischen den betreffenden Bestimmungen, die über eine bloße Abweichung oder einen einfachen Unterschied hinausgeht und eine Divergenz aufweist, die unmöglich**

durch eine auf Ausgleich gerichtete Formel überwunden werden kann, die das Nebeneinanderbestehen von zwei Sachverhalten ermöglicht, ohne sie verfälschen zu müssen.

3. Eine Kollision, wie sie in Art. 3 Abs. 4 der Richtlinie 2005/29 geregelt ist, liegt danach nur dann vor, wenn außerhalb der Richtlinie stehende Bestimmungen, die besondere Aspekte unlauterer Geschäftspraktiken regeln, Gewerbetreibenden ohne jeglichen Gestaltungsspielraum Verpflichtungen auferlegen, die mit denen aus der Richtlinie 2005/29 unvereinbar sind.

4. Art. 3 Abs. 4 der Richtlinie 2005/29 ist dahin auszulegen, dass er einer nationalen Regelung nicht entgegensteht, wonach ein Verhalten, das im Sinne von Anhang I Nr. 29 der Richtlinie 2005/29 die Lieferung einer unbestellten Ware oder Dienstleistung darstellt, nach den Bestimmungen der Richtlinie zu beurteilen ist, so dass nach den Regelungen der Richtlinie 2005/29 die nationale Regulierungsbehörde im Sinne der Richtlinie 2002/21/EG des Europäischen Parlaments und des Rates vom 7. März 2002 über einen gemeinsamen Rechtsrahmen für elektronische Kommunikationsnetze und -dienste (Rahmenrichtlinie) in der Fassung der Richtlinie 2009/140/EG des Europäischen Parlaments und des Rates vom 25. November 2009 für die Sanktionierung eines solchen Verhaltens nicht zuständig ist.

EuGH, Urteil vom 13.9.2018 – C-54/17, BeckRS 2018, 21402 = GRUR 2018, 1156 = EuZW 2018, 960 = MMR 2019, 16 = BeckEuRS 2018, 575775

5.2 RL 1999/70/EG, § 4 EGB-UNICE-CEEP-Rahmenvereinbarung über befristete Arbeitsverträge

§ 4 der am 18.3.1999 geschlossenen Rahmenvereinbarung über befristete Arbeitsverträge im Anhang der Richtlinie 1999/70/EG des Rates vom 28.6.1999 zu der EGB-UNICE-CEEP-Rahmenvereinbarung über befristete Arbeitsverträge ist dahin auszulegen, dass er einer nationalen Regelung wie der im Ausgangsverfahren in Rede stehenden, die vorsieht, dass zum Zweck der Einstufung eines Arbeitnehmers in eine Vergütungsgruppe bei seiner Einstellung als Berufsbeamter auf der Grundlage von Befähigungsnachweisen die im Rahmen befristeter Arbeitsverträge zurückgelegten Dienstzeiten bis zu vier Jahren vollständig und darüber hinaus teilweise – zu zwei Dritteln – angerechnet werden, grundsätzlich nicht entgegensteht.

EuGH, Urteil vom 20.9.2018 – C-466/17, NZA 2018, 1540 = BeckRS 2018, 22269 = BeckEuRS 2018, 575791

5.3 Art. 34, 267 AEUV, 18 RL 2009/28/EG

1. Art. 18 Abs. 7 RL 2009/28/EG i.V.m. dem Durchführungsbeschluss 2011/438/EU der Kommission vom 19. Juli 2011 über die Anerkennung des Zertifizierungssystems „International Sustainability and Carbon Certification" ist dahin auszulegen, dass er einer nationalen Regelung nicht entgegensteht, durch die den Wirtschaftsteilnehmern spezielle Voraussetzungen für die Zertifizierung der Nachhaltigkeit von flüssigen Biobrennstoffen vorgeschrieben werden, die von den Voraussetzungen, die nach einem freiwilligen System zur Zertifizierung der Nachhaltigkeit wie dem ISCC-System vorgesehen sind, das nach dem genannten, gem. Art. 18 Abs. 4 RL 2009/28/EG von der Europäischen Kommission erlassenen Durchführungsbeschluss anerkannt ist, abweichen und über diese Voraussetzungen hinausgehen, da dieses System nur für Biokraftstoffe anerkannt wurde und die genannten Voraussetzungen nur flüssige Biobrennstoffe betreffen.

2. Das Unionsrecht, insbesondere Art. 34 AEUV und Art. 18 Abs. 1 und 3 RL 2009/28/EG ist dahin auszulegen, dass es dem nicht entgegensteht, dass eine nationale Regelung ein nationales System zur Überprüfung der Nachhaltigkeit von flüssigen Biobrennstoffen vorschreibt, das vorsieht, dass alle Wirtschaftsteilnehmer, die in die Lieferkette der Ware eingebunden sind, selbst wenn es sich um Zwischenhändler handelt, die die Lieferungen von

flüssigen Biobrennstoffen nicht physisch in Besitz nehmen, bestimmten, sich aus diesem System ergebenden Zertifizierungs-, Mitteilungs- und Informationspflichten unterliegen.

EuGH, Urteil vom 4.10.2018 – C-242/17, BeckRS 2018, 23560 = BeckEuRS 2018, 577427

5.4   Art. 49, 56, 105 ff., 267 AEUV, Art. 1 Abs. 2 lit. a, 9, Art. 2 RL 2004/18/EG

1. Art. 1 Abs. 2 Buchst. a der Richtlinie 2004/18/EG des Europäischen Parlaments und des Rates vom 31. März 2004 über die Koordinierung der Verfahren zur Vergabe öffentlicher Bauaufträge, Lieferaufträge und Dienstleistungsaufträge ist dahin auszulegen, dass der Begriff „entgeltliche Verträge" die Entscheidung umfasst, mit der ein öffentlicher Auftraggeber freihändig und damit ohne Durchführung eines Vergabeverfahrens an einen bestimmten Wirtschaftsteilnehmer eine Finanzierung vergibt, die vollständig für die Herstellung von Erzeugnissen bestimmt ist, die der Wirtschaftsteilnehmer kostenlos an verschiedene Verwaltungsstellen zu liefern hat, die dem Lieferanten außer der Zahlung der Lieferkosten keine Gegenleistung zahlen müssen.

2. In den Anwendungsbereich des Vergaberechts der Union fallen Verträge nicht, die zwischen einer öffentlichen Einrichtung, die die Voraussetzungen von Art. 1 Abs. 9 der Richtlinie 2004/18 für die Einstufung als „öffentlicher Auftraggeber" im Sinne der Richtlinie erfüllt, und einer rechtlich von dieser Einrichtung verschiedenen Person geschlossen wurden, wenn die Einrichtung über die Person eine Kontrolle wie über ihre eigenen Dienststellen ausübt und wenn die Person zugleich ihre Tätigkeit im Wesentlichen für die Einrichtung oder die Einrichtungen verrichtet, die ihre Anteile innehaben.

3. Ebenso wenig fallen in den Anwendungsbereich des Vergaberechts der Union entgeltliche Verträge, mit denen eine Zusammenarbeit von öffentlichen Einrichtungen bei der Wahrnehmung einer ihnen allen obliegenden Gemeinwohlaufgabe vereinbart wird, sofern solche Verträge ausschließlich zwischen öffentlichen Einrichtungen ohne Beteiligung Privater geschlossen werden, kein privater Dienstleistungserbringer besser gestellt wird als seine Wettbewerber und die darin vereinbarte Zusammenarbeit nur durch Überlegungen und Erfordernisse bestimmt wird, die mit der Verfolgung von im öffentlichen Interesse liegenden Zielen zusammenhängen.

4. Art. 1 Abs. 2 Buchst. a und Art. 2 der Richtlinie 2004/18 sind dahin auszulegen, dass sie einer nationalen Regelung entgegenstehen, die private „klassifizierte" Krankenhäuser öffentlichen Krankenhäusern gleichstellt und sie dadurch von der nationalen und der unionsrechtlichen Regelung über öffentliche Aufträge auch in den Fällen ausnimmt, in denen sie die Aufgabe haben, bestimmte, für die Ausübung medizinischer Tätigkeiten erforderliche Erzeugnisse kostenlos herzustellen und an öffentliche Gesundheitseinrichtungen zu liefern, im Gegenzug für eine öffentliche Finanzierung, die für die Herstellung und Lieferung dieser Erzeugnisse bestimmt ist.

EuGH, Urteil vom 18.10.2018 – C-606/17, BeckRS 2018, 25245 = NZBau 2019, 460 = BeckEuRS 2018, 578791

5.5   Art. 1 RL 1999/70/EG, § 5 RL 1999/70/EG-Rahmenvereinbarung

§ 5 der am 18.3.1999 geschlossenen Rahmenvereinbarung über befristete Arbeitsverträge im Anhang der Richtlinie 1999/70/EG des Rates vom 28.6.1999 zu der EGB-UNICE-CEEP-Rahmenvereinbarung über befristete Arbeitsverträge ist dahin auszulegen, dass er einer nationalen Regelung wie der im Ausgangsverfahren fraglichen entgegensteht, nach der die allgemeinen Vorschriften über Arbeitsverhältnisse, mit denen durch die automatische Umwandlung des befristeten Vertrags in einen unbefristeten der missbräuchliche Rückgriff auf aufeinanderfolgende befristete Arbeitsverträge geahndet werden soll, wenn das Arbeitsverhältnis über einen bestimmten Zeitpunkt hinaus andauert, auf den Tätigkeitsbereich der Stiftungen für Oper und Orchester nicht anwendbar sind, wenn es in der innerstaatlichen Rechtsordnung keine andere wirksame Maßnahme gibt, mit der die in dieser Branche festgestellten Missbräuche geahndet werden.

EuGH, Urteil vom 25.10.2018 – C-331/17, EuZA 2019, 362 = BeckEuRS 2018, 600848 = BeckRS 2018, 26104

5.6   Art. 49 AEUV

Art. 49 AEUV ist dahin auszulegen, dass er einer nationalen Regelung wie der im Ausgangs-verfahren in Rede stehenden entgegensteht, die es dem Empfänger einer Ascheurne trotz des ausdrücklichen Wunsches des Verstorbenen verbietet, sie durch Dritte aufbewahren zu lassen, ihn verpflichtet, sie bei sich zu Hause aufzubewahren, es sei denn, er lässt sie auf einem städti-schen Friedhof aufbewahren, und die ferner jede mit Gewinnerzielungsabsicht ausgeübte Tätig-keit untersagt, die – ausschließlich oder nicht – die Aufbewahrung von Ascheurnen zu welchem Zweck und über welchen Zeitraum auch immer betrifft.

EuGH, Urteil vom 14.11.2018 – C-342/17, BeckRS 2018, 28332 = BeckEuRS 2018, 601453

5.7   Art. 242, 250 Abs. 1, 273 MwStSystRL

Die MwStSystRL und die Grundsätze der steuerlichen Neutralität und der Verhältnismäßigkeit sind dahin auszulegen, dass sie einer nationalen Regelung wie der im Ausgangsverfahren in Rede stehenden nicht entgegenstehen, nach der eine Steuerbehörde im Fall von gravierenden Divergenzen zwischen den erklärten Einnahmen und den auf der Grundlage von Sektorenana-lysen geschätzten Einnahmen eine induktive Methode heranziehen kann, die auf solchen Sek-torenanalysen beruht, um die Höhe des Umsatzes eines Steuerpflichtigen zu bestimmen, und dementsprechend eine Steuernacherhebung, mit der die Zahlung eines zusätzlichen Mehrwert-steuerbetrags angeordnet wird, vornehmen kann, sofern diese Regelung und ihre Anwendung es dem Steuerpflichtigen erlauben, unter Beachtung der Grundsätze der steuerlichen Neutrali-tät und der Verhältnismäßigkeit sowie der Verteidigungsrechte die mit dieser Methode erzielten Ergebnisse auf der Grundlage aller Gegenbeweise, über die er verfügt, infrage zu stellen und sein Recht auf Vorsteuerabzug gemäß den Bestimmungen in Titel X der MwStSystRL auszu-üben, was vom vorlegenden Gericht zu prüfen ist.

EuGH, Urteil vom 21.11.2018 – C-648/16, DStRE 2019, 111 = BeckRS 2018, 29207 = BeckEuRS 2018,601777 = StB 2019, 6

5.8   Art. 49, 56 AEUV, Art. 1 III, 2 I Buchst. b RL 89/665/EWG

1. Sowohl Art. 1 III der RL 89/665/EWG des Rates vom 21.12.1989 zur Koordinierung der Rechts- und Verwaltungsvorschriften für die Anwendung der Nachprüfungsverfahren im Rahmen der Vergabe öffentlicher Liefer- und Bauaufträge in der durch die RL 2007/66/ EG des Europäischen Parlaments und des Rates vom 11.12.2007 geänderten Fassung als auch Art. 1 III der RL 92/13/EWG des Rates vom 25.2.1992 zur Koordinierung der Rechts- und Verwaltungsvorschriften für die Anwendung der Gemeinschaftsvorschriften über die Auftragsvergabe durch Auftraggeber im Bereich der Wasser-, Energie- und Verkehrsversor-gung sowie im Telekommunikationssektor in der durch die RL 2007/66 geänderten Fassung sind dahin auszulegen, dass sie einer nationalen Regelung wie der im Ausgangsverfahren fraglichen nicht entgegenstehen, die es Wirtschaftsteilnehmern nicht erlaubt, gegen die Ent-scheidungen des öffentlichen Auftraggebers in einem Vergabeverfahren zu klagen, wenn sie sich entschieden haben, an diesem Verfahren nicht teilzunehmen, weil sich aus der auf das

Verfahren anwendbaren Regelung ergibt, dass es sehr unwahrscheinlich ist, dass sie den Zuschlag für den betreffenden öffentlichen Auftrag erhalten.

2. Es ist jedoch Sache des zuständigen nationalen Gerichts, unter Berücksichtigung aller relevanten Umstände, die den Kontext der bei ihm anhängigen Rechtssache kennzeichnen, umfassend zu prüfen, ob nicht die konkrete Anwendung dieser Regelung das Recht der betroffenen Wirtschaftsteilnehmer auf effektiven gerichtlichen Rechtsschutz beeinträchtigen kann.

EuGH, Urteil vom 28.11.2018 – C-328/17, BeckRS 2018, 30105 = VPR 2019, 2169 = BeckEuRS 2018, 602061

5.9   Art. 267, 288 AEUV, Art. 2 Nr. 5, 15 Abs. 7, 26 Abs. 4, 28 Abs. 1, Abs. 2, 32 Abs. 1, 37 Abs. 6 lit. b RL 2009/72/EG

1. Art. 2 Nr. 5 und Art. 28 Abs. 1 der Richtlinie 2009/72/EG des Europäischen Parlaments und des Rates vom 13. Juli 2009 über gemeinsame Vorschriften für den Elektrizitätsbinnenmarkt und zur Aufhebung der Richtlinie 2003/54/EG sind dahin auszulegen, dass Netze wie die in den Ausgangsverfahren in Rede stehenden, die zum Zwecke des Eigenverbrauchs vor Inkrafttreten dieser Richtlinie von einem privaten Rechtsträger errichtet worden sind und betrieben werden, an die eine begrenzte Zahl von Erzeugungs- und Verbrauchseinheiten angeschlossen ist und die ihrerseits mit dem öffentlichen Netz verbunden sind, Verteilernetze darstellen, die in den Anwendungsbereich dieser Richtlinie fallen.

2. Art. 28 der Richtlinie 2009/72 ist dahin auszulegen, dass ein Mitgliedstaat Netze wie die in den Ausgangsverfahren in Rede stehenden, die er als geschlossene Verteilernetze im Sinne des Art. 28 Abs. 1 der Richtlinie eingestuft hat, als solche nur von den Verpflichtungen nach Art. 28 Abs. 2 freistellen kann, unbeschadet dessen, dass diese Netze im Übrigen für andere in dieser Richtlinie, insbesondere in Art. 26 Abs. 4, vorgesehene Ausnahmen in Betracht kommen können, wenn sie die dort festgelegten Voraussetzungen erfüllen, was vom vorlegenden Gericht zu prüfen ist. Auf keinen Fall kann dieser Mitgliedstaat diese Netze in eine andere Kategorie als die der Verteilernetze aufnehmen, um ihnen Freistellungen zu gewähren, die in dieser Richtlinie nicht vorgesehen sind.

3. Art. 32 Abs. 1 der Richtlinie 2009/72 ist dahin auszulegen, dass er einer nationalen Regelung wie der in den Ausgangsverfahren in Rede stehenden entgegensteht, die vorsieht, dass die geschlossenen Verteilernetze im Sinne des Art. 28 Abs. 1 dieser Richtlinie nicht der Verpflichtung zum Anschluss Dritter unterliegen, sondern nur Dritten Zugang gewähren müssen, die zu der Kategorie von Benutzern gehören, die an dieses Netz angeschlossen werden können, wobei diese Benutzer ein Recht auf Zugang zum öffentlichen Netz haben.

4. Art. 15 Abs. 7 und Art. 37 Abs. 6 Buchst. b der Richtlinie 2009/72 sind dahin auszulegen, dass sie mangels einer objektiven Rechtfertigung einer nationalen Regelung wie der in den Ausgangsverfahren in Rede stehenden entgegenstehen, die vorsieht, dass die Beiträge, die für die Inanspruchnahme von Kapazitäten durch die Benutzer eines geschlossenen Verteilernetzes anfallen, auf der Grundlage des mit diesem Netz durch jeden seiner Benutzer über seinen Anschlusspunkt zu diesem Netz gehandelten Stroms berechnet werden, wenn festgestellt wird, dass die Benutzer eines geschlossenen Verteilernetzes sich nicht in der gleichen Lage befinden wie die anderen Benutzer des öffentlichen Netzes, und der Dienstleister für die Inanspruchnahme von Kapazitäten eines öffentlichen Netzes begrenzte Kosten im Hinblick auf diese Benutzer eines geschlossenen Verteilernetzes trägt; dies zu prüfen ist Sache des vorlegenden Gerichts.

EuGH, Urteil vom 28.11.2018 – C-262/17, BeckRS 2018, 30108 = BeckEuRS 2018, 602134

5.10 Art. 267 AEUV, Art. 2 Nr. 4 VO (EG) Nr. 1083/2006

Art. 80 in Verbindung mit Art. 2 Nr. 4 der Verordnung (EG) Nr. 1083/2006 des Rates vom 11. Juli 2006 mit allgemeinen Bestimmungen über den Europäischen Fonds für regionale Entwicklung, den Europäischen Sozialfonds und den Kohäsionsfonds und zur Aufhebung der Verordnung (EG) Nr. 1260/1999 ist dahin auszulegen, dass er einer nationalen Steuerregelung wie der im Ausgangsverfahren nicht entgegensteht, wonach Studienbeihilfen der nationalen Einkommensteuer unterliegen, die aus Mitteln europäischer Strukturfonds finanziert und natürlichen Personen von der Behörde gewährt werden, die von der Verwaltungsbehörde des betreffenden operationellen Programms mit der Durchführung des ausgewählten Projekts im Sinne von Art. 2 Nr. 3 der Verordnung beauftragt wurde.

EuGH, Urteil vom 19.12.2018 – C-667/17, BeckRS 2018, 32751 = BeckEuRS 2018, 602750

5.11 Art. 49, 51, 52, 56, 62, 267 AEUV

1. Die Art. 49 und 56 AEUV sind dahin auszulegen, dass sie einer nationalen Regelung wie der des Ausgangsverfahrens, nach der die Konzession für die Veranstaltung automatisierter Lotterien und anderer Zahlenglücksspiele mit fester Quote im Gegensatz zu anderen Glücksspielen, Prognosewettbewerben oder Wetten, bei denen die Konzession mehreren Konzessionsnehmern erteilt wird, nur einem Konzessionsnehmer erteilt wird, nicht entgegenstehen, sofern das vorlegende Gericht feststellt, dass die Regelung tatsächlich in kohärenter und systematischer Weise die vom betreffenden Mitgliedstaat angegebenen Ziele verfolgt.

2. Die Art. 49 und 56 AEUV sowie die Grundsätze der Nichtdiskriminierung, der Transparenz und der Verhältnismäßigkeit sind dahin auszulegen, dass sie einer nationalen Regelung und den betreffenden Durchführungsvorschriften, die wie im Ausgangsverfahren für die Konzession für die Veranstaltung automatisierter Lotterien und anderer Zahlenglücksspiele mit fester Quote einen hohen Richtwert festlegen, nicht entgegenstehen, sofern der Richtwert klar, genau und eindeutig formuliert und objektiv gerechtfertigt ist, was zu prüfen Sache des nationalen Gerichts ist.

3. Die Art. 49 und 56 AEUV sind dahin auszulegen, dass sie einer Bestimmung eines zu einer Ausschreibung gehörenden Musterkonzessionsvertrags wie der des Ausgangsverfahrens, nach der die Konzession für die Veranstaltung automatisierter Lotterien und anderer Zahlenglücksspiele mit fester Quote widerrufen wird bei einer Straftat, wegen der das Hauptverfahren eröffnet worden ist und die nach Einschätzung des öffentlichen Auftraggebers wegen ihrer Art, ihrer Schwere, der Art ihrer Ausführung und ihres Zusammenhangs mit der Tätigkeit, für die die Konzession erteilt worden ist, die Zuverlässigkeit, Professionalität und sittliche Eignung des Konzessionsnehmers ausschließt, oder bei einem Verstoß des Konzessionsnehmers gegen die Vorschriften zur Bekämpfung des unerlaubten, illegalen und heimlichen Glücksspiels, insbesondere wenn er selbst oder über eine irgendwo auf der Welt ansässige Gesellschaft, die er kontrolliert oder mit der er verbunden ist, ohne entsprechende Genehmigung mit automatisierten Lotterien und anderen Zahlenglücksspielen mit fester Quote vergleichbare Glücksspiele anbietet, nicht entgegenstehen, sofern die Bestimmung gerechtfertigt ist, in Bezug auf das verfolgte Ziel verhältnismäßig ist und dem Grundsatz der Transparenz entspricht, was das nationale Gericht unter Berücksichtigung der in diesem Urteil enthaltenen Hinweise zu prüfen haben wird.

EuGH, Urteil vom 19.12.2018 – C-375/17, BeckRS 2018, 32757 = NVwZ-RR 2019, 221 = ZfWG 2019, 27 = BeckEuRS 2018, 602678

5.12 Art. 263, 267 AEUV, Art. 1, 4, 6 Abs. 1 SSM-VO, Art. 22 CDR-IV-RL, Art. 4 Abs. 3 EUV

Art. 263 AEUV ist dahin auszulegen, dass er dem entgegensteht, dass die nationalen Gerichte verfahrenseinleitende Handlungen, vorbereitende Handlungen oder nicht bindende Vorschläge, die die zuständigen nationalen Behörden im Rahmen des Verfahrens nach den Art. 22 und 23 der Richtlinie 2013/36/EU des Europäischen Parlaments und des Rates vom 26. Juni 2013 über den Zugang zur Tätigkeit von Kreditinstituten und die Beaufsichtigung von Kreditinstituten und Wertpapierfirmen, zur Änderung der Richtlinie 2002/87/EG und zur Aufhebung der Richtlinien 2006/48/EG und 2006/49/EG, Art. 4 Abs. 1 Buchst. c und Art. 15 der Verordnung (EU) Nr. 1024/2013 des Rates vom 15. Oktober 2013 zur Übertragung besonderer Aufgaben im Zusammenhang mit der Aufsicht über Kreditinstitute auf die Europäische Zentralbank sowie den Art. 85 bis 87 der Verordnung (EU) Nr. 468/2014 der Europäischen Zentralbank vom 16. April 2014 zur Einrichtung eines Rahmenwerks für die Zusammenarbeit zwischen der Europäischen Zentralbank und den nationalen zuständigen Behörden und den nationalen benannten Behörden innerhalb des einheitlichen Aufsichtsmechanismus (SSM-Rahmenverordnung) vorgenommen haben, auf ihre Rechtmäßigkeit hin überprüfen. Insoweit ist es unerheblich, dass bei einem nationalen Gericht eine besondere Klage auf Feststellung der Nichtigkeit wegen Verletzung der Rechtskraft einer Entscheidung eines nationalen Gerichts erhoben worden ist.

EuGH, Urteil vom 19.12.2018 – C-219/17, BeckRS 2018, 32758 = EuZW 2019, 128 = BeckEuRS 2018, 60276

5.13 Art. 1 Abs. 5, 32 Abs. 2 RL 2004/18/EG

Art. 1 V und Art. 32 II UnterAbs. 4 der RL 2004/18/EG des Europäischen Parlaments und des Rates vom 31.3.2004 über die Koordinierung der Verfahren zur Vergabe öffentlicher Bauaufträge, Lieferaufträge und Dienstleistungsaufträge sind dahin auszulegen, dass ein öffentlicher Auftraggeber für sich selbst und für andere eindeutig bezeichnete öffentliche Auftraggeber, die nicht unmittelbar an einer Rahmenvereinbarung beteiligt sind, handeln kann, wenn die Gebote der Publizität und der Rechtssicherheit und damit das Transparenzgebot beachtet werden, und es nicht zulässig ist, dass die diese Rahmenvereinbarung nicht unterzeichnenden öffentlichen Auftraggeber nicht die Menge der Leistungen bestimmen, die verlangt werden kann, wenn sie Aufträge in Durchführung dieser Rahmenvereinbarung abschließen, oder sie die Menge unter Bezugnahme auf ihren normalen Bedarf bestimmen, da sie sonst gegen die Grundsätze der Transparenz und der Gleichbehandlung der am Abschluss dieser Rahmenvereinbarung interessierten Wirtschaftsteilnehmer verstoßen würden.

EuGH, Urteil vom 19.12.2018 – C-216/17, BeckRS 2018, 32759 = NZBau 2019, 116 = VPR 2019, 2154 = IBR 2019, 148 = BeckEuRS 2018, 602745

5.14 Art. 107 Abs. 1, 108 Abs. 3, 267 AEUV, Art. 93 Abs. 3 EWG

1. **Zuschüsse wie die im Ausgangsverfahren in Rede stehenden, die einem Unternehmen vor der Liberalisierung des betreffenden Marktes gewährt wurden, können, wenn sie geeignet waren, den Handel zwischen den Mitgliedstaaten zu beeinträchtigen und den Wettbewerb zu verfälschen oder zu verfälschen zu drohen, was vom vorlegenden Gericht zu prüfen ist, nicht allein aus dem Grund als bestehende Beihilfen eingestuft werden, dass dieser Markt zum Zeitpunkt ihrer Gewährung nicht förmlich liberalisiert war.**

2. **Art. 1 Buchst. b Ziff. iv der Verordnung (EG) Nr. 659/1999 des Rates vom 22. März 1999 über besondere Vorschriften für die Anwendung von Art. [108 AEUV] ist dahin auszulegen, dass er auf eine Situation wie die im Ausgangsverfahren in Rede stehende nicht anwendbar ist. Soweit die im Ausgangsverfahren in Rede stehenden Zuschüsse unter Verstoß gegen die in Art. 93 des EWG Vertrags bestimmte Pflicht zur vorherigen Anmeldung gewährt wurden, können sich die staatlichen Behörden nicht auf den Grundsatz des Vertrauensschutzes**

berufen. In einer Situation wie der im Ausgangsverfahren in Rede stehenden, in der ein Wettbewerber der begünstigten Gesellschaft eine Schadensersatzklage gegen den Mitgliedstaat erhoben hat, darf nach dem Grundsatz der Rechtssicherheit dem Kläger nicht in entsprechender Anwendung eine Verjährungsfrist wie die in Art. 15 Abs. 1 dieser Verordnung festgesetzte entgegengehalten werden.

EuGH, Urteil vom 23.1.2019 – C-387/17, BeckRS 2019, 338 = BeckEuRS 2019, 603279

5.15   Art. 5, 8 Abs. 2 VO (EG) Nr. 1370/2007

Art. 5 und Art. 8 II der VO (EG) Nr. 1370/2007 des Europäischen Parlaments und des Rates vom 23.10.2007 über öffentliche Personenverkehrsdienste auf Schiene und Straße und zur Aufhebung der Verordnungen 1191/69/EWG und 1107/70/EWG des Rates sind dahin auszulegen, dass Art. 5 der VO Nr. 1370/2007 auf ein vor dem 3.12.2019 durchgeführtes Vergabeverfahren nicht anwendbar ist, so dass eine zuständige Behörde, die mit einer ein wettbewerbliches Vergabeverfahren abschließenden Vergabeentscheidung vor diesem Datum eine Konzession für öffentliche Personennahverkehrsdienste auf der Straße erteilt, diesen Art. 5 nicht einhalten muss.

EuGH, Urteil vom 21.3.2019 – C-350/17, C-351/17, BeckRS 2019, 3875 = BeckEuRS 2019, 605175

5.16   Art. 24 RL 2009/73/EG, Art. 267 AEUV

Die unionsrechtlichen Vorschriften über Konzessionen für öffentliche Dienstleistungen sind im Licht des Grundsatzes der Rechtssicherheit dahin auszulegen, dass sie einer nationalen Regelung wie der im Ausgangsverfahren fraglichen, mit der die Referenzvorschriften für die Berechnung des Erstattungsbetrags geändert werden, auf den die Inhaber von – ohne Ausschreibungsverfahren vergebenen – Konzessionen für die Erdgasverteilung Anspruch haben, weil diese Konzessionen vorzeitig beendet wurden, um sie nach Durchführung eines Ausschreibungsverfahrens neu zu vergeben, nicht entgegenstehen.

EuGH, Urteil vom 21.3.2019 – C-702/17, BeckRS 2019, 3848 = BeckEuRS 2019, 605229

5.17   Art. 267 AEUV, Art. 4 Nr. 5, 74 Abs. 1, Abs. 2, 75 RL 2007/64/EG

Art. 74 Abs. 2 der Richtlinie 2007/64/EG des Europäischen Parlaments und des Rates vom 13. November 2007 über Zahlungsdienste im Binnenmarkt, zur Änderung der Richtlinien 97/7/EG, 2002/65/EG, 2005/60/EG und 2006/48/EG sowie zur Aufhebung der Richtlinie 97/5/EG ist dahin auszulegen, dass die in dieser Bestimmung vorgesehene Haftungsbeschränkung des Zahlungsdienstleisters, wenn ein Zahlungsauftrag in Übereinstimmung mit dem vom Zahlungsdienstnutzer angegebenen Kundenidentifikator ausgeführt wird, dieser aber nicht mit dem von diesem Nutzer angegebenen Namen des Zahlungsempfängers übereinstimmt, sowohl auf den Zahlungsdienstleister des Zahlers als auch auf den Zahlungsdienstleister des Zahlungsempfängers Anwendung findet.

EuGH, Urteil vom 21.3.2019 – C-245/18, BeckRS 2019, 3846 = EuZW 2019, 351 = BeckEuRS 2019, 605189

5.18   Art. 267 AEUV, Art. 45 Abs. 2 RL 2004/18/EG

Art. 45 Abs. 2 UAbs. 1 Buchst. b der Richtlinie 2004/18/EG des Europäischen Parlaments und des Rates vom 31. März 2004 über die Koordinierung der Verfahren zur Vergabe öffentlicher Bauaufträge, Lieferaufträge und Dienstleistungsaufträge ist dahin auszulegen, dass er einer nationalen Regelung wie der im Ausgangsverfahren, wonach ein Wirtschaftsteilnehmer vom

Verfahren zur Vergabe öffentlicher Aufträge ausgeschlossen werden darf, wenn er zum Zeitpunkt der Ausschlussentscheidung bereits einen Antrag auf Eröffnung eines Zwangsvergleichs gestellt und sich dabei die Möglichkeit vorbehalten hatte, einen Plan zur Fortführung der Tätigkeit vorzulegen, nicht entgegensteht.

EuGH, Urteil vom 28.3.2019 – C-101/18, BeckRS 2019, 4351 = BeckEuRS 2019, 605187 = IBR 2019, 386 = VPR 2019, 2775

5.19 Art. 191 Abs. 2, 267 AEUV, Art. 3, 4, 7 Abs. 1 RL 2008/98/EG, Art. 10 RL 98/34/EG

1. Anhang III der Richtlinie 2008/98/EG des Europäischen Parlaments und des Rates vom 19. November 2008 über Abfälle und zur Aufhebung bestimmter Richtlinien in der durch die Verordnung (EU) Nr. 1357/2014 der Kommission vom 18. Dezember 2014 geänderten Fassung und der Anhang der Entscheidung 2000/532/EG der Kommission vom 3. Mai 2000 zur Ersetzung der Entscheidung 94/3/EG über ein Abfallverzeichnis gemäß Art. 1 Buchst. a) der Richtlinie 75/442/EWG des Rates über Abfälle und der Entscheidung 94/904/EG des Rates über ein Verzeichnis gefährlicher Abfälle im Sinne von Art. 1 Abs. 4 der Richtlinie 91/689/EWG über gefährliche Abfälle in der durch den Beschluss 2014/955/EU der Kommission vom 18. Dezember 2014 geänderten Fassung sind dahin auszulegen, dass der Besitzer eines Abfalls, der sowohl in gefahrenrelevante als auch in nicht gefahrenrelevante Abfallcodes eingestuft werden kann, dessen Zusammensetzung aber nicht von vornherein bekannt ist, im Hinblick auf die Einstufung diese Zusammensetzung bestimmen und nach denjenigen gefährlichen Stoffen suchen muss, die sich nach vernünftiger Einschätzung darin befinden können, um festzustellen, ob dieser Abfall gefahrenrelevante Eigenschaften aufweist. Zu diesem Zweck kann er die in der Verordnung (EG) Nr. 440/2008 der Kommission vom 30. Mai 2008 zur Festlegung von Prüfmethoden gemäß der Verordnung (EG) Nr. 1907/2006 des Europäischen Parlaments und des Rates zur Registrierung, Bewertung, Zulassung und Beschränkung chemischer Stoffe (REACH) vorgesehenen Probenahmen, chemischen Analysen und Prüfungen oder jede andere international anerkannte Probenahme, chemische Analyse und Prüfung verwenden.

2. Das Vorsorgeprinzip ist dahin auszulegen, dass ein Abfall, der sowohl in gefahrenrelevante als auch in nicht gefahrenrelevante Abfallcodes eingestuft werden kann, dann, wenn es dem Besitzer dieses Abfalls nach einer möglichst umfassenden Risikobewertung unter Berücksichtigung der besonderen Umstände des konkreten Falles praktisch unmöglich ist, das Vorhandensein gefährlicher Stoffe festzustellen oder die gefahrenrelevanten Eigenschaften dieses Abfalls zu beurteilen, als gefährlicher Abfall einzustufen ist.

EuGH, Urteil vom 28.3.2019 – C-487/17, BeckRS 2019, 4355 = NVwZ 2019, 785 = BeckEuRS 2019, 605208

5.20 Art. 18 RL 2014/24/EU, Art. 267 AEUV

Die Grundsätze der Rechtssicherheit, der Gleichbehandlung und der Transparenz im Sinne der Richtlinie 2014/24/EU des Europäischen Parlaments und des Rates vom 26. Februar 2014 über die öffentliche Auftragsvergabe und zur Aufhebung der Richtlinie 2004/18/EG sind dahin auszulegen, dass sie einer nationalen Regelung wie der im Ausgangsverfahren fraglichen nicht entgegenstehen, wonach die unterlassene gesonderte Angabe der Arbeitskosten in einem wirtschaftlichen Angebot eines Verfahrens zur Vergabe öffentlicher Aufträge zum Ausschluss dieses Angebots ohne die Möglichkeit zur Mängelbehebung führt, und zwar auch dann, wenn die Verpflichtung zur gesonderten Angabe dieser Kosten in den Ausschreibungsunterlagen nicht spezifiziert war, soweit diese Bedingung und diese Ausschlussmöglichkeit in den nationalen Rechtsvorschriften über öffentliche Vergabeverfahren, auf die darin ausdrücklich verwiesen wurde, eindeutig vorgesehen sind. Sollten jedoch die Ausschreibungsbestimmungen die Bieter daran hindern, in ihrem wirtschaftlichen Angebot diese Kosten anzugeben, sind die Grundsätze der Transparenz und der Verhältnismäßigkeit dahin auszulegen, dass sie es nicht verwehren, den Bietern zu gestatten, ihre Situation zu bereinigen und den in den einschlägigen nationalen Rechtsvorschriften vorgesehenen Verpflichtungen innerhalb einer vom Auftraggeber festgelegten Frist nachzukommen.

EuGH, Urteil vom 2.5.2019 – C-309/18, BeckRS 2019, 7230 = VPR 2019, 2947 = IBR 2019, 3013

5.21 Art. 267 AEUV, Art. 63, 167, 168, 203, 273 RL 2006/112/EG

1. In einer Situation wie der des Ausgangsverfahrens, in der fiktive Verkäufe von Elektrizität, die in einer „zirkulären" Art und Weise zwischen denselben Händlern und für dieselben Beträge durchgeführt wurden, nicht zu Verlusten von Steuereinnahmen geführt haben, ist die Richtlinie 2006/112/EG des Rates vom 28. November 2006 über das gemeinsame Mehrwertsteuersystem im Licht der Grundsätze der Neutralität und der Verhältnismäßigkeit dahin auszulegen, dass sie einer nationalen Regelung nicht entgegensteht, die den Abzug der auf fiktive Umsätze entfallenden Mehrwertsteuer ausschließt und zugleich die Personen, die die Mehrwertsteuer auf einer Rechnung ausweisen, verpflichtet, diese Steuer auch für fiktive Umsätze zu entrichten, sofern das nationale Recht erlaubt, die sich aus dieser Verpflichtung ergebende Steuerschuld zu berichtigen, wenn der Rechnungsaussteller, der nicht gutgläubig war, die Gefährdung des Steueraufkommens rechtzeitig und vollständig beseitigt hat, was vom vorlegenden Gericht zu prüfen ist.

2. Die Grundsätze der Verhältnismäßigkeit und der Neutralität der Mehrwertsteuer sind dahin auszulegen, dass sie in einer Situation wie der des Ausgangsverfahrens einer nationalen Rechtsvorschrift, nach der der zu Unrecht vorgenommene Abzug der Mehrwertsteuer mit einer Geldbuße in Höhe des durchgeführten Vorsteuerabzugs bestraft wird, entgegenstehen.

EuGH, Urteil vom 8.5.2019 – C-712/17, BeckRS 2019, 7905

5.22 Art. 4, 13 RL 2008/98/EG, Art. 2 lit. a, 3 Abs. 1, Abs. 2 lit. a RL 2001/42/EG, Art. 267 AEUV

1. Der Grundsatz der „Abfallhierarchie" nach Art. 4 der Richtlinie 2008/98/EG des Europäischen Parlaments und des Rates vom 19. November 2008 über Abfälle und zur Aufhebung bestimmter Richtlinien ist im Lichte ihres Art. 13 dahin auszulegen, dass er einer nationalen Regelung wie jener im Ausgangsverfahren nicht entgegensteht, die Abfallverbrennungsanlagen als „strategische Infrastrukturen und Einrichtungen von vorrangigem nationalen Interesse" einstuft, sofern diese Regelung mit den übrigen Bestimmungen dieser Richtlinie im Einklang steht, die speziellere Verpflichtungen vorsehen.

2. Art. 2 Buchst. a sowie Art. 3 Abs. 1 und 2 Buchst. a der Richtlinie 2001/42/EG des Europäischen Parlaments und des Rates vom 27. Juni 2001 über die Prüfung der Umweltauswirkungen bestimmter Pläne und Programme sind dahin auszulegen, dass eine aus einer Grundregelung und einer Durchführungsregelung bestehende nationale Regelung wie jene im Ausgangsverfahren, die eine Erhöhung der Kapazität der bestehenden Abfallverbrennungsanlagen festlegt und die Errichtung neuer derartiger Anlagen vorsieht, unter den Begriff der „Pläne und Programme" im Sinne dieser Richtlinie fällt, wenn sie voraussichtlich erhebliche Umweltauswirkungen hat, und somit einer vorherigen Umweltprüfung zu unterziehen ist.

EuGH, Urteil vom 8.5.2019 – C-305/18, BeckRS 2019, 7890

5.23   Art. 267 AEUV, RL 1999/70/EG zu der EGB-UNICE-CEEP-Rahmenvereinigung über befristete Arbeitsverträge, § 5 Nr. 1, Nr. 2 EGB-UNICE-CEEP-Rahmenvereinbarung

§ 5 Nr. 1 der Rahmenvereinbarung über befristete Arbeitsverträge vom 18. März 1999, die im Anhang der Richtlinie 1999/70/EG des Rates vom 28. Juni 1999 zu der EGB-UNICE-CEEP-Rahmenvereinbarung über befristete Arbeitsverträge enthalten ist, ist dahin auszulegen, dass er einer nationalen Regelung nicht entgegensteht, die in ihrer Anwendung durch die nationalen Höchstgerichte für Lehrkräfte im öffentlichen Sektor, deren befristetes Arbeitsverhältnis in ein unbefristetes Arbeitsverhältnis mit begrenzter Rückwirkung umgewandelt wurde, jeden Anspruch auf finanzielle Entschädigung wegen missbräuchlicher Verwendung aufeinanderfolgender befristeter Arbeitsverträge ausschließt, wenn diese Umwandlung weder ungewiss noch unvorhersehbar noch zufällig ist und wenn die Beschränkung der Berücksichtigung des durch diese aufeinanderfolgenden befristeten Arbeitsverträge erworbenen Dienstalters eine verhältnismäßige Maßnahme zur Ahndung dieses Missbrauchs darstellt, was das vorlegende Gericht zu prüfen hat.

EuGH, Urteil vom 8.5.2019 – C-494/17, BeckRS 2019, 7891

5.24   Art. 49, 56, 267 AEUV, Art. 8, 23, 50, 51 RL 2004/39/EG

Die Richtlinie 2004/39/EG des Europäischen Parlaments und des Rates vom 21. April 2004 über Märkte für Finanzinstrumente, zur Änderung der Richtlinien 85/611/EWG und 93/6/EWG des Rates und der Richtlinie 2000/12/EG des Europäischen Parlaments und des Rates und zur Aufhebung der Richtlinie 93/22/EWG des Rates in der durch die Richtlinie 2010/78/EU des Europäischen Parlaments und des Rates vom 24. November 2010 geänderten Fassung, insbesondere ihre Art. 8, 23, 50 und 51, die Art. 49 und 56 AEUV sowie die Grundsätze der Nichtdiskriminierung und der Verhältnismäßigkeit sind dahin auszulegen, dass in einer Situation wie der im Ausgangsverfahren fraglichen ein vorübergehendes Verbot der Ausübung der Tätigkeit eines Finanzberaters außerhalb der Geschäftsräume der Firma weder in den Anwendungsbereich dieser Richtlinie noch in den der Art. 49 und 56 AEUV noch in den der Grundsätze der Nichtdiskriminierung und der Verhältnismäßigkeit fällt. In einer solchen Situation stehen die Art. 8, 23, 50 und 51 dieser Richtlinie, die Art. 49 und 56 AEUV sowie die Grundsätze der Nichtdiskriminierung und der Verhältnismäßigkeit einem solchen Verbot nicht entgegen.

EuGH, Urteil vom 8.5.2019 – C-53/18, BeckRS 2019, 7899 = EuZW 2019, 525

5.25   Art. 6 Abs. 4 RL 2012/13/EU, Art. 82 Abs. 2, 267 AEUV

Art. 6 Abs. 4 der Richtlinie 2012/13/EU des Europäischen Parlaments und des Rates vom 22. Mai 2012 über das Recht auf Belehrung und Unterrichtung in Strafverfahren und Art. 48 der Charta der Grundrechte der Europäischen Union sind dahin auszulegen, dass sie einer nationalen Regelung nicht entgegenstehen, wonach der Angeklagte in der mündlichen Verhandlung im Fall einer Änderung des der Anklage zugrunde liegenden Sachverhalts die Verhängung einer Strafe im Wege der Verständigung beantragen kann, nicht aber bei einer Änderung der rechtlichen Beurteilung dieses Sachverhalts.

EuGH, Urteil vom 13.6.2019 – C-646/17, BeckRS 2019, 11265

5.26   Art. 267 AEUV, Art. 2 Abs. 1 UAbs. 2 VO (EWG) Nr. 3950/92

Art. 2 Abs. 1 UnterAbs. 2 der Verordnung (EWG) Nr. 3950/92 des Rates vom 28. Dezember 1992 über die Erhebung einer Zusatzabgabe im Milchsektor in der durch die Verordnung (EG) Nr. 1256/1999 des Rates vom 17. Mai 1999 geänderten Fassung ist dahin auszulegen, dass dann,

wenn ein Mitgliedstaat eine Neuzuweisung der ungenutzten Referenzmengen beschließt, diese Neuzuweisung zwischen den Erzeugern, die ihre Referenzmengen überschritten haben, entsprechend den Referenzmengen der einzelnen Erzeuger erfolgen muss.

EuGH, Urteil vom 27.6.2019 – C-348/18, BeckRS 2019, 12401

Erstellt von stud. jur. *Noemie Nowack*, stud jur. *Julia Poppe* und stud. jur. *Louis Roer*, Heidelberg

V. Deutschsprachiges Schrifttum zum italienischen Recht

(im Anschluss an die Übersicht in Band 31,
vornehmlich aus dem Publikationszeitraum 2018 und 2019)

1. Allgemeines

Bendel, Petra: Wanderungsbewegungen nach Europa: fester Bestandteil von Politik – überall?, ZAR 2018, 187

Bresslau, Harry/Klewitz, Hans-Walter: Handbuch der Urkundenlehre für Deutschland und Italien, Band 1, Berlin/Boston 2019

Christandl, Gregor: Juristische Methodenlehre in Italien – oder: Kurze Geschichte der italienischen Zivilrechtswissenschaft ab dem 19. Jahrhundert, RabelsZ 83 (2019), 288

Christandl, Gregor/Eccher, Bernhard/Gallmetzer, Evelyn/Laimer, Simon/Schurr, Francesco A.: Handbuch Italienisches Internationales Privatrecht, München 2019

Kindler, Peter: Einführung in das italienische Recht, 3. Aufl., München 2019

Schefold, Dian: Zu Santi Romano: Die Rechtsordnung, JZ 2018, 613

Schennach, Martin P.: Neuere italienische Rechtsgeschichte: 19. und 20. Jahrhundert, Wien 2018

2. Schuld-, Sachen-, Handels- und Wirtschaftsrecht

Alpa, Guido: Conceptions and Definitions of Contract. Some Thoughts on the Differences in English and German Law, IWRZ 2019, 51

Andres, Claudia Maria: Die zivilrechtliche Haftung der Betreiber von Skianlagen: die Grenze zwischen vertraglicher und außervertraglicher Haftung, Innsbruck 2019

von Bar, Christian: Das Sachenrecht von Trust, Treuhandfonds und Treuhand. Englisches Recht in einem zivilrechtlichen Umfeld?, EuZW 2018, 925

Faccioli, Mirko: Italienische Corte di Cassazione zur Anwendbarkeit der Bestimmungen über den Verbrauchsgüterkauf (Richtlinie 1999/44/EG) auf den Kauf von Tieren (Richtlinie 1999/44/EG), GPR 2019, 23

Fleischer, Holger/Hahn, Jakob: Zur unbeschränkten Haftung des herrschenden Kommanditisten, NZG 2018, 1281

Garaci, Ilaria/Montinaro, Roberta: Public and Private Law Enforcement in Italy of EU Consumer Legislation after Dieselgate, EuCML 2019, 29

Jaklin, Peter: Anmerkung zu einer Entscheidung des AG Heidelberg vom 20.11.2018 (22 C 319/18) – Zur Geltendmachung von italienischen Mautforderungen, sowie von Verfahrenskosten, DAR 2018, 278

Kindler, Peter/Paulus, David: Eintragung italienischer Personengesellschaften ins deutsche Grundbuch, IPRax 2019, 229

Rüscher, Daniel: Vertragsanpassung als Reaktion auf den Brexit nach deutschem, englischem, französischem, italienischem und spanischem Recht sowie nach UN-Kaufrecht, EuZW 2018, 937

Sauter, Matthias A.: Mitveräußerungspflichten im deutschen und italienischen Recht: rechtsvergleichende Untersuchung bei Venture-Capital-Finanzierungen, München 2018

Seifert, Alexandra Indra: Die Kleine Genossenschaft in Italien: Ein Vergleich des italienischen mit dem deutschen Genossenschaftsrecht, Baden-Baden 2018

3. Familien- und Erbrecht

Amann, Hermann: Fiktion des früheren Erbstatuts unter der Herrschaft der EuErbVO, DNotZ 2019, 326

Bertino, Lorenzo: Marriage and family: Civil Unions in Italy, ZEuP 2018, 625

Erlacher, Claudia: Mutterschutz und Elternschutz im deutsch-italienisch-österreichischen Rechtsvergleich, Innsbruck 2019

Fraenkel-Haeberle, Christina: Das Bestattungsrecht in Italien, WiVerw 2019, 63

Frank, Rainer: Hinterbliebenengeld –Anspruchsgrundlagen – Durchsetzung – Muster –, mit Länderteil: Österreich, Schweiz, Italien, England, FamRZ 2019, 24

von der Heyde, Irene: Abstammung nach medizinisch assistierter Reproduktion im italienischen Recht – insbesondere in Fällen von Leihmutterschaft, StAZ 2018, 236

Patti, Salvatore: Nachehelicher Unterhalt in Italien: das Urteil der Vereinigten Zivilsenate des Kassationshofs, FamRZ 2018, 1393

Süß, Rembert: Die Entscheidung des EuGH in der Rechtssache Mahnkopf: Folgen für das gesetzliche Erbrecht des überlebenden Ehegatten in internationalen Ehen und neue Gestaltungsmöglichkeiten, DNotZ 2018, 742

4. Arbeits- und Sozialrecht

Franzen, Martin/Roth, Christian: Die Rechtsprechung des Europäischen Gerichtshofs im Arbeitsrecht im Jahr 2018, EuZA 2019, 143

Ittner, Thomas/Schaich, Marie-Katrin: Aktuelle Probleme und Lösungsansätze bei Trainerverträgen im Profifußball, NJOZ 2019, 497

Krause, Andreas: Das unionsrechtliche Verbot der Altersdiskriminierung im deutschen und italienischen Arbeitsrecht, Berlin 2019

Krebber, Sebastian: Massenentlassungen aus betriebsbedingten oder wirtschaftlichen Gründen – Unionsrechtliche Vorgaben und Überblick über deren Umsetzung in den Mitgliedstaaten, RdA 2018, 271

Kuckuk, Meike: Missbrauchskontrolle bei der Befristung wegen der Eigenart der Arbeitsleistung, NZA 2019, 22

Opolony, Bernhard: Anmerkung zu einer Entscheidung des EuGH, Urt. v. 25.10.2018 (C-331/17) – Zu den Anforderungen an die Begründung der Befristung eines Bühnenarbeitsverhältnisses, ZUM 2019, 327

Sagan, Adam: Aktuelle Entwicklungen der Rechtsprechung im europäischen Arbeits- und Sozialrecht, NZA-Beilage 2018, 47

5. Gewerblicher Rechtsschutz, Wettbewerbsrecht, Medien- und Urheberrecht

von Graevenitz, Albrecht: Die neuen Compliance-Richtlinien der italienischen Kartellbehörde, CCZ 2019, 61

Kibler, Cornelia/Zechmann, Simon: Private Enforcement of European Competition and State Aid Law: Current Challenges and the Way Forward, EuZW 2019, 73

Maaßen, Stefan: „Angemessene Geheimhaltungsmaßnahmen" für Geschäftsgeheimnisse, GRUR 2019, 352

Neun, Andreas/Ottin, Olaf: Die Entwicklung des europäischen Vergaberechts in den Jahren 2017/2018, EuZW 2018, 661

Pertot, Tereza: Die Auslegung des datenschutzrechtlichen Koppelungsverbots – Lockerung durch den Corte di Cassazione, GPR 2019, 54

Stapf, Johannes/Wössner, Benedikt: „Private Enforcement of European Competition and State Aid Law: Current Challenges and the Way Forward" – Konferenz in Augsburg am 22. und 23.11.2018, NZKart 2019, 96

6. Zivilverfahrens- und Insolvenzrecht

Bruns, Alexander: Instrumentalisierung des Zivilprozesses im Kollektivinteresse durch Gruppenklagen?, NJW 2018, 2753

Sack, Rolf: Negative Feststellungsklagen und Torpedos, GRUR 2018, 893

Schmidt, Joachim P.: Teilbarkeit und Unteilbarkeit des Geständnisses im Zivilprozess: Eine rechtsvergleichende Studie zum Beweis durch Parteizeugnis im französischen, italienischen, deutschen und österreichischen Recht, Berlin 2018

7. Steuerrecht

Ismer, Roland/Schwarz, Magdalena: Betrugsbekämpfung und Schutz des ehrlichen Unternehmers im Umsatzsteuerrecht: Ein Reformvorschlag, MwStR 2019, 348

Pschierl, Klaus/Kallina, Andreas: All together now, Multilaterale Kontrollen: Was geht, was geht noch nicht!, ISR 2019, 239

Reiß, Wolfram: Anspruch ohne Rechtsgrundlage: Der Reemtsma-Erstattungsanspruch des EuGH bei unrichtiger/ungerechtfertigter Berechnung von gesetzlich nicht geschuldeter Mehrwertsteuer, MwStR 2019, 526

Walisko, Sebastian: Andere Länder, andere Sitten?, ZfWG 2019, 21

8. Öffentliches Recht

Bertel, Maria/Happacher, Esther/Simonati, Anna (Hrsg.): Die transparente Verwaltung in Österreich und Italien. Der Zugang zur Information zwischen Grundsätzen und Anwendung, Innsbruck 2019

Flessner, Axel: Sprachpolitik für die Internationalisierung der Hochschulen in Europa, DÖV 2019, 373

Fritz, Aline: Selbstreinigung bei nicht rechtskräftiger Verurteilung eines früheren Geschäftsführers, NZBau 2018, 735

Happacher, Esther: Einführung in das Italienische Verfassungsrecht, Innsbruck 2019

Hartwig, Matthias: Bericht zur völkerrechtlichen Praxis der Bundesrepublik Deutschland im Jahr 2016, ZaöRV 2018, 717

Huck, Winfried/Kurkin, Claudia: Die UN-Sustainable Development Goals (SDGs) im transnationalen Mehrebenensystem, ZaöRV 2018, 375

Jaeger, Thomas: Verhaltener Quantensprung im Beihilferechtsschutz: Das Urteil Montessori, EuZW 2019, 194

Soltész, Ulrich: Wichtige Entwicklungen im Europäischen Beihilferecht im Jahre 2017, EuZW-Sonderausgabe 2018, 22

9. Strafrecht und Strafverfahrensrecht

Orrù, Martina: Die kulturellen Grenzen der Sexualität, NK 2018, 410

Rübenstahl, Markus: Bruttoabschöpfung nach neuem Recht – alte und neue Probleme (Die Perspektive eines Strafverteidigers), NZWiSt 2018, 255

Rübenstahl, Markus/Wittig, Jonathan: Strafrechtliche Unternehmenshaftung in Italien, RIW 2019, 105

Schörner, Christian: Sud Fondi, Varvara und G.I.E.M.: Die Entscheidungen des EGMR zu einer italienischen Non-Conviction-Based-Confiscation als Indikator für die Konventionswidrigkeit des deutschen § 76a Abs. 4 StGB?, ZIS 2019, 144

Staffler, Lukas: Verfassungsidentität und strafrechtliche Verjährung, EuGRZ 2018, 613

10. Unionsrecht

Böhle, Jan: Die Abwahl zwingenden Rechts vor staatlichen Gerichten in Inlandsfällen, ZEuP 2019, 72

Buge, Ronald: Anmerkung zu EuGH v. 21.11.2018 C-648/16, EU-UStB 2019, 22

Cranshaw, Friedrich L.: Anmerkung zu EuGH 2. Kammer, Urteil vom 4.10.2018 – C-379/17, jurisPR-IWR 6/2018 Anm. 1

Friton, Pascal/Wolf, Florian: Finanzielle Sanktionen bei Nachforderungen von Unterlagen im Vergabeverfahren, Anmerkung zu EuGH 8. Kammer, Urteil vom 28.02.2018 – C-523/16 und C-536/16, jurisPR-VergR 8/2018 Anm. 1

Heuschmid, Johannes/Hlava, Daniel: Verfahren vor dem EuGH, NZA 2018, 978

Klein, Marvin: Friedensgrüße aus Luxemburg: Neue Entwicklungen im europäischen Grundrechteverbund, DÖV 2018, 605

Kohler, Christian/Seyr, Sibylle/Puffer-Mariette, Jean-Christophe: Zur Rechtsprechung des EuGH im Jahre 2017, ZEuP 2019, 126

Korf, Ralph E.: Entwurf eines BMF-Schreibens zum Skandia-Urteil des EuGH – Ende gut, alles gut?, MwStR 2018, 747

Lochmann, Moritz: Taricco I – ein Ultra-vires-Akt? Zur Rechtsfortbildung durch den EuGH, EuR 2019, 61

Lutzi, Tobias: ‚Feniks‘ aus der Asche: Internationale Zuständigkeit für die actio pauliana nach der EuGVVO, RIW 2019, 252

Omodei Salè, Riccardo/Gatti, Stefano: Italienische Rechtsprechung zum Unionsprivatrecht, GPR 2019, 51

Petzold, Hans Arno/Schmidt-Carstens, Nina: Immer noch: Offene Fragen zu Art. 263 Abs. 4 AEUV? – Anmerkung zum Urteil des EuGH v. 6.11.2018, verb. Rs. C-622/16 P bis C-624/16 P (Scuola Elementare Maria Montessori u. a./Kommission), EuR 2019, 132

von Gyldenfeldt, Maria: Die Umsetzung der EU-Mediationsrichtlinie 2008/52/EG in Italien: Mit der Mediation aus der Krise?, Kiel 2018

Erstellt von stud. iur. *Isabell Reich* und stud. iur. *Leon Theimer*, Heidelberg

VI. Anhang

Verzeichnis der Organe und der korporativen Mitglieder
der Deutsch-Italienischen Juristenvereinigung
(Vereinigung für den Gedankenaustausch zwischen
deutschen und italienischen Juristen e.V.)

(Stand: Oktober 2019)
Die Vereinigung hat derzeit 716 Mitglieder;
ihre Satzung ist abgedruckt in JbItalR 7 (1994), S. 330 ff.

Vorstand:

Prof. Dr. Günter *Hirsch*,
Präsident des Bundesgerichtshofs a.D.
Bundesgerichtshof
76125 Karlsruhe
(Präsident der Vereinigung)

Prof. Dr. Dr. h.c. Peter *Kindler*
Universität München, Juristische Fakultät
Veterinärstraße 5
80539 München
peter.kindler@jura.uni-muenchen.de
(Generalsekretär der Vereinigung)

Rudolf F. *Kratzer*,
Rechtsanwalt
Bahnhofstr. 32
82143 München-Planegg
kanzlei@kratzerundpartner.de
(Erster Stellvertretender Vorsitzender)

Prof. Dr. Michael *Stürner*, M.Jur. (Oxon)
Universität Konstanz,
Fachbereich Rechtswissenschaft
Universitätsstr. 10
78464 Konstanz
michael.stuerner@uni-konstanz.de

Dr. Stefan *Dangel*,
Rechtsanwalt
Dolce Lauda
Rechtsanwälte – Avvocati
Arndtstraße 34-36
60325 Frankfurt a.M.
s.dangel@dolce.de

Ehrenpräsident:

Prof. Dr. Walter *Odersky*,
Präsident des Bundesgerichtshofs a.D.
Tassilostr. 12, 82131 Gauting
WOdersky@aol.com

Kuratorium:

Prof. Avv. Gerardo *Broggini* †
Studio Legale Broggini
Via San Vittore, 45, I-20123 Milano

Korporative Mitglieder:

Deutsches Notarinstitut
Gerberstr. 19
97070 Würzburg
dnoti@dnoti.de

*Institut für deutsches und internationales Recht
des Spar-, Giro- und Kreditwesens an der
Johannes-Gutenberg-Universität*
Prof. Dr. Walther Hadding
Wallstr. 11, 55122 Mainz
info@institut-kreditrecht.de

Villa Vigoni e.V.
Generalsekretärin
Dr. Christiane Liermann Traniello
Via Giulio Vigoni 1
I-22017 Loveno di Menaggio (Co)
segreteria@villavigoni.eu

Sachverzeichnis

(die Ziffern verweisen auf die Seitenzahlen)

Strafprozessrecht
- Adhäsionsklage   3 ff., 17 ff.
- Akzessorietät   25 f.
- Anwendungsbereich Adhäsions-
  verfahren   35 f.
- Beschwerde   34 f.
- Beweiserleichterungen   23
- Folgen der Novellierung von
  Straftaten   4 ff.
- Immanenzprinzip   4
- Kausalität   6
- *legitimatio ad causam*   8 f.
- *legitimatio ad processum*   9
- Opferrechtsreformgesetz   21
- Präklusion   10
- Urkundenbeweis   16
- Verfahren gegen eine juristische
  Person   12 f.
- Verfahrensgrundsätze Adhäsions-
  verfahren   21 f.
- Zulässigkeit der Adhäsionsklage
  3 ff., 19 ff.

Strafrecht
- ersatzfähiger Schaden   6 ff., 20
- immaterieller Schaden   6 f.
- normative Kontinuität   5

Zivilprozessrecht
- Arrestbefehl   219 ff.
- Autonomie von Straf- und
  Zivilprozess   9 ff., 16 f
- Bindungswirkung   19 ff.
- Erkenntnisquellen ausländischen
  Rechts   103 ff.
- Ermittlungstiefe ausländischen
  Rechts   102 f.
- Präklusion   10
- Vergütung von Sachverständigen
  222 ff.

Zivilrecht
- Kostenersatz bei Mautforderung
  224 ff.
- Trust   208 ff.
- *venire contra factum proprium*   214 ff.
- Verbraucherdarlehen   207

Erstellt von cand. iur. *David Faust*, Köln

Band 32:
Europäischer Rechtsverkehr in Zivil- und Strafsachen, 2020.
X, 252 Seiten. € 115,–

Band 31:
Familienrecht, Schadensrecht, Anwaltshaftung, 2019.
X, 272 Seiten. € 115,–

Band 30:
Persönlichkeitsschutz - Arbeitsrecht - Insolvenzrecht, 2018.
X, 177 Seiten. € 99,99

Band 29:
Patentrecht, ADR, Wirtschaftsstrafrecht, 2017.
X, 243 Seiten. € 109,99

Band 28:
Wirtschaftsrecht - Verfahrensrecht - Erbrecht - Scheidungsrecht, 2016.
X, 249 Seiten. € 109,99

Band 27:
Arbeitsrecht, Erbrecht, Urheberrecht, 2015.
XII, 235 Seiten. € 109,99

Band 26:
Rechtsvereinheitlichung im Zivil- und Kollisionsrecht, 2014.
X, 236 Seiten. € 89,99

Band 25:
Europäische Einflüsse auf den deutsch-italienischen Rechtsverkehr, 2013.
X, 262 Seiten. € 64,95

Band 24:
Wirtschaftsrecht, Schadensrecht, Familienrecht, 2012.
X, 222 Seiten. € 64,95

Band 23:
Aktuelle Entwicklungen im Handels, Arbeits- und Zivilprozessrecht, 2011.
X, 214 Seiten. € 64,95

Band 21:
Aktuelle Entwicklungen im europäischen Verfassungs-, Wirtschafts- und
Schuldrecht, 2009.
X, 222 Seiten. € 64,–

 C.F. Müller

Weitere Infos unter **www.cfmueller.de**